QUANGUOCHENG RENMIN MINZHU DE SHEHUI ZHI WEI

马克思主义研究丛书

全过程人民民主的社会之维

QUANGUOCHENG RENMIN MINZHU DE SHEHUI ZHI WEI

王　衡◎著

中国人民大学出版社
·北京·

总　　序

　　马克思主义是我们立党立国的根本指导思想，是我们认识世界、改造世界的强大理论武器。当前，国际形势正在发生深刻复杂的变化，我国改革发展进入新的关键阶段。时代变迁呼唤理论创新，实践发展推动理论创新。我们正逢马克思主义理论发展的一个大好时机。

　　从国际来看，马克思主义研究正处于热潮阶段。尽管苏东剧变后，国外有许多人在鼓吹"告别马克思""抛弃马克思"等论调，但也有不少有识之士在研究马克思，主张"走近马克思""重读马克思""回到马克思""反思马克思"，以新的理论成果"超越马克思"。国际范围内有关马克思主义的理论研讨会在世界各地频繁召开，会议规模越来越大，会议形式越来越灵活，参会人数越来越多，研讨领域越来越宽，讨论问题越来越深入，研究成果越来越丰富。尤其是2008年国际金融危机爆发以后，国际范围内涌动着一股研究马克思的热潮。这一切说明，"马克思是对的"，马克思主义的历史并没有终结，马克思主义的影响并没有消除，马克思主义的生机并没有停止。马克思主义仍然是人们认识世界、改造世界的强大思想武器。

　　从国内来看，正在实施的马克思主义理论研究和建设工程处在承前启后、继往开来、与时俱进的重要时期。马克思主义中国化理论成果的形成和发展，为加强马克思主义理论研究和建设指明了正确方向，积累了宝贵经验，奠定了扎实的理论基础；建设中国特色社会主义的伟大实践，为马克思主义理论研究提供了坚实的实践基础；加强党的执政能力建设、推进决策科学化民主化，为理论工作提供了广阔舞台；全党全社会的关心和支持，为理论工作创造了良好的社会环境；马克思主义理论一级学科的设立，为马克思主义理论研究提供了良好的平台；全面建设小康社会，推进中国特色社会主义事业进一步发展，对马克思主义理论研究提出了新的要求。

为了推进马克思主义理论研究，中国人民大学马克思主义学院和中国特色社会主义理论体系研究中心，编写了这套"马克思主义研究丛书"。编写出版这套丛书，只有一个目的，就是回应时代变迁提出的新挑战，抓住实践发展提出的新课题，加强对马克思主义的研究，展示我们在马克思主义基础理论研究和中国化马克思主义理论研究方面的最新成果，为推进马克思主义中国化、时代化和大众化，为推进马克思主义理论学科建设，为着力培养造就一支宏大的、高素质的马克思主义理论队伍做出我们应有的贡献。

马克思主义是与时俱进、不断发展的理论，所以我们希望这套丛书能够伴随着马克思主义的不断发展，一直出版下去，最后真正成为一套名副其实的"丛书"；马克思主义是开放包容、博采众长的理论，所以我们希望，这套丛书的作者队伍不断扩大，能够进入此套丛书的著作越来越多；马克思主义是十分严肃的科学，是颠扑不破的真理，所以我们也希望进入此套丛书的著作质量越来越高。

本套丛书的出版，得到了中国人民大学"211工程"和"985工程"的资金支持，首次进入丛书的著作，大都属于"211工程"科研项目——"马克思主义在当代的发展与创新"和"985工程"科研项目"马克思主义基础理论研究"的最终研究成果。

本套丛书的出版，也得到了中国人民大学出版社的大力支持。中国人民大学出版社社长贺耀敏先生非常关注此书的编写出版事宜。中国人民大学出版社政治与公共管理分社社长郭晓明先生，以及丛书的每位责任编辑，都为丛书的出版付出了艰辛的劳动。在此，一并表示感谢。

　　编写出版此套丛书，对于我们来说，只是一个初步尝试。为了使丛书编得更好，恳请读者提出宝贵意见。

中国人民大学马克思主义学院

2011 年 11 月

序　言

发展全过程人民民主是中国式现代化的本质要求。党的二十大报告指出，"全过程人民民主是社会主义民主政治的本质属性，是最广泛、最真实、最管用的民主。必须坚定不移走中国特色社会主义政治发展道路，坚持党的领导、人民当家作主、依法治国有机统一，坚持人民主体地位，充分体现人民意志、保障人民权益、激发人民创造活力。"党的二十届三中全会通过的《中共中央关于进一步全面深化改革　推进中国式现代化的决定》从"加强人民当家作主制度建设""健全协商民主机制""健全基层民主制度""完善大统战工作格局"等角度对健全全过程人民民主制度体系作出战略部署，强调必须坚定政治发展道路自信，坚持和完善我国根本政治制度、基本政治制度、重要政治制度，丰富各层级民主形式，"把人民当家作主具体、现实体现到国家政治生活和社会生活各方面"。

可见，政治生活和社会生活是人民当家作主的两大实践空间，政治民主和社会民主是全过程人民民主的两大内容领域。然而，与"国家政治生活中的民主"相比，目前国内外学术界对"社会生活各方面的民主"缺乏深入的理论探讨和扎实的实证研究，这与社会民主的重要性极不相称。尤其是对于中国而言，社会民主集中体现了全过程人民民主的本质特征、制度优势和发展方向，在新时代中国特色社会主义民主政治建设中具有举足轻重的地位。社会民主能够把民主政治和人民的现实生活紧密联系起来，能够解决人民需要解决的问题，是全过程人民民主的重要概念支柱之一，是全过程人民民主的社会之维。把社会民主的理论、历史与实践研究透彻，有助于讲清楚全过程人民民主的广泛性、真实性和有效性，坚定对中国民主政治的道路自信、理论自信、制度自信和文化自信，并为全过程人民民主更加深入基层、深入社会、融入日常生活提供启迪、指明方向。

本书基于马克思主义政治学的立场、观点和方法，遵循规范路径与实证路径相贯通、历史研究与比较研究相复合、定性分析与定量分析相结合的研究路径，综合运用历史溯源、理论建构、概念辨析、实证测量、案例深描等多种研究方法，对社会民主进行体系化的理论建构和实证研究，重新挖掘社会民主的丰富内涵及其当代价值，挑战西方民主理论的"制度性话语权"，探寻民主理论和实践的增长点，进而为构筑中国政治学自主知识体系提供概念基石。

目　录

导　论　把社会民主"找回来"

单纯的民主制并不能消除社会的祸害。民主制的平等是空想，穷人反对富人的斗争不能在民主制的或整个政治的基础上进行到底。因此，这个阶段也只是一个过渡，是最后一种纯粹政治的手段，这一手段还有待进行试验，从中必定马上会发展出一种新的要素，一种超出一切政治事物的原则。这种原则就是社会主义的原则。①

——恩格斯

早些时候的事件确立了政治领域中的民主原则。然而，如果政治权利伴随着在社会领域中盛行的强迫和不平等，那么，它就只是形式上的东西。②

——亚当·普沃斯基

---

① 《马克思恩格斯全集》第3卷，人民出版社2002年版，第585页。

② 【美】亚当·普热沃尔斯基：《资本主义与社会民主》，丁绍彬译，中国人民大学出版社2012年版，第1页。又：亚当·普热沃尔斯基一般译为亚当·普沃斯基。

第一节 选题缘起与研究价值

一、"民主的危机",还是"政治民主的危机"?

作为全人类共同价值不可或缺的关键组成要素,民主堪称当今世界最具流行性的政治价值和政治观念。在我们所处的这个时代,人们谈论民主时,往往赋予它积极正面的价值属性和崇高的道德联想。对此,英国政治学家戴维·赫尔德(David Held)评论道,"民主似乎使现代政治生活变得合法化了,一旦宣称它是'民主'的,那么法规的制定和法律的实施似乎就是合理和正当的"①。美国政治学家罗伯特·达尔(Robert Dahl)发出了类似的感慨,"对于民主来说,所有的替代物要么消失,幻化成怪异的存在物,要么从这个领域退缩,沉寂在它们最后的壁垒中"②。政治思想史剑桥学派的代表学者约翰·邓恩(John Dunn)则更为直白地概括道,民主已然成为"充满普世性魅惑的终极政治赞誉"③。

然而,尽管民主被普遍认为是个"好东西",但人们发现,最近半个世纪以来,民主似乎正面临着前所未有的质疑和挑战。1975年,在"第三波"的民主化浪潮甫一开始,意大利学者米歇尔·克罗齐(Michel Crozier)、美国学者塞缪尔·亨廷顿(Samuel Huntington)和日本学者绵贯让治(Joji Watanuki)就在合著的《民主的危机:就民主国家的统治能力写给三边委员会的报告》中忧心忡忡地指出,民主正在经历"对于民主政府的要求在增加,而民主政府的能力却停步不前"④的危机。进入21世纪,民主的危机已然成为西方社会广泛讨论的热门议题。媒体方面,2006年11月,《经济学人》刊登的《民主征程的暂停》(A Pause in Democracy's

---

① 【英】戴维·赫尔德:《民主的模式》,燕继荣等译,中央编译出版社2008年版,第1页。
② 【美】罗伯特·达尔:《论民主》,李风华译,中国人民大学出版社2012年版,第1页。
③ 【英】约翰·邓恩:《让人民自由:民主的历史》,尹钛译,新星出版社2010年版,第2页。
④ 【法】米歇尔·克罗齐、【美】塞缪尔·亨廷顿、【日】绵贯让治:《民主的危机:就民主国家的统治能力写给三边委员会的报告》,马殿军等译,求实出版社1989年版,第8页。

March)，宣称自 20 世纪 70 年代以来全球范围的民主化浪潮开始出现倒退。2014 年 3 月，这本极具影响力的杂志又刊登了重磅封面文章《民主怎么了》（What's Gone Wrong with Democracy），开篇就指出"民主正在经历艰难时世"。学术界方面，理查德·波斯纳（Richard Posner）在 2010 年出版的《资本主义民主的危机》一书中指出 2008 年金融危机不仅是经济危机，而且从深层次上映射出美国政治结构内在的低效、分裂与冲突，是资本主义民主的危机①。约书亚·库兰奇克（Joshua Kurlantzick）于 2013 年出版的《民主在退潮》指出了各新兴民主国家所发生的民主倒退现象以及欧美"老牌"民主国家治理的失效②。2016 年，拉里·戴蒙德（Larry Diamond）在《外交事务》发表文章《民主在衰退》（Democracy in Decline），直言不讳地表达了对民主前景的悲观。2019 年，亚当·普沃斯基（Adam Przeworski）出版专著《民主的危机》，列举了西方正在经历的民主危机的"诸种迹象"，包括"传统政党体制的迅速衰退""仇外的、种族歧视的、民族主义的"政党的兴起、各种极端态度的增强以及"民意调查中对民主支持率的下降"等③。毫不夸张地说，近半个世纪以来西方世界对民主制度的反思、对民主危机的感受和对"民主崩溃"（democracy breakdown）的忧虑，仿佛传说中的"达摩克利斯之剑"，一直高悬在人们的头顶。

民主果真处于危机中吗？如果答案是肯定的，那么为什么民主这个"好东西"会经历"四面楚歌"的困境呢？对这些问题的思考和回答考验着观察者的辨别能力。仔细分析不难发现，出现危机的是自由主义的政治民主。无论是竞争性选举还是以所谓"政党轮替"为标尺的党争政治，在自由主义民主理论和代议制民主体制下，政治民主已经成为民主的同义词。典型的例证是，普沃斯基用一本专著洋洋洒洒地论述"民主的危机"，但此书开篇对民主的定义是，"指一种制度安排，在这一制度安排下，不同群体间的价值冲突和利益冲突，主要通过政党被组织起来，并且主要经

---

① 【美】理查德·波斯纳：《资本主义民主的危机》，李晟译，北京大学出版社 2014 年版。
② Kurlantzick, J. (2013). Democracy in retreat: the revolt of the middle class and the world-wide decline of representative government. New Haven: Yale University Press.
③ 【美】亚当·普沃斯基：《民主的危机》，周建勇译，上海人民出版社 2022 年版，第 74 页。

由定期选举而加以处理"①。这种"熊彼特式"的民主概念界定暴露出，作者谈论的"民主"其实是狭义的自由主义政治民主，完全没有呈现出广义上民主的完整面貌和丰富内涵。

事实上，所谓"民主的危机"，本质是自由主义政治民主的危机。政治民主的传统可以追溯至古希腊城邦政治对公共事务的取向。美国政治哲学史专家乔治·萨拜因（George Sabine）曾指出："对于一个希腊人来说，公民身份始终意味着对政治活动或公共事务的某种参与。"② 从亚里士多德的《政治学》开始，欧洲人所关注的民主都是政治生活或者公共事务意义上的政治民主，或者说政体民主，即政体产生过程中"人民"的有无。到了近代，卢梭的"人民主权论"和"社会契约论"就是典型的政体民主理论。对此，乔万尼·萨托利（Giovanni Sartori）指出，"民主一词形成于公元前5世纪，此后大约直到一个世纪以前（这里指19世纪以前——笔者注），它一直是个政治概念。也就是说，民主只意味着政治民主。"③ 在这种思路下，民主观念凝结成了一个简单的公式并被沿袭下来，即"民主政治主要通过政治民主实现"。此后，自由民主理论对民主的概念进行了两轮"限制与收缩"，第一轮是将民主等同于政治民主，经济生活、社会生活、文化生活中的民主在一定程度上"失踪"了；第二轮是进一步将政治民主等同于竞争性选举、两党制或多党制，于是民主就等同于政治程序和制度安排。

自由主义对民主概念的两轮"限缩"，在过分放大政治民主功能的同时，严重窄化了民主的丰富内涵，进而带来了民主的根本理论困境，即民主的结构与过程、程序与实质、形式与内容以及精英与大众的严重割裂。第一，自由主义政治民主具有典型的结构主义视角特征，重视制度等政治结构，容易忽视民主的运转过程；第二，自由主义政治民主具有明显的程序主义取向，强调"政治原则"和"政治方法"，忽视实质性绩效；第三，自由主义政治民主看重的是上层建筑而非经济基础，容易导致民主沦为内

---

① 【美】亚当·普沃斯基：《民主的危机》，周建勇译，上海人民出版社2022年版，第1页。

② 【美】乔治·萨拜因：《政治学说史》上卷，邓正来译，上海人民出版社2008年版，第33页。

③ 【美】乔万尼·萨托利：《民主新论：上卷：当代论争》，冯克利、阎克文译，上海人民出版社2015年版，第29页。

容"空心化"的形式；第四，自由主义政治民主把注意力聚焦于高层和精英，忽视基层和大众，限制了广泛真实的政治参与。那么，充满内在痼疾的自由主义政治民主在实践中给那些奉西方政治制度为圭臬的发展中国家带来了什么呢？事实告诉我们，要么是强化原有的社会结构，带来民主标签下庇护政治、封建政治等传统政治的复归；要么是动员和加剧社会结构中的矛盾，带来现代化进程中不可调和的冲突。走出"民主的危机"，显然需要一场针对政治民主束缚的"突围"。

二、重新发现被遮蔽的社会民主

自由民主理论将世界范围的民主化进程归结为以竞争性选举为核心的政治民主的扩展，显然遮蔽了社会民主的重要作用。社会民主是自由主义政治民主的对应物，与自由主义政治民主关注制度程序、上层建筑、精英政治、国家形态不同，社会民主更加关注制度程序在社会治理中的实际运转情况，关注民主与经济基础的样态及其变化之间的内在联系，关注民主在大众日常生活场景中的表现及其对社会民生的影响，关注存在于田间、地头、工厂、社区的非国家形态的基层政治、草根民主。应该承认，作为近代以来资产阶级革命"解放政治"（emancipatory politics）的重要成果，政治民主在人类政治文明发展史上具有值得充分肯定的进步意义。然而，随着现代社会的到来，人类政治重心正在经历由宏大叙事的解放政治向微观层面的日常政治（everyday politics）、生活政治（life politics）的结构性转向，在一个政治领域不断向社会生活延展且社会生活内涵本身不断丰富的时代，排除了社会民主内涵的民主概念，显然是被阉割的、不完整的、虚假的民主概念。

然而，对民主如此重要的社会民主，在自由民主理论中却被"雪藏"了起来，似乎沦为了政治民主的配角。最具代表性的当属萨托利的观点，"今天我们也从非政治或准政治的意义上谈论民主。例如我们听到过社会民主、工业民主和经济民主。虽然这些含义完全是合理的，但它们也对民主观的混乱状况负有很大责任"①。不难看出，萨托利认为民主首先是个政

---

① 【美】乔万尼·萨托利：《民主新论：上卷：当代论争》，冯克利、阎克文译，上海人民出版社2015年版，第29页。

治概念，必须主要从政治含义上讨论民主。"政治意义上的民主是大范围的宏观民主，而以团体和工厂为中心的民主是小范围的微观民主。也就是说，政治民主——从这一概念2500年来一直得到公认的意义上说——是主导的统领性民主，其他民主则必然是次级民主。我认为这是对事实的简单陈述。我们尽可以高度评价微观民主而对宏观民主颇多微词，但关系依然如此，那就是，如果一级实体——政体——不是民主政体，次级实体也绝少有机会以民主方式存在和繁荣。当然，谁也不否认社会民主作为民主政体之不可缺少的基础的重要性，也不否认基层的初级民主可能比民主的任何其他方面更有价值。与此相似，经济平等和工业民主可能比任何其他事情对我们都更为重要。但事实依然是，政治民主是我们可能珍爱的无论什么民主或民主目标的必要条件、必要手段。如果统领性制度，即整个政治制度不是民主制度，社会民主便没有什么价值，工业民主便没有什么真实性，经济平等便可能同奴隶之间的平等没有什么两样。"① 他还强调："优先者必须优先，作为一种方法、一种程序的政治民主，必须先于我们可以要求于民主的其他任何基本成就而存在……对民主的主流理论只研究政治民主加以批评，这令人难以理解，而且我认为它会腐蚀认同。"② 正是基于上述认识，萨托利对民主开展了自称科学的"概念清理"，实际上却充斥着鲜明意识形态色彩的研究。

值得我们继续追问的是，为什么社会民主会被自由民主理论刻意遮蔽呢？为什么自由民主理论倾向于把民主简单地等同于政治民主呢？答案很清晰明了，因为社会民主与工人阶级、社会主义、发展中国家等要素有着天然的联系。第一，作为无产阶级运动的产物，社会民主以解决多数人的生存和福利为目标，民主不仅意味着政治领域的平等，还需要体现经济领域和社会领域的公正。对此，普沃斯基指出："社会主义在1850年左右出现时还只是一场运动，这场运动将要通过夺取'社会权力'完成由资产阶级开启的那场革命，就像资产阶级赢得政治权力那样。从此以后，社会运

---

① 【美】乔万尼·萨托利：《民主新论：上卷：当代论争》，冯克利、阎克文译，上海人民出版社2015年版，第33页。

② 【美】乔万尼·萨托利：《民主新论：上卷：当代论争》，冯克利、阎克文译，上海人民出版社2015年版，第34页。

动反复出现的主题，一直是民主原则从政治领域向社会领域——实质上主要是向经济领域——的'扩展'问题。"① 第二，社会民主体现着强烈的"有意识地试图使市场从属于一个民主社会，从而超越自发调节的市场"②的社会主义特征，本质上是卡尔·波兰尼（Karl Polanyi）所描述的"反向运动"，即"工人阶级通过民主和社会主义运动重新使市场嵌入社会的过程"③。第三，社会民主还特别符合发展中国家政治发展的语境，不仅反映了这些国家实现内部平等化的倾向，还显示出其改变现存世界体系中不公平不合理的国际政治经济秩序的强烈诉求。以上特点注定了社会民主必然被服务于资产阶级、西方发达国家利益的"主流"民主化理论屏蔽出研究视野之外，因为"民主不可能真正和资产阶级对利润和私有财产权的追求达成持久妥协，在接受民主的同时，资产阶级必然要寻求一种可靠和隐蔽的办法消磨民主的锋芒"④。

由此可见，把被遮蔽的社会民主"找回来"，不仅是关乎政治思想史不同流派对民主概念建构和理论建构的一场"遭遇战"，也是关乎 20 世纪中叶以来世界范围内最具显著重要性的两大政治潮流——社会主义运动和民族解放运动，与资本主义和西方民主叙事之间的一场话语权上的"阵地战"。

三、探寻民主理论和实践的增长点

鉴于社会民主之于民主的重要性，本书将基于马克思主义政治学的立场、观点和方法，对社会民主进行体系化的理论建构和实证研究，重新挖掘社会民主的丰富内涵及其当代价值。尤其是对于中国而言，社会民主与全过程人民民主有着紧密的内在联系，在新时代中国特色社会主义民主政治发展中具有举足轻重的地位。本书将秉持"以中国为中心"的立场，通

---

① 【美】亚当·普热沃尔斯基：《资本主义与社会民主》，丁绍彬译，中国人民大学出版社 2012 年版，第 1 页。

② 【英】卡尔·波兰尼：《大转型：我们时代的政治与经济起源》，冯钢、刘阳译，浙江人民出版社 2007 年版，第 198 页。

③ 【英】卡尔·波兰尼：《大转型：我们时代的政治与经济起源》，冯钢、刘阳译，浙江人民出版社 2007 年版，第 16 页。

④ 张飞岸：《被自由消解的民主——民主化的现实困境与理论反思》，中国人民大学出版社 2015 年版，第 197 页。

过阐述社会民主的理论意义和应用价值，为构筑中国政治学自主知识体系提供概念基石，挑战西式民主理论的"制度性话语权"，并探寻民主理论和实践的增长点。

本书的理论旨趣在于求解中国民主模式的科学内涵。习近平总书记指出："民主是全人类的共同价值，是中国共产党和中国人民始终不渝坚持的重要理念。如何把民主价值和理念转化为科学有效的制度安排，转化为具体现实的民主实践，需要注重历史和现实、理论和实践、形式和内容有机统一，找到正确的体制机制和方式方法。"[①] 比较视野下的中国民主，既因体现着世界范围内政治现代化的一般性规律而蕴含民主的普遍性，又因贯穿着基于国家治理规模、历史文化传统、经济社会发展等特定国情的内生性演化逻辑而独具中国特色。围绕如何科学呈现"在普遍与特殊之间"的中国民主模式，学术界基于不同的理论视角提出了诸多富有启发性的概念，包括以"社会主义民主""人民民主""人民民主专政""民主集中制""群众路线"为代表的"价值追溯型"概念，以"党内民主""人大民主""协商民主""基层民主""党治民主""法治民主""监督民主制""参与式民主"为代表的"制度描述型"概念，以"治理民主""实质民主""代表型民主""民本民主""广义民主""全方位民主""共识民主"等为代表的"提炼比较型"概念，以及以"中国式民主""复合民主"为代表的"综合指代型"概念[②]。随着全过程人民民主理念的提出和不断完善，新时代中国共产党人对民主政治发展规律的认识达到了新高度。

全过程人民民主这一原创性概念实现了真理尺度与价值尺度的辩证统一、理论形态与实践形态的有机贯通、制度特征与制度优势的完整表达、批判解构与借鉴建构的双向呈现，在概念精确性、概念整合性、概念包容性上展现出内容凝练清晰、领域覆盖全面、表述融通中外等显著优势，从而在一系列概念中脱颖而出，成为对中国民主鲜明特点与独特优势的科学概括，彰显着创造人类政治文明新形态的前进方向和道路选择。需要注意

---

① 《习近平谈治国理政》第 4 卷，外文出版社 2022 年版，第 258 页。
② 相关研究综述参见王衡：《全过程人民民主的概念建构：出场语境、逻辑理路与内在优势》，《南昌大学学报（人文社会科学版）》2023 年第 2 期。

的是，全过程人民民主作为中国民主话语体系的核心范畴，需要一系列支撑性概念。被自由民主理论遮蔽的"社会民主"，就是全过程人民民主的重要概念支柱之一，是全过程人民民主的社会之维。强调社会民主相对于政治民主的"基础性地位"和"更高层次性"恰恰是马克思主义民主理论的重要特征，将民主从政治领域延伸拓展至社会经济领域恰恰是社会主义民主政治的理论优势。因此，深化对社会民主的研究将有助于从理论上进一步讲清楚中国特色社会主义民主政治的广泛性、真实性和有效性，从而坚定对中国政治发展的理论自信。

本书的现实观照在于筑牢中国民主话语的概念之基。人民民主是社会主义的生命，也是中国共产党始终高举的一面光辉旗帜。百余年来中国共产党不懈奋斗、理论探索、不怕牺牲、为民造福和自身建设的历史，本质上也是一部矢志不渝地在中华大地探索和实现人民当家作主的历史。新民主主义革命时期，党团结带领人民在根据地创建人民政权，创造性地开展工农兵代表大会、人民代表会议、"三三制"抗日民主政权、"豆选法"等政治实践，探索建立新民主主义政治制度，最终建立了实行人民民主专政的中华人民共和国，实现了中国从几千年封建专制政治向人民民主的伟大飞跃。新中国成立后，党带领人民基本确立了人民当家作主的政治架构、经济基础、法律原则、制度框架。改革开放以来，党把民主政治建设摆在了坚持和发展中国特色社会主义的关键位置，把人民当家作主作为社会主义民主政治的本质和核心，推动民主制度不断健全、民主形式日益丰富、民主渠道持续拓宽，确保了人民当家作主广泛、真实、有效地落实到国家政治生活和社会生活之中，中国的民主之花在世界政治文明的百花园里绚丽绽放。

然而长期以来，以"竞争性选举"和"多党轮流执政"等概念建构起来的西方自由主义民主话语体系，刻意贬低、歪曲甚至否定中国特色社会主义民主的正当性及其发展成就。在这种背景下，破解中国民主"有理说不出"的困境，亟须加快建构自主性的民主话语体系。话语体系是由语言符号建立起来的认知、陈述与评价系统，其中概念是话语的基本单元和表达载体，概念建构是话语体系建设的前提与关键。提炼能够全面准确反映我国社会主义民主鲜明特征与独特优势的原创性概念，就成为建构中国民主话语体系的基础性工程。进入新时代，以习近平同志为核心的党中央明确强调"坚定中国特色社会主义制度自信，首先要坚定对中国特色社会主义政治制度的自信，增强走中国特色社会主义政治发展道路的信心和决心"①，发展社会主义民主政治关键是要增强和扩大中国特色社会主义政治制度的优势和特点，而不能盲目照抄照搬他国政治制度，必须警惕和防范西方所谓"宪政"、多党轮流执政、"三权分立"等政治思潮的侵蚀影响，要求高度重视话语体系建设，通过"着力打造融通中外的新概念新范畴新表述"②，讲好中国故事，传播好中国声音，在围绕民主的激烈国际舆论斗争中赢得主动，增强在国际上的话语权。中国民主的故事是丰富多彩的，其中一个关键的叙事着力点在于，它是把民主和人民的现实生活紧密联系起来的民主，是解决人民需要解决的问题的民主，是有着"烟火气"的民主。在当代中国，社会生活构成政治的微观基础，政治的正当性与合理性源自政治体系保护回应和改善社会生活的有效性。人民生活与公共生活之间处于一个前所未有的开放空间和活跃状态，这是中国式民主建构和发展的条件，也是中国式民主走向深化的契机③。通过加强社会民主的研究，我们不仅可以为夯实社会主义民主政治的基础性工程、健全人民当家作主的制度体系提供思路，而且由于指标本身就是一种制度性话语权，社会民主测量指标体系的构建及其应用也有助于提升中国民主的国际话语权。

第二节　核心概念与研究问题

一、社会民主的概念界定

社会民主是一个既简单明了又纷繁复杂的概念。说它简单明了，是因

---

① 《习近平谈治国理政》第2卷，外文出版社2017年版，第288页。
② 《习近平关于全面深化改革论述摘编》，中央文献出版社2014年版，第85页。
③ 张力伟：《社会生活中的民主：中国式民主的路径阐释和价值之辨》，《求实》2023年第2期。

为顾名思义，社会民主就是作为政治民主对应物存在的民主形式，是社会生活领域的民主。说它纷繁复杂，一方面是因为"社会"本身就是一个多层次、立体化的范畴，当我们谈论"社会"时，存在相对于自然界的人类社会意义上的"大社会"、相对于国家的社会意义上的"中社会"，以及与政治、经济、文化等领域并列的"小社会"之分，这就带来了社会民主究竟是宏观、中观还是微观意义的差别；另一方面是因为社会民主作为一个政治名词，在近代以来的政治史中被不同的政治力量使用和宣扬，在近代以来的思想史中被各种理论流派和政治学说关注和讨论，从而掺杂了太多具有浓厚意识形态色彩的争议，背负了太多历史的包袱。

关于前者，本书第二章第一节将对社会民主的概念范畴进行详细的层次分析；关于后者，本书第一章将对社会民主作出正本清源的观念史、概念史清理。这里只举一个典型的例证，即西方学者对社会民主的定义总是与资本主义和社会主义的关系纠缠在一起。比如，迈克尔·弗里登（Michael Freeden）等主编的《牛津政治意识形态手册》中专列"社会民主"词条，其定义是"一种意识形态，它规定利用民主集体行动将民主人士在政治领域所珍视的自由和平等原则扩展到经济和社会组织中，主要是通过反对自由放任资本主义所造成的不平等和压迫"[①]。托尼·菲茨帕特里克（Tony Fitzpatrick）对社会民主的定义是，"在自由民主的框架内，通过国家主义和渐进式改革，将资本主义经济置于某种形式的集体控制之下，维持一种社会化资本主义"。在他看来，将"具有社会意识的自由主义者"和"具有自由主义意识的社会主义者"团结在一起的功能，使社会民主"集经济繁荣、政治参与、社会公正和文化成熟于一身，代表了人类迄今为止为自己创造的最好的社会形式"[②]。杰拉西莫斯·莫斯乔纳斯（Gerassimos Moschonas）进一步指出，目前存在两条定义社会民主的路径：广义路径强调社会民主的"渐进"特征，认为社会民主与"改良主义"是同义词，是一股介于两个政治极端之间、地处温和地带的力量，强调它有

[①] Freeden, M., Sargent, L. T., & Stears, M. (Eds.). (2013). The Oxford handbook of political ideologies. New York: Oxford University Press, p. 348.

[②] Fitzpatrick, T. (2003). After the new social democracy: social welfare for the 21st century. Manchester: Manchester University Press, p. 5.

效地适应了资本主义社会经济制度，其概念的经典版本是英国工党理论家安东尼·克罗斯兰（Anthony Crosland）提出的"社会民主＝政治自由主义＋混合经济＋福利国家＋凯恩斯主义经济政策＋对平等的承诺"；狭义路径将社会民主理解为工人阶级运动中特定的党派和工会结构，这些政党实现了三方面的必要整合，一是社会主义与工会主义的融合或相互渗透，二是将工人阶级纳入一个由合作社、培训学校、青年协会、文化团体、体育俱乐部构成的复杂的体系，三是将社会主义运动融入代议制民主。

上述林林总总的定义，都把社会民主与社会民主主义混淆在一起，实际上是非常狭隘且高度意识形态化的定义。事实上，社会民主本身是一个具有很强学理性、基础性和包容度的学术概念。鉴于此，我们开宗明义地为本书即将论述的社会民主给出一个简明扼要的定义。所谓社会民主，就是与国家形态的政治民主相对应的民主形式，它随着民主从政治领域向社会生活各个领域的全面拓展而产生，是人类由"政治解放"到"社会解放"的进程在民主实现形式上的重要体现[①]。社会民主的核心在于从社会生活的各个领域积极探索公民参与公共事务治理的有效形式，建立健全民主的社会微观运行机制，培育和积淀民主政治得以巩固和运转的社会资本。就广义而言，社会民主存在于人类实践活动的一切形式之中，包括生产物质生活资料和劳动资料的物质生产实践、改造社会关系的社会政治实践、创造精神文化产品的科学文化实践，相应地，社会民主涵盖经济领域、文化领域、公共交往领域、家庭生活领域、教育领域等，成为"经济民主""工业民主""企业民主""社区民主""文化民主""家庭民主""校园民主""学术民主"等民主形态的总称。具体而言，社会民主是在一个国家的国体和政体设计及运行体现"人民主权"原则、落实政治民主的前提下，追求更为平等的社会结构关系、更为紧密的社会联系纽带、更为开放的社会决策管理、更为广泛的社会治理参与、更为公平的社会资源分配、更为充沛的社会经济权利、更为完善的社会生活保障，最终在社会生活领域中真正实现人民当家作主的制度与过程。

---

① 何显明：《社会民主实践与民主政治社会微观基础的培植》，《中共杭州市委党校学报》2012年第1期。

二、本书关注的重点问题

遵循上述定义，把社会民主"找回来"（bring the social democracy back in），不仅需要历史的溯源、理论的"重访"，还需要概念的建构、实证的测量、案例的支撑。为此，本书重点关注以下问题：

一是深化社会民主的发展历程研究。社会民主的思想渊源是什么？社会民主的理论演进和思想嬗变与民主理论发展史有着怎样的关联？马克思主义关于人民民主的思想、社会民主主义理论、自由主义民主理论视域中的社会民主有何异同？如何在纷繁复杂的民主理论中准确把握社会民主的来龙去脉，尤其是将社会民主与修正主义的社会民主主义进行区分，重述马克思主义关于社会民主的基本立场、观点和方法？这些都是需要通过历史梳理廓清的问题。

二是夯实社会民主的基础理论研究。社会民主有着怎样的科学内涵？它与政治民主、经济民主、基层民主、协商民主、直接民主等相关概念的联系和区别是什么？它得以成立的前提和得以发展的依据是什么？它追求什么样的价值目标？它的核心构成要素有哪些？它呈现出哪些鲜明特征？它有着怎样的现实功能？它的实现途径有哪些？它的发展限度在哪里？这些问题需要我们在厘清概念范畴、阐明概念内涵的基础上，对社会民主进行体系化的理论建构。

三是探索社会民主的实证测量研究。如何对社会民主这一抽象概念进行可验证的测量？在把笼统的原则性指标与细化的操作性指标、统计性指标相整合的过程中，如何始终确保指标内部的高度相关性、层次性、整合性，不断优化测量指标的信度、内容效度、结构效度和效标效度？如何准确评估特定国家或地区社会民主程度并进行国际比较？这些问题要求我们设计一套系统、科学的社会民主测量指标体系并将其应用于实证研究之中。

四是加强社会民主的实践案例研究。社会民主建设应该遵循怎样的规律？发展社会民主涉及哪些重点领域？社会民主建设有哪些关键任务？中国共产党领导的中国社会民主是如何推进的？在新民主主义革命时期、社会主义革命和建设时期、改革开放和社会主义现代化建设新时期、中国特色社会主义新时代，我国的社会民主建设分别取得了哪些重大成就？这些问题要求我们以案例为中心进行深入描述，在梳理中国社会民主建设来龙去脉的基础上总结提炼宝贵的历史经验。

第三节　国内外研究现状述评

一、国内学界关于社会民主的研究

国内学者对社会民主展开了多维度的研究并取得了丰硕成果。需要指出的是，在以"社会民主"为主题的研究中，有几类因语境差异导致的特例：一是有些研究者以"社会民主"指代特定社会的民主，把社会民主与作为整体的西方社会的民主或者我国社会的民主混用；二是围绕"以党内民主带动人民民主"的命题，有些研究聚焦与"党内民主"范畴相对的"社会民主"，其论述对象实际上是人民民主[①]；三是由于非马克思主义的社会民主主义也打着社会民主（social democracy）的旗号，社会民主经常被等同于北欧模式或"第三条道路"，一些学者以"社会民主"为标签研究社会民主主义或社会民主党。排除了以上三类情况后，呈现在我们面前的是一幅丰富多彩的研究图景。

（一）社会民主的思想渊源研究

在思想渊源方面，很多学者基于马克思主义政治学基本原理，对马克思主义人民民主思想中蕴含的关于社会民主的丰富理论资源进行了挖掘。武汉大学刘德厚教授在 1984 年发表的《对民主含义的历史唯物主义思考——兼论社会主义民主的社会本质》一文中就指出，通观整个人类社会民主生活演变的历史，民主的含义应该有两个层次。从广义上说，民主属

---

① 比如胡承槐就把与"党内民主"对应的社会民主直接等同于民主，认为"社会民主与民主是含义等同的两个概念，在民主概念之前冠以社会，是出于将民主与党内民主对置起来讨论的需要，在此之外，社会民主与民主这两个概念完全是等价的"。参见胡承槐：《社会民主、党内民主、民主执政范畴的基本内涵及逻辑关系——兼谈浙江民主政治建设的基本经验》，《浙江社会科学》2007 年第 4 期。

于社会范畴，可以被理解为社会生活各个领域以尊重多数的意志、利益和平等权利为原则的一种社会管理形态；从狭义上说，在阶级和国家存在的社会里，民主属于政治范畴，主要表现为一种国家形态。从这种广义的民主观审视，"社会主义民主在内容上有其广泛性，即不仅是一种国家政治生活的民主，而且将是逐步的、最大限度的扩大到经济生活、文化生活和其他社会生活的领域的民主，在社会属性上有其多样性，既有国家形态民主的一面，又有非国家形态的广泛社会生活的民主一面"，社会主义民主发展的总趋势和总规律，就是要在不断完善国家政治民主生活的主导和制约下，扩大和发展社会生活各个领域的民主，为消亡国家逐步地准备条件①。何显明指出，社会民主是马克思主义理论中实现"社会解放"的重要途径。马克思提出了超越"政治解放"的"社会解放"这一重要概念，即通过生产方式及交往方式的变革完成对市民社会的根本性改造。人类只有在政治权利的形式平等的基础上，实现在市民社会中的全部生活的平等，实现真正彻底的民主，即社会民主，才能为最终获得彻底解放奠定坚实的基础②。王洪树等对马克思主义视域中的社会民主进行了学理分析，认为社会民主的萌生发展是在经济发展到一定阶段的基础上出现了国家与社会的相对分立并且社会谋求自主自治和政治参与的结果③。林育川针对学界流行的"马克思恩格斯对社会民主持否定态度"观点进行了商榷，指出恩格斯曾断言英国的前途将是"社会民主制"，而马克思则称巴黎无产阶级提出的"社会共和国"为"真正的民主制"，这表明马克思恩格斯认为社会民主是对于政治民主的超越，其核心就是消除了社会领域中私有财产对人的束缚，实现了人类的真正解放。事实上，马克思恩格斯对社会民主持一种复杂和深刻的理解，既把它视为对自由主义民主理论的解构，也把它当作一种未来的无产阶级或者社会主义的民主形式④。孙力对列宁的"半国

---

① 刘德厚：《对民主含义的历史唯物主义思考——兼论社会主义民主的社会本质》，《武汉大学学报（社会科学版）》1984 年第 6 期。

② 何显明：《社会民主实践与民主政治社会微观基础的培植》，《中共杭州市委党校学报》2012 年第 1 期。

③ 王洪树、廖华：《社会民主的萌生发展、学理分析、价值意义及实现路径》，《当代世界与社会主义》2016 年第 4 期。

④ 林育川：《马克思恩格斯视野中的社会民主》，《社会科学辑刊》2013 年第 1 期。

家"思想与社会民主的关系进行了分析，认为在创建社会主义国家以及俄国严酷的革命斗争的环境下，列宁强调国家形态的民主并确立民主集中制，但列宁后来在思考社会主义条件下的民主时，强调革命后社会的治理还有一个根本性的转变，即社会本身不断地成长和发育以及社会自我管理、自我运作的能力不断增强，这是对马克思恩格斯"自由人联合体"思想的重要发展，也为发展社会民主奠定了理论依据①。

（二）社会民主的理论内涵研究

在理论内涵方面，许多学者认为，社会民主存在于市民社会领域，是与政治国家领域的国家民主相对应的概念。张燊认为社会民主是指一种社会状态，以自由和平等为基本精神，以公民社团为基本组织，以协商、合作和联合为手段，以解决市民社会内部所产生的矛盾从而实现社会整体利益的最大化为目标②。韩玲梅从民主社会化的角度对社会民主的理论依据及其构成要素进行了探讨，指出社会生活中的群体及人际关系的状况是政治理论形成的基础，因此民主的最终实现必然是政治民主与生活方式民主之间理性结合的成果。在她看来，"民主的存在必须有社会基础，即让民主渗透于我们的日常生活中形成一种生活习惯，从而赋予民主真正的实质性的内容，以使得更高、更广的民主在全社会范围内不至于停留在形式上，而使其真正成为理想的政治民主的基本动力和源泉。"③ 林尚立指出，在市场经济与现代化发展使社会力量不断壮大的条件下，社会民主日益成为人民民主的直接实践形式，其核心在于社会的自我发育，即"独立的社会主体在承担社会责任、解决社会问题和实现自我管理中所形成的民主参与、自我管理和自我服务"④。蒋俊明等认为，国家治理体系和治理能力现代化有两方面的目标，一是通过进一步的简政放权给予民众更大的经济与社会自主权；二是推进国家（政府）和民众之间政治关系的民主化。前者属于经济民主、社会民主发展的范畴，后者属于政治民主发展的范畴，两者互为关联，相互促进。政治民主建设和发展本质上是为经济民主和社会

---

① 孙力：《社会民主、半国家与民主集中制》，《浙江学刊》2011年第2期。
② 张燊：《论社会资本与社会民主的建构》，《理论界》2010年第4期。
③ 韩玲梅：《民主作为一种生活方式——民主实现的社会基础》，《社会》2002年第11期。
④ 林尚立：《建构民主：中国的理论、战略与议程》，复旦大学出版社2012年版，第334页。

民主发展服务的，并基于经济民主和社会民主发展的新要求不断推进①。费英秋从民主内容结构层次的角度区分了国家民主与社会民主，指出前者是国体的民主，后者是政体和非国家形态的民主，即经济生活、文化生活和社会生活方面的民主②。陈秋平等认为，社会民主既不同于政治民主，也不同于希冀完全通过社会政策就能实现的民主，而是存在于社会层面的一种自下而上的社会运行方式而非统治方式，具有自发性、内生性和超政治性③。

（三）社会民主的发展依据研究

在发展依据方面，不少学者认为国家与社会的分离、公共空间的产生以及人类对于有序公共生活的需要，构成了社会民主存在和发展的理由。林尚立指出，作为一种政治生活，民主的必备条件就是公民的参与以及由此所形成的公共生活。不论什么形态的民主，公共生活都是民主得以确立和运行的重要社会基础。在民主制度已经确立的前提下，公共生活的健全是民主得以健康成长的关键④。刘建军指出，"民主不是华丽政治剧场的表演，也不是对抗性政治体系中的相互否决，更不是资本逻辑统驭下的权利分享和权力分配"，民主的真谛在于"民意连续性的表达与实现"，因此"美好生活的不断满足、人的自由和全面发展的持续进展，不仅是人民民主的根本目的，而且是检验人民民主的根本标尺"⑤。王浦劬指出，民主与民生分别分布于社会公共领域和私人领域，分别涉及政治生活和社会生活。民主的实际是公民或者法人对于公共利益的主张权利的平等实现，民生的实质是公民或者法人、其他组织对于涉及其私人利益的权利的主张、维护、实现和救济。在社会生活中，民生既可以通过社会政治机制或者治理民主机制实现，也可以通过市场或者社会自治机制实现，这就为社会民

---

① 蒋俊明、陈佳楠：《我国经济民主和社会民主发展的策略调整》，《江苏大学学报（社会科学版）》2015年第4期。

② 费英秋：《论国家民主和社会民主》，《理论学习月刊》1988年第11期。

③ 陈秋平、许翔：《教育与社会民主》，《天府新论》2003年第6期。

④ 林尚立：《有机的公共生活：从责任建构民主》，《社会》2006年第2期。

⑤ 刘建军、陈周旺、汪仕凯主编：《政治逻辑：当代中国社会主义政治学》，上海人民出版社2022年版，第191页。

主的运行开辟了空间①。任中平指出，国家民主和社会民主是我国人民民主领域的两大层次，人民民主既包括国家政治生活层面的国家形态的民主，也包括基层社会生活层面的非国家形态的社会民主，其中国家民主是关键，社会民主是基础②。张纯厚认为，"民主原则不仅应当体现在政治权力的授予和监督上，而且也适用于政府、企事业单位和社会组织的雇员关系管理，这些组织之间的关系，以及宗教组织、家庭和其他社会生活中的人际关系"，因此社会民主应当包含四个方面的内容，即社会群体之间和个人之间的平等竞争、全社会成员基本生活条件方面的经济平等、劳资关系上的工作场所民主以及与新社会运动相联系的社会民主③。佟德志从民主的主客体复合结构的角度论证了社会民主的重要性。从主体复合结构来看，民主政治建设是由公民个体、社会和国家等多元力量参与的复杂进程，不仅需要把国家层面政治民主作为主要途径，还需要发挥其他政治主体的能动性④。从客体复合结构来看，民主调整的关系涉及政治、经济、文化等各领域，必须使各种民主模式之间形成有效整合，从而使各种力量因为合力而得到增强，发挥出正向的合力效应⑤。

（四）社会民主的价值功能研究

在价值功能方面，国内学者普遍将社会民主视为人民民主的题中之义，认为社会民主是政治民主得以稳固的前提和必然达到的更高层次，社会民主和政治民主在不同层面保障人民的民主权利，只有二者的全面实施和相互结合，才能推动民主政治的全面发展，才能保障社会政治长治久安。房宁指出，"中国特色社会主义民主政治不仅要实现全体人民的政治平等，实现政治民主，还要以此为基础将民主推向经济和社会领域。从一

---

① 王浦劬：《以治理民主实现社会民生——我国行政信访制度政治属性解读》，《北京大学学报（哲学社会科学版）》2011年第6期。

② 任中平：《党内民主与人民民主、国家民主与社会民主的关系辨析及发展走向》，《云南社会科学》2011年第2期。

③ 张纯厚：《政治民主与社会民主：西方自由民主的两个层面及其启示》，《文史哲》2012年第2期。

④ 佟德志：《中国式民主的客体复合结构与综合推进战略》，《天津社会科学》2011年第2期。

⑤ 佟德志：《中国式民主的主体复合结构与综合推进战略》，《学习与探索》2011年第2期。

定意义上说，社会主义民主更重要也更为深刻的内容是经济民主和社会民主。"① 陈周旺等认为社会生活民主是社会主义民主的有机组成部分，指出"社会主义民主最重要的基本特征之一，就是它不仅仅是一种政治民主，在政治生活领域按照少数服从多数的原则来进行决策，它更是一种社会民主、生活民主，将民主原则落实、贯彻到社会生活的方方面面"②。朱光磊等认为，民主一般而言主要属于政治问题，但从社会治理的角度看，民主事实上也是多元主体参与社会治理的重要方式之一。在很多情况下，民主可以不包含那么多的"政治意味"，将潜在的政治问题化解在社会层面，有助于形成一种社会自我管理和消化不良情绪的重要机制③。张飞岸认为，民主理论需要完成从自由民主向社会民主的概念回归。社会民主将民主看作经济权利、政治权利和社会权利的统一，超越了来自左与右的意识形态偏见，其民主观完整涵盖了"治理、参与-回应、再分配"这三项衡量标准。相对于自由民主，社会民主不仅有助于提升民主的有效性，而且其更大的价值在于致力创造一个每个人都有尊严的社会，最大限度地将民治和民享的理念付诸实践④。张力伟认为，社会生活中的民主有三方面的重要价值：一是有利于改变整个社会的权威结构，使社会在普遍参与中变得更加平等，二是降低了民主参与的门槛，三是有利于培养公共道德⑤。何显明认为，一个国家的政治体系不是一个封闭的自组织系统，而总是同经济状况、文化传统、社会结构以及人们的思想观念等等构成错综复杂的互动关系。从社会生活各个领域积极推进各种形式的社会民主试验，让公众在身边的微观民主实践中习得民主政治运作所需要的理性参与的政治人格，以及对话、协商、妥协的民主实践技能，逐步增强政治参与的功效感，增殖信任合作的社会资本，是民主政治发展成长的重要组成部分⑥。韩升指

---

① 房宁：《民主政治十论》，中国社会科学出版社 2011 年版，第 209 页。
② 陈周旺等：《社会主义民主政治：制度与过程》，上海人民出版社 2023 年版，第 142 页。
③ 朱光磊、于丹：《论对政治行为的"社会化处理"》，《天津社会科学》2015 年第 1 期。
④ 张飞岸：《走出民主危机：从自由民主向社会民主的回归》，《探索》2016 年第 6 期。
⑤ 张力伟：《社会生活中的民主：中国式民主的路径阐释和价值之辨》，《求实》2023 年第 2 期。
⑥ 何显明：《社会民主实践与民主政治社会微观基础的培植》，《中共杭州市委党校学报》2012 年第 1 期。

出，在国家政治民主制度设计科学合理的情况下，社会民主的塑造和培育对于现代社会治理而言至关重要。社会民主的真谛在于培养真正具有健全公共意识、理性参与能力、审慎决断能力和自我反思精神的现代公民，培育健康积极的现代公民文化，因此，"社会民主应该作为一种优良的生活形式普及到每一个现代公民的身上，融入到现代公民日常生活的方方面面、点点滴滴之中，这是真正社会民主精神在普罗大众当中的渗透与传播，是现代公共生活能够得以优化的重要前提与基础"①。

（五）社会民主的发展历程研究

在发展历程方面，一些学者对我国社会民主的建设发展历程进行了历史考察和经验总结。蒋俊明等较为系统地梳理了我国社会民主的实践探索，指出中国共产党人已经形成了社会民主发展的清晰策略②。陈周旺指出，在我国社会主义民主建设的进程中，社会民主与经济民主、政治民主一直相伴而行。新中国成立初期，党和政府就将社会民主与经济民主、政治民主视为人民民主的统一体进行建设，在厂矿企业推行企业民主制度，在基层实现群众自治，开展了大规模的国家发展行动，包括兴修水利、发展医疗卫生事业、文化教育事业，建立社会救助体系，努力提高全民的识字率和人均寿命，解决基本的健康温饱等生存问题，通过这些努力，我们建立了中国特有的单位民主、基层民主和全方位的人民事业体系。公有制的建立和在国营企业中建立职工代表大会制度，保证职工参与企业管理、享有职工福利，体现了社会民主与经济民主的交织。城乡基层群众自治的发展，既是政治民主建设的支撑和试验场，也实现了人民群众自我管理、自我教育、自我服务和自我监督的社会权利，体现了社会民主与政治民主的交织。教科文卫等社会事业体系的建设，每一项有关民生福利的人民事业，都体现出经济民主、政治民主与社会民主的共同发展。改革开放之后，社会力量获得了巨大的成长空间，社会结构发生了深刻的变化，在从原来的单位体制支配下以城乡二元体制为基础的社会结构转化为市场经济

---

① 韩升：《在社会民主的批判反思中推进现代社会治理》，《北京行政学院学报》2018年第4期。

② 蒋俊明、陈佳楠：《我国经济民主和社会民主发展的策略调整》，《江苏大学学报（社会科学版）》2015年第4期。

体制下以中产阶层为主体的社会结构的过程中，中国共产党提出社会民主发展的新目标和新要求，把确保广大人民群众的基本权利、通过社会民主建设吸纳更多的社会力量参与，借助成长起来的社会力量来进行多元化的、立体的社会治理作为新议题。在此背景下，社会民主建设的一个主要方向，就是培育、引导社会组织的发展，吸纳广大人民群众参与社会治理，实现在全社会各治理单元中更充分的民主化，将全过程人民民主、协商民主的原理用于日常生活的实践中①。

（六）社会民主的发展战略研究

在发展战略方面，国内学者普遍认为中国未来民主政治建设应该遵循政治民主与社会民主并举的方法，一方面完善政治层面的民主，充分保证公民的各项政治权利，另一方面加快发展社会民主，在企业、学校、家庭等人们的日常生活领域建立起民主的生活方式。徐勇把社会民主与基层民主的发展联系起来，指出改革开放以来村民自治制度的实践正是围绕农民从抽象的"主人人格"走向具体的"主人人格"的体制安排，其实质是将人民从日常生活的"依附者"的状态中解放出来，使千百年来被政治所边缘化的农村百姓走向政治前台，成为政治主体和生产生活的主人②。方宇也认为，民主应该在政治和社会两个层面上保障人民当家作主的权利，其中公民个体或群体在社会层面参加社会组织、活动或者决策中所采取的民主即是社会民主。基层村民自治通过直接民主充分体现农民的意愿，是当代中国社会民主的重要实现形式之一③。蒋德海研究了法治国家与社会民主之间的关系，指出法治是社会民主必不可少的保障，法治国家不仅是服务于社会民主的一种国家形态，而且它本身就是社会民主的产物，是民主的社会在其民主博弈中产生的一种政治上层建筑④。张翔将社会民主与国家建构相对应，认为中国的政治现代化已经到了"建设国家"的深化时期

---

① 陈周旺：《社会主义民主的全方位建设》，《上海行政学院学报》2022 年第 6 期。

② 徐勇：《基层民主：社会主义民主的基础性工程——改革开放 30 年来中国基层民主的发展》，《学习与探索》2008 年第 4 期。

③ 方宇：《当代中国社会民主的发展——以村民自治为例》，《齐齐哈尔大学学报》2014 年第 3 期。

④ 蒋德海：《以社会民主为目标全面推进依法治国》，《探索与争鸣》2015 年第 3 期。

和"社会民主"的启蒙时期，而已经纳入政治现代化的议题中的解决民生问题，既要依赖于经济发展，又必须促进"社会民主"建设①。陈明明认为，民生政治是中国政治发展合理可行的战略选择。从民生政治的发展战略看，中国的现代国家建设是一个由经济发展、社会建设和政治改革构成的战略系统，是一个以民生为主导的先易后难的渐进过程。通过公民经济社会权利（如养老、医疗、公共卫生、劳动就业、文化教育、个人自由、社会自治、社会组织等权利）的长足发展，形成国家与社会、政府与公民、经济与政治之间的良性互动②。林拓、虞阳强调了企业民主的功能，指出让每个人在更好地自我支配并联合他人的同时，产生更有力的推动历史发展的能量，回归与人们息息相关的、直接可控的日常生活及工作的民主过程，这是对民主最为朴素却也是最为深刻的重建基点③。姚瑶提出了在公司治理中发展社会民主的主张，作为国家治理的微观实践，公司一方面围绕股东、董事、监事、高管、员工等构塑起内部治理体系，另一方面又与其他社会主体互动而一体嵌构于整个国家治理体系之中。公司治理领域的民主既是一种经济民主，同时由于公司治理还是一种日益受到外在公共干预的社会治理形态，因此它也是一种社会民主。宜超越资本民主而在社会民主的视野下来拓展公司治理的维度，从而回应国家治理的要求④。

（七）社会民主的概念辨析研究

在相关概念上，国内学者关于"广义民主""全方位民主""生活政治""民生政治""生活世界的民主""非国家形态民主"等方面的研究涉及社会民主。李海青尝试从"广义民主"概念建构中国特色社会主义民主话语，指出："与将民主仅仅视为一种政治现象，将其主要理解为竞争性选举的选举民主论不同，广义民主论主张现代社会中民主的存在具有广泛性与普遍性。在现代社会，民主存在于整个社会系统的多重领域，在每一领

---

① 张翔：《"重塑国家—建设国家—社会民主"：1898年以来中国政治现代化的过程、特征与方向》，《天府新论》2011年第1期。

② 陈明明：《以民生政治为基本导向的政治发展战略》，《江苏社会科学》2012年第2期。

③ 林拓、虞阳：《无声的民主：企业民主与国家治理》，人民出版社2016年版。

④ 姚瑶：《国家治理体系下的公司治理：从资本民主到社会民主》，《理论月刊》2015年第12期。

域民主又都具有多种实现形式，并且每一种民主形式在实现过程中又都包含多个程序环节。而不论是民主的领域、形式还是环节，所体现的都是社会成员自主自治这一价值理念。"① 鉴于此，社会民主体现为社会成员在社会结构合理化与资源占有公平化基础之上，在个体私人领域中的自由自主或在社会公共领域中的自主参与。陈周旺认为，人民民主是一种整体性的、全局性的民主政治，强调经济民主、政治民主、社会生活民主的有机统一、协调发展和相互配合，形成了一种全方位的民主建设。社会民主的意义在于将民主的理念、民主的原则和民主的制度，推广到千家万户和社会生活的方方面面，使民主成为一种日常生活方式和价值观念。只有到了社会民主这一步，人民民主的真实性、广泛性才充分展现出来②。张树平基于历史政治学的分析方法，指出生活构成了政治的微观基础，"社会形态"或"社会经济形态"共同决定了生活形态和政治形态。从生活理解政治，本质上就是进一步探索社会经济形态如何通过"生活与政治"的关系来实现其决定作用③。曹文宏认为，民生构成社会生活的最基本内容，也是国家和社会组织活动的重要目的。民生问题关系社会公正、公共服务，民生政治就是以改善民生为政治目标，以民生问题为政治决策、政治职能和政治资源配置的重心，以民生为准，把民生的改善、国民的福祉作为衡量发展的最高标准，用民众生活质量指数和满意指数取代简单的经济发展指数作为考量政治发展的标杆④。赵丽江等认为，民生的内涵不仅包含了普通百姓的物质生活、经济生活，还包括政治生活、文化生活、社会生活等内容。民生政治不同于革命政治、解放政治、权力政治、以阶级斗争为纲的政治，而是与每一个人日常生活的细节息息相关的生活政治⑤。刘俊祥指出，社会政治是实现人的社会解放的必然途径，通过政权民主、经济

---

　　① 李海青：《广义民主论——构建中国特色社会主义民主话语的一种尝试》，《上海师范大学学报（哲学社会科学版）》2015 年第 5 期。

　　② 陈周旺：《社会主义民主的全方位建设》，《上海行政学院学报》2022 年第 6 期。

　　③ 张树平：《改变生活的政治与改变政治的生活：一种历史政治学分析》，《学术月刊》2018年第 9 期。

　　④ 曹文宏：《民生政治：民生问题的政治学诠释》，《社会主义研究》2007 年第 6 期。

　　⑤ 赵丽江、马广博、刘三：《民生政治：当代中国最重要的意识形态》，《武汉大学学报（哲学社会科学版）》2012 年第 3 期。

高效和社会公平职能的履行，建设"以民生利益需要为本原基础、以民生利益满足为动力原因、以民生幸福公平为目的价值、以保障改善民生为重点职能、以民生制度体系为表现形式"的民生国家，是中国"走向新型社会民主"时期的新人民政治①。潘一禾认为，生活世界的民主体现为普通人普遍具有的民主理念、民主精神和日常生活方式的民主化②。虽然生活世界的民主化进程是微观、低调、分散和细碎的政治建设进程，但它作为民主大厦的基石，是全体社会成员必须共同参与的公共事业③。朱光磊等将村民自治、企事业单位职工代表大会、社团民主管理等不体现国家权力关系的各种民主形式称为"非国家形态民主"，并指出与"国家形态民主"相比，它具有直接性、内生性、自治性等特点，是当代中国民主建设的突破口④。

（八）社会民主的实证研究

在实证研究方面，有学者对社会民主开展了一些国别研究和案例研究。施雪华等指出，中国共产党领导的多党合作和政治协商制度是一种具有政治民主与社会民主双重性质的新型民主形态：一方面，它使民主党派具有制度化的参政渠道，具有政治民主的特点，对中国的政治过程有重要的影响；另一方面，其政治组织形式使执政党和民主党派得以广泛联系群众进行参政议政、实行民主监督，具有社会民主性质⑤。于蓓指出，法国社会民主是专门指涉劳资关系及其相关制度安排的理念，这一理念深深影响了法国的劳资关系、福利制度乃至整个法国的经济与政治。在当代法国，"社会民主"主要是指一种公共决策模式。首先，"社会民主"的决策

---

① 刘俊祥：《民生国家论——中国民生建设的广义政治分析》，《武汉大学学报（哲学社会科学版）》2013年第4期。

② 潘一禾：《生活世界的民主——探询当代中国的新政治文化》，社会科学文献出版社2010年版，第40页。

③ 潘一禾：《生活世界的民主——探询当代中国的新政治文化》，社会科学文献出版社2010年版，第336页。

④ 朱光磊、郭道久：《非国家形态民主：当代中国民主建设的突破口》，《教学与研究》2002年第6期。

⑤ 施雪华、崔恒：《一种具有政治民主与社会民主双重性质的新型民主形态——中国共产党领导的多党合作制性质分析》，《江苏行政学院学报》2011年第1期。

主体是若干被国家确认具有代表劳资双方进行集体协商资格的工会和雇主联合会，它们常被称为社会伙伴；其次，"社会民主"的决策方式多种多样，包括各种形式和层级的协商、谈判，它们共同的特点是决策由来自工会和雇主联合会的代表作出；再次，"社会民主"的决策范畴主要涉及劳资关系领域。在此基础上，于蓓对法国"社会民主"的两大机制——劳资调解委员会制度和福利制度进行了分析①。吴晓黎指出，在主权在民的原则与民主的实现形式之间存在着极为宽广的空间，容纳着千差万别的具体制度和实践，因此仅从制度层面的指标来衡量民主是远远不够的，因为法律和制度自身并不能保证公民真实地拥有和平等地行使权利②。她通过对印度喀拉拉邦社会政治的民族志考察，揭示出政治民主的建立通常依赖社会的支配结构，经济不平等和压迫性的社会结构限制了印度的政治民主的事实。

二、国外学界关于社会民主的研究

国外学者对社会民主的研究，往往与社会民主主义思潮、运动、组织和政党的研究糅合在一起，其内容涉及社会民主的基础理论、历史进程、区域国别案例和比较分析、实证测量、发展前景等多维角度。

（一）社会民主的基础理论研究

在社会民主的基础理论研究方面，国外学者普遍认为，社会民主的本质是一种试图通过国家计划和政府干预对市场模式进行修正和改造的历史进程，是一种致力于对资本主义进行改良以减弱其消极影响的妥协形式。社会民主具有三个基本特征：一是扩大国家计划机制的范围，在资本主义积累进程中加入与市场优先相对的"社会优先"因素。二是扩大政府服务，以福利国家建设、社会保险、转移支付对市场机制进行补偿与重塑。三是利用宏观经济政策使失业最小化。社会民主已经成为西方世界普遍采用的一种妥协形式，很难想象一个资本主义国家能够在不采取任何社会民

① 于蓓：《法国"社会民主"初探》，《欧洲研究》2013年第6期。
② 吴晓黎：《社群、组织与大众民主：印度喀拉拉邦社会政治的民族志》，北京大学出版社2009年版，第3页。

主政策日程的情况下保持稳定和可持续发展。在布拉德·罗泽（Brad Rose）和乔治·罗斯（George Ross）看来，社会民主是社会主义发生改良主义的立场转向的结果，社会民主认为社会主义应在国家议会机构和选举中推行，这意味着放弃革命主张，接近非工人阶级群体并与之建立跨阶级的选举联盟。二战后社会民主所经历的"光辉岁月"（glory days）事实上是以与垄断资本签订"媾和条约"为基础的。社会主义者接受了资本主义的"准永久性"，以换取资本主义能够更加人性化和民主化，其实质就是把资本主义的效率优势和改良主义的再分配优势结合起来。这项"媾和条约"的内核是生产主义的（productivist），它以经济增长作为维持一切的关键基础。但基于民族国家的"凯恩斯主义-社会民主"政策不可能一直奏效，这恰恰是社会民主的根本困境所在[1]。凯文·希克森（Kevin Hickson）等从政治经济学（political economy）、平等（equality）、福利（welfare）、公共服务（public services）、社会团结（social cohesion）、公民自由（civil liberties）、公民身份与宪法（citizenship and the constitution）、国际主义（internationalism）等关键词出发阐述了社会民主的核心原则，并将这几个方面的原则视为"重建社会民主"的价值基点[2]。戴维·鲁埃达（David Rueda）从劳动力内部人和外部人利益区别入手，指出内部人更关心自己的就业保护，而不是旨在促进外部人利益的劳动力市场政策；外部人对劳动力市场政策的关注远远超过对局内人就业保护的关注。社会民主党有强烈的动机将局内人视为其核心选民，因此其主要政策目标是延续或增加局内人的就业保障，这就意味着，社会民主党政府没有推行劳动力市场政策的动力[3]。汉斯·科曼（Hans Keman）区分了社会民主研究的两种路径：一类是关注与资本主义转型有关的战略问题的"项目导向型"（project orientated）研究，另一类是考察政治行动与社会变革之间关联的"模型驱动

---

[1] Rose, B., & Ross, G. (1994). Socialism's past, new social democracy, and socialism's futures. Social Science History, 18 (3), pp. 439 - 469.

[2] Hickson, K. (Ed.). (2016). Rebuilding social democracy: core principles for the centre left. Bristol: Policy Press.

[3] Rueda, D. (2007). Social democracy inside out: partisanship and labor market policy in advanced industrialized democracies. New York: Oxford University Press.

型"（model driven）研究，在此基础上强调对社会民主的理论研究必须澄清这些因素实际上在多大程度上阻碍或加强了社会民主化的进步趋势①。

（二）社会民主的历史进程研究

在社会民主的历史进程研究方面，彼得·贝尔哈尔兹（Peter Beilharz）以《社会民主的生平和时代》（The Life and Times of Social Democracy）为题梳理了社会民主的发展史②。斯蒂芬·伯格（Stefan Berger）对民主与社会民主之间的关系演变历程进行了详细考察③。美国历史学家詹姆斯·克洛彭伯格（James Kloppenberg）对比了1870年至1920年这半个世纪中的欧洲政治和美国政治，认为前者的趋势是"从社会主义到社会民主"（from socialism to social democracy），最终产生了"社会民主主义的政治"（social democratic politics）；后者的趋势是"从自由主义到进步主义"（from liberalism to progressivism），最终导向了"进步主义的政治"（progressive politics）④。谢丽·贝尔曼（Sheri Berman）在《政治至上：社会民主与20世纪欧洲的形成》中指出，20世纪上半叶，欧洲是地球上最动荡的地区，饱受战争、经济危机、社会和政治冲突的蹂躏。到了20世纪下半叶，欧洲则成为最平静、和谐与繁荣的地区之一。对于这种变化有两种叙事：第一种叙事侧重于民主及其替代品之间的斗争，将自由主义民主与法西斯主义、国家社会主义和马克思列宁主义对立起来；第二种叙事重点是资本主义及其替代品之间的竞争，即自由主义者与社会主义者和共产主义者之间的竞争。这两种叙事都共同忽略了一个关键点：民主与资本主义在历史上一直是对立的。事实上，欧洲的故事在很大程度上就是资本主义与民主如何兼容并蓄的故事，这种兼容在实践中意味着对国家、市场和社会之间的关系进行了巨大的修正，建立一种受政治权

---

① Keman，H. (1993). Theoretical approaches to social democracy. Journal of Theoretical Politics，5 (3)，pp. 291 – 316.

② Beilharz，P. (1990). The life and times of social democracy. Thesis Eleven，26 (1)，pp. 78 – 94.

③ Berger，S. (2002). Democracy and social democracy. European History Quarterly，32 (1)，pp. 13 – 37.

④ Kloppenberg，J. T. (1988). Uncertain victory：social democracy and progressivism in European and American thought，1870 – 1920. Oxford：Oxford University Press.

力节制和限制的资本主义，而且这种资本主义往往服从于社会的需要，而不是相反。这既与自由主义者长期以来尽可能放任市场和个人自由的主张大相径庭，也与马克思主义者和共产主义者终结资本主义的愿望大相径庭。从这个意义上说，"在 20 世纪取得胜利的意识形态并非如'历史终结'故事所说的自由主义，而是社会民主主义"①。艾伦·格拉纳迪诺（Alan Granadino）通过追溯英国工党和法国社会党对 20 世纪 70 年代中期葡萄牙社会主义党和西班牙社会主义党意识形态转变的影响，研究了伊比利亚半岛的社会民主与欧洲社会民主之间在思想、概念和实践上的流变及其相互作用②。迈克尔·雷施克（Michael Reschke）等编写的《社会民主的历史》，将德国社会民主的发展演变分为工人运动的兴起（1863 年之前）、崛起为群众运动（1863—1918 年），魏玛共和国的政府责任与分裂（1919—1932 年），国家社会主义时期的禁令、迫害和流放（1933—1945 年），重建和现代化（1946—1965 年），大联盟和社会自由联盟（1966—1989 年），现代社会民主（1990—2013 年）等七个历史阶段③。唐娜·哈什（Donna Harsch）在《德国社会民主与纳粹的崛起》中探讨了德国社会民主党在 1928 年至 1933 年间为何在各个层面上都被纳粹党所击败并最终导致魏玛共和国的崩解。不同于过往研究提出的政党官僚化、成员老龄化和政策"资产阶级化"等解释，作者从社会民主主义政治文化的角度进行了解释，认为德国社会民主党世界观的根本缺陷在于其对马克思主义的承诺与对议会民主的承诺之间的矛盾，这一矛盾决定了社会民主党对与资产阶级政党结盟的矛盾态度、不愿承担国家政治责任，以及在扩大社会基础和采取实用主义经济措施时的犹豫态度④。理查德·埃文思（Richard Evans）研究

---

① Berman, S. (2006). The primacy of politics: social democracy and the making of Europe's twentieth century. Cambridge: Cambridge University Press.

② Granadino, A. (2016). Democratic socialism or social democracy?: the influence of the British Labour Party and the parti socialiste français in the ideological transformation of the Partido Socialista Português and the Partido Socialista Obrero Español in the mid-1970s (Doctoral dissertation).

③ Reschke, M., Krell, Christian., & Dahm. J. (2013). History of social democracy. Berlin: Friedrich-Ebert-Stiftung.

④ Harsch, D. (2000). German social democracy and the rise of Nazism. Chapel Hill: University of North Carolina Press.

了 1891—1918 年德国社会民主运动与妇女获得普选权的关系,指出关于 19 世纪 90 年代末和 20 世纪初妇女选举权运动的大多数描述给人的印象是,"为妇女投票"几乎完全是来自中产阶级,但事实上,英国和美国几乎是仅有的两个这种类型的国家,当我们把目光转向欧洲大陆时,就会看到一幅截然不同的图景:在许多国家,争取妇女选举权的斗争不是由中产阶级领导的,而是在社会民主的旗帜下由工人阶级妇女领导的[①]。

(三) 社会民主的区域国别案例和比较研究

在社会民主的区域国别案例和比较研究方面,代表性的研究包括尤哈纳·瓦尔蒂艾(Juhana Vartiainen)对瑞典社会民主的研究[②]、约翰·佩林(John Perrin)对德国社会民主的研究[③]、查尔斯·米考德(Charles Micaud)对法国社会民主的研究[④]、艾拉·卡茨尼尔森(Ira Katznelson)以美国劳工联合会-产业工会联合会(AFL-CIO)为中心对美国社会民主的研究[⑤]、斯图亚特·麦金太尔(Stuart Macintyre)对澳大利亚社会民主发展历程的研究[⑥]、大卫·萨缪尔斯(David Samuels)对巴西劳工党从社会主义向社会民主的转变所作的分析[⑦]、费尔南德斯·希尔贝尔托(Fernández Jilberto)等对智利社会民主的研究[⑧]、托马斯·瓦斯科尼(Tomás Vasconi)等对拉美社会民主的研究[⑨]、普拉纳布·巴尔汗

[①] Evans, R. J. (1980). German social democracy and women's suffrage 1891 - 1918. Journal of Contemporary History, 15 (3), pp. 533 - 557.

[②] Vartiainen, J. (1998). Unerstanding Swedish social democracy: victims of success?. Oxford Review of Economic Policy, 14 (1), pp. 19 - 39.

[③] Perrin, J. W. (1910). The German social democracy. the North American review, 192 (659), pp. 464 - 472.

[④] Micaud, C. A. (1955). Social democracy in France. World Politics, 7 (4), pp. 532 - 545.

[⑤] Katznelson, I. (1978). Considerations on social democracy in the United States. Comparative Politics, 11 (1), pp. 77 - 99.

[⑥] Macintyre, S. (1986). The short history of social democracy in Australia. Thesis Eleven, 15 (1), pp. 3 - 14.

[⑦] Samuels, D. (2004). From socialism to social democracy: party organization and the transformation of the Workers' Party in Brazil. Comparative Political Studies, 37 (9), pp. 999 - 1024.

[⑧] Jilberto, A. E. F., & Vale, M. (1991). Social democracy in Latin America: rethinking political movements in Chile. International Journal of Political Economy, 21 (1), pp. 66 - 90.

[⑨] Vasconi, T. A., Martell, E. P., & Murphy, F. (1993). Social democracy and Latin America. Latin American Perspectives, 20 (1), pp. 99 - 113.

(Pranab Bardhan)对印度严重的社会不平等以及规模巨大的贫困人口和庞大的非正式部门对实施最低限度的社会民主挑战的分析①。德国学者沃尔夫冈·默克尔(Wolfgang Merkel)等对社会民主党政府如何在坚守社会民主目标和价值观的前提下有效适应全球化、欧洲一体化和社会变革进行了比较分析，重点研究了英国、法国、德国、荷兰、瑞典和丹麦的财政、就业和社会政策，他们确定了社会民主政府的三种政策模式：传统社会民主、现代化社会民主和自由化社会民主②。约翰·卡拉汉(John Callaghan)等主编的《寻求社会民主：对危机和现代化的回应》对德国、瑞典、澳大利亚、法国、西班牙等国家的社会民主发展状况进行了实证分析③。尼克·布兰德尔(Nik Brandal)等对"北欧模式"的代表——丹麦社会民主党、瑞典社会民主党和挪威工党等"斯堪的纳维亚式"(Scandinavian)社会民主进行了考察④。格里高利·鲁伯特(Gregory Luebbert)对两次世界大战期间欧洲盛行的三种意识形态——自由主义、法西斯主义和社会民主主义进行了比较，指出英国、法国和瑞士走向自由民主（比利时和荷兰属于其子类型），丹麦、挪威、瑞典和捷克斯洛伐克走向社会民主，德国、意大利和西班牙走向法西斯主义，关键原因在于有组织的工人阶级成为国家政治的主要竞争者，根本上重塑了各国的政治联盟⑤。社会欧洲(Social Europe)和艾伯特基金会(Friedrich-Ebert-Stiftung)共同编写的《社会民主的态势分析》，对瑞典、荷兰、匈牙利、希腊、美国的民主党，以及英国工党、澳大利亚工党、法国社会党、德国社会民主党进行了比较分析⑥。理查德·

---

① Bardhan, P. (2011). Challenges for a minimum social democracy in India. Economic and Political Weekly, 46 (10), pp. 39 – 43.

② Merkel, W., Petring, A., Henkes, C., & Egle, C. (2008). Social democracy in power: the capacity to reform. New York: Routledge.

③ Callaghan, J., Fishman, N., Jackson, B., & McIvor, M. (2009). In search of social democracy: responses to crisis and modernisation. Manchester: Manchester University Press.

④ Brandal, N., Bratberg, Ø., & Thorsen, D. (2013). The Nordic model of social democracy. New York: Palgrave Macmillan.

⑤ Luebbert, G. M. (1991). Liberalism, fascism, or social democracy: social classes and the political origins of regimes in interwar Europe. New York: Oxford University Press.

⑥ Social democracy: a SWOT analysis. https://www. socialeurope. eu/book/social-democracy-swot-analysis.

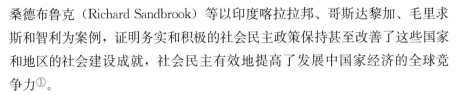

桑德布鲁克（Richard Sandbrook）等以印度喀拉拉邦、哥斯达黎加、毛里求斯和智利为案例，证明务实和积极的社会民主政策保持甚至改善了这些国家和地区的社会建设成就，社会民主有效地提高了发展中国家经济的全球竞争力[1]。

（四）社会民主的实证测量研究

在社会民主的实证测量研究方面，丹麦学者戈斯塔·埃斯平-安德森（Gosta Esping-Andersen）等[2]考察了研究社会民主对福利国家发展和经济绩效的影响的实证分析的文献，指出对社会民主的衡量有三种操作方式：一是形式主义的术语定义，比如官方的政党标签或者第二国际的成员资格[3]；二是根据一系列的政治目标或战略来确定，比如议会改革的社会主义承诺[4]，或者是对凯恩斯主义充分就业福利国家政策的追求[5]；三是启发式的方法，聚焦于具体的社会民主经验[6]。艾琳·帕拉西奥斯（Irene

---

[1]　Sandbrook，R.，Edelman，M.，Heller，P.，& Teichman，J.（2007）. Social democracy in the global periphery：origins，challenges，prospects. Cambridge ：Cambridge University Press.

[2]　Esping-Andersen，G.，& van Kersbergen，K.（1992）. Contemporary research on social democracy. annual review of sociology，18，pp. 187 - 208.

[3]　Paterson，W.，Thomas，A.（1977）. Social Democratic Parties in Western Europe. London：Croom Helm.

[4]　Castles，F. G.（1978）. The social democratic image of society：a study of the achievements and the origins of Scandanavian social democracy in comparative perspective. London：Routledge & Kegan Paul；Stephens，J. D.（1979）. The transition from capitalism to socialism. London：Macmillan；Esping-Andersen，G.（1985）. Politics against markets：the social democratic road to power. Princeton，NJ：Princeton University Press.

[5]　Paterson，W.，Thomas，A.（1988）. The future of social democracy. Oxford：Clarendon.

[6]　Higgins，W.，Apple，N.（1981）. Class mobilization and economic policy：Struggles over full employment in Britain and Sweden. Stockholm：Arbetslivcentrum；Korpi，W.（1983）. The democratic class struggle. London：Routledge & Kegan Paul；Pontusson，J.（1988）. Swedish social democracy and British labour：essays on the nature and conditions of social democratic hegemony. Ithaca：Cornell University；Cameron，D. R.（1984）. Social democracy，corporatism，labor quiescence and the representation of economic interests in advanced capitalist society//Order and Conflict in Contemporary Capitalism，ed. J. H. Gold-thorpe，pp. 143 - 178. Oxford：Oxford University Press；Garrett，G.，Lange，P.（1986）. Performance in a hostile world：economic growth in capitalist democracies，1974 - 1982. World Politics，38：pp. 517 - 545；Hicks，A.（1988）. Social democratic corporatism and economic growth. Journal of Politics，50，pp. 677 - 704；Swank，D. H.，Hicks，A.（1984）. On the political economy of welfare expansion：a comparative analysis of 18 advanced capitalist democracies，1960 - 1971. Comparative Political Studies，17，pp. 81 - 119.

Palacios）利用 2012 年第六轮欧洲社会调查（European Social Survey Round 6）的数据分析了公众对社会民主的支持度，指出个人对社会民主的期望和评价受其所在国家福利制度配置尤其是其普遍程度的影响，社会经济地位较低、立场偏左和更不信任政治体制的受访者倾向于更支持社会民主，与此同时他们对所在国家社会民主的实际表现评价更消极。这意味着所谓的"社会民主危机"并不普遍存在于整个欧洲，而只存在于无法缩小民众对福利国家的期望与实际评价之间差距的国家①。克里斯托弗·休伊特（Christopher Hewitt）对社会民主和自由民主对不平等的抑制作用进行了实证比较，以社会主义政党在国家立法机构中所占席位的年平均比例作为衡量社会主义政党力量的指标，得出的结论是，尽管人们可能拒绝接受"自由民主假说"，但有关平等方面跨国差异的证据显然与"社会民主假说"更相吻合。在控制了其他变量的情况下，一个国家社会民主主义政党越强大即社会民主程度越高，最高收入阶层在国民收入中所占的比例就越低，也就意味着社会分配越平等②。然而，在社会民主的测量指标方面，西方学术界和国际组织关于民主的量表、指标、指数和数据库基本聚焦于竞争性选举、政党制度、政治自由、公民权利等政治维度的测量，鲜有将社会维度的自治、平等、参与、福利等要素纳入指标体系的，更不用说对社会民主程度进行专门测量的实证研究了。

（五）社会民主的发展前景研究

在社会民主的未来发展前景方面，亨宁·迈耶（Henning Meyer）和乔纳森·卢瑟福（Jonathan Rutherford）认为，目前整个欧洲的社会民主都面临着严重困难，但正是在这一政治危机时期，人们更应该有超越狭隘的国家、市场和社会概念的眼光，以"建设美好社会"为核心宗旨，对欧洲社会民主进行革新和重构③。阿什利·拉韦尔（Ashley Lavelle）认为，

---

① Palacios, I. (2023). A crisis of social democracy in Europe?: an answer from the citizens' perspective. Political Studies Review, 21 (4), pp. 719-742.

② Hewitt, C. (1977). The effect of political democracy and social democracy on equality in industrial societies: a cross-national comparison. American sociological review, 42 (3), pp. 450-464.

③ Meyer, H., & Rutherford, J. (Eds.). (2012). The future of European social democracy: building the good society. New York: Palgrave Macmillan.

澳大利亚、英国、德国、瑞典的社会民主已经"消亡"，这些国家的社会民主政党已不再有能力实现社会变革，它们现在自身反而已成为建设更美好世界的障碍。社会民主依赖于经济繁荣带来的高收入和高收益来为社会改革提供资金，战后经济繁荣的崩溃是社会民主消亡的主要原因。社会民主的消亡将产生三个方面的重大政治后果，一是社会民主的新自由化趋势，二是社会民主政党成员的流失，三是在社会民主主义与新自由主义媾和的背景下，极右翼政党和更激进的左翼政党利用选民对更激进的替代选择的偏好获得更多支持并崛起。这预示着21世纪的政治气候将日益动荡不安、两极分化，既有可能带来新的、更强大的社会正义政治力量，也有可能使反动分子从政治舞台的边缘崛起并占据更重要的位置[①]。此外，国外学者的研究还涉及社会民主与全球化[②]、社会民主与社会运动[③]、社会民主与社会政策[④]、社会民主与社会正义[⑤]等具体议题。

三、现有研究的不足

综上所述，尽管国内外学术界围绕社会民主的思想渊源、理论内涵、发展依据、价值功能、建设历程、推进战略、典型案例、定量测量等方面开展了不少研究，但相比于民主研究在政治学中的"显学"地位，目前关于社会民主的研究仍然相对缺乏，尤其缺少进行深入理论探讨和科学实证比较的高质量研究，这与社会民主的重要性极不相称。整体来看，社会民主在概念上存在一定争议，亟待通过概念辨析正本清源；在理论上存在激

---

① Lavelle, A. (2008). The death of social democracy: political consequences in the 21st century. Hampshire: Ashgate Publishing Company, pp. 1 - 3.

② Callaghan, J. (2002). Social democracy and globalisation: the limits of social democracy in historical perspective. The British Journal of Politics and International Relations, 4 (3), pp. 429 - 451.

③ Mandel, E. (1983). Social democracy and social movements. Thesis Eleven, 7 (1), pp. 159 - 162.

④ Pautz, H. (2012). Think-tanks, social democracy and social policy. New York: Palgrave Macmillan; Deeming, C. (2014). Social democracy and social policy in neoliberal times. Journal of Sociology, 50 (4), pp. 577 - 600.

⑤ Beilharz, P. (1989). Social democracy and social justice. The Australian and New Zealand Journal of Sociology, 25 (1), pp. 85 - 99.

烈竞争，亟待通过理论梳理进行体系化建构；在测量上存在广泛的应用空间，亟待通过实证研究填补空白。鉴于此，本书致力于在现有研究的基础上，重点从上述三个方面推动社会民主研究的深化。

第四节　研究路径与方法创新

一、规范路径与实证路径的贯通

本书写作的基本思路是贯通社会民主研究的规范路径与实证路径。规范路径（normative approach）是根据事物的内在联系运用演绎推理逻辑得出结论的研究路径，侧重通过建构的（constructive）、阐释的（interpretive）思辨研究进行"价值判断"，采取文献研究、历史研究和比较研究等方法，梳理社会民主的思想演进、阐发社会民主的理论内涵、构建社会民主的分析框架、辨析社会民主的基本概念，在本书中主要运用于第一章和第二章。

实证路径（empirical approach）是研究者为提出或检验理论假设而亲自收集观察资料并将知识建立在观察和实验的基础上的研究路径，具有鲜明的直接经验特征，侧重描述的（descriptive）、解释的（explanatory）"事实判断"，对社会民主进行以测量（measurement）为核心的数理实证研究和以深描（deep description）为核心的案例实证研究，在本书中主要运用于第三章和第四章。

二、历史研究与比较研究的复合

本书在研究视野上涵盖社会民主的过去、当下与未来，涉及中国的社会民主与世界范围的社会民主，因此秉承历史研究和比较研究的分析方法。历史研究是从历史发展的长时段对事物的产生、发展规律进行整体性的探索和解释的研究方法，主要通过对概念演变历史过程的追溯来展现理论复杂的结构关系，即描述研究对象是如何在时间过程中塑造与被塑造的。比较研究是把两个或多个事物根据一定的标准放在一起进行研究和考察，分析它们之间的相似性和差异性，进而寻找普遍规律及其特殊本质的方法。

历史研究侧重"纵向"的时间线索，比较研究侧重横向的空间线索。毛泽东曾把历史研究与比较研究相结合的方法形象地称为"古今中外法"，指出："根本的方法马、恩、列、斯已经讲过了，就是全面的历史的方法……通俗地讲，我想把它叫作'古今中外法'，就是弄清楚所研究的问题发生的一定的时间和一定的空间，把问题当作一定历史条件下的历史过程去研究。所谓'古今'就是历史的发展，所谓'中外'就是中国和外国，就是己方和彼方。"① 本书拟运用历史制度主义的时间观与结构观，阐释社会民主的理论逻辑、历史逻辑与实践逻辑，并通过比较分析揭示社会民主的共性与特性。

三、定性分析与定量分析的结合

本书以定性分析（qualitative analysis）与定量分析（quantitative analysis）相结合的研究方法多维度地展现研究结论，实现数据、事实与理论的有机衔接。定性分析着重从质的方面分析研究对象的属性，侧重对社会民主形成与演变的因果机制提出具有穿透力的解释；定量分析着重按照一定的法则给研究对象的特征分派一定的数字与符号，从而使研究对象数量化或类型化，侧重呈现社会民主的整体面貌。在本书中，定性分析主要运用于历史溯源、理论分析、概念比较和案例分析，定量分析主要应用于指标体系设计和应用部分，通过各种统计数据的搜集与整理构建社会民主的测量指标。

第五节　本书章节安排

本书由导论、正文四章和结语构成，其中正文前两章为理论研究，后两章为实证研究。

---

① 《毛泽东文集》第2卷，人民出版社1993年版，第400页。

导论介绍本书的选题缘起、研究价值和重要意义，交代研究对象、界定核心概念、明确问题焦点，在对国内外学术界相关研究进行综述的基础上，揭示本书在研究路径和研究方法上的创新，并对全书的逻辑结构和章节安排进行说明。

第一章把思想史、观念史、政治史的研究方法结合起来，通过与马克思主义人民民主思想、社会民主主义理论、自由主义民主理论以及中华优秀传统政治文化的理论对话，在回溯从古典民主理论到现代民主理论的转型中考察社会民主的滥觞、奠基、蜕变、镜鉴与归位。

第二章对社会民主的概念范畴进行从宏观层次到中观层次、微观层次的清晰划分，与政治民主、经济民主、基层民主、协商民主、直接民主等相关概念进行辨析比较，在此基础上阐明社会民主的价值目标、构成要素、鲜明特征、实现途径和理论限度等重大问题，对社会民主进行学术上的体系化建构和学理化阐释。

第三章通过对二战后西方民主测量指标体系建构的演进历程进行梳理，揭示以政治民主为核心的西方民主测量指标的内在局限性，指明社会民主相关内容的融入是其矫正方向，在此基础上从原则性指标、操作性指标、统计性指标等方面对社会民主测量指标体系进行科学合理的建构，并将其运用于横截面上的空间分别比较和纵贯线上变化趋势的历时性比较之中。

第四章回顾中国共产党在不同历史时期通过调节社会关系和化解社会矛盾、推进基层民主和实现社会自治、发展社会事业和落实社会保障，为中国实现社会民主奠定前提并加强保障、塑造主体并提供动力、指明归宿并落实结果的波澜壮阔实践，提炼社会民主建设的"中国经验"。

结语在上述章节的基础上，对全书的主要发现、理论贡献、实践寓意进行总结，并对社会民主建设在发展全过程人民民主中的作用及对开创人类政治文明新形态的未来进行展望。

本书核心章节安排如图0-1所示：

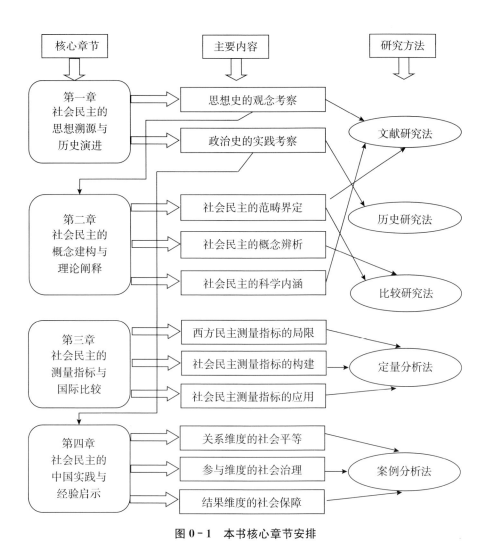

图 0-1　本书核心章节安排

第一章　社会民主的思想渊源与历史演进

　　将民主仅仅限制为一套中立的程序，将公民变形为政治消费者，以及自由主义对设想中的国家"中立"的坚信，这一切都已经掏空了政治学的所有实质。它已沦为经济学，并被剥夺了所有伦理的成分。①

——尚塔尔·墨菲

　　民主较一种特殊的政治形式要宽泛得多，它不只是通过普选和被选举的官员来治理政府、制定法律和执行行政管理的一种方法。它当然包括这些，但较之有更宽广、更深刻的意蕴。②

——约翰·杜威

---

　　① 【美】尚塔尔·墨菲：《政治的回归》，王洪、臧佩洪译，江苏人民出版社 2005 年版，第 136 页。

　　② 【美】约翰·杜威：《新旧个人主义——杜威文选》，孙有中等译，上海社会科学院出版社 1997 年版，第 3 页。

第一节　滥觞与嬗变：西方民主理论中的社会民主

一、西方古典民主理论的"一体化传统"

民主早在人类发端的远古时期就已经萌芽。人类学家摩尔根在《古代社会》一书中对北美、古希腊和古罗马地区的原始社会的组织制度和政治观念进行了详尽的考察后认为，在世界各地的氏族社会中广泛存在氏族成员共同推举或罢免氏族首领或酋帅、通过部落会议作出集体决定等原始民主形态。不过，氏族社会的民主制毕竟是"前国家时代"的一种社会组织形态。到了原始社会末期，随着社会生产力水平的提高，农业、手工业、商业进入分工发展阶段，土地私有化、贫富差距、奴隶制度开始形成，不同氏族和部落间的人们也开始了交流和杂居，原始社会以经济公有制为基础的生产方式和以血缘关系为纽带的氏族制逐渐瓦解。对于这一历史过程，恩格斯在《家庭、私有制和国家的起源》中指出，"在联合为民族［Volk］的德意志各部落中，也曾发展出像英雄时代的希腊人和所谓王政时代的罗马人那样的制度，即人民大会、氏族酋长议事会和已在图谋获得真正王权的军事首长。这是氏族制度下一般所能达到的最发达的制度；这是野蛮时代高级阶段的典型制度。只要社会一越出这一制度所适用的界限，氏族制度的末日就来到了；它就被炸毁，由国家来代替了"①。

当雅典人建立以地域和财产为基础的城邦时，国家这种全新的政治组织便取代了原始氏族社会，民主制度也随之进入了新的发展时期。雅典的城邦民主肇始于公元前6世纪初的梭伦改革，经由克里斯提尼改革和伯里克利改革臻于成熟，并于公元前5世纪中期进入鼎盛时期，民主的概念也正是在这个时候应运而生。在希腊语中，民主一词由意为"人民"的demos和意为"统治"或"权威"的kratia构成，其基本意义就是"人民的统治"（the rule by the people）。在雅典民主制下，公民大会是城邦的最

---

① 《马克思恩格斯选集》第4卷，人民出版社2012年版，第162页。

高权力机构，凡是年满 20 周岁的雅典公民均享有定期参加公民大会的权利，并通过直接讨论和投票表决来作出重大决定①。每年至少召开 40 次的公民大会，对关系到雅典生活的方方面面进行讨论和表决，所决定的事项既包括宣战、媾和、条约签订、制定法律、财政等国家军政外交大事，也涉及审判、流放、宗教、喜庆、摆渡等具体事务，并没有严格的"公""私"区别。雅典民主制度的发展使民主观念日益深入雅典公民的内心，通过人们的日常生活表现出来。雅典人普遍自觉意识到个人和城邦的统一性，既然城邦是由人构成的，那么参与城邦政治生活不仅是人的天赋权利，而且是个人生活不可或缺的重要内容，个人只有成为城邦的一分子并参与城邦的各项活动时，才有存在的意义和价值。

古希腊政治家、雅典执政官伯里克利在伯罗奔尼撒战争期间一次著名的演讲中，如此盛赞雅典民主政治的伟大："我们的政体名副其实为民主政体，因为统治权属于大多数人而非属于少数人。在私人争端中，我们的法律保证平等地对待所有的人。然而个人的优秀德性，并不因此遭到抹杀。当一个公民的某项才能特别杰出，他将被优先考虑担任公职。这并非特权，而是美德的报酬。贫穷亦不构成阻碍，一个人不论其地位如何卑微，总能奉献其一己之力于国家……雅典的公民并不因私人事业而忽视公共事务，因为连我们的商人对政治都有正确的认识与了解。只有我们雅典人视不关心公共事务的人为无用之人，虽然他们并非有害。在雅典，政策虽然由少数人制定，但是我们全体人民乃是最终的裁定者。"② 在伯里克利看来，个体与整体、公民与城邦、私人事务与公共事务之间并不存在泾渭分明的界限，雅典的民主制度体现了自由、平等、法治以及积极参与公共事务等精神，民主既是雅典的政治形式，同时也是雅典人的生活方式。亚里士多德在《政治学》中鲜明提出"人天生是政治的动物"的论断，进一

---

① 需要指出的是，这里的人民并不是指城邦的全体成员，而是排除了奴隶的自由人、公民。根据考古学的发现，雅典城邦的公民与全体人口之间存在"1/10 效应"，在 50 万人左右的总人口中，奴隶约占 35 万人、外邦人约占 5 万人，剩余的 10 万人中只有不到一半是享有公民权的成年男性。而由于会场容纳空间等因素的限制，实际真正参加公民大会的人数约为 6000 人，与全体人口之间存在"1/100 效应"。参见王绍光：《民主四讲》，生活·读书·新知三联书店 2008 年版，第 3-5 页。

② 江宜桦：《自由民主的理路》，新星出版社 2006 年版，第 20 页。

步从理论上概括了个人与城邦一体化的趋势。正如英国马克思主义历史学家佩里·安德森（Perry Anderson）所评价的那样，"雅典民主明确拒绝任何一种'国家'与'社会'的划分"①。从这种意义上说，西方古典民主是融政治民主与社会民主于一体的民主。

雅典民主政治衰败之后，虽然直接参与的民主制度先后出现于北欧地区（以维京人的公众集会为代表）、文艺复兴时代的意大利北部（以佛罗伦萨、威尼斯等城邦共和国为代表）、殖民地时期的北美（以新英格兰地区的城镇会议为代表）等等②，但民主政治并没有成为西方政治实践的主流。古罗马共和国实行的是执政官、元老院和公民大会构成的混合政体。西塞罗在《论共和国》中指出："国家乃是人民的事业，但人民不是人们某种随意聚合的集合体，而是许多人基于法权的一致性和利益的共同性而结合起来的集合体。这种联合的首要原因不在于人的软弱性，而在于人的某种天生的聚合性。"③ 他认为，一人统治的君主制、少数人统治的贵族制和多数人统治的民主制，都包含固有的弱点，容易滑向坏的方向，形成僭主制、寡头制和暴民制的循环更替，因此最好的国家管理形式是混合了王政的智慧、贵族的权威和民众参与协商的政体。这种"由三种良好的国家政体平衡、适度地混合而成的"政体的优越性，不仅体现在它具有某种巨大的公平性上，而且体现在它具有极强的稳定性上，"因为那几种基本政体很容易变成与它们相对应的有严重缺陷的状态，国王变成为主宰，贵族变成为寡头集团，人民变成为一群好骚动的乌合之众，并且那些政体常常被一些新的政体所更替，那种情况在这种综合性的、合适地混合而成的国家政体里几乎是不可能发生的，除非首要人物们出现巨大的过失。要知道，由于在这种政体中每个公民都被稳定地安置在自己应处的地位，因此不存在可以引起变更的原因，也不存在它可以趋向崩溃和毁灭的整体形式"④。

日耳曼人击溃了罗马帝国后，西欧社会进入了漫长的黑暗时期。恩格

---

① 【英】佩里·安德森：《从古代到封建主义的过渡》，郭方、刘健康译，上海人民出版社2001年版，第34页。

② 江宜桦：《自由民主的理路》，新星出版社2006年版，第25页。

③ 【古罗马】西塞罗：《论共和国》，王焕生译，上海人民出版社2006年版，第75页。

④ 【古罗马】西塞罗：《论共和国》，王焕生译，上海人民出版社2006年版，第119－120页。

斯在《德国农民战争》中指出："中世纪完全是从野蛮状态发展而来的。它把古代文明、古代哲学、政治和法学一扫而光，以便一切都从头做起……教会的教条同时就是政治信条，圣经词句在各个法庭都具有法律效力。甚至在法学家已经形成一个等级的时候，法学还久久处于神学控制之下。神学在知识活动的整个领域的这种至高无上的权威，同时也是教会在当时封建统治下万流归宗的地位的必然结果。"① 在社会经济结构上，中世纪最初的社会制度是从奴隶制演化而来的农民的小块土地耕作制和从日耳曼氏族公社中演化而来的马尔克公社制度，后来进一步发展出自给自足、闭塞的自然经济单位——封建庄园。封建领主所有制使自由农民成为地主和教会的依附者，农奴被束缚于土地，遭受封建主的经济剥削和政治压迫。

由此可见，中世纪政治的基本特征就是"政治强制无所不在，等级关系无所不在，人身依附无所不在。专制政治的超常发展，使它渗透到社会各个领域，使社会普遍具有了'政治'的性质"②。在封建社会中，国家控制并代替了社会，两者采取了直接同一的形式。马克思在《黑格尔法哲学批判》中对此作过精辟的论述，他指出："在中世纪，财产、商业、社会团体和人都是政治的；国家的物质内容是由国家的形式设定的。每个私人领域都具有政治性质，或者都是政治领域；换句话说，政治也就是私人领域的性质。在中世纪，政治制度是私有财产的制度，但这只是因为私有财产的制度就是政治制度。在中世纪，人民的生活和国家的生活是同一的。"③ 由于"市民社会就是政治社会"，由于"市民社会的有机原则就是国家的原则"④，因此以私人对财产占有的差别为基础的市民社会的差别直接表现为政治国家中的等级特权。换言之，私有财产转化为政治特权，而政治特权又转化为私有财产。在马克思看来，这种世袭的等级特权"使人同自己的普遍本质分离，把人变成直接与其规定性相一致的动物"⑤。但在

① 《马克思恩格斯文集》第2卷，人民出版社2009年版，第235页。
② 应克复等：《西方民主史》，中国社会科学出版社1997年版，第117页。
③ 《马克思恩格斯全集》第3卷，人民出版社2002年版，第42-43页。
④ 《马克思恩格斯全集》第3卷，人民出版社2002年版，第90页。
⑤ 《马克思恩格斯全集》第3卷，人民出版社2002年版，第102页。

中世纪享有至高无上权威的神学政治理论却竭力论证神权、王权和等级特权的合理性。神学家奥古斯丁在他的"上帝之城论"中宣称神是万物之源，是永恒的真理、理念的最高最终极的体现者，这种思想在神学政治理论的集大成者托马斯·阿奎那这里得到了更为精致的论证。阿奎那认为，整个世界就是在上帝主宰下的不可逾越的等级结构，一切事物都是按照等级从属关系安排的，这些等级系统是完全自然、合理的。人们企盼的"人的主权"只有到"天国的幻想的现实性"中去寻求①。

然而，在中世纪的神学政治思想中，已经酝酿着国家与社会二元分化的种子。美国政治哲学研究专家萨拜因指出："基督教教会是独立于国家以管理人类宗教事务的一种独特的体制。它的兴起无论就政治学还是就政治哲学而言，都不无道理地被描述成西欧历史上最革命的事件。"② 在教会体制下，人民实际上处于"一仆二主"的地位，一方面服从于神权是一种宗教的义务，另一方面世俗统治者乃是上帝的仆从，所以"基督教观点的新颖之处在于，它设想人具有双重性格并按照人生的双重命运对之实行双重的监督。教会的事务同世俗的事务相区别，这是基督教义的精髓，因此之故，宗教体制和政治体制之间的关系就向基督教教徒……提出了一个古代世界闻所未闻的问题，即教会与国家的问题；这个问题意味着可以有多种多样的忠诚及不包括在古代公民权思想之内的内在的判断。如果伦理的和宗教的体制不曾被认为大体上独立于并在重要性方面超过国家和法律的实施，那就很难想象自由能引起它在欧洲政治思想中所起的作用了"③。事实上，后来资产阶级倡导的人权，正是将宗教神学中天国中的自由、平等转化为现实世界中的正当要求。

二、"国家-社会"分殊与"政治民主-社会民主"的对立

滥觞于古希腊城邦时期的西方古典民主理论，经过古罗马、中世纪的

---

① 应克复等：《西方民主史》，中国社会科学出版社 1997 年版，第 119 - 121 页。
② 【美】乔治·霍兰·萨拜因：《政治学说史》上册，盛葵阳等译，商务印书馆 1986 年版，第 222 页。
③ 【美】乔治·霍兰·萨拜因：《政治学说史》上册，盛葵阳等译，商务印书馆 1986 年版，第 228 页。

演变，在 17—18 世纪的启蒙运动和欧美资产阶级革命时期臻于成熟，并在 19 世纪得到进一步发展。在这一时期，以斯宾诺莎、洛克、孟德斯鸠、卢梭、潘恩、杰斐逊、托克维尔、密尔等为代表的思想家，对人民主权、天赋人权、平等、自由、法治和分权等重要的理论观点进行了系统阐述，奠定了资本主义民主制度的理论基础和现代资本主义国家的根本政治原则。在这一过程中，出现了"国家"与"社会"的分殊及其带来的"政治民主"与"社会民主"的二元对立。

一方面，许多理论家对社会给予了更多的重视。在 17 世纪荷兰思想家斯宾诺莎看来，民主政体就是"所有的或大部分的人民集体握着权柄"①。基于社会分工形成的独立于国家的社会，以及社会成员之间契约的建立，是民主政体确立的关键。他在《神学政治论》中指出，"社会之形成其目的不专在保卫防御，并且使有分工的可能，也是很有用的，而且的确是绝对必须的。如果人不彼此互助，人就没有技能和时间以供应自己生活下去。因为人人并不是一样地长于各种工作。没有一个人能够备办他个人所需的。"② 在形成"不违犯天赋之权"的社会契约并能永远严格地遵守契约的条件下，"若是每个个人把他的权力全部交付给国家，国家就有统御一切事物的天然之权；就是说，国家就有唯一绝对统治之权，每个人必须服从，否则就要受最严厉的处罚。这样的一个政体就是一个民主政体。民主政体的界说可以说是一个社会，这一社会行使其全部的权能"③。类似地，法国唯物主义哲学家霍尔巴赫（Paul Heinrich Dietrich）认为，当整个社会自己负责行使政权并自己制定法律的时候，这样的政府就叫作民主政治的政府。在民主政治之下，最高权力属于整个社会。尽管人民"一般知识不足，可是还要给一切利用手中权力管理、保护、教育和支持他们的人提供生活资料，保证这些人生活过得富裕、快乐和阔绰"④。自有社会出现以来，创造一切社会财富的主体正是惯常被认为几乎不值一提的人民，社会的全部力量正是蕴藏在人民之中。所以，政府的有效运转

---

① 【荷】斯宾诺莎：《神学政治论》，温锡增译，商务印书馆 1963 年版，第 271 页。
② 【荷】斯宾诺莎：《神学政治论》，温锡增译，商务印书馆 1963 年版，第 273 页。
③ 【荷】斯宾诺莎：《神学政治论》，温锡增译，商务印书馆 1963 年版，第 216 - 217 页。
④ 【法】霍尔巴赫：《自然政治论》，陈太先、眭茂译，商务印书馆 1994 年版，第 147 - 148 页。

也不能脱离开人民。霍尔巴赫明确指出，人民的意志始终是最高的意志，人民的权力始终是不可剥夺的权力，人民的权力产生在其他一切权力之前，对一切权力都居优胜地位，并且人民是最高统治者所有权势和财富的真正源泉。公正的政府不是别的，就是谋求大多数人民幸福的政权。"要让人民去选择官吏和代表，要消灭贪污舞弊行径——人民差不多总是能够作出完全公正的选择。"① 德国哲学家黑格尔以其敏锐的哲学头脑意识到新兴资产阶级社会到来的必然性，提出了系统的市民社会的思想。黑格尔认为，市民社会是在现代世界中形成的，"在市民社会中，每个人都以自身为目的，其他一切在他看来都是虚无。但是，如果他不同别人发生关系，他就不能达到他的全部目的，因此，其他人便成为特殊的人达到目的的手段。但是特殊目的通过他人的关系就取得了普遍性的形式，并且在满足他人福利的同时，满足自己"② 。法国波旁王朝复辟时期的空论派思想家鲁瓦耶·科拉尔（Royer Collard）进一步认为民主具有"政治概念"和"社会属性"的双重意涵，并提出了"民主的社会状态"的概念。他谨慎地区分了社会民主与政治民主，将社会民主视为大革命的积极成果，予以热情洋溢地宣扬和支持，但对激进的政治民主原则坚持否定的立场，认为它是革命走向恐怖的罪魁祸首。在空论派看来，唯有巩固民主的社会状态，并且遏制民主的政治趋向，法国人方可获得真正的自由。比如基佐就表示，"现代民主并非注定要政治生活……它不向往权力，它不向往统治本身，它希望的是在它被很好地治理、人们能够非常安全地忙于家庭生活与私人事务方面有必要时，尽可能地在政府当中起作用……社会民主与政治能力并不是二律背反的，真正的危险在于把民主原则应用到政治生活"③ 。

　　另一方面，许多思想家更加强调国家的重要性。早在16世纪，法国思想家让·布丹（Jean Bodin）就提出了国家主权论，认为国家拥有一种至高无上的绝对的永久的权力。17世纪是具有领土意识的主权国家真正形成

① 【法】霍尔巴赫：《自然政治论》，陈太先、眭茂译，商务印书馆1994年版，第150页。
② 【德】黑格尔：《法哲学原理》，范扬、张企泰译，商务印书馆2010年版，第309页。
③ 【法】皮埃尔·罗桑瓦龙：《公民的加冕礼——法国普选史》，吕一民译，上海人民出版社2005年版，第192页。

的世纪,"在17世纪上半叶宗教斗争过程中发生的一系列变革最终体现为具备明显特征的领土国家。首先,领土成为了辨别一个国家资格的主要特征。……其次,特定的领土区域由一套忠于君主的机构进行统治。……再次,特定的领土区域内居住着一定数量的居民……"① 正是由于有了明显的民族国家、主权国家的特点,因此,包括格劳秀斯的国家主权论、霍布斯"伟大的利维坦的诞生"在内的各种以民族国家为基础的政治理论开始建构起来。这决定了从对国家性质、目的以及治理方式等方面的分析中产生出的近代民主理论,必然从一开始就带有强烈的国家性②。19世纪初,黑格尔对国家的实质进行了系统探究并构筑了国家理论的基础大厦。黑格尔认为,国家"是作为显示出来的、自治的实体性意志的伦理精神"③,国家作为伦理理念的现实,"是实体性意志的现实,它在被提升到普遍性的特殊自我意识中具体这种现实性"④。这就是说,国家是绝对自在自为的理性的东西。而且,国家还是"道德的'全体'和'自由'的现实,同时也就是这两个因素客观的统一"⑤。既然如此,个人本身只有成为国家成员才具有客观性、真理性和伦理性。黑格尔明确指出:"国家是现实的一种形式,个人在它当中拥有并且享有他的自由。但是有一个条件,就是他必须承认、相信、并且情愿承受那种为'全体'所共同的东西。"⑥ 在黑格尔看来,政治国家及其理念决定着社会,"政治制度首先是国家组织和国家内部关系中的有机生命过程;在这种关系中,国家把自己区分为自己内部的几个环节,并发展它们使它们能够巩固地存在"⑦。

国家与社会的分殊导致民主理论朝着政治民主与社会民主二元对立的方向发展。传统的民主理论通常把民主看作由全体人民掌握国家的统治权力的政体,政治领域与社会领域高度统一。到了近代,西方启蒙学者基本

---

① 【挪威】托布约尔·克努成:《国际关系理论史导论》,余万里、何宗强译,天津人民出版社2004年版,第92页。
② 辛向阳:《17—18世纪西方民主理论论析》,济南:山东人民出版社,2011年版,第2页。
③ 【德】黑格尔:《法哲学原理》,范扬、张企泰译,商务印书馆2010年版,第252页。
④ 【德】黑格尔:《法哲学原理》,范扬、张企泰译,商务印书馆2010年版,第253页。
⑤ 【德】黑格尔:《历史哲学》,王造时译,上海书店出版社1999年版,第51页。
⑥ 【德】黑格尔:《历史哲学》,王造时译,上海书店出版社1999年版,第40页。
⑦ 【德】黑格尔:《法哲学原理》,范扬、张企泰译,商务印书馆2010年版,第283页。

上沿袭了政治民主的基本观念，从"一元民主论"的角度出发，将民主看作人民大众的权力，认为民主是国家权力或政治权力的民主，是由人民通过掌握国家权力来当家作主。通过社会契约论的理论建构，洛克、卢梭等论证了国家权力来自人民、属于人民，提出了著名的人民主权的原则，成为西方资产阶级推翻封建专制统治的锐利的思想武器，奠定了资本主义民主制度的理论基石。人民主权理论的逻辑前提，在于承认存在一个作为"公共大我"的人民，这个"公共大我"是不可分割的，"公共大我"亦即人民的主权是唯一和绝对的。但这种观念也受到来自保守主义的挑战，比如英国保守主义思想家埃德蒙·柏克（Edmund Burke）对法国大革命进行了尖锐的批评，指出："我所说的自由，是社会中的自由。它是自由受到平等的限制所保护的状态。它是这样一种制度，任何人、任何人类团体、任何成员的自由，都不能侵害其他任何人或任何一类人的自由。"① 法国著名法学家狄骥（Leon Duguit）否定国家主权的观念并对卢梭的人民主权学说进行了批判。狄骥认为，人民主权的国家是虚构的，人民只是由每一个单独个体组成的，不存在卢梭所谓的"公共大我"那样一种超越个人的集体人格，人民不可能成为主权的主体，也不可能有所谓"人民主权"的国家。主权观念这一"虚幻的假设"是陈腐的观念，只会带来种种弊端，因此应当摈弃。狄骥主张的理想国家是工团国家，它是由工会团体、雇佣团体工职人员协会、农业协会及工商业者协会等团体构成的组合国家，这些团体都应分享国家权力，而不是由国家独占政治权力②。

　　沿着上述传统，近代西方民主理论中形成了注重社会民主的派别，其最重要的思想家就是托克维尔。法国空论派区分政治民主和社会民主的做法直接启发了托克维尔针对民主二重性的思考。托克维尔深刻揭橥身份平等这一独特事实是民主时代的最基本的特点。他指出，在民主时代，鼓励人们前进的主要激情是对身份平等的热爱，"身份平等的逐渐发展，是事所必至，天意使然。这种发展具有的主要特征是，它是普遍的和持久的，

---

① 【英】埃德蒙·柏克：《法国大革命反思录》，冯丽译，江西人民出版社 2015 年版，第 9 页。
② 陈炳辉：《西方民主理论：古典与现代》，中国社会科学出版社 2016 年版，第 21-22 页。

它每时每刻都能摆脱人力的阻挠，所有的事和所有的人都在帮助它前进"①。托克维尔基本上把"民主"一词视为"社会的各个方面走向平等的趋势的同义语，认为这个趋势是法国大革命的最重要的和不可逆转的结果，并把他的注意力几乎全部用到这一方面"②。在他看来，民主制度的要义就在于人在社会中的自由流动与联合，"在贵族制度下，人们被不可逾越的高高壁垒所隔开；在民主制度下，人们被许许多多细得几乎看不见的线所隔开，人们虽然随时都可以冲断这些线，但这些线也可以不断移动位置而重新联结起来"③。因此，"在民主国家，结社的学问是一门主要学问。其余一切学问的进展，都取决于这门学问的进展。在规制人类社会的一切法则中，有一条法则似乎是最正确和最明晰的。这便是：要是人类打算文明下去或走向文明，那就要使结社的艺术随着身份平等的扩大而正比地发展和完善"④。

托克维尔创造性地区分了"政府集权"与"行政集权"，指出："有两种性质非常不同的集权，对此必须分辨清楚。有些事情，诸如全国性法律的制定和本国与外国的关系问题，是与全国各地都有利害关系的。另一些事情，比如地方的建设事业，则是国内的某一地区所特有的。我把第一类事情的领导权集中于同一个地方或同一个人手中的做法称为政府集权。而把以同样方式集中第二类事情的领导权的做法叫做行政集权……这两种集权相互帮助，彼此吸引，但我决不认为它们是不能分开的……我决不能设想一个国家没有强大的政府集权会生存下去，尤其是会繁荣富强。但我认为，行政集权只能使它治下的人民萎靡不振，因为它在不断消磨人民的公民精神。不错，在一定的时代和一定的地区，行政集权可能把国家的一切可以使用的力量集结起来，但将损害这些力量的再生。它可能迎来战争的凯旋，但会缩短政权的寿命。因此，它可能对一个人的转瞬即逝的伟大颇有帮助，但却无补于一个民族的持久繁荣。"⑤ 显然，托克维尔主张实行广

---

① 【法】托克维尔：《论美国的民主》上卷，董果良译，商务印书馆 2008 年版，第 7 页。
② 【法】托克维尔：《论美国的民主》下卷，董果良译，商务印书馆 2008 年版，第 949 页。
③ 【法】托克维尔：《论美国的民主》下卷，董果良译，商务印书馆 2008 年版，第 758 页。
④ 【法】托克维尔：《论美国的民主》下卷，董果良译，商务印书馆 2008 年版，第 640 页。
⑤ 【法】托克维尔：《论美国的民主》上卷，董果良译，商务印书馆 2008 年版，第 96 - 97 页。

泛社会自治和"行政分权"，因为"地方分权制度"所实现的"个人的努力与社会力量的结合"，"常会完成最集权和最强大的行政当局所完不成的工作"①。

在此基础上，托克维尔通过考察美国和法国不同的民主实践，进一步提出了社会民主思想。托克维尔认为，法国虽然通过大革命暂时在政治领域建立了民主制度，但由于旧制度中绝对王权下中央行政集权对地方自治传统的侵蚀，在社会领域塑造了对政府依赖、社会分裂、激进革命倾向等民情。缺乏自治能力的羸弱社会肌体让过度依赖政府权力的法国人民在遭遇危机时把一切责任归咎于民主政府，最终在革命的废墟中又迎回中央集权制，导致稳定的民主制度实践难以在法国真正落地生根。与之相反，美国践行人民主权原则的实践不局限于政治领域，同时深入社会领域。民情是使美国"得以维护民主共和制度的重大原因之一"。所谓民情，即"一个民族的整个道德和精神面貌"，"不仅指通常所说的心理习惯方面的东西，而且包括人们拥有的各种见解和社会上流行的不同观点，以及人们的生活习惯所遵循的全部思想"②。如果说"有炽热的民族气概"的美国人是"坚强的民主主义者"的话，那么"这种民主主义主要表现在社会关系方面，而很少表现在政治关系方面"③。

在托克维尔看来，美国之所以能维护民主共和制度，法制的贡献大于自然地理环境，而民情的作用大于法制。"英裔美国人长期实行民主管理制度的经验和习惯，以及最有利于维护这种制度的思想，都是在东部取得或形成的。在这里，民主制度逐渐深入到人们的习俗、思想和生活方式，并反映在社会生活的一切细节和法制方面。也是在东部，人民的书本教育和实际训练最为完善，宗教最富有自由色彩。"④ 托克维尔惊叹以"平等"为核心的民主精神已经遍及美国的整个社会生活方式，"平等可以在市民社会里建立……人们虽然不能在政府里享有同等的地位，但可以有权在社会上享用同样的享乐，参与同样的行业，到同样的地区居住。一句话，他

---

① 【法】托克维尔：《论美国的民主》上卷，董果良译，商务印书馆2008年版，第106页。
② 【法】托克维尔：《论美国的民主》上卷，董果良译，商务印书馆2008年版，第332页。
③ 【法】托克维尔：《论美国的民主》下卷，董果良译，商务印书馆2008年版，第927页。
④ 【法】托克维尔：《论美国的民主》上卷，董果良译，商务印书馆2008年版，第357页。

们有选择同样的生活方式和用同样的手段去追求财富的同等权利"。托克维尔认为这种以平等和自治为核心的社会民主对于促进社会发展进步具有强大的积极作用，究其原因，在于"民主并不给予人民以最精明能干的政府，但能提供最精明能干的政府往往不能创造出来的东西：使整个社会洋溢持久的积极性，具有充沛的活力，充满离开它就不能存在和不论环境如何不利都能创造出奇迹的精力。这就是民主的真正好处"①。

综上所述，随着国家与社会的分殊，西方民主理论从政治民主与社会民主"一体化"演变为了"二元对立"。在思想的分野中，托克维尔旗帜鲜明地强调社会民主的重要性，认为地方社会的充分自治能够培育公民精神，在各个层级的公共事务管理中通过积极且平等的政治参与，与其他公民个体接触联合从而搭建起个人利益与公共利益之间的桥梁，缓和民主制度自身所存在的多数人的暴政等诸多弊端，因而成为社会民主传统的理论奠基者。对此，萨托利评论道："社会民主的概念——社会意义上的民主，作为一种社会状态的民主——可以追溯到托克维尔。托克维尔在 1831 年访问美国时，美国民主的社会前提，尤其是在身份和风俗习惯上的平等，给他留下了深刻印象。使托克维尔（和大部分此后的欧洲访客）大为吃惊的平等，部分地是没有封建史的反映，但无疑表现着民主'精神'遍及整个社会的方式。因此，托克维尔把民主同贵族统治相对照，直到 1848 年还把民主理解为一种社会状态而不是政治形态。"②

三、西方现代民主理论的"社会转向"及其当代新发展

循着托克维尔开创的社会民主传统，进入 20 世纪的西方现代民主理论呈现出明显的"社会转向"。托克维尔将民主理解为一种"社会状态"而非单纯"政治形态"的思路影响了一批学者，其中最具代表性的当属詹姆斯·布赖斯（James Bryce）和约翰·杜威（John Dewey）。他们都从社会出发研究民主政治，关注民主的社会自治、日常生活、民族精神、文化价

---

① 【法】托克维尔：《论美国的民主》上卷，董果良译，商务印书馆 2008 年版，第 280 页。
② 【美】乔万尼·萨托利：《民主新论：上卷：当代论争》，冯克利、阎克文译，上海人民出版社 2015 年版，第 29 页。

值等"民情"维度，并且强调社会民主与"美国政治传统"之间的紧密
联系。

英国政治学家詹姆斯·布赖斯将民主解释为"一种民族精神和生活方
式"，认为民主的精髓在于"要求其成员认为自己有平等的社会地位"。在
1921 年出版的《现代民治政体》中，布赖斯把自由、平等、教育、宗教、
新闻事业、政党、地方自治、教化、人民、舆论列为现代民主的主要构成
要素，并对法国、瑞士、美国、加拿大、澳大利亚、新西兰进行比较研
究。在他看来，对民主而言"最主要的事就是在地方自治制度之下的公
民，无论他是农人、工人或商人，个个都应当参加共同的公共事务；个个
都应当觉得在他自己的附近地方有一个小范围，在那一个小范围内，他可
以使用他自己的决断力为公众作事。一个人在小规模内熟习了对于公众付
托权力之责任的原则，将来在大规模上自然更容易知道责任原则的应用
了……民治制度最好的学校及其成功的最好的保证，就是实习地方自
治"①。在布赖斯看来，美国民主的优点就在于它建立在平等的价值之上并
且这种平等主义价值渗透到社会生活的方方面面，表现出一种"社会成员
认为自己有平等的社会地位"的民族精神。民主的长期平稳运行，必然离
不开具有民主文化和公共精神的人民构成的良好社会，"无论将来有什么
事情会发生，像民治政府这一类的制度，总要沾上整个人类道德上和心理
上的进步的色彩，并且跟着人类道德上的和心理上的进步而兴衰。民治政
治的根据，即在于期望国民能具备某几种品德和它自身培养这些品德的趋
势……有了卢梭所希望的公共精神，有了马志尼和他的时代的热心家所期
望的宗教上的友爱精神，有了道德力做后盾，自治是一件比较容易的事，
可以以其无可疑的优点而继续维持下去……这样看来，民治政治的永久性
的问题，变做人类在智慧上和道德上究竟是不是在一直进步的问题"②。对
此，萨托利评价道，在托克维尔之后是布赖斯"最出色地把民主观念解释

---

① 【英】詹姆斯·布赖斯：《现代民治政体》上册，张慰慈等译，吉林人民出版社 2001 年
版，第 133—134 页。

② 【英】詹姆斯·布赖斯：《现代民治政体》下册，张慰慈等译，吉林人民出版社 2001 年
版，第 1093 页。

为一种民族精神和生活方式，一种普遍的社会状态和风气"①。

美国学者约翰·杜威对社会民主思想进行了更加系统的阐述。在杜威看来，传统意义上的民主是政治民主，它意味着一种用来立法和管理政府行政的特殊政治形式。尽管"民主的政治与政府方面只是一种手段，是迄今所发现的最好的手段，用以实现遍及于宽广的人类关系领域及人格发展方面的目的"②。但是，必须认识到，政治民主不是民主的全部。"普遍的选举权、重复的选举、在政治上当权的人们对投票者负责，以及民主政府的其他因素，这些都是我们所曾发现的实现以民主为一种真正人类生活方式的目的的有效手段。它们都不是最后的目的和最后的价值。"③ 除了政治民主之外，还有更为广泛且重要的社会民主。社会民主是一种社会生活的状态，在这种状态中，"有广泛而多样的机会分配，有社会的流动性和位置、身份变更的余地，有经验和思想的自由流通"④。在 1916 年出版的《民主与教育》中，杜威指出任何社会都存在两个基本要件：一是社会成员存在某种共同利益，二是社会群体之间有互动、交流与合作。由这两个特征可以引申出衡量任何社会生活模式优缺点的两大标准：一是"有意识的共同利益的数目与种类有多少"，二是"与其他群体相互影响有多大的深广度"⑤。这两条衡量标准都指向民主，因为"民主社会的生活形态之中有不同利益的彼此交融，而且重视进步发展（或重新适应的过程），实现这种社会生活使得民主的社群比其他社群更需要注重审慎而有系统的教育"⑥。

在此基础上，杜威提出"民主并不只是一种政治形态，主要乃是一种共同生活的模式，一种协同沟通的经验"⑦，这也就意味着民主无处不在，

---

① 【美】乔万尼·萨托利：《民主新论：上卷：当代论争》，冯克利、阎克文译，上海人民出版社 2015 年版，第 30 页。

② 【美】约翰·杜威：《新旧个人主义——杜威文选》，孙有中等译，上海社会科学院出版社 1997 年版，第 3 页。

③ 【美】约翰·杜威：《人的问题》，傅统先等译，上海人民出版社 2006 年版，第 45 页。

④ 【美】约翰·杜威：《杜威全集·中期著作》第 10 卷，王成兵、林建武译，华东师范大学出版社 2012 年版，第 110 页。

⑤ 【美】约翰·杜威：《民主与教育》，薛绚译，译林出版社 2014 年版，第 75 页。

⑥ 【美】约翰·杜威：《民主与教育》，薛绚译，译林出版社 2014 年版，第 78 页。

⑦ 【美】约翰·杜威：《民主与教育》，薛绚译，译林出版社 2014 年版，第 78 页。

体现于家庭、学校、教会、工厂等各个领域和人们的日常生活之中。杜威认为政治、经济、意识形态、教育、企业和管理等各个方面的民主是相互联系的。"在政治制度之外，人与人之间存在的各种关系：工业的、交通的、科学艺术和宗教的关系都影响着日常的交往，因而深深地影响着表现在政治和法律规章中的态度和习惯"①。既然民主不是孤立存在的，那么民主社会建立和巩固的关键就在于使民主的思想与行为的习惯变成人民素质的一部分。"在一些民主已经在名义上建立起来的国家里，破坏政治民主的原因是复杂的。但是有一件事情我认为是可以确定的。凡民主受到破坏的地方，他都完全是属于政治性质的。它还没有变成人民日常生活行为中的一部分。"② 杜威指出，如果一个社会中人民的生活方式是单一的，那么这个社会就不可能有什么民主可言。"一个极权的政府总是用控制感情、欲望、情绪和意见的办法来控制它所有在它统治之下的人民的全部生活。"③因此，要使民主发扬光大，"就应该使得我们自己的政治、工业、教育、一般的文化都成为民主观念的仆人，成为民主观念正在进化中的一种体现"④。

很显然，杜威秉持的是一种广义的民主观，对民主的理解呈现出鲜明的社会本位立场和进步主义色彩。一方面，他认为团结、互助与合作是作为一种生活方式的民主的主要内容。"可供衡量社会生活价值的两个要点是：群体的利益让所有成员共同参与到什么程度，群体与其他群体的互动是否全面而自由。换言之，不良的社会对内对外都有障碍在阻隔经验的自由交流。一个社会若能妥善安排所有成员平等地参与全体的共同利益，并且在与其他群体互动中弹性地调整制度，就可以算是民主的。"⑤ 因此，教育对促进民主社会中公众共同关注事物的范围拓展以及个人能力更加多样化具有至关重要的作用，"民主必须在不同的时代以崭新的方式产生出来，而教育则扮演助产婆的角色"⑥。在民主社会中，"教育模式必须能使人们

① 【美】约翰·杜威：《自由与文化》，傅统先译，商务印书馆2013年版，第5页。
② 【美】约翰·杜威：《人的问题》，傅统先等译，上海人民出版社2006年版，第52页。
③ 【美】约翰·杜威：《自由与文化》，傅统先译，商务印书馆2013年版，第9页。
④ 【美】约翰·杜威：《自由与文化》，傅统先译，商务印书馆2013年版，第132页。
⑤ 【美】约翰·杜威：《民主与教育》，薛绚译，译林出版社2014年版，第89页。
⑥ 【美】约翰·杜威：《杜威全集·中期著作》第10卷，王成兵、林建武译，华东师范大学出版社2012年版，第110页。

自己就对社会互动关系产生兴趣，也使人们的思维习惯能够带来社会的改变，却不至于引起混乱失序"①。另一方面，杜威强调不能把民主看成某种固定的东西，而应该视为一种不断演进、演化的存在。"向前走"是民主的特征，也是民主存续的关键。"作为生活方式的民主主义不能站着不动。如果它要继续存在，它亦应往前走，去适应当前的和即将到来的变化。如果它不往前走，如果它企图站着不动，它就开始走上导引到灭亡的道路。"② 这也就意味着，民主从理论上"必须不断地加以重新探究，必须不断地发掘它，重新发掘它，改造它和改组它"。而对于体现民主主义的政治的、经济的、社会的制度，必须要"加以改造和改组，以适应由于人们所需要与满足的这些新资源的发展所引起的种种变化"③。

杜威的社会民主理论深刻地影响了 20 世纪美国政治实践。在"进步时代"（the Progressive Era），美国的社会民主制度开始逐步建立，聚焦在经济平等、工作场所民主和与新社会运动相联系的民主权利等方面。1901年，进步主义的共和党人西奥多·罗斯福担任总统，美国第一个反垄断法《谢尔曼反托拉斯法案》开始得到真正贯彻。1912 年到 1920 年，在进步主义的民主党人伍德罗·威尔逊担任总统期间，美国又通过了旨在反对不平等竞争和保护消费者的《联邦贸易委托法案》，旨在使反托拉斯法具体化的《克莱顿反托拉斯法案》以及旨在扶持农业和小企业、促进平等竞争的《联邦农场借贷法案》，并在《1913 年税收法案》中出台了美国第一个累进税法。20 世纪 30—40 年代，美国总统富兰克林·罗斯福实施了扩大内需、缓解经济危机、缩小贫富差别的"新政"改革，提出了著名的"四大自由"，即言论自由、信仰自由、免于贫困的自由以及免于恐惧的自由，并作为普遍的人权原则在 1941 年的《大西洋宪章》和 1945 年的《联合国宪章》中得到体现。"四大自由"从思想、经济和安全方面阐述了人的基本权利，具有鲜明的社会权利属性，体现着社会民主的意蕴。到了 20 世纪50—70 年代，一方面，黑人民权运动、妇女运动、生态运动、和平运动等

---

① 【美】约翰·杜威：《民主与教育》，薛绚译，译林出版社 2014 年版，第 89 页。
② 【美】约翰·杜威：《人的问题》，傅统先等译，上海人民出版社 2006 年版，第 36 页。
③ 【美】约翰·杜威：《人的问题》，傅统先等译，上海人民出版社 2006 年版，第 36 页。

新社会运动风起云涌，争取平等权利和社会正义的呼声日益高涨；另一方面，美国政府也采取了一系列措施进一步推动经济平等和社会民主，比如肯尼迪总统任内提出"新边疆"政策（the New Frontier）作为施政纲领，推进包括减税、增加失业津贴和社会保险金、提高最低工资标准、彻底取消种族隔离的民权立法等一系列社会经济改革方案，约翰逊总统任内则提出"伟大社会计划"（Great Society），其间美国国会通过了包括"向贫困宣战"、保障民权以及医疗卫生等方面的立法400多项，将战后美国的社会改革推向了新的高峰。

在实践层面趋向社会民主的同时，美国政治学界也对社会民主进行了更为体系化的理论建构。比如，罗伯特·达尔作为当代多元民主论的最重要的代表，承袭了美国早期的团体政治分析家阿瑟·本特利、戴维·杜鲁门的多元主义观点，建立了较为完善的多元民主论。达尔认为："一个民主社会可定义为一个社会体系，它不仅具有民主的政治（次）体系，而且还有许多其他直接地或间接地起着民主政治过程作用的次体系。"[①] 这里的政治体系指的是国家（政府）系统，民主社会除了国家的政治体系外，还有各种利益团体、社会组织的次体系。民主并不意味着由大多数人在某个政策的制定上能够通过政治体系形成一致的决定，而是各种利益集团、社会组织能够参与决策过程，分享决策机会，通过讨价还价而作出决策的稳步的妥协过程。达尔认为，如果没有各种相对自治的团体，唯有政府才是单一的强有力的决策中心的话，就可能导致政府通过等级的政治体制造成对公民的单向控制，而许多相对独立的自治团体的存在便能减轻或抑制政府的单向控制，从而保证民主政治的真正实施。

又比如，在诺贝尔经济学奖得主、公共选择学派的创始人之一文森特·奥斯特罗姆（Vincent Ostrom）看来，人们在谈论民主时更多地谈论的是作为一种政府形式的民主，也就是在民族国家疆域内作为正式政治制度形式的民主，而往往容易忽视范围更为广泛的民主，即民主的社会。"对于构造有活力的民主社会，'一人一票，多数统治'的说法是种不恰当

[①] 【美】罗伯特·达尔：《现代政治分析》，王沪宁、陈峰译，上海译文出版社1987年版，第24页。

的、肤浅的概括。为了建立和维护民主社会的活力，组成政府的官员的民选是必要条件，但远不是更根本的条件……在民主社会中生活，其意义远远超过只是选举组成政府的代表。民主社会的建设，围绕着公民在社会中的基本地位而展开，不仅如此，如果没有公民们在建设其社会时所运用的知识、道德整合、技能以及相互理解，民主社会就不可能维持。"① 与一般将民主仅仅当成政治制度的研究不同，奥斯特罗姆为了"重新发现使民主充满活力的社会因素"，着力研究了民主社会的秩序构造和民主的生活方式，以"把民主社会理解为一种自主治理的社会"为逻辑出发点，强调民主社会富有活力的关键，是公民之间的关系以及公民在处理公共事务时所具有的自主治理的能力。奥斯特罗姆认为，民主社会是自主治理的社会，"在日常生活的危急关头，人们在直接与其他人打交道时如何作为，这对于民主的生活方式是至关重要的……民主的生活方式的关键在于自我组织与自我治理的能力，而不是假定所谓'政府'统治"②。由于奥斯特罗姆主要从广义的角度来谈论民主的意义，他对民主的社会条件、民主社会中公民精神的培育格外关注，他特别强调在民主社会，公民们需要通过协商来解决共同面对的各种问题，需要培养共同知识、共同的理解、相互信任，彼此承担责任。"每个地方的每个人都要面对这样的挑战：如何获得更多的自主治理的能力，以便根据人们生活的不同环境解决面对的问题，获得机会。获得这样的能力要求在较为一般的关系共同体中发挥作用的许多个人将一般性的知识运用于特殊的情况。"③ 可以说，公民精神是民主社会是否具有活力的关键。

再比如，在美国学者安东尼·奥勒姆（Anthony Orum）和约翰·戴尔（John Dale）看来，日常社会生活中的公众参与对于民主的运行和成功而言是如此的重要，以至于我们"不得不使它脱离简单的成本和收益计

---

① 【美】文森特·奥斯特罗姆：《民主的意义及民主制度的脆弱性——回应托克维尔的挑战》，李梅译，陕西人民出版社 2011 年版，第 2 页。

② 【美】文森特·奥斯特罗姆：《民主的意义及民主制度的脆弱性——回应托克维尔的挑战》，李梅译，陕西人民出版社 2011 年版，第 3 页。

③ 【美】文森特·奥斯特罗姆：《民主的意义及民主制度的脆弱性——回应托克维尔的挑战》，李梅译，陕西人民出版社 2011 年版，第 3 页。

算"。"必须使人们感觉到参与在其生活中是自然而然发生的，是他们日常生存环境的重要组成部分，对于他们的日常生活既是重要的，也是必不可少的。人们必须认识到，对公共事务和公共领域——实体空间和制度空间——的参与和介入，不是简单地强加于他们的某种东西。它似乎必须像在阳光明媚的早晨起床、像驾车上班、像遛狗散步一样舒适。公众的参与必须成为人们生活中理所当然的部分；与此同时，它也必须被人们感知到对于自己的生活是重要而必不可少的。换言之，公共参与必须起因于人们日常生活的社会和文化环境。"① 总之，"民主的承诺和希望在于，参与能够成为日常生活的必要组成部分"②。

此外，在反思代议制民主的过程中，当代社群主义、共和主义都对基于原子化个人构建的自由主义民主理论提出了批评，提出了参与式民主理论。德国女思想家汉娜·阿伦特（Hannah Arendt）将政治理解为平等公民的自由交流对话，主张从封闭的个人领域中走出来，积极参与公共领域的公共生活。加拿大学者麦克弗森（C. B. Macpherson）主张把民主从对选举的定期参与扩大到对社会生活各领域的决策参与，把竞争性政党民主同参与式的直接民主结合起来，建立起一种能保证公民参与的政治体系。曾担任美国政治学会主席的卡罗尔·佩特曼（Carole Pateman）是参与式民主理论的代表性人物，她在《参与和民主理论》一书中批评了以精英民主为代表的当代自由主义政治理论，指出所有公民直接充分参与的民主才是真正的民主。本杰明·巴伯（Benjamin Barber）则通过区分"弱势民主"和"强势民主"，分析了自由主义代议制民主的缺陷，强调以公民身份和参与为核心要素的强势民主是参与型民主的一种独特的现代模式，"从字面上讲，它是公民的自治政府，而不是冒用公民名义的代议制政府"③。当代的协商民主理论家也积极倡导参与式民主，

① 【美】安东尼·M. 奥勒姆、约翰·G. 戴尔：《政治社会学》第五版，王军译，中国人民大学出版社 2018 年版，第 321 页。

② 【美】安东尼·M. 奥勒姆、约翰·G. 戴尔：《政治社会学》第五版，王军译，中国人民大学出版社 2018 年版，第 322 页。

③ 【美】本杰明·巴伯：《强势民主》，彭斌、吴润洲译，吉林人民出版社 2006 年版，第 180 页。

主张通过公民对公共事务的共同讨论、共同协调、共同行动，解决共同体的公共问题①。

当然，除了美国之外，20 世纪以来整个西方现代民主理论与实践相较于此前都更加关注民主的社会维度。在英国，自由党政府于 1906 年开始实施自由主义福利改革；工党政府于 1924 年开始推动住房、教育、失业和社会保障等方面的改革。20 世纪后半期，随着第三产业的扩展，工业民主思想从企业扩展到事业单位和政府部门的管理层与职工的关系。在工党政府领导下，英国于 1970 年通过《同工同酬法案》，1997 年，工党政府重新执政以后，对于雇佣法进行了变更，包括强化夫妻照看子女的权利，实行全国统一的最低工资制，对于工作时间、上班时的休息、年假等作出规定。同时强化了反歧视法，禁止基于年龄、宗教、信仰、性向、性别、种族和残疾的歧视②。在法国，深受社会主义思想尤其是工团主义思想的影响，"社会民主"本身就是作为与"政治民主"相对的概念出现的。在 1910 年出版的著作《法国的政治民主与社会民主》中，阿尔弗雷德·福耶（Alfred Fouillee）从政治哲学的角度讨论了政治民主的缺陷和社会民主的必要性，指出单纯的个人主义并不足以提供一个改善人们实际境况的解决办法，主张要重视各种协会、合作社和工会的作用，发展社会民主。法国学者亨利·卢由（Henri Rouilleault）把"社会民主"定义为：所有层次的劳资和公共权力之间就共同问题进行的所有形式的谈判、咨询与信息交流③。1936 年，在工人运动支持下，法国左翼政党联盟"人民阵线"的布吕姆政府与作为雇主商会联盟的法国生产总联盟和法国总工会签订了系列性的"马丁荣协议"，规定工人有权罢工，未经政府劳动监察部门批准工会代表不得被资方开除，以及提高工人工资。1936—1938 年，左翼政府执政期间，法国立法规定每年 12 天的带薪休假，规定每周超过 40 小时的工

---

① 陈炳辉：《西方民主理论：古典与现代》，中国社会科学出版社 2016 年版，第 32 页。

② 张纯厚：《政治民主与社会民主：西方自由民主的两个层面及其启示》，《文史哲》2012 年第 2 期。

③ 张纯厚：《政治民主与社会民主：西方自由民主的两个层面及其启示》，《文史哲》2012 年第 2 期。

作时间为加班，并给予工人与资方集体交涉等权利①。在德国，弗里德里希·瑙曼于 1896 年建立了"全国社会联盟"，倡导用社会自由主义来取代社会民主主义，推动福利立法、罢工权利，以及企业的利润分享和共同决策。二战后，德国基督教民主联盟的艾哈德政府开始秉持"奥度自由主义"（ordo liberalism），以社会市场经济思想实行对市场的监管，并推进福利国家政策，其他西欧国家也先后实行了社会自由主义政策。在印度，宪法起草委员会成员之一、被誉为"贱民解放之父"的比姆拉奥·安贝德卡尔（Bhimrao Ramji Ambedka）在印度制宪会议上指出，"我们必须使我们的政治民主同时也成为社会民主，除非扎根在社会民主的基础上，否则政治民主不能够持续。社会民主意味着什么？它意味着以自由、平等和博爱作为生活原则的一种方式。自 1950 年 1 月 26 日起，我们将步入一种矛盾的生活。在政治上我们拥有平等，而在社会和经济生活中我们拥有的是不平等——我们必须尽早消除这些矛盾，否则那些遭受不平等之痛苦的人，将起而推翻我们的制宪会议煞费苦心地建立的政治民主的结构。"②

综上所述，20 世纪以来西方国家中左翼政府的政治经济改革，在进一步扩展政治民主权利的同时，逐步改变自由放任的市场机制，实行平等竞争的市场机制，保障基本生活水准方面的经济平等，建立工作场所民主，通过建立并不断完善社会民主，在一定程度上纠正了古典自由主义的缺陷，逐步实现政治民主和社会民主体制的均衡发展和相互结合，对于西方资本主义社会的持续发展起了关键作用。在此过程中，西方民主理论呈现出明显的"社会转向"，关注重点包括实现社会群体之间和个人之间的平等竞争、通过再分配保障全体社会成员基本生活条件、实现劳资关系上的工作场所民主等。尽管这些理论本质上仍然是资本主义制度框架下的修修

---

① 张纯厚：《政治民主与社会民主：西方自由民主的两个层面及其启示》，《文史哲》2012 年第 2 期。

② 安贝德卡尔被称为社会民主的先驱，他致力于反对种姓制度，认为印度的目标是消除贫困和肮脏、无知、不平等，让每一双眼睛都不再流泪，民主的目标是建立一个经济正义、提供公平机会的无阶级社会，有计划地提高人民的物质和文化水平。对印度政治思想的最大贡献是他的社会民主概念。他坚持认为，民主形式的社会是民主形式的政府成功运作的先决条件（民主政府的前提是社会民主），从而为印度民主提供了新的见解。转引自吴晓黎：《社群、组织与大众民主：印度喀拉拉邦社会政治的民族志》，北京大学出版社 2009 年版，第 4 页。

补补，不可能从根本上解决西式民主的内在痼疾，但它们对于民主广泛性、真实性、有效性的追求与思考具有积极价值和启发意义，为我们构建社会民主理论体系提供了重要理论镜鉴。

第二节　奠基与超越：
马克思主义政治学中的社会民主

一、辩证唯物主义与社会政治分析原理

要理解马克思主义视域中的社会民主，就离不开对马克思主义民主观的整体考察；对马克思主义民主观的探讨，则要放置于马克思主义政治学的宏观框架之中；马克思主义政治学的精髓，则在于其哲学基础和基本原理。作为辩证唯物主义在政治领域的逻辑延伸，唯物政治观和政治辩证法构成了马克思主义认识和分析民主问题根本的世界观和方法论，其理论基础是唯物史观和剩余价值理论，也就是被恩格斯称为"马克思使自己的名字永垂科学史册的许多重要发现中"最伟大的两个。在恩格斯看来，马克思之前所有的历史观的共同基础在于认为"一切历史变动的最终原因，应当到人们变动着的思想中去寻求，并且在一切历史变动中，最重要的、支配全部历史的又是政治变动"，而马克思则有力地证明，"至今的全部历史都是阶级斗争的历史，在全部纷繁复杂的政治斗争中，问题的中心仅仅是社会阶级的社会的和政治的统治，即旧的阶级要保持统治，新兴的阶级要争得统治。可是，这些阶级又是由于什么而产生和存在的呢？是由于当时存在的基本的物质条件，即各个时代社会借以生产和交换必要生活资料的那些条件……在充分认识了该阶段社会经济状况（而我们那些专业历史编纂学家当然完全没有这种认识）的条件下，一切历史现象都可以用最简单的方法来说明，同样，每一历史时期的观念和思想也可以极其简单地由这一时期的经济的生活条件以及由这些条件决定的社会关系和政治关系来说明。历史破天荒第一次被置于它的真正基础上；一个很明显的而以前完全

被人忽略的事实，即人们首先必须吃、喝、住、穿，就是说首先必须劳动，然后才能争取统治，从事政治、宗教和哲学等等"。除此之外，马克思的第二个重要发现，"就是彻底弄清了资本和劳动的关系……揭示了在现代社会内，在现存资本主义生产方式下，资本家对工人的剥削是怎样进行的……现代科学社会主义就是以这两个重要事实为依据的"①。

可见，不同于古典政治学的伦理学方法论、中世纪流行的神学方法论、启蒙运动时代的法学方法论，马克思主义政治学强调将政治置于社会经济运动过程中加以研究，从"政治是经济的最集中的表现"这一基本观点出发把握纷繁复杂的政治现象背后的本质特征②。正如马克思和恩格斯在《德意志意识形态》中指出的那样，"以一定的方式进行生产活动的一定的个人，发生一定的社会关系和政治关系。经验的观察在任何情况下都应当根据经验来揭示社会结构和政治结构同生产的联系，而不应当带有任何神秘和思辨的色彩。社会结构和国家总是从一定的个人的生活过程中产生的。但是，这里所说的个人不是他们自己或别人想象中的那种个人，而是现实中的个人，也就是说，这些个人是从事活动的，进行物质生产的，因而是在一定的物质的、不受他们任意支配的界限、前提和条件下活动着的。"③ 如此一来，马克思主义政治学就把政治分析建立在"现实的人"的基础之上，"人们的政治关系同人们在其中相处的一切关系一样自然也是社会的、公共的关系。因此，凡是有关人与人的相互关系问题都是社会问题"④。以这种视角观察政治，当然不难推导出"国家内部的一切斗争——民主政体、贵族政体和君主政体相互之间的斗争，争取选举权的斗争等等，不过是一些虚幻的形式，在这些形式下进行着各个不同阶级间的真正的斗争……每一个力图取得统治的阶级，如果它的统治就像无产阶级的统治那样，预定要消灭整个旧的社会形式和一切统治，都必须首先夺取政

---

① 《马克思恩格斯选集》第 3 卷，人民出版社 2012 年版，第 722 – 726 页。
② 相关论述参见王沪宁主编：《政治的逻辑：马克思主义政治学原理》，上海人民出版社 2016 年版，第 26 – 28 页。
③ 《马克思恩格斯选集》第 1 卷，人民出版社 2012 年版，第 151 页。
④ 《马克思恩格斯全集》第 4 卷，人民出版社 1958 年版，第 334 页。

权，以便把自己的利益说成是普遍的利益，而这是它在初期不得不如此做的"① 的科学结论。

基于上述认识，我们可以把唯物政治观和政治辩证法的基本思想概括为以下两个方面：一方面，马克思主义政治学运用物质决定意识、社会存在决定社会意识、经济基础决定上层建筑、生产力决定生产关系等唯物主义观点揭示历史运动的基本动力和发展规律，从社会发展的客观条件出发认识社会政治现象；另一方面，马克思主义政治学将社会政治生活视为不断发展的过程，强调政治与社会结构、社会发展有着普遍的联系，认为政治中体现着原因和结果、现象和本质、形式和内容、必然性和偶然性、可能性和现实性等唯物辩证法的基本范畴，贯穿着对立统一、否定之否定等唯物辩证法的基本规律，在注重把握对政治起到决定性作用的深层次社会经济因素影响的同时承认政治具有能动的反作用。在这一科学的世界观和方法论的指导下，马克思主义政治学形成了系统全面、逻辑严整、博大精深的政治观、权力观、国家观和民主观，其要旨主要包括：政治的本质是各阶级之间的斗争，政治权力就是阶级统治的权力；国家是从社会分化出的管理机构，是阶级统治的工具；民主属于上层建筑的范畴，是由经济基础决定的，是具体的、历史的而不是抽象的、绝对的，政治民主的本质是阶级统治，民主必然随着国家的消亡而消亡；资产阶级民主的实质是资产阶级专政，资本主义的内在矛盾决定了资产阶级民主的痼疾及其历史局限性，社会主义民主是历史上新的、更高类型的民主，政治发展从根本上说是由社会发展所促进的，实现民主、自由和人权的根本途径是推动生产力的发展、经济的繁荣和社会的进步。

由此可见，以唯物政治观和政治辩证法为基石的马克思主义政治学，是一门对政治现象和政治活动的发生、发展和结束的来龙去脉进行本质性探索和原理性研究的科学。刘德厚将这种探究政治"大本大源"的方法总结为"社会政治分析原理"，在他看来，人劳动生存的内在需求构成了政治生活的社会起源，政治关系是人类劳动生存利益关系的集中体现，阶级

---

① 《马克思恩格斯全集》第 3 卷，人民出版社 1960 年版，第 38 页。

和国家的政治仅仅是特定历史阶段特殊政治现象，"一种非国家形式的政治生活，在史前社会和未来共产主义社会是一种必然"，"无产阶级取得了自己的政权之后，政治的内容、任务和性质都可能发生新的变化，政治的中心会发生转移，从狭义性的政治转向广义性的政治"①。与以国家为中心的"政治社会"思想相反，"社会政治"要求在阶级消灭、国家消亡的条件下，将凌驾于社会之上的政治权力回收到社会之中，在使社会的经济、文化权利达到事实上平等的基础上，实现社会成员政治权利的平等和政治生活的高度自治和高度的社会化，达成社会利益关系调控机制的程序化、科学化和公众化的目标。其基本特征就是实现人的个性的自由发展。一言以蔽之，"社会政治"就是社会化的政治，尽管人类达到这种政治生活境地的历史发展还需要漫长的时间，但无产阶级政治革命的胜利，无产阶级国家政权的建立，应该被看成是实行新型的"社会政治"最初的起点，"走向社会政治"的过程是与社会主义、共产主义的完全实现相统一的社会历史变革过程②。

社会政治分析原理从根本上塑造了马克思主义关于民主的基本观点。马克思主义反对孤立地、静止地分析民主这一政治现象，而是深刻洞察民主政治的本质，在考察新旧阶级保持和争得统治的历史运动过程中准确揭示民主政治的基本动力和发展规律，这决定了它必然是关于民主最全面、最系统、最深刻的思想。关于这一思想的理论体系，不少学者从不同角度尝试过概括。比如辛向阳从阶级性理论、社会性理论、历史性理论、所有制理论等角度进行阐释③；陈曙光从民主的发生、民主的内容、民主的形式、民主的价值、民主的评价标准、民主的发展、民主的成效、民主的目标等方面总结马克思主义民主观的核心观点，并以此批评"灌输论""速成论""目的论""一元论""万能论""终结论""程序至上论""选票至上

---

① 刘德厚：《广义政治论：政治关系社会化分析原理》，武汉大学出版社 2001 年版，第 62、63 页。

② 刘德厚：《关于"社会政治"的一般理论》，《武汉大学学报（人文社会科学版）》2000 年第 5 期。

③ 辛向阳：《民主的辩证法：马克思主义创始人的民主思想》，《国外社会科学》2013 年第 4 期。

论"等一系列关于民主的错误观念①；姜辉等则将马克思列宁主义"关于民主问题的基本点"概括为阶级性、目的性、多样性和现实性②。上述概括的共同指向在于对民主的广义理解，或者更准确地说，是对民主的社会化理解。一方面，在阶级社会里，民主是阶级统治的工具和手段，抽象地谈论所谓"纯粹民主"、"一般民主"、"绝对民主"或"全体人的民主"没有实际意义。人类历史上先后出现过奴隶主阶级内部的民主、替代封建专制制度的资本主义民主和替代资产阶级民主的社会主义民主，资本主义民主不管形式如何，在实质上都是实现资产阶级的统治，是少数人的民主。另一方面，竞争性选举只是民主的形式和方法，而不是民主的目的。在现代政党政治中统治阶级通过赢得选举取得执政地位，其目的在于为实现本阶级的利益服务，因此在阶级社会从来就没有超越阶级利益的选举。社会主义民主的目的在于通过实现广大人民在经济、政治、社会上的平等，推动生产力的发展，实现国家制度和人民权利的有机统一，实现人们在经济、政治和社会上的彻底解放，最终实现马克思所说的人的自由而全面的发展，实现民主形式与实质的统一。

　　总之，建立在社会政治分析原理方法论基础上的马克思主义关于人民民主的思想，一方面把民主与人类的彻底解放相结合，通过阶级分析深刻揭示民主的本质、目的和适用范围；另一方面通过对政治民主与社会民主关系的科学分析深刻地揭示了民主的发展规律和实现手段。这一科学的民主观阐明：民主制度从来就没有固定的、单一的、永恒的模式。每个国家的政体都受到各种历史和现实条件的制约，所以民主制度的表现形式也千差万别，民主的差异性、多样性、复杂性决定了必须用具体的、历史的眼光看民主，反对简单化、绝对化地认识民主。一个国家究竟选择什么样的民主制度，关键要考虑民主是否符合实际、能否解决人民需要解决的问题并增进人民的福祉。

---

① 陈曙光：《论马克思主义民主观》，《马克思主义研究》2015 年第 5 期。
② 姜辉、赵培杰：《树立科学的马克思主义民主观》，《政治学研究》2010 年第 3 期。

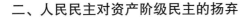

二、人民民主对资产阶级民主的扬弃

马克思主义关于人民民主的思想的核心内涵是"阶级民主"与"实质民主"，前者体现了对人民主体地位的强调，后者体现了对民主真实性和有效性的追求，两者分别从价值维度和真理维度，彰显了马克思主义关于人民民主思想的人民性和科学性相统一的鲜明特征。"阶级民主"与"实质民主"都与社会民主密切相关，通过对"政治民主"的突破完成了对资产阶级民主的扬弃和超越①。

首先看马克思主义关于民主本质的核心观点"阶级民主"。在马克思恩格斯看来，民主的本质是人民的国家制度，最终目的在于实现人的普遍本质和人民的利益。在民主制中，国家不再是凌驾于社会之上的虚幻共同体，而是"完全服从这个社会的机关"。马克思在早期著作中对"使政治制度同抽象观念建立关系"的黑格尔法哲学进行了毫不留情的批判，他一针见血地指出黑格尔所极力推崇的君主制颠倒了政治国家与市民社会的关系，因为它过分强调了抽象的国家而忽视了具体的人民。马克思将民主制与君主制分别视为国家制度的"类"与"种"，认为"民主制是内容和形式，君主制似乎只是形式，然而它伪造内容"②。君主制中的人民从属于政治制度这样一种存在方式，而在民主制中，"人民的自我规定"是国家制度本身唯一的规定性表现；换言之，民主制把君主制中"作为国家制度的人民"解放出来，形成"人民的国家制度"，所以它"是一切形式的国家制度的已经解开的谜"③。由于君主制中"部分决定着整体的性质"，所以君主制是一种既不完整也不真实的国家形式。只有实现"真正的民主制"才能消除国家制度内容和形式的紧张，因为"其他一切国家构成都是某种确定的、特定的、特殊的国家形式。而在民主制中，形式的原则同时也是物质的原则"。从这个意义上讲，"只有民主制才是普遍和特殊的真正统

---

① 本目所论述的主要内容曾以课题阶段性成果的形式发表，参见王衡：《马克思主义人民民主思想的理论内涵与中国实践》，《教学与研究》2020 年第 6 期。

② 《马克思恩格斯全集》第 3 卷，人民出版社 2002 年版，第 39 页。

③ 《马克思恩格斯全集》第 3 卷，人民出版社 2002 年版，第 39 页。

一"①。在《哥达纲领批判》中，马克思也明确指出："'民主的'这个词在德语里意思是'人民当权的'。"② 可见，马克思始终站在阶级的角度对人民民主加以论述，认为民主制是现实人民自己的创作，是人民主体性在政治领域的集中表现，强调"必须使国家制度的实际承担者——人民成为国家制度的原则"③。正因为透视了民主的本质，马克思和恩格斯才能够深刻揭露出资本主义民主的虚假性，指出"现代的国家政权不过是管理整个资产阶级的共同事务的委员会罢了"④。无产阶级的革命斗争就是要推翻这种虚伪的民主制，最终实现真正的人民当权。人民当权的核心是人民获得包括政治、经济和社会在内的整个国家的管理权，而不仅仅是实现被马克思称为"民主主义的陈词滥调"的"普选权、直接立法、人民权利、国民军"等政治权利⑤。

马克思和恩格斯关于阶级民主的思想在列宁那里得到了继承和进一步发展。列宁将民主定义为"有组织有系统地对人们使用暴力"⑥，这就意味着民主的本质是一种阶级统治的形式。列宁指出，纵观整个人类历史发展进程，民主历来都是同一定的统治阶级相联系的，民主的形式总是随着统治阶级的更换而更换，"在古代希腊各共和国中，在中世纪各城市中，在各先进的资本主义国家中，民主的形式都不同，民主的运用程度也不同"⑦。他提醒人们，当马克思主义者谈论民主时决不会忘记提出这样的问题："这是对哪个阶级的民主?"⑧ 列宁认为，"只要有不同的阶级存在，就不能说'纯粹民主'，而只能说阶级的民主（附带说一下，'纯粹民主'不仅是既不了解阶级斗争也不了解国家实质的无知之谈，而且是十足的空谈，因为在共产主义社会中，民主将演变成习惯，消亡下去，但永远也不

---

① 《马克思恩格斯全集》第3卷，人民出版社2002年版，第40页。
② 《马克思恩格斯选集》第3卷，人民出版社2012年版，第371页。
③ 《马克思恩格斯全集》第3卷，人民出版社2002年版，第72页。
④ 《马克思恩格斯选集》第1卷，人民出版社2012年版，第402页。
⑤ 蒋俊明、陈佳楠：《我国经济民主和社会民主发展的策略调整》，《江苏大学学报（社会科学版）》2015年第4期。
⑥ 《列宁选集》第3卷，人民出版社2012年版，第201页。
⑦ 《列宁选集》第3卷，人民出版社2012年版，第699页。
⑧ 《列宁选集》第3卷，人民出版社2012年版，第593页。

会是'纯粹的'民主)。'纯粹民主'是自由主义者用来愚弄工人的谎话。历史上有代替封建制度的资产阶级民主，也有代替资产阶级民主的无产阶级民主。"① 从阶级民主的视角看，资本主义社会的民主的局限性在于它"是一种残缺不全的、贫乏的和虚伪的民主，是只供富人、只供少数人享受的民主"②。列宁对资产阶级民主制度的阶级性进行了一针见血的揭露，"民主共和制是资本主义所能采用的最好的政治外壳，所以资本一掌握……这个最好的外壳，就能十分巩固十分可靠地确立自己的权力，以致在资产阶级民主共和国中，无论人员、无论机构、无论政党的任何更换，都不会使这个权力动摇"③。"资产阶级议会，即使是最民主的共和国中最民主的议会，由于国内还存在着资本家所有制和资本家政权，就总是一小撮剥削者镇压千百万劳动者的机器。"④ 既然民主具有浓厚的阶级性，因此民主和专政必然是一体两面。对此，列宁在《国家与革命》中指出，对少数剥削者实行必要镇压的无产阶级专政是大多数人享受民主的前提，真正完全的民主只有在共产主义中才能得以实现，而且恰恰是它的真正完全性必然导致民主迅速成为不需要的东西，进而在共产主义社会中自行消亡⑤。总之，马克思主义主张人民主体性的实现必须以对"阶级民主"的认识为前提，以"人民的自我规定"和"人民的利益"为表现形式，以全人类的解放和每个人自由而全面的发展为价值旨归。

再来看马克思主义关于民主实现形式的核心观点"实质民主"。实质民主是与程序民主相对应的概念。程序民主把民主视为一种"政治方法"或"游戏规则"，主张将民主的适用范围严格地限定在政治领域，认为竞争性选举、"宪政"、代议制、权力制衡等政治制度是民主不可或缺的要素。由于强调民主在保护公民个体"消极自由"方面的工具理性而非民主本身的价值理性，因此程序民主也被称为"弱势民主""低调民主""保护型民主"或"最小化民主"。与之形成鲜明对照，实质民主理论则强调民

---

① 《列宁选集》第 3 卷，人民出版社 2012 年版，第 600 - 601 页。
② 《列宁选集》第 3 卷，人民出版社 2012 年版，第 191 页。
③ 《列宁选集》第 3 卷，人民出版社 2012 年版，第 120 页。
④ 《列宁全集》第 35 卷，人民出版社 2017 年版，第 445 页。
⑤ 《列宁选集》第 3 卷，人民出版社 2012 年版，第 191 页。

主在赋予政治体制合法性以及实现"积极自由"上的重要功能，认为程序民主理论的精英主义立场极易导致民主的"形式化""空心化"，即民主面临沦为一种政治符号而丧失实质内容的危险。作为对程序民主的价值纠正与内容补充，实质民主主张将民主的适用范围从政治领域延伸至社会经济领域，从而复活民主的广义内涵，可见它追求的是一种更加强势、更加彻底的"强势民主""高调民主""发展型民主""最大化民主"。马克思主义关于人民民主的思想从民主的真实内容和客观结果而非简单的政治形式出发认识民主的广义属性和丰富内涵，其核心理论主张在于维护民主的广泛性、真实性和有效性，反对"程序民主"将民主"标签化""表面化""形式化"的做法，认为民主不应该流于形式、沦为摆设，而应该"回归经济""回归社会"，最终落实到国家政治生活和社会生活之中，试图把民主从政治上层建筑的狭义框架中解救出来以避免"空心化"趋势。

一方面，马克思主义认为民主的形式决定于经济基础，民主为特定的经济基础服务，只有从经济的角度才能洞悉民主的本质。在马克思和恩格斯看来，政治民主与经济民主的脱离是资本主义民主虚假的根源所在。列宁进一步指出民主背后的经济支撑性结构。在阶级消灭之前，任何民主和任何政治上层建筑一样，归根结底都取决于特定社会的生产关系并为生产服务。从这个意义上说，离开了"生产民主"谈任何其他的民主都只不过是雾里看花，"不能说明任何问题"①。财产权掌握在哪个阶级的手里是判断民主性质的直接标准。只要资本家继续掌握财产，资本主义社会无论采取什么样的民主形式，本质上都是"披着美丽外衣的资产阶级专政"，无论如何宣传一人一票、普遍选举、全民意志、选民平等，都不过是政治话术和骗局，因为真正的平等不可能存在于剥削者和被剥削者之间，不可能存在于"资本、财产的占有者和现代雇佣奴隶之间"②。与封建制度相比，资产阶级民主制改变了经济奴役形式并为其作了特别漂亮的装饰，但它并没有改变也无法改变奴役的实质，"资本主义和资产阶级民主制就是雇佣

---

① 《列宁选集》第 4 卷，人民出版社 2012 年版，第 405 页。
② 《列宁全集》第 35 卷，人民出版社 1985 年版，第 428 页。

奴隶制"①。正是基于上述深刻认识，列宁指出，在资本主义社会最顺利的发展条件下形成的"比较完全的民主制度"——民主共和制，仍然"始终受到资本主义剥削制度狭窄框子的限制"，"因此它实质上始终是少数人的即只是有产阶级的、只是富人的民主制度……由于资本主义剥削制度的条件，现代的雇佣奴隶被贫困压得喘不过气，结果都'无暇过问民主'，'无暇过问政治'，大多数居民在通常的平静的局势下都被排斥在社会政治生活之外"②。

另一方面，马克思主义认为社会民主高于政治民主。马克思和恩格斯对无产阶级革命进程的设想是首先建立民主的国家制度，然后直接或间接地建立政治统治③。《共产党宣言》明确指出"上升为统治阶级，争得民主"④ 是工人革命的第一步。这里所谈论的民主概念显然是政治民主。在马克思和恩格斯看来，无产阶级为了夺取政权需要民主的形式，政治民主构成了社会民主的前提和基础，但革命绝不能就此止步，因为民主形式同一切其他政治形式一样都只是手段，社会民主才是民主的落脚点和归宿⑤。马克思主义认为，现实的社会生活和历史发展，要求消除政治民主中的矛盾，解决矛盾的唯一途径，在于使民主从政治领域扩展到社会领域，消除市民生活领域中的奴役与不平等⑥。通过对英国宪章运动的考察，恩格斯认识到，在自由主义框架内已经无法解决英国宪法的理论与实践之间的深刻矛盾，英国的出路在于探求一种新的民主制，"英国最近的将来是民主制。然而是怎样的民主制！不是那种曾经同君主制和封建制度对立的法国大革命的民主制，而是这种同中间阶级和财产对立的民主制。以往的全部发展证明了这一点。中间阶级和财产统治着一切；穷人是无权的，是备受压迫和凌辱的，宪法不承认他们，法律虐待他们；在英国，民主制反对贵

① 《列宁全集》第 37 卷，人民出版社 1986 年版，第 109 页。
② 《列宁选集》第 3 卷，人民出版社 2012 年版，第 189 页。
③ 《马克思恩格斯选集》第 1 卷，人民出版社 2012 年版，第 304 页。
④ 《马克思恩格斯选集》第 1 卷，人民出版社 2012 年版，第 421 页。
⑤ 《马克思恩格斯选集》第 4 卷，人民出版社 2012 年版，第 565－566 页。
⑥ 王沪宁主编：《政治的逻辑：马克思主义政治学原理》，上海人民出版社 2016 年版，第 295 页。

族制的斗争就是穷人反对富人的斗争。英国所走向的民主制是社会的民主制"①。他强调，"平等应当不仅仅是表面的，不仅仅在国家的领域中实行，它还应当是实际的，还应当在社会的、经济的领域中实行。"② 1884年3月24日，恩格斯在致伯恩施坦的信中指出，民主"这个概念每次都随着人民的变化而变化，因此它没有帮助我们前进一步。照我的意见，应当这样说：无产阶级为了夺取政权也需要民主的形式，然而对于无产阶级来说，这种形式和一切政治形式一样，只是一种手段。"③ 这就是说，争取政治民主仅仅是经济和社会领域实现人民当家作主的前提和手段，当借助于政治民主的手段实现了劳苦大众在社会的、经济的领域中真正当家作主、最终消灭了产生剥削和压迫的社会制度的时候，民主也就由手段变成了目的。列宁对此的表述是："只有在共产主义社会中，当资本家的反抗已经彻底粉碎，当资本家已经消失，当阶级已经不存在……真正完全的、真正没有任何例外的民主才有可能，才会实现。也只有在那个时候，民主才开始消亡。"④ 总之，马克思主义认为真正的民主不能单单在政治领域之中建立，民主不仅是国家政治生活的基本内容，而且应该在"非国家形态"的经济生活、社会生活中广泛存在，社会主义民主自身具有向广泛的社会生活领域不断扩大的客观必然性。

综上所述，基于对民主本质及其实现形式的深刻洞察，马克思主义关于人民民主的思想科学地揭示了社会主义民主对奴隶制民主、封建主义民主、资本主义民主狭隘性的超越，形成了对民主与经济基础、政治民主与社会民主之间关系更加深刻的认识，是名副其实的科学民主观。学习和实践马克思主义人民民主思想，关键就在于准确把握贯穿在"阶级民主"与"实质民主"这条主线之中的立场、观点和方法，将其对民主政治的设计思路与原则真正应用于政治实践之中。

---

① 《马克思恩格斯全集》第3卷，人民出版社2002年版，第584-585页。
② 《马克思恩格斯文集》第9卷，人民出版社2009年版，第112页。
③ 《马克思恩格斯选集》第4卷，人民出版社2012年版，第565页。
④ 《列宁选集》第3卷，人民出版社2012年版，第191页。

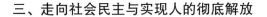
三、走向社会民主与实现人的彻底解放

实现人类解放是马克思主义政治学最核心的命题，而民主是内嵌于这一命题的关键要素。在纪念马克思诞辰 200 周年大会上，习近平明确指出："马克思主义是人民的理论，第一次创立了人民实现自身解放的思想体系。马克思主义博大精深，归根到底就是一句话，为人类求解放。在马克思之前，社会上占统治地位的理论都是为统治阶级服务的。马克思主义第一次站在人民的立场探求人类自由解放的道路，以科学的理论为最终建立一个没有压迫、没有剥削、人人平等、人人自由的理想社会指明了方向。马克思主义之所以具有跨越国度、跨越时代的影响力，就是因为它植根人民之中，指明了依靠人民推动历史前进的人间正道。"① 马克思主义表达了民主和人类解放的契合关系，它在考察和把握"民主"概念时不仅将民主问题同国家和阶级统治结合起来，而且把握了民主与人类解放之间的关系。人类的解放就是人类逐步摆脱外在束缚关系，提高控制自身生活条件的能力，以便最终成为具有自由个性的人。这个过程随着社会生产力的发展，尤其是人类驾驭自然、利用自然以及协调自身与自然关系的能力和水平的不断提高，依次经历三个阶段：人的从属关系、以物的已存关系为基础的人的独立性、自由的个性②。相应地，马克思主义提出了"政治解放"和"社会解放"这对基本概念。

政治解放的基本任务是使人类摆脱人的从属关系。在马克思主义创始人的语境中，政治解放就是指推翻封建制度的资产阶级革命。马克思在《论犹太人问题》中明确指出，"政治解放同时也是同人民相异化的国家制度即统治者的权力所依据的旧社会的解体。政治革命是市民社会的革命。旧社会的性质是怎样的呢？可以用一个词来表述：封建主义。"③ 在马克思看来，虽然在资本主义之前奴隶社会和中世纪都已经存在"民主制"，但这种民主制是以人在经济上和政治上的不平等为前提的，经济上和政治上的

---

① 习近平：《在纪念马克思诞辰 200 周年大会上的讲话》，人民出版社 2018 年版，第 8 页。
② 王沪宁主编：《政治的逻辑：马克思主义政治学原理》，上海人民出版社 2016 年版，第 291 页。
③ 《马克思恩格斯文集》第 1 卷，人民出版社 2009 年版，第 44 页。

"主奴关系"同时存在，属于"不自由的民主制"。资产阶级革命的历史贡献在于，它打破了人的从属关系，使人获得政治领域内的民主。随着以专制权力崩溃为标志的"旧社会的解体"，在政治领域实现自由的民主制中，人将获得形式上的独立。正如马克思在《黑格尔法哲学批判》中所评价的那样，"只有法国大革命才完成了从政治等级到社会等级的转变过程，或者说，使市民社会的等级差别完全变成了社会差别，即在政治生活中没有意义的私人生活的差别。这样就完成了政治生活同市民社会的分离。"① 至此，虽然社会经济领域的不平等仍然存在，但人们终于能够在政治上平等地享有政治权利，因此政治解放无疑是人类解放的"一大进步"。

但必须认识到，政治解放还不是人类解放本身。政治解放最大的局限性在于，它本质上是对人的二重化生活的肯定，它带来的政治领域中的平等公民身份并不会改变或消除经济社会的不平等，反而恰恰是以社会中的压迫和奴役为前提的。"正如基督徒在天国一律平等，而在人世不平等一样，人民的单个成员在他们的政治世界的天国是平等的，而在人世的存在中，在他们的社会生活中却不平等。"② 国家在政治上宣称废除了"出身、等级、文化程度、职业"等差别，但实际上根本没有真正废除，恰恰相反，只有以这些差别为前提，国家才得以存在，"只有同自己的这些要素处于对立的状态，它才感到自己是政治国家，才会实现自己的普遍性"③。一言以蔽之，人们在政治解放所实现的政治民主中所获得的只是表面上的权利，政治民主这种形式上的民主归根到底是为市民社会中居统治地位的经济利益服务的，只有在实现政治领域平等的基础上，通过消灭私有财产、消灭私有经济结构对人的压制，实现市民社会生活完全平等，人类才能进一步获得彻底的解放，实现真正彻底的民主和彻底的解放。对此，马克思指出，"任何解放都是使人的世界即各种关系回归于人自身"，"政治解放一方面把人归结为市民社会的成员，归结为利己的、独立的个体，另一方面把人归结为公民，归结为法人。只有当现实的个人把抽象的公民复

① 《马克思恩格斯全集》第3卷，人民出版社2002年版，第100页。
② 《马克思恩格斯全集》第1卷，人民出版社1956年版，第344页。
③ 《马克思恩格斯文集》第1卷，人民出版社2009年版，第30页。

归于自身，并且作为个人，在自己的经验生活、自己的个体劳动、自己的个体关系中间，成为类存在物的时候，只有当人认识到自身'固有的力量'是社会力量，并把这种力量组织起来因而不再把社会力量以政治力量的形式同自身分离的时候，只有到了那个时候，人的解放才能完成"①。

在此基础上，马克思主义创始人提出了"社会解放"的重大命题。社会解放是超越政治解放的重要社会变革，它的核心内涵是通过生产方式和交往方式的变革完成对市民社会的根本性改造，在国家与社会之间关系根本扭转的基础上实现社会力量即联合起来的个人的集体力量的发展壮大，赋予社会以生机和活力，使人民摆脱一切外在强制性力量的束缚，在"全面而自由的发展"的过程中实现自我管理②。在马克思主义理论看来，政治解放对应着追求政治权利形式上平等的"政治民主"，社会解放对应着在市民社会的全部生活中实现真正平等的"社会民主"，只有后者才是彻底的民主，才能为人类最终获得彻底解放奠定坚实的基础。早年恩格斯认为社会民主是符合无产阶级利益的民主形式，并且这种民主与共产主义是相通的。1845 年底，在伦敦各界庆祝 1792 年法兰西第一共和国成立的纪念大会的讲话中，恩格斯指出法国大革命是一场以社会民主为目标的社会革命，强调"我们谈论的不是全欧洲所向往的现实的民主"，而"完全是另外一种民主"③。恩格斯认为："当时的民主和纯政治的组织完全是两回事……法国革命自始至终都是一个社会运动，在它之后，纯粹政治上的民主已经变为毫无意义的东西了。民主在今天就是共产主义。任何其他的民主都只能存在于那些跟实际毫无联系、认为原则不是靠人和环境发展起来而是靠它本身发展起来的、好空谈的梦幻家的头脑中。民主已经成了无产阶级的原则，群众的原则。即使群众并不总是很清楚地懂得民主的这个唯一正确的意义，但是他们全都认为民主这个概念中包含着社会平等的要求，虽然这种要求还是模糊的。"④ 由此可见，恩格斯认为社会民主因为提

---

① 《马克思恩格斯文集》第 1 卷，人民出版社 2009 年版，第 46 页。
② 刘建军、陈周旺、汪仕凯主编：《政治逻辑：当代中国社会主义政治学》，上海人民出版社 2022 年版，第 214 页。
③ 《马克思恩格斯全集》第 2 卷，人民出版社 1957 年版，第 663 页。
④ 《马克思恩格斯全集》第 2 卷，人民出版社 1957 年版，第 664 页。

出了社会平等的要求而超越了政治民主，并成为无产阶级的原则。

不过，社会民主由理想变为现实并非易事。马克思在《1848 年至 1850 年的法兰西阶级斗争》中指出，法国 1848 年"二月革命"胜利后，临时政府在无产阶级的直接压力下宣布新建立的法兰西第二共和国是"设有社会机构的共和国"，但它"事实上不过是，而且也只能是一个资产阶级共和国"，"巴黎无产阶级还只能在观念中、在想象中越出资产阶级共和国的范围，而当需要行动的时候，他们的活动却处处都为资产阶级共和国效劳"①。直到 1871 年，马克思在巴黎公社中才看到了这种社会民主的雏形。在《法兰西内战》中，马克思对巴黎无产阶级提出的"社会共和国"高度认同，认为在巴黎公社这一"生产者的自治政府"中，"社会公职已不再是中央政府走卒们的私有物。不仅城市的管理，而且连先前由国家行使的全部创议权也都转归公社"②，这种自治形式不仅实现了无产阶级的政治民主，而且以此为前提实现了经济民主和社会民主，是实现国家把"迄今所吞食的一切力量归还给社会机体"的一种尝试。在马克思看来，"公社给共和国奠定了真正民主制度的基础"，"公社的真正秘密就在于：它实质上是工人阶级的政府，是生产者阶级同占有者阶级斗争的产物，是终于发现的可以使劳动在经济上获得解放的政治形式"③。巴黎公社代表了"人民自己实现的人民管理制度的发展方向"，社会民主是实现社会解放的重要途径。"公社——这是社会把国家政权重新收回，把它从统治社会、压制社会的力量变成社会本身的充满生气的力量；这是人民群众把国家政权重新收回，他们组成自己的力量去代替压迫他们的有组织的力量；这是人民群众获得社会解放的政治形式，这种政治形式代替了被人民群众的敌人用来压迫他们的假托的社会力量（即被人民群众的压迫者所篡夺的力量）（原为人民群众自己的力量，但被组织起来反对和打击他们）。这种形式很简单，像一切伟大事物一样。"④

社会解放是向阶级和国家消亡的共产主义社会过渡的必经阶段，并且

---

① 《马克思恩格斯选集》第 1 卷，人民出版社 2012 年版，第 466 页。
② 《马克思恩格斯选集》第 3 卷，人民出版社 2012 年版，第 99 页。
③ 《马克思恩格斯选集》第 3 卷，人民出版社 2012 年，第 101－102 页。
④ 《马克思恩格斯选集》第 3 卷，人民出版社 2012 年版，第 140 页。

社会民主只有在共产主义社会才能实现。人类社会的发展的内在规律决定了作为国家形态的民主必将消亡，也决定了以"自由人"为主体的社会民主必然出现。但社会解放是一个长期的历史过程，它将经历以下几个阶段：首先是推动社会生产力获得极大发展，并不断变革经济基础，从而为人的自由而全面的发展提供丰富的物质条件；其次是全面实现人民当家作主，从政治生活上提升人的自由而全面的发展的程度；最后是消除阶级之间的差别、城乡之间的差别、脑力劳动与体力劳动之间的差别，从而最终消除存在于人民内部的由于人的活动而造成的社会界限①。正如列宁在《国家与革命》中指出的："只有在共产主义社会中，当资本家的反抗已经彻底粉碎，当资本家已经消失，当阶级已经不存在（即社会各个成员在同社会生产资料的关系上已经没有差别）的时候，——只有在那个时候，'国家才会消失，才有可能谈自由'。只有在那个时候，真正完全的、真正没有任何例外的民主才有可能，才会实现。也只有在那个时候，民主才开始消亡，道理很简单：人们既然摆脱了资本主义奴隶制，摆脱了资本主义剥削制所造成的无数残暴、野蛮、荒谬和丑恶的现象，也就会逐渐习惯于遵守多少世纪以来人们就知道的、千百年来在一切行为守则上反复谈到的、起码的公共生活规则，而不需要暴力，不需要强制，不需要服从，不需要所谓国家这种实行强制的特殊机构。"② 在共产主义社会，在生产资料的社会占有和在这种占有下的生产力高度发展的条件下，消亡的是国家形态的民主，实现的是非国家形态的社会民主。

总之，在马克思主义看来，作为资产阶级政治革命功绩的"政治解放"并不是"彻底的没有矛盾的解放"，形式上的政治平等权利并没有改变社会现实生活不平等的事实。社会民主是推进民主社会化、生活化的重要途径，是从政治解放走向人类解放漫长历程的不可缺少的重要组成部分③。政治民主不可能自然趋向社会民主，社会民主的最终实现需要进行彻底的

①　刘建军、陈周旺、汪仕凯主编：《政治逻辑：当代中国社会主义政治学》，上海人民出版社 2022 年版，第 215 页。
②　《列宁全集》第 31 卷，人民出版社 2017 年版，第 85 页。
③　何显明：《社会民主实践与民主政治社会微观基础的培植》，《中共杭州市委党校学报》2012 年第 1 期。

社会革命。只有实现了完全的社会民主，人类社会才真正进入共产主义社会，这是无产阶级革命必须完成的伟大的历史任务①。在西方政治思想中，民主长期被理解为政治范畴，这种狭隘的政治民主观使民主政治实践偏离了民主的精神实质，阻碍了民主理念所蕴含的追求人类解放的终极价值的实现。马克思主义为发展社会民主奠定了坚实的科学理论基础，实现了对狭隘政治民主观的超越。

第三节　篡改与窄化：社会民主主义的迷思和困局

一、社会民主主义对民主理论的修正

社会民主主义是一种改良主义的思想流派，最早出现于欧洲 1848 年革命前后，其产生在很大程度上缘于欧洲思想界对资本主义工业化早期阶段出现的阶级分化、工人贫困、劳资对立等社会问题的理论回应。当时自称或被称为"社会民主党人"或"社会民主主义者的派别"的主要有三类群体：主张"资产阶级社会主义"的资产阶级激进民主派、主张"乌托邦社会主义"的小资产阶级民主派和主张"革命的社会主义"的无产阶级革命派。其中前两个派别主要从法国大革命所宣扬的自由主义思想中汲取养分，把启蒙思想家们在反封建斗争中以全体人民的名义宣布的自由、平等、博爱等社会原则作为自己的基本价值追求。而后者则以布朗基派为代表，一定程度上继承了巴贝夫主义的思想传统，所以也被称作共产主义者。显然，这时的社会民主主义实际上涵括了从改良到革命的各种主张。马克思、恩格斯当时毫不犹豫地站在无产阶级革命派一边，自称是共产主义者，参加并领导了第一个无产阶级政党——共产主义者同盟。但出于策略的考虑，他们有时也自称为社会民主党人②。

---

① 王沪宁主编：《政治的逻辑：马克思主义政治学原理》，上海人民出版社 2016 年版，第 296 页。

② 高建明、陈晔：《社会民主主义未来的范式之争》，《当代世界与社会主义》2022 年第 1 期。

随着 1864 年国际工人协会成立和 1869 年德国社会民主工党的建立，国际工人运动进入了新阶段。这一时期创立的无产阶级政党大都采用了社会民主党或社会主义工人党的名称，社会主义和工人运动日益结合成统一的社会民主主义运动。从 19 世纪 70 年代到 20 世纪初，科学社会主义在各国无产阶级政党以及第二国际中基本占据着主导地位，社会民主主义一定程度上成了科学社会主义的同义语。但第二国际后期，社会民主主义运动发生分化，逐步形成了左、中、右三派。俄国十月革命胜利后，以俄国布尔什维克为代表的原第二国际左派与右派、中派彻底决裂，把党的名称改为共产党并成立了共产国际。为表示与实行无产阶级专政的共产党人的根本对立与共产党人的区别，原第二国际中的右派和中派联合起来，开始自称为民主的社会主义者，并对社会民主主义作出改良主义的解释，主张走议会道路实现社会民主的目标①。对此，谢丽·贝尔曼指出，"到 20 世纪头几年，民主修正主义者已经对国际社会主义运动的马克思主义正统思想进行了有力的批判，并为另一种意识形态奠定了基础。但是，民主修正主义要在第一次世界大战引发的巨大变革中开花结果，形成自己的运动。这一转变的关键步骤是公开摒弃正统马克思主义的两大支柱——阶级斗争和历史唯物主义，并接受它们的对立面——跨阶级合作（cross-class cooperation）和政治至上（the primacy of politics）……在一战末期，许多社会主义者坚信，正统马克思主义在理论上已经枯竭，在政治上也已无用武之地，是时候为左派树立全新的愿景了——这种愿景将取代正统马克思主义，而不是对其进行修修补补……其结果是社会主义最终从马克思主义中分离出来，出现了可以正确称为社会民主的东西。"②

从思想渊源看，一方面，社会民主主义受到资产阶级启蒙思想的深刻影响。启蒙运动确立的"天赋人权"和"人民主权"的价值理念，奠定了自由主义和民主主义的理论基础。自由主义强调人生而平等自由，视自由为"最高政治目的"，认为民主既是保障和维护自由的最有效手段和途径，

---

① 【英】斯图亚特·汤普森：《社会民主主义的困境——思想意识、治理与全球化》，贺和风等译，重庆出版集团 2008 年版，第 1-2 页。

② Berman，S. (2006). The primacy of politics：social democracy and the making of Europe's twentieth century. Cambridge：Cambridge University Press，pp. 96 - 97.

同时又是自由本身的体现，因此倡导在政治领域实行民主。然而，自由主义和民主主义在理论上存在张力，在实践中处于非均衡发展的状态。资本主义制度主张自由竞争，将一切交给市场这只"看不见的手"，限制国家对经济生活的干预；而社会主义崇尚平等和公正，强调对弱势群体人格的尊重和利益的保护。在这种背景下，"社会民主主义诞生于一个意识形态尖锐对立、社会冲突激烈的时代，它常常被视为资本主义和社会主义之间的一种务实妥协……社会民主主义者反对不受管制的市场力量席卷社区纽带、制造不平等和巩固经济专制。社会民主首先是一种限制市场商品化力量并对其进行民主控制的努力"①。社会民主主义以将公民权利和政治平等扩展到社会和经济领域为特征，将公正的社会定义为财富分配最大限度地实现结果平等的社会，这种结果平等被视为个人充分参与社会的必要条件。换言之，社会民主主义更多地从积极意义上谋求自由的实现和维护，即通过民主化手段来赋予和保障自由。对此，卡尔·兰道尔（Karl Landauer）指出："18 世纪的伟大的民主运动无疑是产生社会主义的最重要的根源之一。"②

另一方面，社会主义思想流派中的工联主义、费边社会主义、拉萨尔主义等构成了社会民主主义复杂多元的理论基础。工联主义是流行于 19 世纪中期国际工人运动的一种改良主义思潮，它的首要诉求就是试图超越阶级而进行阶级调和，认为革命斗争是不可取的，应该通过阶级合作、争取普选权来达成自身目标，同时提出要通过劳动立法的形式和以谈判、协商、互助等和平方式谋求工人阶级劳动和生活条件的改善，反对工人阶级进行推翻资本主义制度的政治斗争。费边社会主义是 19 世纪末 20 世纪初流行于欧洲工人运动中的改良主义社会思潮，主张依靠现有的民主国家逐渐消灭土地和工业资本的私有制，并通过各种机构进行改革，最终改变社会的资本主义性质。费边社会主义最鲜明的特征是宣扬改良主义，认为社会主义可以渗透社会各阶层和其他党派，从而利用现存的资本主义民主制

---

① Freeden, M., Sargent, L. T., & Stears, M. (Eds.). (2013). The Oxford handbook of political ideologies. New York: Oxford University Press, p. 348.

② 【美】卡尔·兰道尔：《欧洲社会主义思想与运动史》上卷第一册，群立译，商务印书馆 1994 年版，第 18 页。

度将资本主义转变为社会主义。这种工人运动中的改良主义逐渐与和平改良的社会主义走向融合，成为社会民主主义民主理论内在改良因素的固有基本思想和策略原则。费边社会主义的代表人物道格拉斯·柯尔（Douglas Cole）提出了"职能民主制"，他针对代议制民主论本身"代表性"的局限，指出代议制使公民在投票时参政，一旦投票完就要让代表来统治，而自己则丧失了参政的机会。他据此提出"真正的民主政治不应当在单独的、无所不能的议会中去寻求，而应当在各种有调节职能的代表团体这种制度中去寻求"①。柯尔主张的职能民主制，实际上是一种参与式的民主制，以人人能参加的职能团体为基础。团体的每一个成员都对团体有充分了解并能参与决定自己所在团体的事情，而不是让别人来代表自己。悉尼·韦伯（Sidney Webb）夫妇则发明了"工业民主"的概念，主张超出政治民主，将民主扩大到工厂中去②，在劳资关系上的工作场所进行民主化改革，即工人组织起来与资方就工资待遇和工作条件，进行讨价还价的"集体交涉"，进而把民主直接运用到工业社会中，成立一些委员会和咨询机构，来协调管理层、工会和职工之间的沟通。工业民主的倡导者认为，这种管理模式会弥补资本主义企业里的民主赤字。英国政治理论家、工党领导人哈罗德·拉斯基（Harold Joseph Laski）批判了传统的一元主义国家观，否定了传统的国家主权概念，而极力宣扬多元主义的政治观。拉斯基认为，国家中不应该存在一个权力无限的主权者，事实上每个国家都不可能存在一个权力无限的主权者。国家只是人类众多形式的团体之一，它并不必然比教会、工会或其他社会团体更适合于社会目的，传统的以主权概念为基础的一元国家观是神秘主义的，它使国家成为人们躬身屈膝的现代偶像，只会阻碍公民个性的发展。拉斯基主张建立以各种平等的社会团体为基础的多元国家，这种多元国家的权力既不是集中在社会结构的某一点上，也不是集中在国家的政府那里，而是分散在社会的各种职能团体和自治区域③。斐迪南·拉萨尔（Ferdinand Lassalle）从唯心史观出发，抛

---

① 【英】柯尔：《社会学说》，商务印书馆1959年版，第70页。

② 【美】乔万尼·萨托利：《民主新论：上卷：当代论争》，冯克利、阎克文译，上海人民出版社2015年版，第29页。

③ 陈炳辉：《西方民主理论：古典与现代》，中国社会科学出版社2016年版，第22页。

开人的社会性和阶级性来解释人的共同本质，形成了一种抽象的人性论和超阶级的价值普遍主义。拉萨尔主义在政治上的核心主张是争取普选权，认为"只有通过普遍、平等与直接的选举权才能使德国工人等级的社会利益得到充分代表，才能真正消除社会中的阶级矛盾"①，并且认为这种目标的达成必须走和平且合法的道路。在经济政策方面，拉萨尔主义提出只有通过国家帮助建立工人生产合作社，才能够废除"铁的工资规律"，从根本上改变劳动群众贫困的现状，主张国家资助合作社事业而不是实现生产资料公有②。上述充满多元主义、折中主义、伦理主义、实用主义和改良主义色彩的思想来源，决定了社会民主主义在民主理论问题上的基本立场。

在两次世界大战之间，修正主义者继续使用社会民主主义概念来表述自己的思想和政策体系，在与布尔什维克主义的对抗中进一步发展了社会民主主义理论，并开始了通过议会道路在资本主义国家执政和推行社会民主改革的实践。1918年5月，卡尔·考茨基撰写并发表了《无产阶级专政》一文，指出民主和社会主义"都是用来实现同一目的的手段"③，最终目的是消灭所有的剥削和压迫。在考茨基看来，作为生活方式的完全的民主是民主社会主义目标，所建立的一切手段和途径都应该以此为努力方向，并且虽然社会主义不能没有民主，但纯粹民主是能够离开社会主义而存在的。这实际上肯定了民主优先于社会主义。考茨基还将民主和专政对立起来，宣扬意味着多数派的统治又意味着保护少数派的"纯粹民主""一般民主"，认为专政就是取消民主、是不受法律约束的工人独裁，断言世界革命不是通过专政道路而是通过民主和人道来实现的，并宣扬必须坚持普遍、平等、直接、秘密的选举权④。考茨基的"一般民主论"成了社会民主主义者用民主与专政的对立取代革命和改良的对立的重要理论支柱之一⑤。奥地利社会民主党领导人奥托·鲍威尔（Otto Bauer）在其国家学

① 张世鹏：《德国社会民主党纲领汇编》，北京大学出版社2005年版，第4页。
② 张世鹏：《德国社会民主党纲领汇编》，北京大学出版社2005年版，第10页。
③ 【奥】卡尔·考茨基：《考茨基文选》，人民出版社2008年版，第325页。
④ 徐崇温：《民主社会主义评析》，重庆出版社2007年版，第35页。
⑤ 徐崇温：《民主社会主义评析》，重庆出版社2007年版，第37页。

说中把"职能民主"看成最终补充或代替"议会民主"的最佳手段。对于专政和民主，鲍威尔认为二者是相互对立、排斥的两个政治范畴，民主制是一种国家形式，社会力量因素决定了国家内的权力分配，议会民主是"凭借选举手段来保证统治者和被统治者之间的协调"，并赋予了"阶级统治以得到全体人民确认的尊严"①。但是，议会式的政治民主并不能在非投票期间充分保障普通民众的政治权利，这种制度上的权利空缺需要通过职能民主加以补充，按社会分工、工作场所和所承担的经济职能组成相应公民团体，这是"工人阶级行使权利的特殊形式"②。在这一时期，拉斯基还提出了"计划化民主"的设想，认为理想的社会模式要实现经济平等和政治民主，就必须建立"计划化经济＋民主政治"的国家，在各阶级各团体高度的社会共识和共同利益基础之上，对资本主义进行和平的、协商的、民主的改造，实现民主与社会主义的所谓"完美结合"。由此可见，这一时期社会民主主义的"调和"、"补充"或"改良"的观点实质上已经开始向资本主义转向。

第二次世界大战结束后，以1951年社会党国际成立及其原则声明《民主社会主义的目标与任务》（《法兰克福宣言》）的发表为标志，民主社会主义开始取代社会民主主义成为各国社会党的思想体系的总称。与社会民主主义相比，民主社会主义发生的根本性变化在于，它不再要求实现生产资料的社会化占有，而转向了社会改良的方案。《法兰克福宣言》全面论述了民主社会主义的民主理念，突出强调社会主义的"民主"性质，明确将"民主"作为旗帜，强调"社会主义只能通过民主实现，民主只能通过社会主义完善"，主张构建集政治民主、经济民主、社会民主、国际民主为一体的全面的民主社会，并规定其实现途径是在现行资产阶级民主制度框架内，通过选举尽量争取议会多数席位，进而推行有利于加速社会改造的各种改良措施。在"四大民主"中，政治民主是实现其他领域内民主的先决条件，其核心是通过确立普选权、完善多党制的议会民主扩大民主参与。政治民主以人道主义为基础，宣扬"普世"的人权和政治上的多元

---

① 《鲍威尔言论》，生活·读书·新知三联书店1978年版，第250页。
② 《鲍威尔言论》，生活·读书·新知三联书店1978年版，第313-314页。

化，强调"民主要求不止一个政党的合法存在的权力和充当反对派的权利"①，主张实行多党制和议会民主制，以和平合法的议会民主道路参与国家管理和政权构建，反对暴力革命。经济民主，是指通过民主的方式，在经济生活领域建立一个满足人的基本要求的社会。民主社会主义认为实行经济民主能使社会的生产和分配真正符合人民的整体利益，它重视公民对宏观经济决策的影响和工会对微观经济决策的参与，要求在资本主义现存经济制度基础上进行"结构改革"，以实现"充分就业、提高生产、不断扩大福利、实现社会安全、实行一种公正的收入和财产分配"的目标②。社会民主的核心是对于人的基本社会权利的保护，主张所有社会成员的平等和公正，尤其是对社会相对弱势群体自由和尊严的维护，致力于消除不平等、不公正现象的存在。民主社会主义者认为缺少社会民主的社会即便实现了政治民主和经济民主，也只能是属于寡头们的民主，是没有建立在所有社会成员平等、自由的社会基础上的排他性民主，社会民主所保障的政治权利、法律平等和社会公正才是促进民主持续稳定发展的必要条件，在这个条件下，民主能够在政治、经济、社会领域落实拓展，从而助力实现自由、平等、团结互助的社会目标③。《法兰克福宣言》明确指出，"社会主义的主要动机是满足人民的生活需要"④。1962 年《奥斯陆宣言》（Oslo Declaration）则重申"民主自治是不能放弃的宝贵权利"⑤，民主社会主义的目标是让每个人的个性都能够得到最充分的发展。具体而言，社会民主重点关注公民的生存权、劳动权、休息权、受教育权、居住权和社会福利，以及消除社会歧视等。国际民主的核心是要求全球范围内人类从政治、经济、精神等各种各样的束缚中得到解放。作为一场国际性运动，民主社会主义要求民主理念在国际层面推广，其主要政策主张是反对霸权主义，践行多边主义，加强国际合作，推动各国政府尊重和保护公民的基本权利，促进全球的民主化进程。这一时期，民主社会主义民主理论的体

---

① 张世鹏：《德国社会民主党纲领汇编》，北京大学出版社 2005 年版，第 62 页。
② 张世鹏：《德国社会民主党纲领汇编》，北京大学出版社 2005 年版，第 63 页。
③ 《社会党国际重要文件选编》，当代世界出版社 2005 年版，第 82 页。
④ 张世鹏：《德国社会民主党纲领汇编》，北京大学出版社 2005 年版，第 64 页。
⑤ 《社会党国际文件集（1951—1987）》，黑龙江人民出版社 1989 年版，第 147 页。

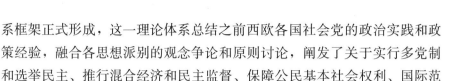

系框架正式形成，这一理论体系总结之前西欧各国社会党的政治实践和政策经验，融合各思想派别的观念争论和原则讨论，阐发了关于实行多党制和选举民主、推行混合经济和民主监督、保障公民基本社会权利、国际范围内完善世界性民主的主张和愿景。

20 世纪 80 年代末 90 年代初苏联解体、东欧剧变后，世界社会主义进入低潮。为进一步撇清与"社会主义"的联系，树立温和左翼的形象，各国社会党开始更倾向于使用社会民主主义这一概念。在德国社会民主主义理论家托马斯·迈尔看来，社会民主主义与自由至上民主主义都属于自由主义民主的类型"①，社会民主主义形成的标志就是社会权利概念的诞生，这些社会权利概念保障公民对于他们所需要的物质资料的支配，使他们的公民的、政治的、社会的、经济的基本权利除了法律形式的表面效力以外，也能在每个国家各自可能的范围内实际生效②。社会民主主义的重新使用看似是对原初概念的回归，实则是这一思想流派的又一次新发展。"社会"作为修饰词置于"民主"之前，表明社会民主主义者用民主理论来囊括自身诉求的变化，并重视对于社会权利的保护。这一时期，欧洲社会党人还提出了区别于传统社会主义和新自由主义的"第三条道路"，其在理论上的代表人物是安东尼·吉登斯（Anthony Giddens），政策上的倡导者和施政实践者则包括英国首相布莱尔、美国总统克林顿和德国总理施罗德等。虽然由于各国的经济形势、制度机制、政治文化和面临的问题不同，推行"第三条道路"的具体内容有所差异，但总体上看，这些理论政策具有以下共通之处：一是坚持"自由、公正、互助"的核心价值；二是主张生活方式民主化、社会权力分散化、国家职能和政府管理服务化、行政透明化和高效化、构建更具活力的社会场域、建立健全直接民主体制机制、实现家庭的民主化；三是推行积极的福利国家政策，同时以社会投资国家取代本质上"非民主"的社会福利国家，从而缓解财政压力；四是为获得更多政治力量支持，主张社会党从纲领党进一步向选举党靠拢，淡化

---

① 【德】托马斯·迈尔等编：《民主社会主义理论概念》，殷叙彝等编译，重庆出版社 2012 年版，第 5 页。

② 【德】托马斯·迈尔等编：《民主社会主义理论概念》，殷叙彝等编译，重庆出版社 2012 年版，第 7 页。

意识形态色彩，根据经验和现实来制定施政策略；五是构建世界性民主，建立和完善国家、国际组织以及相关团体的互动对话民主机制和更强力的国际合作机制以解决全球化背景下的跨国问题①。

综上所述，在马克思和恩格斯之后，社会民主的理论发展见证了科学社会主义与社会民主主义的分道扬镳。前者认为资产阶级及资本主义体制本身是社会民主的障碍，必须推翻资本主义的统治，打碎国家机器，完成政治解放，然后进行社会民主建设，最终实现"自由人的联合体"；后者则主张在资本主义民主政治的制度框架下进行议会斗争，同时在社会经济领域争取"自由、公正、互助"等"社会主义基本价值"，其基本形式包括对经济的民主监督、用共同参与的经济民主来补充议会民主、实行社会保障和社会福利制度等，企图实现"和平过渡"或渐进改革。

二、社会民主主义民主观的基本主张

尽管社会民主主义在形成发展的 100 多年间经历了复杂的经济、政治和社会变迁，在不同的发展阶段面临大相径庭的时代任务，但综观其理论政策和实践动向，"民主"作为一条逻辑主线贯穿始终，在民主的地位功能、制度形式、指导思想上，形成了一系列一脉相承的理论观点。

首先，在民主的地位功能上，社会民主主义始终强调民主是社会主义的基础，是实现社会改良理想不可缺少的前提。伯恩施坦反复强调民主对于社会主义的关键性意义，认为社会主义只是资本主义向全面民主发展的一个渐进的、长期的运动过程，民主在实现过程中的地位才是至关重要的主题。在伯恩施坦看来，平等的普选权是资本主义制度走向新制度的"一块立足的地方"，工人拥有普选权至关重要，"民主选举权是工人阶级为了争取更大权利和贯彻更多的旨在改造社会的措施所能运用的巨大杠杆"②。工人阶级可以通过普选权来取得政权，普选权的实现通过"文明化的阶级斗争"增强工人阶级的政治力量，推动着民主的发展，在保证生活制度相

---

① 【英】安东尼·吉登斯：《超越左与右——激进政治的未来》，李惠彬、杨雪冬译，社会科学文献出版社 2000 年版，第 17 页。

② 【德】爱德华·伯恩施坦：《什么是社会主义》，史集译，生活·读书·新知三联书店 1963 年版，第 19 页。

对稳定的前提下平稳过渡到更高级的社会制度，因此"民主在原则上是阶级统治的消灭，即使它还不是阶级在事实上的消灭"①。法国社会党在 1946 年通过的纲领中强调本党"在本质上是一个主张民主的党"②，因为人的各种权利需要各种形式的自由来保障，广泛和充分发展的民主是社会主义社会的要素之一。1951 年社会党国际的《法兰克福宣言》系统阐述民主在社会民主主义理论体系中的核心地位，指出社会民主主义政党所追求的理想社会，必须是要建立在民主的基础之上，并通过民主方式和平达成，同时民主也是衡量一种生活制度是否美好的标准和尺度，并为社会民主主义政党的主张及其行动提供合理性依据。进入 21 世纪之后，西欧各国社会党更加强调民主的基础性地位。2001 年威斯特罗代表大会通过的《瑞典社会民主工人党党纲》强调："通过公民自由和公开讨论形成的、通过民主选举表达出来的共同愿望，高于所有其他权力语言和利益，因此民主高于市场。"③ 德国社会民主党在 2007 年通过的《汉堡纲领》中强调了本党的纲领是在"广泛的民主参与中产生的"，并且始终"遵循引以自豪的民主社会主义传统"④，在社会民主主义的行动原则下通过"社会民主化"来实现其基本价值和目标，主张"基于公民权的预防性福利国家和通过保证民主优于市场的协调性市场经济"⑤ 来构建以"民主政治优先"为价值导向的社会。

其次，在民主的制度形式上，社会民主主义始终把议会民主看作和平改造国家、实现社会主义的工具，反对无产阶级专政。萧伯纳认为，代议制民主是最为有效的民主决策体制，在一个民主的社会和承认本身有施行社会立法责任的国家中，只要在现存国家政治制度框架内"劝说人民更为

---

① 【德】爱德华·伯恩施坦：《社会主义的前提和社会民主党的任务》，舒贻上等译，生活·读书·新知三联书店 1958 年版，第 193 页。

② 《各国社会党重要文件汇编》，世界知识出版社 1959 年版，第 341 页。

③ 俞可平主编：《世界主要政党规章制度文献：瑞典》，中央编译出版社 2015 年版，第 154 页。

④ 俞可平主编：《世界主要政党规章制度文献：德国》，中央编译出版社 2015 年版，第 136 页。

⑤ 张世鹏：《德国社会民主党纲领汇编》，北京大学出版社 2005 年版，第 147 页。

合理地利用他们已经获得的权力"①　就有可能实现社会主义。考茨基明确指出工人阶级不仅可以利用资本主义国家的议会制度作为自身争取利益的工具和渠道，而且资本主义民主制具有"产生更高级的革命斗争形式的可能"②，民主"是一条最短、最可靠、最少牺牲的通向社会主义之路"③。由于民主竞选可以反映出敌我政治力量的对比，民主制下的斗争将不是无意识的群众暴动，而是具有计划性、组织性的。无产阶级政治斗争的过程就是不断争取民主权利的过程，无产阶级将通过"一个建立在民主自由基础上的组织，在利用民主形式的情况下"进行革命并逐步获取物质和精神上的成熟④。考茨基还强调"保护少数派是民主发展的必不可少的条件"⑤，他对俄国布尔什维克的政治实践进行了猛烈批评，认为真正的无产阶级专政并不是废除民主，而是要以普选制为基础最广泛地应用民主，这是"一种在无产阶级占压倒多数的情况下从纯粹民主中必然产生出来的状态"⑥。

最后，在民主的指导思想上，社会民主主义始终提倡意识形态的多元化。如前文所述，西欧社会党的民主理论直接或间接来源于国际工人运动史上的一些改良主义思潮，包括英国工联主义和费边社会主义主张通过民主选举建立地方自治市政机关、通过温和渐进的改良方式实现社会主义，德国拉萨尔主义主张和平合法斗争取得普选权，帮助无产阶级达成建立民主国家的目标。此外，在社会民主主义的民主理论中还能找到新康德主义、基督教伦理学的影响痕迹。法国社会党创始人让·饶勒斯（Jean Jaurès）作为"渐进社会主义"的倡导者，高举人道大旗，崇尚法国的共和民主制度、大革命传统和人权宣言的原则，将社会主义与民主、自由和人权等价值紧密结合在一起，肯定民主、公正和人权是全人类具有普遍意

---

①　《国际共运史研究资料》第 6 辑，人民出版社 1982 年版，第 249 页。

②　【奥】卡尔·考茨基：《考茨基文选》，人民出版社 2008 年版，第 138 页。

③　【奥】卡尔·考茨基：《社会民主主义对抗共产主义》，李石秦译，生活·读书·新知三联书店 1963 年版，第 78 页。

④　【奥】卡尔·考茨基：《考茨基文选》，人民出版社 2008 年版，第 148 页。

⑤　【奥】卡尔·考茨基：《考茨基文选》，人民出版社 2008 年版，第 342 页。

⑥　【奥】卡尔·考茨基：《考茨基文选》，人民出版社 2008 年版，第 348－349 页。

义和绝对价值的原则，认为社会主义运动与民主、公正和人权之间密切相关，这实际上等于完全否认了无产阶级理论与资产阶级思想之间的区别、模糊了社会主义运动与资本主义运动之间的界限①。《法兰克福宣言》指出，民主社会主义"绝不要求一种僵化的千篇一律的见解，无论社会主义者的信仰是从马克思主义或其他理论为基础的社会分析的结果中，还是从宗教或人道主义的基本原则中推导出来的，反正都一样，大家都努力追求一个共同的目标：一种实现社会公正、高度福利、自由与和平的生活制度"②。德国社会民主党在 1989 年的《柏林纲领》和 2007 年的《汉堡纲领》中，都明确阐释了其思想源自基督教、人道主义哲学、启蒙运动、马克思主义以及工人运动的经验，强调党的成员虽来自不同信仰和思想派别但也可以致力于共同的政治目标。

从民主理论的发展看，社会民主主义在民主的定义、目的、主体、范围以及民主与社会主义的关系等具体问题上，也经历了不断嬗变的过程。

第一，社会民主主义对民主的定义呈现出从"实现手段"到"价值体系"的变化。伯恩施坦把抽象的、超阶级的民主作为追求的最高理想，指出"民主是手段，同时又是目的。它是争取社会主义的手段，它又是实现社会主义的形式"。这表明社会民主主义抛弃了以往那种从马克思主义的认识中得出的关于社会主义"最终目标"的观念。后来，民主主义逐渐取代社会主义成为社会民主主义价值体系的核心。比如瑞典社会民主工人党就明确声明民主不仅是一种政府形式，"是决定和实施一个程序"，更是一个贯穿于社会生活各方面的价值体系③。

第二，社会民主主义关于民主的目的呈现出从"以社会主义为目的"到"以基本价值为目的"的变化。1918 年 2 月，英国工党特别大会上通过的新党纲第四条提出党的目标是在生产资料、分配手段和交换资料的公有制，以及对每项工业或服务业实行公众管理和监督的最有效的制度基础

---

① 马胜利：《争取社会主义和民主——饶勒斯评传》，中国社会科学出版社 1996 年版，第172 页。

② 张世鹏：《德国社会民主党纲领汇编》，北京大学出版社 2005 年版，第 61 页。

③ 俞可平主编：《世界主要政党规章制度文献：瑞典》，中央编译出版社 2015 年版，第 155 页。

上，确保体力或脑力劳动者得到他们辛勤劳动的全部果实，并实行可行的最公平的分配①。这条党纲明确表达了工党的社会主义愿景。1919 年《德国独立社会民主党纲领宣言》明确指出，"只有社会主义才会消除任何阶级统治，消除任何专政，创造真正的民主"②，并强调如果想要实现这个目标，就必须要铲除资本主义制度。但二战之后，各社会民主党的报刊上经常出现一些要求抛弃"社会主义残余"（如生产社会化、计划经济、无阶级社会等传统概念）的观点。德国社会民主党 1975 年通过的《1975 年至 1985 年经济政治大纲》（《八五大纲》）强调建立在一致性基础上的共同道德基本价值构成了社会民主党人共同的政治目标。1989 年通过的《柏林纲领》进一步明确了基本价值的内容，将其重要性提升至新的高度。英国工党则在 1999 年修改了党章第四条，改追求公有制和民主管理的社会主义目标为承认私有制并实行混合经济、追求民主和社会公正的价值理念。从近些年西欧社会党的竞选纲领中也能看出他们很少像之前那样提及"社会主义"，反而是更多宣扬基本价值理念，将讨论重点放在"各种社会结构的、经济的和社会福利的塑造替代方案之间的侧重点差别"③，其主张实质上变为使资本主义成为一种受到社会节制的、开明的和温驯的资本主义，这种理论上的迷茫和退缩导致西欧社会党的传统特色逐渐丧失，与其他社会思潮和政治派别的区分越发不明显，呈现出趋同态势。

第三，社会民主主义关于民主的主体呈现出从"阶级性"到"全民性"的变化。虽然伯恩施坦曾提出过社会民主党应该成为"人民党"的主张，二战前西欧各国社会党界定的代表人群仍以工人阶级或劳动群众为主。德国社会民主党在 1921 年通过的《格尔利茨纲领》中称自己为"城乡劳动人民的党"④，指出党的任务是团结劳动群众并使其通过自觉统一的斗争消灭资本主义制度。二战后初期，德国社会民主党在大选中接连失败，党内的一些理论家和政治家将失败归因为本党没有向全体社会成员开放，

---

① Brivati, B. & Heffernan, R. (Eds). The Labour Party: a centenary history. London: Macmillan, 2000, pp. 293, 317.

② 张世鹏：《德国社会民主党纲领汇编》，北京大学出版社 2005 年版，第 26 页。

③ 罗云力：《民主社会主义改良观演变的四个阶段》，《科学社会主义》1999 年第 2 期。

④ 张世鹏：《德国社会民主党纲领汇编》，北京大学出版社 2005 年版，第 33 页。

认为"党应成为向一切阶级开放的人民党"。1959年《哥德斯堡纲领》的通过标志着德国社会民主党实现了从无产阶级工人政党向人民党的转变，宣称自己的成员是来自各种不同的信仰及思想流派，将选民基础拓展到社会中的所有阶层。为了建成承托这种"一致性"的共同基本价值和政治目标基础，社会民主党强调要"为民主而斗争"，并且"在民主制中，国家权力来自人民"，社会民主党希望能够在竞选中获得多数人民的支持①。20世纪60年代资本主义世界政治稳定、经济繁荣的局势加速了西欧各国社会党的进一步右转。受到德国社会民主党的影响，西欧社会党纷纷以《哥德斯堡纲领》为参考相继修改制定了新的纲领，放弃阶级政党的角色定位，转而称自己为"人民党"、"群众党"或"全民党"，淡化政党的意识形态色彩，以争取选民、吸引选票的现实需要制定政策，主张所有社会成员享有平等的权利，享有"全民民主"。

第四，社会民主主义关于民主的范围呈现出从"政治民主"到"全面民主"的变化。在1951年《法兰克福宣言》发表之前，西欧各国社会党还主要围绕政治民主阐述其他领域的民主，在此之后，它们则有意识地将民主的多个领域尤其是社会民主和国际民主置于更高的地位。法国社会党1955年通过的纲领中指出"除了政治民主之外还要加上经济民主和社会民主"以达成全面民主的目标②。1969年的原则声明也强调"经济民主是社会主义的特点"③。德国社会民主党在《哥德斯堡纲领》中强调，民主"要求职工能在企业和整个经济中参与决定。职工必须从一个经济的奴仆变成经济领域中的一个公民"④。社会党国际前副主席欧·帕尔梅指出，民主社会主义的核心是要"在社会的各个领域实现民主，用民主的工作方式和民主联盟替代权力的行使"⑤。托马斯·迈尔认为"重要的在于使决策权真正

---

① 张世鹏：《德国社会民主党纲领汇编》，北京大学出版社2005年版，第72页。
② 《各国社会党纲领文件汇编》，世界知识出版社1959年版，第346页。
③ 【法】让·马雷、阿兰·乌鲁：《社会党历史——从乌托邦到今天》，胡尧步、黄舍骄译，商务印书馆1999年版，第186页。
④ 张世鹏：《德国社会民主党纲领汇编》，北京大学出版社2005年版，第77页。
⑤ 【德】维·勃兰特、【奥】布·克赖斯基、【瑞典】欧·帕尔梅：《社会民主与未来》，丁冬红、白伟译，重庆出版社1990年版，第11页。

民主化"①。这些共同表明，在社会党的理念中，民主已经在实质上成为一种体现社会主义本质的政治权利和制度形态而不受狭隘意义上领域的限制。此外，在现代化和全球化不断发展的过程中，社会民主主义政党认识到只是将民主的范围扩展到政治领域以外还远远不足以真正实现民主，对于全球范围内风险的民主管控、基于国际问题的民主分工与合作也需要建立完善相应的体制机制。吉登斯明确提出："世界性民主的扩展是有效地实现规制世界经济、与全球性的经济不平等作斗争以及控制生态风险的一个条件。"②

第五，社会民主主义关于民主与社会主义的关系呈现出从"二者互不可分"到"民主高于社会主义"的变化。考茨基曾提出"没有民主，就没有社会主义"的命题③。在他看来，社会主义不仅是"社会化的组织生产"，也是"民主化的组织社会"，民主对于社会主义来说是必需的，"民主和社会主义是不可分割地联结在一起"④。然而，当今社会党已经将民主作为解决社会问题、实现理想愿景的核心价值，淡化甚至不再以社会主义对资本主义的制度替代来作为理论和行动的指南。1989 年社会党国际第十八次代表大会通过的《社会党国际原则宣言》强调"民主社会主义是实现自由、社会公正与团结一致的国际运动"⑤。瑞典社民党在 2013 年 4 月通过的《一个寻求变化的纲领》中强调"社会民主党旨在建立以民主理想和人人同等价值、同等权利为基础的社会"，主张将"民主的理想贯穿于整个社会和人际关系"，认为"民主的目标是以民主理想为基础的世界共同体"。

三、社会民主主义民主观的内在局限

通过上述历史回溯和观点梳理，我们清楚地看到，社会民主主义与国际工人运动中的革命传统、马克思主义传统已经渐行渐远。一方面，社会

---

① 【德】托马斯·迈尔：《民主社会主义》，刘芸影译，东方出版社 1987 年版，第 104 页。
② 【英】安东尼·吉登斯：《第三条道路：社会民主主义的复兴》，郑戈译，北京大学出版社 2000 年版，第 154 页。
③ 【奥】卡尔·考茨基：《考茨基文选》，人民出版社 2008 年版，第 326 页。
④ 【奥】卡尔·考茨基：《考茨基文选》，人民出版社 2008 年版，第 466 页。
⑤ 《社会党国际重要文件选编》，当代世界出版社 2005 年版，第 5 页。

民主主义篡改了马克思主义关于人民民主思想的核心内容，它将抽象的民主和资产阶级意识形态语境下的人权视为社会主义目的（建立民主的经济和民主的社会）的根本实质，鼓吹资产阶级民主可以改变和消灭资本主义制度，把承认和支持所谓中立的、超阶级的现代资本主义国家视为走改良主义道路的前提。托马斯·迈尔曾直言不讳地宣称，德国社会民主党在新党纲中"不再坚持那种在生产资料社会化意义上的社会主义了。我们的原则与方法的基础就是基本的经济社会权利。很清楚，我们倡导的社会民主主义，就是以实现社会、经济基本权利为基础的民主"[①]。这实质上是从民主和专政的抽象对立出发，维护资产阶级民主而反对无产阶级专政。社会民主主义否认民主的历史性和阶级性，而赋予了民主绝对的、超阶级的内容，它撇开了民主的实质方面，而无限夸大其形式方面。资产阶级民主本质上是"有组织有系统地对人们使用暴力"，是资产阶级对无产阶级和人民群众的专政。资产阶级把法律上的平等应用于在生产资料占有方面不平等的人们，造成事实上的不平等，造成少数资产阶级对绝大多数被剥削群众的金钱特权。资产阶级一方面在宪法和法律中宣布公民具有各种不受侵犯的绝对权利，另一方面却又通过种种借口剥夺被压迫人民享受这些权利的机会。当统治基础受到威胁时，资产阶级便毫不犹豫地用步兵、骑兵、炮兵代替自由、平等、博爱，不惜发动血腥的屠杀和内战。所有这些清楚表明了资产阶级民主在任何时候、任何场合都是与资产阶级专政紧密联系在一起的。它根本不是什么"纯粹民主"。正如列宁所说，使用"一般民主"和"一般专政"的概念，却全然不提哪一个阶级的民主和专政，"这样站在非阶级的或超阶级的、似乎是全民的立场上提问题，就是公然嘲弄社会主义的基本学说——阶级斗争学说，那些投靠资产阶级的社会党人口头上承认这一学说，实际上却把它忘记了"[②]。"借谈论'一般民主'来维护资产阶级民主，借谴责'一般专政'来大反无产阶级专政，就是公然背叛社会主义，在实际上投降资产阶级，就是否认无产阶级有进行无产阶级

---

①　何秉孟、姜辉、张顺洪编著：《欧洲社会民主主义的转型——与德国、瑞典学者对话实录》，社会科学文献出版社 2010 年版，第 25 页。

②　《列宁全集》第 35 卷，人民出版社 2017 年版，第 485 页。

革命的权利"①。所以，社会民主主义者所谓"我们摒弃一切阶级的专政，也摒弃一切专政的阶级"，就是粉饰资产阶级专政的一块遮羞布②。

另一方面，社会民主主义窄化了社会民主的概念定义，它把"争取政治民主—实行无产阶级专政—创造更高类型的社会民主"这一完整逻辑链条割裂开来，不再寻求对资本主义的整体性制度替代，仅仅把社会民主视为所谓全面民主的组成部分。社会民主主义鼓吹的"社会主义只有通过民主制才能实现"，意味着对资产阶级民主制度的顶礼膜拜，实际上相当于把无产阶级争取社会主义的斗争完全局限在资产阶级民主的框框里，把社会主义溶解和归结为资产阶级民主③。科学社会主义认为，无产阶级可以而且应该利用资产阶级民主进行无产阶级革命的准备工作。在列宁看来，"马克思主义解决民主问题的方法就在于，进行阶级斗争的无产阶级要利用一切民主设施和反资产阶级的意向，为无产阶级战胜资产阶级和推翻资产阶级作好准备"④。但是，科学社会主义同时强调，一分钟都不应忘记资产阶级民主的剥削性质，特别是当阶级斗争发展到决战的关头严格限制斗争手段，无异于是对无产阶级的背叛。对此，恩格斯指出："共和国像其他任何政体一样，是由它的内容决定的；只要它是资产阶级的统治形式，它就同任何君主国一样敌视我们（撇开敌视的形式不谈）。因此，无论把它看做本质上是一种社会主义的形式，还是当它还被资产阶级掌握时，就把社会主义的使命委托给它，都是毫无根据的幻想。我们可以迫使它作出某些让步，但是决不能把我们自己的工作交给它去完成。"⑤ 列宁也强调，"无论在什么情况下，把和平的'民主化'作为无产阶级唯一的活动方式，那么我们再说一遍，就是任意缩小工人社会主义的概念，并且把这一概念庸俗化。"⑥ 并认为："如果认为人类历史上最深刻的革命，世界上第一次使政权由剥削者少数手里转到被剥削者多数手里的革命，能够在旧式

---

① 《列宁全集》第35卷，人民出版社2017年版，第486页。
② 徐崇温：《民主社会主义评析》，重庆出版社2007年版，第75页。
③ 徐崇温：《民主社会主义评析》，重庆出版社2007年版，第86页。
④ 《列宁全集》第28卷，人民出版社2017年版，第112页。
⑤ 《马克思恩格斯选集》第4卷，人民出版社2012年版，第652页。
⑥ 《列宁全集》第4卷，人民出版社2013年版，第233页。

民主即资产阶级议会制民主的老框框内发生，不需要最急剧的转变，不需要建立新的民主形式以及体现运用民主的新条件的新机构等等，那就荒谬绝伦了。"①

当然，我们也应客观承认，社会民主主义主要代表的仍旧是包括工人阶级在内的社会中下层人民的利益，在资本主义国家的政治"光谱"中处于中间偏左的位置。"社会民主主义的渊源可以追溯到自由主义未能解决的两个问题：第一，平等的原则在多大程度上对整个社会是有效的？第二，真正在社会上实现所有人享有平等的自由，必须具备哪些条件？对这些问题相互对立的回答把自由主义民主分化成自由民主制和社会民主制。自由民主制认为，私有财产权与自由权利本身一样重要。而社会民主制则提出，只有每个人对社会物品都能享有同样的基本权利，现实的自由行动以及自主的生活计划才是可能的，否则自由行动就不可能实现。自由民主制仅仅提供了基本权利在形式上的实现，而社会民主制则更前进一步，呼吁这些权利在现实中为全体人所获得。"② 与新保守主义和新自由主义相比，其在劳动就业、收入分配、教育培训、社会福利和社会保障等方面的政策主张，更强调社会公平正义、更倾向于维护社会弱势群体的利益。社会民主主义在缓和社会矛盾、推动民主进步等方面具有一定程度的积极意义。不过，尽管"通过在广泛的资本主义经济中插入并保护平等主义和社群主义领域，以及在以前由富人垄断的政治制度中代表弱势群体的利益，社会民主在一定程度上使民主自由和平等的言辞变成了活生生的、有吸引力的现实"③，社会民主主义归根结底仍然属于资本主义民主理论的范畴。它强调在资本主义的现存制度之内，依赖多个阶级甚至"非阶级的支持"，通过发展"社会民主"寻求社会改良和部分改善，把社会主义仅仅看作一种"道德需要"而非历史必然性。它根本抛弃了马克思主义关于社会民主的理想和目标，用资本主义冒充社会主义。社会民主的理论构建和现实发

---

① 《列宁全集》第35卷，人民出版社2017年版，第492页。

② 何秉孟、姜辉、张顺洪编著：《欧洲社会民主主义的转型——与德国、瑞典学者对话实录》，社会科学文献出版社2010年版，第30页。

③ Freeden, M., Sargent, L. T., & Stears, M. (Eds.). (2013). The Oxford handbook of political ideologies. New York: Oxford University Press, p. 362.

展，必须注意与社会民主主义严格区别并警惕其危害。

第四节　正名与归位：
中华文明和中国实践中的社会民主

一、中华传统政治文化的社会民主意蕴

政治文化是一个群体或社会在长期的历史演进和文化积淀中形成的内化于民众认知和观念中的一整套政治态度、信仰和感情。作为世界上最古老、规模最大、延续时间最久的政治体系之一，中国有着悠久的、发达的政治文明和尚古尊祖的传统，根植于文明基因的政治历史传统塑造着人们世代相传的政治记忆，构成了中国人独特的政治文化。对此，詹姆斯·汤森（James Townsend）和布兰特利·沃马克（Brantly Womack）指出，"研究中国政治的学生必须参照历史，因为这些历史因素笼罩着中国政治的进程。中国人的概念框架令人惊异地具有自我中心和历史的特性……这种在当代政治进程中加进历史因素的做法，部分是出于一种文化特质，部分则是由传统体制的封闭性和相关性所造成的"①，究其原因在于，"像中国这样一个持续如此长久并具有如此高度自主性的体系，其影响力不可能仅限于自身制度在形式上存在的那段时期。甚至在新体制超出旧类型时，传统价值和行为也可无限长久地持续下去"②。

中国古代并没有形成现代意义上的民主制度。在古汉语中，"民主"这个词是偏正短语，指"人民的主人"，比如《尚书·多方》中提到"天惟时求民主，乃大降显休命于成汤"，《三国志·武帝纪》中有"自古已来，能除民害为百姓所归者，即民主也"的表述。尽管如此，中华优秀传统政治文化中蕴含着丰富的类似现代民主的思想观念，其中最典型的当属

---

① 【美】詹姆斯·R.汤森、【美】布兰特利·沃马克：《中国政治》，顾速译，江苏人民出版社 2003 年版，第 4 页。

② 【美】詹姆斯·R.汤森、【美】布兰特利·沃马克：《中国政治》，顾速译，江苏人民出版社 2003 年版，第 23 页。

民本思想（people-oriented thought）。在权力归属方面，民本思想强调权力在民，经典表述包括《礼记·礼运》中的"大道之行也，天下为公"，《尚书·五子之歌》中的"民可近，不可下，民惟邦本，本固邦宁"，《孟子·尽心下》中的"民为贵，社稷次之，君为轻"，《荀子·王制》中的"'君者，舟也；庶人者，水也。水则载舟，水则覆舟。'此之谓也"，以及《吕氏春秋》中的"天下非一人之天下，天下人之天下"等；在政治过程方面，民本思想强调重视民意、顺应民心，经典表述包括《尚书·泰誓》中的"天视自我民视，天听自我民听"，《管子·牧民》中的"政之所兴，在顺民心"，《孟子·离娄上》中的"得其民，斯得天下矣；得其民有道，得其心，斯得民矣；得其心有道，所欲与之聚之，所恶勿施尔也"等；在施政目标方面，民本思想则强调仁民爱民、安民养民、保民恤民、利民惠民等民生内容，经典表述包括《尚书·皋陶谟》中的"安民则惠，黎民怀之"，《墨子·节用中》中的"凡足以奉给民用，则止，诸加费不加于民利者，圣王弗为"，《左传·文公六年》中的"闰以正时，时以作事，事以厚生，生民之道，于是乎在矣"等。

上述思想与现代意义上的民主观念存在严格区别的同时也存在深刻联系。广义的民主至少包括权力归属上的"民有"、政治过程上的"民治"和施政目标上的"民享"三个维度，无论从其中哪个角度看，民本思想都与现代民主之间有共同的价值意蕴。从"民有"角度来说，天下为公、立君为民的理念包含"合法性源于人民""统治是人民选择的"的内涵；从"民享"角度来说，民本观念比西方自由主义民主观念走得更远。"选贤与能，讲信修睦，故人不独亲其亲，不独子其子，使老有所终，壮有所用，幼有所长，矜、寡、孤、独、废疾者皆有所养，男有分，女有归。货恶其弃于地也，不必藏于己；力恶其不出于身也，不必为己。是故谋闭而不兴，盗窃乱贼而不作，故外户而不闭，是谓大同"，《礼记》中关于大同社会的追求和想象就是"民享"理念最强有力的表达。关于民本思想的"民有"和"民享"内涵，梁启超指出，"所谓 of people, for poeple, by people……of, for, 这两义，尤为看的真切，所以他们向来不承认国家为某一君主或某种阶级所有，向来不承认国家为一个君主或某种阶级的利益而存在。所以他们认革命为一种正当权利，易经说'汤武革命，顺乎天而应乎人。'孟子说'残贼之人，谓之一夫，闻诛一夫纣矣，未闻弑君也。'这种道理，儒家阐发最透。各家精神，亦大略相同。所以中国阶级制度，消灭最早，除了一个皇帝以外，在法律之前万人平等。而皇帝也不是什么'神圣不可侵犯的东西'。"① 事实上，即便在"民治"方面，中国历史上也形成了采风等一系列制度化手段保障政治决策吸收民意，加之隋唐之后的科举制度为民众提供"学而优则仕"的社会阶梯，政治参与的途径和渠道在理论上是畅通的。正因为如此，一些学者指出中国传统政治文化与现代民主观念之间其实也存在贯通和融合的空间。比如美国学者狄百瑞（William Theodore de Bary）以中国宋明理学的传统讨论中国思想中的自由主义特质②，以"社学"和"乡约"为例说明儒家在加强社群组织生活、建设齐心协力的信约制度方面做出的各种努力及其对人权的促进作用③。江荣海认为中国传统政治文化中的和谐理念、忧患意识、人格尊严、以民为本、求贤纳谏、义利之辨、政统与道统、道德契约、政治合法性、教化之道、孝亲伦理、官民合治、义务对等、修身自持、宽容仁智、以德治国、公利优先、公平正义等内容都具有超越时空的价值，与现代民主的政治理念并不冲突，经过改造与转化可以与现代民主观念相容④。

综上所述，在中国古代历史长河中形成的民本思想是中国政治文化传统中重要的组成部分，它既因蕴藏着民主的价值精神而具有现代性转化和创新性发展的广阔空间，又因涵盖权力归属、政治过程和施政目标等多重维度的内容尤其是强调治理绩效为民众共享而彰显出鲜明的社会民主意蕴，从而不仅建构起了中国人认识民主、接受民主、追求民主的丰富思想资源，而且为社会民主的发展提供了深厚的文化滋养。

---

① 梁启超：《先秦政治思想史》，东方出版社1996年版，第245-246页。
② 【美】狄百瑞等：《中国的自由传统》，李弘祺译，贵州人民出版社2009年版。
③ 【美】狄百瑞：《亚洲价值与人权：儒家社群主义的视角》，尹钛译，社科文献出版社2012年版。
④ 江荣海：《传统的拷问：中国传统政治文化现代化研究》，北京大学出版社2011年版。

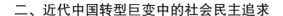

二、近代中国转型巨变中的社会民主追求

鸦片战争之后，中国陷入半殖民地半封建社会的深渊，国家蒙辱、人民蒙难、文明蒙尘。帝国主义对中国的侵略和封建专制主义对人民大众的压迫，与无数仁人志士救亡图存的抗争和对民族振兴孜孜以求的探索，成为近代中国社会转型和巨变中同频共振的一对主旋律。在这种背景下，"democracy"进入了中国人的视野，它在中国从被认知到被广泛接受，经历了一个迂回曲折的过程。

在近代来华西方传教士所编纂的英汉词典中，"democracy"普遍被译为"多数统治"或"众人的治理"。或许是出于西方政治文化传统中对民主可能带来"多数人的暴政"的警惕，亦或许是为了使中国人能够更直观地理解这种中国历史上从未出现的现象，这些传教士们对"democracy"的翻译往往带有贬义，认为它是"多人乱管""小人专权"的代名词。然而，到了 19 世纪后半叶，随着两次鸦片战争、中法战争、甲午中日战争的惨败，中国的知识精英开始普遍将中国落后的根源归咎于政治制度，逐渐以民主指代列强的政治制度，并认为它是西方强盛的重要根源。在 1864 年的《万国公法》中，丁韪良就使用了"若民主之国，则公举首领官长，均由自主"的表述。1870 年代，郭嵩焘在日记中写道，"西洋立国，有君主、民主之分，而其事权一操之议院，是以民气为强"[1]。早期维新派代表人物王韬 1883 年在《弢园文录外编》中的《重民》一文中，区分了三种政体："一人主治于上而百执事万姓奔走于下，令出而必行，言出而莫违，此君主也。国家有事，下之议院，众以为可行则行，不可则止，统领但总其大成而已，此民主也。朝廷有兵刑礼乐赏罚诸大政，必集众于上下议院，君可而民否，不能行，民可而君否，亦不能行也，必君民意见相同，而后可颁之于远近，此君民共主也。"[2] 类似地，黄遵宪在 1890 年付梓的《日本国志》中也指出，"有一人专制称为君主者，有庶人议政称为民主者，有

---

① 《郭嵩焘日记》第 3 册，湖南人民出版社 1982 年版，第 535 页。

② 转引自闫小波：《何以安民：现代国家"根本性议程"的赓续与创制》，《文史哲》2020 年第 2 期。

上与下分任事权，称为君民共主者。"① 郑观应在 1894 年出版的《盛世危言》中则精辟地概括道："君主者，权偏于上；民主者，权偏于下。"在资产阶级改良派看来，作为西方政治制度的 "democracy"，核心在于通过调动和鼓舞民众的力量实现 "上下一心"，民主蕴含着 "富国强兵" 的理解与诉求②。正如马克思指出，"理论在一个国家实现的程度，总是取决于理论满足这个国家的需要的程度"③。既然 "救亡图存" 在近代中国是压倒一切的要务，那么民主思想、民主观念的构建和传播就注定要服务于这个总体目标。

与此同时我们看到，在民主理论 "先天不足、后天失调" 的情况下，近代中国许多引领社会思潮的思想家在介绍西方民主思想与制度时就不得不借助于本土文化资源，尤其是以源远流长的中国古代民本思想作为参照物。比如康有为就认为法国、美国等民主制度与孟子的 "民主之制" 相契合，"此孟子立民主之制，太平法也。盖国之为国，聚民而成之，天生民而利乐之。民聚则谋公共安全之事。故一切礼乐政法皆以为民也。但民事众多，不能人人自为公共之事，必共举人任之。所谓君者，代众民任此公共保全安乐之事。为众民之所公举，即为众民之所公用。民者如店肆之东人，君者乃聘雇之司理人耳。民为主而君为客，民为主而君为仆，故民贵而君贱易明也。众民所归，乃举为民主。如美、法之总统。然总统得任群官，群官得任庶僚，所谓 '得乎邱民为天子，得乎天子为诸侯，得乎诸侯为大夫' 也。今法、美、瑞士及南美各国皆性质，近于大同之世，天下为公，选贤与能也。孟子已早发明之"④。再比如，孙中山介绍他的 "民权主义" 时也利用了古代 "民本" 思想："两千多年前的孔子、孟子便主张民权。孔子说 '大道之行也，天下为公'，便是主张民权的大同世界。又 '言必称尧舜'，就是因为尧舜不是家天下。尧舜的政治，名义上虽然是用君权，实际上是行民权，所以孔子总是宗仰他们。孟子说：'民为贵，社

---

① 转引自熊月之：《晚清几个政治词汇的翻译与使用》，《史林》1999 年第 1 期。

② 熊月之：《中国近代民主思想史》，上海人民出版社 1986 年版，第 135 页。

③ 《马克思恩格斯选集》第 1 卷，人民出版社 2012 年版，第 11 页。

④ 康有为：《孟子微》，中华书局 1987 年版，第 20 - 21 页。

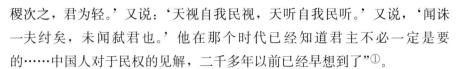

稷次之，君为轻。'又说：'天视自我民视，天听自我民听。'又说，'闻诛一夫纣矣，未闻弑君也。'他在那个时代已经知道君主不必一定是要的……中国人对于民权的见解，二千多年以前已经早想到了"①。

　　另外一个需要关注的因素是近代以来日语对中国思想界的深刻影响。近代中国许多新词的译介并不是直接来源于"西洋"，而是借道"东洋"日本。在日本对中国进行文化"逆输入"的过程中，"日制汉字词"成为近代中国新词的重要来源。19世纪70年代之前，日本学者往往将democracy翻译为"万民同权""上下同治""共和""民主之治，谓无君主，万民相聚议而行政治"，充满政治民主的色彩的译法一直没有固定，到了19世纪末，"democracy"被更多地译为"民政""公平""平民主义""民本主义""共生主义"等等②。众所周知，"民政"是"为民之政"的简称，包括人们的衣、食、住、行，而"公平""民本""共生"也都是中国古代文化典籍中反复强调的政治价值。可见，在儒家思想的影响下，近代日本人对民主的理解一开始就包含着"实质导向"。"democracy"在日语中的翻译使得近代中国的民主观念更加充满了社会民主的色彩。到了新文化运动和五四运动时期，先进知识分子对民主概念的理解显然比一个甲子之前刚刚"开眼看世界"的前人更加深刻、更加广博、更具社会民主的取向。我们不妨以中国共产主义的先驱、中国共产党的创始人陈独秀、李大钊为重点分析对象。

　　首先来看陈独秀。1919年12月1日，陈独秀在《新青年》第七卷第一号发表了《实行民治的基础》。在文中，陈独秀以"民治主义"指代民主，总结了约翰·杜威对民主的四种划分，即"（一）政治的民治主义。就是用宪法保障权限，用代议制表现民意之类。（二）民权的民治主义。就是注重人民的权利：如言论自由，出版自由，信仰自由，居住自由之类。（三）社会的民治主义。就是平等主义：如打破不平等的阶级，去了不平等的思想，求人格上的平等。（四）生计的民治主义。就是打破不平

――――――――

①　《孙中山全集》第9卷，人民出版社2011年版，第262页。
②　【日】川尻文彦：《"民主"与democracy：中日之间的"概念"关联与中国近代思想》，载孙江主编：《新史学：第二卷：概念、文本、方法》，中华书局2008年版，第76-94页。

等的生计，铲平贫富的阶级之类"。紧接着，他指出："前二种是关于政治方面的民治主义，后二种是关于社会经济方面的民治主义。原来'民治主义'（Democracy），欧洲古代单是用做'自由民'（对奴隶而言）参与政治的意思，和'专制政治'（Autocracy）相反；后来人智日渐进步，民治主义的意思也就日渐扩张；不但拿他来反对专制帝王，无论政治、社会、道德、经济、文学、思想，凡是反对专制的、特权的，遍人间一切生活，几乎没有一处不竖起民治主义的旗帜……我们现在所盼望的实行民治，自然也不限于政治一方面。而且我个人的意思：觉得'社会生活向上'是我们的目的，政治、道德、经济的进步，不过是达到这目的的各种工具；政治虽是重要的工具，总不算得是目的；我敢说若要改良政治，别忘了政治是一种工具，别拿工具当目的，才可以改良出来适合我们目的的工具；我敢说最进步的政治，必是把社会问题放在重要地位，别的都是闲文。因此我们所主张的民治，是照着杜威博士所举的四种原素，把政治和社会经济两方面的民治主义，当做达到我们目的——社会生活向上——的两大工具。在这两种工具当中，又是应该置重社会经济方面的；我以为关于社会经济的设施，应当占政治的大部分；而且社会经济的问题不解决，政治上的大问题没有一件能解决的，社会经济简直是政治的基础。"① 不难看出，在陈独秀的观念中，社会民主相比于政治民主是更基础、更深层、更广泛的民主形态。

当然，陈独秀对社会民主的强调并不是主张不要政治民主，而恰恰是要以政治民主为前提，并且与政治民主相辅相成、相互促进的。他强调，"没有坚固基础的民治，即或表面上装饰得如何堂皇，实质上毕竟是官治，是假民治，真正的民治决不会实现，各种事业也不会充分发展。社会经济的民治主义，哪一国都还没有实行；政治的民治主义，英美两国比较其余的国家，总算是发达的了。他们所以发达的由来，乃是经许多岁月，由许多小组织的地方自治团体和各种同业联合，合拢起来，才能够发挥今天这样大规模的民治主义……他们的民治主义，不是由中央政府颁布一部宪法几条法令，就会马上涌现出来的，乃是他们全体人民一小部分一小部分自

---

① 《陈独秀文集》第 1 卷，人民出版社 2013 年版，第 494－495 页。

已创造出来的。"①

再来看李大钊。1919 年 2 月，在《晨报》发表的《劳动教育问题》中，李大钊指出："凡是一个人，靡有不愿脱去黑暗向光明里走的。人生必须的知识，就是引人向光明方面的明灯。不幸生在组织不良社会制度之下，眼看人家一天天安宁清静去求知识，自己却为衣食所迫，终岁勤动，蠢蠢的跟牛马一样，不知道人间何世。这种侮辱个性、束缚个性的事，也断断非现在 Democracy 的时代所许的。因为 Democracy 的精神，不但在政治上要求普通选举，在经济上要求分配平均，在教育上、文学上也要求一个人人均等的机会，去应一般人知识的要求。"② 1921 年 12 月，李大钊在中国大学发表题为《由平民政治到工人政治》的演讲，指出："Democracy 这个字最不容易翻译。由政治上解释他，可以说为一种制度。而由社会生活的种种方面去观察，他实在是近世纪的趋势，现世界的潮流，遍社会生活的各方面几无一不是 Democracy 底表现。这名词实足以代表时代精神。若将他译为'平民政治'，则只能表明政治，而不能表明政治以外的生活各方面，似不如译为'平民主义'，较妥帖些，但为免掉弄小他的范围起见，可以直译为'德谟克拉西'。"③

正因为李大钊与陈独秀一样，也是从广义的社会生活理解民主的，所以才会担心"平民政治"的概念有可能使民主丢失一些重要的内涵。在 1923 年 1 月发表的《平民主义》一文中，李大钊饱含激情、文采飞扬地歌颂充盈于社会生活之中的民主："现代有一绝大的潮流遍于社会生活的种种方面：政治、社会、产业、教育、美术、文学、风俗，乃至衣服、装饰等等，没有不著他的颜色的。这是什么？就是那风靡世界的'平民主义'……现在的平民主义，是一个气质，是一个精神的风习，是一个生活的大观，不仅是一个具体的政治制度，实在是一个抽象的人生哲学；不仅是一个纯粹理解的产物，并且是深染了些感情、冲动、念望的色泽。"④ 他

① 《陈独秀文集》第 1 卷，人民出版社 2013 年版，第 498 页。
② 《李大钊全集》第 2 卷，人民出版社 2006 年版，第 292 页。
③ 《李大钊全集》第 4 卷，人民出版社 2006 年版，第 1 页。
④ 《李大钊全集》第 4 卷，人民出版社 2006 年版，第 114 页。

指出，把 Democracy 翻译为民主，"用在政治上亦还妥当，因为他可以示别于君主政治与贵族政治，而表明一种民众政治，但要用他表明在经济界、艺术界、文学界及其他种种社会生活的倾向，则嫌他政治的意味过重，所能表示的范围倒把本来的内容弄狭了。"① 为此，他主张翻译为"平民主义"，认为"纯正的'平民主义'，就是把政治上、经济上、社会上一切特权阶级，完全打破，使人民全体，都是为社会国家作有益的工作的人，不须用政治机关以统治人身，政治机关只是为全体人民，属于全体人民，而由全体人民执行的事务管理的工具。凡具有个性的，不论他是一个团体，是一个地域，是一个民族，是一个个人，都有他的自由的领域，不受外来的侵犯与干涉，其间全没有统治与服属的关系，只有自由联合的关系。这样的社会，才是平民的社会，在这样的平民的社会里，才有自由平等的个人"②。

综上所述，在对古代"民本"观念的承接和对近代以来民族危亡情境的回应中，中国人对民主的理解具有了更加广义的内涵，不仅要在政治上"兴民权、设议院"，摆脱封建专制主义的桎梏，而且要对中国社会进行彻底的、根本性的民主改造，把民主的原则和精神拓展到经济、社会、文化、教育、艺术等方方面面，使中国赶上世界范围内浩浩汤汤的民主潮流，对社会民主的追求成为形塑中国人民主观念的重要因素，也成为联结古今政治文化的重要心理纽带。

三、中国共产党人在"两个结合"中弘扬社会民主

马克思列宁主义的民主观塑造了早期中国共产党人对民主的认知框架。建党初期，中国共产党人对民主的认识一方面承接了五四时期流行的平民主义、庶民主义，另一方面与马克思列宁主义的阶级分析立场、实质结果导向相结合，形成了独特的民主观念。在 1919 年 7 月 14 日发表的《湘江评论》创刊宣言中，毛泽东豪情万丈地指出："各种对抗强权的根本主义，为'平民主义'（兑莫克拉西，一作民本主义、民主主义、庶民主

---

① 《李大钊全集》第 4 卷，人民出版社 2006 年版，第 115 页。
② 《李大钊全集》第 4 卷，人民出版社 2006 年版，第 132 - 133 页。

义）。宗教的强权，文学的强权，政治的强权，社会的强权，教育的强权，经济的强权，思想的强权，国际的强权，丝毫没有存在的余地，都要借平民主义的高呼，将它打倒。"[1] 这说明毛泽东早年投身革命时就对政治形态的民主与非政治形态的民主进行过明确的区分，并且对民主持一种广义的理解。1922 年，《中国共产党第二次全国代表大会宣言》明确提出："中国共产党是中国无产阶级政党。他的目的是要组织无产阶级，用阶级斗争的手段，建立劳农专政的政治，铲除私有财产制度，渐次达到一个共产主义的社会。中国共产党为工人和贫农的目前利益计，引导工人们帮助民主主义的革命运动，使工人和贫农与小资产阶级建立民主主义的联合战线。中国共产党为工人和贫农的利益在这个联合战线里奋斗的目标是：一、消除内乱，打倒军阀，建设国内和平；二、推翻国际帝国主义的压迫，达到中华民族完全独立；三、统一中国本部（东三省在内）为真正民主共和国；四、蒙古、西藏、回疆三部实行自治，成为民主自治邦；五、用自由联邦制，统一中国本部、蒙古、西藏、回疆，建立中华联邦共和国；六、工人和农民，无论男女，在各级议会、市议会有无限制的选举权，言论、出版、集会、结社、罢工绝对自由；七、制定关于工人和农人以及妇女的法律：A. 改良工人待遇：（甲）废除包工制，（乙）八小时工作制，（丙）工厂设立工人医院及其他卫生设备，（丁）工厂保险，（戊）保护女工和童工，（己）保护失业工人……等；B. 废除丁漕等重税，规定全国——城市及乡村——土地税则；C. 废除厘金及一切额外税则，规定累进率所得税；D. 规定限制田租率的法律；E. 废除一切束缚女子的法律，女子在政治上、经济上、社会上、教育上一律享受平等权利；F. 改良教育制度，实行教育普及。"[2] 以上七条，作为中国共产党的任务及其目前的奋斗的核心纲领，体现了"民主主义革命"的重要性，体现了政治民主与社会民主的结合，也体现出中国共产党人从来都否认民主的"全民性"或"超阶级性"，而是将"人民"定义为无产阶级及其政治联盟，民主是"人民"专属的权

---

[1]　《毛泽东早期文稿（1912.6—1920.11）》，湖南人民出版社 1990 年版，第 293 页。

[2]　中共中央文献研究室、中央档案馆编：《建党以来重要文献选编（1921—1949）》第 1
册，中央文献出版社 2011 年版，第 133－134 页。

利。人民在国家政治生活和社会生活中获得实际上"当家作主"的主人地位，是早期中国共产党人民主观念的理想形态。

在新民主主义革命时期，毛泽东通过对新民主主义革命理论的建构，实现了发展民主政治与推进社会革命之间更加紧密的联结。在1939年12月的《中国革命和中国共产党》中，毛泽东明确将中国革命的性质判断为"新式的特殊的资产阶级民主主义的革命"，并指出这种处于"过渡阶段"的民主主义革命"在政治上是几个革命阶级联合起来对于帝国主义者和汉奸反动派的专政，反对把中国社会造成资产阶级专政的社会。它在经济上是把帝国主义者和汉奸反动派的大资本大企业收归国家经营，把地主阶级的土地分配给农民所有，同时保存一般的私人资本主义的企业，并不废除富农经济。因此，这种新式的民主革命，虽然在一方面是替资本主义扫清道路，但在另一方面又是替社会主义创造前提"①。全民族抗日战争时期和解放战争时期，中国共产党把陕甘宁边区打造成为新民主主义的"模范区"和民主执政的"试验田"。1937年、1941年和1946年，中国共产党先后在陕甘宁边区领导开展了三次大规模民主选举运动②。在这一过程中，中国共产党特别注重运用民主促进民意表达、加强民众团结、化解社会矛盾、改善基本民生。通过许多证据我们都可以看出，中国共产党人非常注重民主的社会属性和社会功能。

首先，我们来看毛泽东的相关论述。1944年6月12日，在会见中外记者西北参观团答记者问时毛泽东明确指出，"民主必须是各方面的，是政治上的、军事上的、经济上的、文化上的、党务上的以及国际关系上的，一切这些，都需要民主"③，并强调只有建筑在民主基础上的统一才是真正的统一和有利的政治。毛泽东为此举例，"统一在军事上尤为需要，但是军事的统一，亦应建筑在民主基础上，在军官与士兵之间，军队与人

---

① 《毛泽东选集》第2卷，人民出版社1991年版，第647页。

② 其中，1937年的第一次民主选举运动实行了"普遍、直接、平等、无记名"选举的原则，1941年的第二次民主选举运动引入了"三三制"原则和竞选机制，1946年的第三次民主选举运动尝试构建新民主主义国家政治制度，将代表候选人的推荐权赋予人民，同时将检查政府工作纳入选举环节。

③ 《毛泽东文集》第3卷，人民出版社1996年版，第169页。

民之间，各部分军队互相之间，如果没有一种民主生活、民主关系，这种军队是不能统一作战的。经济民主，就是经济制度要不是妨碍广大人民的生产、交换与消费的发展，而是促进其发展的。文化民主，例如教育、学术思想、报纸与艺术等，也只有民主才能促进其发展。党务民主，就是在政党的内部关系上与各党的相互关系上，都应该是一种民主的关系。在国际关系上，各国都应该是民主的国家，并发生民主的相互关系，我们希望外国及外国朋友以民主态度对待我们，我们也应该以民主态度对待外国及外国朋友"①。1944 年 12 月 1 日，毛泽东指出"政治民主有其自己的内容，经济是其物质基础，而不就是政治民主的内容。文化是精神的东西，它有助于政治民主，也不就是政治的内容"②。1948 年 1 月 30 日，在为中央军委起草的对党内的指示《军队内部的民主运动》中，毛泽东指出："部队内部政治工作方针，是放手发动士兵群众、指挥员和一切工作人员，通过集中领导下的民主运动，达到政治上高度团结、生活上获得改善、军事上提高技术和战术的三大目的。"其中，达到前两项目的，要用政治民主、经济民主的方法，"关于经济民主，必须使士兵选出的代表有权协助（不是超过）连队首长管理连队的给养和伙食。关于军事民主，必须在练兵时实行官兵互教，兵兵互教；在作战时，实行在火线上连队开各种大、小会，在连队首长指导下，发动士兵群众讨论如何攻克敌阵，如何完成战斗任务"③。

其次，我们来看中国共产党的两大重要报刊《新华日报》和《解放日报》发表的相关言论④。1941 年 5 月 26 日《解放日报》刊发的社论《切实保障人民权利》指出，"从来的革命运动都是人民争取民主的伟大运动，革命与反革命的分野，只在于要不要民众，给不给民众以民主自由。对于英勇斗争中的中国，民主始终是团结与进步的基础，……而民主与不民主

① 《毛泽东文集》第 3 卷，人民出版社 1996 年版，第 169–170 页。
② 《毛泽东文集》第 3 卷，人民出版社 1996 年版，第 232 页。
③ 《毛泽东选集》第 4 卷，人民出版社 1991 年版，第 1275 页。
④ 《新华日报》是中国共产党第一张在全国公开发行的报纸，在 1938 年 1 月至 1947 年 2 月一直是中国共产党的大型机关报，1952 年成为江苏省委机关报；《解放日报》创刊于 1941 年的延安，是新民主主义革命时期中国共产党重要的政治理论刊物，1949 年成为中共上海市委机关报。

的尺度，主要地要看人民的人权、政权、财权及其他自由权利是不是得到切实的保障，不做到这点，根本就谈不到民主。"在民主这个问题上，"中国共产党一向是忠实于它对人民的诺言的，一向是言行一致的，因此它的纲领中的每一条文与每一句语，都是兑现的。我们决不空谈保障人权，而是要尊重人类崇高的感情与向上发展的愿望，对犯过错误而愿走向光明的份子采取宽大的态度，禁止不经过法定手续来逮捕、审问、处罚任何人，反对把人拖到卑鄙无耻的道路上去，用这些事实来使得人权得到充分保证。我们决不空谈保障政权，而是真心诚意地要人民起来参加政权的管理，承认各抗日党派的合法地位，提高民意机关的职权与威信，建立普遍直接平等无记名的投票选举制，并实行三三制，保证民意机关与行政机关中的人员有三分之二为党外人士充任。我们决不空谈保障财权，而是要在实际行动中做到保护私有财产，奖励私人企业，严禁随意动员征发，实行合理的统一累进税收制度，维护农民从过去土地革命中获得的利益，保证佃农债户向地主与债主交租交息，使得一切抗日人民都能安居乐业。这样就不只是给人民带来了美丽的希望，还真正地要他们享受到新民主主义的果实"。此外，"对于言论、出版、集会、结社、信仰、居住、迁徙之自由权，边区过去早已注意保护，今后仍当循此前进"。《新华日报》1943年10月8日的一篇文章明确强调民主在各个领域的重要性，指出："中国今日不但在政治方面，就是抗战反攻上，经济财政上，以及教育文化上，乃至社会别的许多方面，实在无一不需要民主，无一样没有民主能够解决其困难。"《新华日报》1944年1月4日的一篇文章则如此揭示民主与经济发展的关系，"民主是发展生产的暖室，经济上的民主是解决当前症结最基本的途径"。

最后，我们再通过相关当事人的回忆来观察。1944年7月17日，谢觉哉在日记中写道："陕甘宁抗日根据地之所以发展，所以巩固，依靠于政治上的民主，经济上的民主，文化上的民主，团结了各阶层各党派的人民成为一条心。"他认为，政治民主、经济民主、文化民主的同步发展，超越了孙中山的"三民主义"、罗斯福揭橥的"四大自由"、大西洋宪章第六条，以及苏联宪法的规定，"实行经济文化民主，这里是第一次"①。他进一步指出："经济文化的民主，比政治民主复杂多。人民把它做自己的事干，取得主动。创造日多。"② 1944 年 12 月 25 日，谢觉哉在陕甘宁边区参议会第二届第二次会议上作题为《边区民主政治是中国解放的旗帜》的工作报告，在总结经验时指出："'陕甘宁边区抗日根据地之所以巩固，所以发展，依靠于政治上的民主、经济上的民主与文化上的民主，团结了各阶层各党派的人民成为一条心。'经济上的民主，表现在减租减息、交租交息的土地政策，资方有利、劳方也有利的劳动政策，与公私兼顾、公私合作的合作政策。文化上的民主，表现在为着全体人民尤其是工农兵大众服务及民办公助政策。还有军事上的民主及其他正在发展中的民主。还有普及于各个生活角落各个工作部门的劳动英雄模范工作者的选拔运动。过去只有念书人才能中状元，现在则真正是'七十二行，行行出状元'，只要他做了有益于人民大众的事。如果说旧民主主义限于选举、言论、集会、结社等自由的话，那我们这里除这些自由外，还有免于恐怖的自由，免于贫困的自由，免于愚蠢与不健康的自由以及其他自由。"③ 他还深刻地论述了政治民主与其他民主的关系，"政治民主，如果有了经济民主为其经济基础，有了文化民主为其精神武器，有了军事民主，抵抗日本侵略者及其走狗们，那末，政治民主就会被广大人民所特别珍贵与充分利用。同时，经济上文化上与军事上的民主又必运用政治民主，才有保障，才有积极推进之可能……运用民主到人民大众的各个生活部分里去，不只是说人民选举的政府是为人民服务的，而且是说人民自己有权管理自己的

---

① 在谢觉哉看来，经济民主包括"分配方面：减租减息，交租交息，十小时工作制，自由营业，调整劳资关系。尤其是生产方面，在私有制度个体经济的基础上，公私合作、公私兼顾与在自愿原则下把大多数人组织到合作运动中去。变工札工，农业合作，综合性的合作社，靖边——种公粮田，二八分红等，集体开荒，众意，群力，军民互助，欢迎富有者参加合作社。独立经营工农运输、畜牧等，政府予以帮助"，文化民主包括"秧歌队，民办小学，高小中学的干部性，黑板报，识字组"，其特点一是"依据实际条件不超越时与空，依据各阶级实际和可能的需要，发扬各阶级人民的力量"，二是"从群众中来，到群众中去，再从群众中来，又再到群众中去，先当群众的学生然后当群众的先生，从群众学来的东西加以洗刷加以提高（如劳动互助、合作社等），再取群众的同意接受。造条件，如既富而后教，兴医药、讲卫生而可破迷信，解释，如放足"。参见《谢觉哉日记》上卷，人民出版社 1984 年版，第 649—650 页。

② 《谢觉哉日记》上卷，人民出版社 1984 年版，第 650 页。

③ 《谢觉哉日记》上卷，人民出版社 1984 年版，第 719 页。

生活和创造自己的生活……几年来边区政府的工作，如增产运动、合作运动、文教运动、军民团结等等……都是这样作的，我们举行了很多次这样的会议……至于基层人民的权力机关，即乡市议会与乡市政府，那里表现人民自己管理自己及创造自己的生活，就更加直接，更加丰富了。试想，拿大众的力量与才能，用这样的方法来行使自己的权利，来管理与创造自己的生活，自然不是单单少数人去想去做所能企及，而且简直会为这样的少数人意料所不到。这就是新民主主义的民主选举、民主议会与民主政府的工作内容，比旧民主主义要丰富百倍。我们应该准备把人民这些权利——政治、军事、经济、文化及其他正在发展的权利，写在将来的宪法上……运用民主到各个生活方面去，建设我们高度的自由幸福的新社会。"[1]

新中国成立后，中国共产党在革命战争时期的民主理想与民主政治的建设方略在全国范围内得到了实现和施展的空间。人民民主专政的国体和人民代表大会的根本政治制度的确立，以及从 1949 年《共同纲领》到 1954 年《中华人民共和国宪法》对公民政治权利的规定，从政治民主的角度为社会民主奠定了前提条件。通过新中国成立初期的土地改革，以及对农业、手工业和资本主义工商业的社会主义改造，国有经济和集体经济等公有制成为国民经济中占据支配和主导地位的经济成分，为实现社会平等奠定了经济基础。通过开展镇压反革命运动、剿匪运动、取缔反动"会道门"、扫盲运动、颁布《婚姻法》、移风易俗等，中国共产党重塑了社会关系乃至家庭关系，彻底打破了旧社会广泛存在的垂直的阶级压迫和人身依附，实现了社会身份平等，为社会民主奠定了坚实的社会文化基础。1959 年底至 1960 年初，毛泽东在读苏联《政治经济学教科书》的谈话中指出："列宁这句话，'社会主义是生气勃勃的，创造性的，是人民群众本身的创造'，讲得好。我们的群众路线，就是这样的。是不是合乎列宁主义呢？教科书在引用这句话以后，讲要吸收广大劳动群众'直接地和积极地参加生产管理，参加国家机关的工作，参加国家社会生活的一切部门的领导'，

---

① 《谢觉哉日记》上卷，人民出版社 1984 年版，第 720－721 页。

也讲得好。但是，讲是讲，做是做，做起来并不容易。"① 这生动地展现出以毛泽东同志为主要代表的中国共产党人对于广泛发展社会民主的重视与深谋远虑。这一时期，中国共产党通过在城乡广泛开展基层政权建设，实行基层群众自治制度，建立适应计划经济体制、融合政治经济与社会功能的单位体制，在工业企业实行《国营工业企业工作条例（草案）》（"工业七十条"），以职工代表大会制加强对企业的民主管理和监督，实行以"两参一改三结合"（干部参加劳动，工人参加管理，改革不合理的规章制度，工人群众、领导干部和技术员三结合）为主要内容的"鞍钢宪法"，在农业实行《农村人民公社工作条例（草案）》（"农业六十条"），对农村人民公社的性质、经济制度、组织、规模、管理进行规定，探索人民公社体制、调整农村关系，中国共产党逐步建立起社会民主的制度支柱。尽管在探索的过程中，由于各种复杂原因特别是受到"左"倾错误路线的干扰与影响，党对社会主要矛盾的判断出现失误，采取了以"大鸣、大放、大辩论、大字报"为主要形式的"大民主"的错误做法，甚至酿成"文化大革命"这样的严重失误，但在社会主义革命和建设时期，中国共产党为发展社会民主作出的努力具有不可磨灭的历史意义和贡献。

改革开放和社会主义现代化建设新时期，中国共产党深刻汲取曲折探索时期党内民主和社会主义法制遭到严重破坏的历史教训，把民主的制度化、法律化摆在党和国家政治生活的突出位置，开启了政治民主与社会民主同步推进的新篇章。1978 年 12 月 13 日，邓小平在中央工作会议闭幕会上发表了后来被誉为"改革开放宣言书"的《解放思想，实事求是，团结一致向前看》，在讲话中明确提出"民主是解放思想的重要条件"的论断，并重点谈到了发扬经济民主的问题。邓小平指出："现在我国的经济管理体制权力过于集中，应该有计划地大胆下放，否则不利于充分发挥国家、地方、企业和劳动者个人四个方面的积极性，也不利于实行现代化的经济管理和提高劳动生产率。应该让地方和企业、生产队

---

① 《毛泽东文集》第 8 卷，人民出版社 1999 年版，第 129 页。

有更多的经营管理的自主权……当前最迫切的是扩大厂矿企业和生产队的自主权，使每一个工厂和生产队能够千方百计地发挥主动创造精神……要切实保障工人农民个人的民主权利，包括民主选举、民主管理和民主监督。不但应该使每个车间主任、生产队长对生产负责任、想办法，而且一定要使每个工人农民都对生产负责任、想办法。"① 1980 年 8 月 18 日，邓小平在中央政治局扩大会议上发表了《党和国家领导制度的改革》的讲话，深刻指出："肃清封建主义残余影响，重点是切实改革并完善党和国家的制度，从制度上保证党和国家政治生活的民主化、经济管理的民主化、整个社会生活的民主化，促进现代化建设事业的顺利发展。"② 胡乔木 1981 年 5 月 19 日在党的十一届六中全会上对《关于建国以来党的若干历史问题的决议》进行说明时，提到"高度民主和社会主义民主"的关系，指出："高度民主不能限于政治民主。例如基本生产资料归于全民或集体所有，工人对企业有一定的管理权，就不属于政治民主的范围。男女平等，婚姻自主，反对买卖婚姻和家长制度，父母子女必须互相赡养，这也不是政治民主所能包括的。""社会主义民主兼含政治民主、经济民主和社会民主"，这是资产阶级民主不可能做到的③。1982 年 9 月，党的十二大报告明确提出："社会主义民主要扩展到政治生活、经济生活、文化生活和社会生活的各个方面，发展各个企业事业单位的民主管理，发展基层社会生活的群众自治。民主应当成为人民群众进行自我教育的方法。应当根据社会主义民主的原则，建立人与人之间的平等关系和个人与社会之间的正确关系。"④ 2000 年 12 月 4 日，江泽民在全国统战工作会议上的讲话中，提出发展社会主义民主政治必须"使广大人民的意志在国家政治和社会生活中得到更充分的体现"⑤。2001 年 4 月 2 日，在全国社会治安工作会议上的讲话中，江泽民又强调："发

---

① 《邓小平文选》第 2 卷，人民出版社 1994 年版，第 145－146 页。
② 《邓小平文选》第 2 卷，人民出版社 1994 年版，第 336 页。
③ 《胡乔木文集》第 2 卷，人民出版社 2012 年版，第 163－164 页。
④ 中共中央文献研究室编：《十二大以来重要文献选编》上册，人民出版社 1986 年版，第 34 页。
⑤ 《江泽民文选》第 3 卷，人民出版社 2006 年版，第 140 页。

展社会主义民主，最重要的是把社会主义民主落实到国家经济、政治、文化及各项社会事业的决策和管理中去，落实到各项制度和各项实际工作中去，落实到广大人民行使民主权利的实践中去。要紧密结合改革开放和发展社会主义市场经济的实践，结合社会发展的新情况新问题，不断扩大基层民主，不断创造和完善人民群众当家作主的新形式。要保证人民群众在基层的经济、政治、文化和其他社会事务中当好家作好主，这是人民群众在整个国家经济、政治、文化和社会生活中当家作主的基础。"①　此后，中国共产党明确提出要以科学发展观统领经济社会发展全局，按照民主法治、公平正义、诚信友爱、充满活力、安定有序、人与自然和谐相处的总要求，以解决人民群众最关心、最直接、最现实的利益问题为重点，着力发展社会事业、促进社会公平正义、建设和谐文化、完善社会管理、增强社会创造活力，走共同富裕道路，扎实推进公共服务体系建设和均等化、民生导向的福利政策全面覆盖，实现社会建设与经济建设、政治建设、文化建设协同发展。2005 年 2 月 19 日，胡锦涛在《构建社会主义和谐社会》中指出："要从法律上制度上政策上努力营造公平的社会环境，从收入分配、利益调节、社会保障、公民权利保障、政府施政、执法司法等方面采取切实措施，逐步做到保证社会成员都能够接受教育，都能够进行劳动创造，都能够平等参与市场竞争、参与社会生活，都能够依靠法律和制度来维护自己的正当权益。"②

　　党的十八大以来，中国特色社会主义进入新时代。以习近平同志为核心的党中央深刻把握社会主要矛盾变化，积极回应人民在民主、法治等美好生活维度上的日益增长的新要求新期盼，不断深化对民主政治建设规律的认识，围绕社会民主在中国特色社会主义民主中的地位和功能提出了一系列重要的新论断。2014 年 9 月 5 日，习近平在庆祝全国人大成立 60 周年大会上把"全体人民能否依法管理国家事务和社会事务、管理经济和文化事业""人民群众能否畅通表达利益要求""社会各方面能否有效参与国家政治生活"等三项社会民主的评价指标与"国家领导层

---

①　《江泽民文选》第 3 卷，人民出版社 2006 年版，第 221 页。
②　《胡锦涛文选》第 2 卷，人民出版社 2016 年版，第 292 页。

能否依法有序更替""国家决策能否实现科学化、民主化""各方面人才能否通过公平竞争进入国家领导和管理体系""执政党能否依照宪法法律规定实现对国家事务的领导""权力运用能否得到有效制约和监督"等五项政治民主的评价指标共同列为"评价一个国家政治制度是不是民主的、有效的"的八项重要标准。2014年9月21日,在庆祝中国人民政治协商会议成立65周年大会上,习近平明确指出:"保证和支持人民当家作主不是一句口号、不是一句空话,必须落实到国家政治生活和社会生活之中,保证人民依法有效行使管理国家事务、管理经济和文化事业、管理社会事务的权力。"① 习近平强调:"社会主义民主不仅需要完整的制度程序,而且需要完整的参与实践。人民当家作主必须具体地、现实地体现到中国共产党执政和国家治理上来,具体地、现实地体现到中国共产党和国家机关各个方面、各个层级的工作上来,具体地、现实地体现到人民对自身利益的实现和发展上来。"② 2017年10月,习近平在党的十九大报告中进一步指出,必须"健全民主制度,丰富民主形式,拓宽民主渠道,保证人民当家作主落实到国家政治生活和社会生活之中"③。2021年7月1日,习近平在庆祝中国共产党成立100周年大会上发表讲话,从九个方面提出了"以史为鉴、开创未来"的要求,其中第二个要求是"必须团结带领中国人民不断为美好生活而奋斗",习近平指出,"新的征程上,我们必须紧紧依靠人民创造历史,坚持全心全意为人民服务的根本宗旨,站稳人民立场,贯彻党的群众路线,尊重人民首创精神,践行以人民为中心的发展思想,发展全过程人民民主,维护社会公平正义,着力解决发展不平衡不充分问题和人民群众急难愁盼问题,推动人的全面发展、全体人民共同富裕取得更为明显的实质性进展"。在这里,全过程人民民主是与共同富裕、美好生活等社会民主维度的内容密切联系在一起的。2021年10月13日,习近平在中央人大工作会议上发表讲话,深刻指出:"民主不是装饰品,不是用来做摆设的,而是要用来解决人民

---

① 《习近平谈治国理政》第2卷,外文出版社2017年版,第291-292页。
② 《习近平谈治国理政》第2卷,外文出版社2017年版,第292页。
③ 《习近平谈治国理政》第3卷,外文出版社2020年版,第17-18页。

需要解决的问题的。一个国家民主不民主，关键在于是不是真正做到了
人民当家作主，要看人民有没有投票权，更要看人民有没有广泛参与权；
要看人民在选举过程中得到了什么口头许诺，更要看选举后这些承诺实
现了多少；要看制度和法律规定了什么样的政治程序和政治规则，更要
看这些制度和法律是不是真正得到了执行；要看权力运行规则和程序是
否民主，更要看权力是否真正受到人民监督和制约。如果人民只有在投
票时被唤醒、投票后就进入休眠期，只有竞选时聆听天花乱坠的口号、
竞选后就毫无发言权，只有拉票时受宠、选举后就被冷落，这样的民主
不是真正的民主。"①

综上所述，作为"德先生"与"赛先生"精神滋养下诞生的马克思主
义政党，中国共产党在把马克思主义基本原理同中国具体实际、同中华优
秀传统文化相结合的过程中，不断深化对民主的理论认识，并在领导中国
人民进行革命、建设、改革的历史进程中不断推动社会民主取得崭新突破
和重大成就，对社会民主的弘扬和追求，为社会民主的正名与归位提供了
中华文明和中国实践的智慧。

第五节　本章小结：社会民主的"四张面孔"

英国政治哲学家约翰·格雷曾用"理性共识的自由主义"与"和平共处
的自由主义"描绘自由主义的两张面孔，揭示了自由主义内部元素的丰富
性②。从思想渊源和历史演进看，社会民主更加复杂多变，呈现出四张面孔。

第一张是西方民主的面孔，也可以被概括为社会民主的"美国式传
统"。它上承亚里士多德等古典民主理论家对国家与社会"一体化"的强
调，中接托克维尔等启蒙运动和资产阶级革命时期自由主义民主理论家对
"民情"的重视，下启杜威、达尔、奥斯特罗姆等美国政治学者对"社会
转向"的民主理论的建构，并融合了当代社群主义、共和主义的民主理

---

① 《习近平谈治国理政》第 4 卷，外文出版社 2022 年版，第 258 - 259 页。
② 【英】约翰·格雷：《自由主义的两张面孔》，顾爱彬等译，江苏人民出版社 2005 年版。

论。由于美国政治发展呈现出以社会权利建设和所谓"公民社会"建构的鲜明色彩，美国民主成为这张面孔的集中体现，甚至有学者直接宣称"社会民主是百分百的美国式民主"①。

第二张是科学社会主义的面孔，也可以被概括为社会民主的"马克思传统"。英国学者特里·伊格尔顿（Terry Eagleton）指出："马克思本人以一名激进的民主主义者的身份开始自己的生涯，最终却成了一个革命者，他逐渐认识到了民主制度需要涉及很多变革……民主应当落脚于本地化、大众化，应当贯穿于整个社会制度的方方面面。民主不应仅仅存在于政治生活中，还应当扩展到经济生活中去……马克思试图拉近国家与社会、政治与日常生活间的距离，方法就是将前者融入到后者之中。"② 在马克思主义看来，社会民主是民主的最高形态，最终走向社会民主是人类社会历史辩证发展的必然。

第三张是社会民主主义的面孔，也可以被概括为社会民主的"欧洲式传统"。在美国学者霍华德·威亚尔达（Howard Wiarda）看来，"欧洲的自由主义从未只专注于宪制问题和政治形式。因此，从本质上讲，欧洲对何为民主要素的看法更为宽泛，它是建立在三个支柱之上的社会民主，它包括：宪政化的政治民主，福利国家的社会民主，以及相对而言比较注重平等的社会市场资本主义所体现的经济民主"③。在欧洲盛行的社会民主主义，是一种思想来源庞杂的改良性社会思潮，它把民主视为衡量现实社会的标准和构建理想社会的依据，对社会民主的内容进行"篡改"，对社会民主的概念进行"窄化"，背弃了马克思主义的基本立场。

第四张是中华文明和中国实践的面孔，也可以被概括为社会民主的"中国面孔"。陈独秀认为发展社会民主在中国具有天然的优势，指出："中国社会史上的现象，真算得与众不同：上面是极专制的政府，下面是极放任的人民；除了诉讼和纳税以外，政府和人民几乎不生关系；这种极

---

① Kaye，H. J. (2015). Social democracy is 100-percent American，http://billmoyers. com/2015/07/03/social-democracy-is-100-american.

② 【英】特里·伊格尔顿：《马克思为什么是对的》，李杨等译，新星出版社 2011 年版，第 199－200 页。

③ 【美】霍华德·威亚尔达主编：《民主与民主化比较研究》，榕远译，北京大学出版社 2004 年版，第 20 页。

放任不和政府生关系的人民，自己却有种种类乎自治团体的联合：乡村有宗祠，有神社，有团练；都会有会馆，有各种善堂（育婴、养老、施诊、施药、积谷、救火之类），有义学，有各种工商业的公所；像这些各种联合，虽然和我们理想的民治隔得还远，却不能说中国人的民治制度，没有历史上的基础……而且自古以来，就有许行的'并耕'，孔子的'均无贫'种种高远理想；'限田'的讨论，是我们历史上很热闹的问题；'自食其力'，是无人不知道的格言；因此可以证明我们的国民性里面，确实含着许多社会经济的民治主义的成分。我因为有这些理由，我相信政治的民治主义和社会经济的民治主义，将来都可以在中国大大地发展，所以我不灰心短气，所以我不抱悲观。"[①] 在这张面孔中，以民本思想为核心的中华传统政治文化的社会民主意蕴，近代中国转型巨变中的社会民主追求，以及中国共产党人在推进"两个结合"的过程中对社会民主的理论阐发与实践探索，既传承和接续了中华文明中的社会民主要素，又展现了社会民主理想的未来样态，彰显了中华民族对人类政治文明的独特贡献。

---

① 《陈独秀文集》第 1 卷，人民出版社 2013 年版，第 496－497 页。

第二章　社会民主的概念建构与理论阐释

民主这个概念注定会产生混乱和歧义……民主则不服从单一的论说。鹤立鸡群、唯一重要的民主论学者是不存在的。[1]

——乔万尼·萨托利

墨索里尼在 1937 年 9 月于柏林所作的一篇公开演讲中宣称，"在世界上今天存在的最伟大而最健全的民主国家就是意大利和德国"……民主最大的敌人，也竟觉得不得不蛊惑性地口头表示忠于民主，这正是一个雄辩的标志，表明民主的理想对现代心灵来说本来就是觉得有道理的，而且是有普遍的号召力的；但民主的敌人们显得相当成功地竟敢于来夸耀其在实践中如此蛮横地背叛的那些原则，也同样是一种雄辩的标志，表明这些原则是含混不清的。[2]

——悉尼·胡克

---

① 【美】乔万尼·萨托利：《民主新论：上卷：当代论争》，冯克利、阎克文译，上海人民出版社 2015 年版，第 21 页。

② 【美】悉尼·胡克：《理性、社会神话和民主》，金克、徐崇温译，上海人民出版社，2006 年版，第 249－250 页。

第一节　社会民主的概念建构

一、社会民主的范畴界定

民主是一个多维度、立体化的概念，在结构上包含三个层次：理想目标方面体现善的价值理念、政体方面主权在民理念下的具体制度安排，以及运行实践方面的生活方式①。对应地，根据层次的不同，目前存在三种流行的"社会民主"概念界定方式——作为共产主义社会民主形态的宏观界定、作为一种与政治民主相对应的民主形态的中观界定，以及作为一种生活方式的微观界定（见表2-1）。

表2-1　社会民主定义的不同范畴

	核心内涵	主要观点
宏观的社会民主	共产主义的民主形态	●人类社会发展的目标与理想 ●阶级社会和政治消亡之后的状态
中观的社会民主（四分法）	社会民主主义的概念	●与经济民主、政治民主和国际民主相对应 ●强调民生福祉与社会保障
中观的社会民主（二分法）	与国家民主相对应的民主	●以"国家-社会"二分为前提 ●主要内容涵盖经济活动、文化活动、基层治理等
微观的社会民主	民主是一种生活方式	●强调民主在日常生活中的广泛性 ●将民主潜移默化地融入民众的价值观中

宏观意义上的社会民主是马克思主义关于未来共产主义社会的民主形态。其建立的前提是"在生产者自由平等的联合体的基础上按新方式来组织生产的社会"②，在消灭生产资料私有制、消灭阶级的基础上，国家作为阶级统治的工具已经丧失了存在的意义，作为政治的"民主"随着国家政

---

①　潘一禾：《生活世界的民主——探询当代中国的新政治文化》，社会科学文献出版社2010年版，第23-24页。

②　《马克思恩格斯选集》第4卷，人民出版社2012年版，第190页。

权的消亡而消亡，承担社会组织管理职能的是全面发展的人所形成的"自由人的共同体"，自发对社会的各个领域进行"公共权威性的管理"①。毫无疑问，这种社会民主具有强烈的未来导向，既是未来社会的理想状态也是必然的发展方向，属于社会民主的规范性定义。从最宏观的意义上来讲，由于不再有国家与政治民主，而生产过程中无论是生产资料还是生产过程都已经高度社会化，因此可以说一切民主都是社会民主。而共产主义作为一种社会形态的实现，必须建立在高度发达的生产力基础上，作为一种"自由人的共同体"，在当今世界经济政治结构中尚不完全具备存在条件与现实基础。作为未来共产主义社会管理形态的社会民主，受限于本书篇幅以及主要目的，暂不将此意义上的社会民主作为主要讨论对象。

中观意义上对社会民主的概念界定包含两种不同的模式。第一种模式是"四分法"，即按照覆盖的领域将民主分为经济民主、政治民主、社会民主与国际民主，最为典型的代表是社会民主主义界定的社会民主。社会党国际认为，社会主义是一种"最高形式的民主"，内含四种民主：一是保障公民政治自由平等权利的政治民主；二是承认生产资料私有制、限制资本权力、充分就业、提高生产的经济民主；三是实现工作、医疗、休息权、失业保障、儿童和青年的福利、住房权等广泛的经济社会权利，消除歧视，保证人们享有自由、平等和发展的社会民主；四是强调民主社会主义是国际性运动的国际民主②。可以看出，社会党国际所界定的社会，是独立于经济、政治、国际交往的一个单独民主领域，主要指人们参加经济生产过程、政治过程之外的社会生活，社会民主的内容主要以保障公民更多权利、实现更多公民福利为主。第二种模式是"二分法"，即在国家与社会的二分视域下区分政治民主与社会民主，认为"社会民主是在国家与社会二分背景下的社会领域内人们的民主化公共存在状态"③。在中国共产党的语境中，"优先发展教育事业""提高就业质量和人民收入水平""加

---

① 刘德厚：《广义政治论：政治关系社会化分析原理》，武汉大学出版社 2004 年版，第 267 页。

② 《德国社会民主党党纲汇编》，张世鹏译，北京大学出版社 2005 年版，第 60-61 页。

③ 王洪树、廖华：《社会民主的萌生发展、学理分析、价值意义及实现路径》，《当代世界与社会主义》2016 年第 4 期。

强社会保障体系""坚决打赢脱贫攻坚战""实施健康中国战略""打造共建共治共享的社会治理格局""有效维护国家安全"等涉及人民群众就业、教育、医疗等社会权利和基层社会治理的领域，属于这一范畴的"社会民主"。

最后是微观意义上的社会民主，即作为一种生活方式的民主。在这种民主观看来，社会发展的因素是多种多样的，涵盖政治、法律、工业、商业、哲学、艺术、科学、技术等，它们对社会发展都起到重要作用。因此，民主既不应该被界定为某种抽象原则，也不应该被界定为某项具体制度或者政治工具，而更应该是一种具体的、日常性的生活方式，成为渗入每一个社会个体成员日用而不觉的观念和行为。正如杜威指出的那样，"只有在我们日常生活的每一个方面慢慢地、日复一日地采用和传播那种与我们所要达到的目的相同的方法，才能做到为民主服务，而任何诉之于一元论的、笼统的、绝对主义的程序的办法，不管它所表现的装束怎样，都是背叛人类的自由的。"① 这就是说，民主应该被建设成一种现代日常生活，它的实现取决于每一个社会成员每天的生活实践和生活体验。作为日常生活而存在的民主是一切民主的根基与前提，只有通过日常生活培育出民主的信念与人格，才能真正在经济、政治等各个领域实现民主。民主社会所蕴含的正义、自由、平等和法治等价值范畴都应该在人们的日常生活视域中得到表达。民主观念和理想的建立和维护，不仅要从国家、政体、法治层面展开，而且应从每个社会成员的家庭、工作、情感交往、休闲方式等，从日常的、最普通的"经验"生活开始②。社会民主是一种理想的生活状态，作为一种信仰而存在，是人们在家庭、工作以及一切生活中都要把尊重别人作为一种信念和习惯③。

本书主要从中观意义的第二种模式界定社会民主。它既不同于宏观的共产主义的民主形态，也不同于微观的社会生活领域的民主，而是以追求

---

① 【美】约翰·杜威：《自由与文化》，傅统先译，商务印书馆 2013 年版，第 133 页。

② 潘一禾：《生活世界的民主——探询当代中国的新政治文化》，社会科学文献出版社 2010 年版，第 99 页。

③ 王元明：《行动与效果：美国实用主义研究》，中国社会科学出版社 1998 年版，第 184 页。

"人的全面解放"为价值目标，以真正实现无产阶级掌握政权以及其必然带来的生产资料所有制的变革为前提基础，在生产中实现民主管理、在分配中逐步实现公平与共享、在日常生活中逐步实现广泛参与和民主管理的民主。之所以采取这种在宏观与微观之间的民主范畴界定，是从现实的人和现实的社会角度出发作出的考量，是符合当下社会经济发展阶段及其内在需要的选择。马克思认为："社会——不管其形式如何——是什么呢？是人们交互活动的产物。人们能否自由选择某一社会形式呢？决不能。在人们的生产力发展的一定状况下，就会有一定的交换和消费形式。在生产、交换和消费发展的一定阶段上，就会有相应的社会制度形式、相应的家庭、等级或阶级组织，一句话，就会有相应的市民社会。有一定的市民社会，就会有不过是市民社会的正式表现的相应的政治国家。"①这就是说社会的发展形态归根到底是由生产力发展水平决定的。目前我国的基本国情是处于并将长期处于社会主义初级阶段，社会经济发展水平尚不能支持共产主义形态的社会民主，在这一阶段"民主只能是在社会公共领域和私人生活领域的实践，引导国家层面上的政治民主随着经济社会发展而逐渐向社会和民众回归"②。

尤其需要指出的是，就其与马克思主义理论内在统一来说，本书界定的社会民主，并非作为宏观层面马克思笔下的社会民主的对立物而存在的，而是作为马克思所界定的社会民主在生产力发展还不够充分的国家的展开形态而存在的。按照马克思主义理论，实现社会民主的根本途径在于变革生产资料所有制，在此基础上完成"社会解放"。在宏观层次的界定方式里，社会民主是社会解放的最终理想状态，此阶段国家形态的民主已经消亡，政治意义上的民主不复存在，社会民主就是人民自主管理一切需要管理的领域的民主。但是必须指出，在无产阶级已经夺取政权、改造生产资料所有制的国家，由于其生产力水平尚不发达，刚从旧制度中脱胎而出，要经历一个可能相当漫长的过渡时间。在这个阶段，政治上的阶级统

---

① 《马克思恩格斯选集》第 4 卷，人民出版社 2012 年版，第 408 页。
② 王洪树、廖华：《社会民主的萌生发展、学理分析、价值意义及实现路径》，《当代世界与社会主义》2016 年第 4 期。

治仍然存在，必须在实践中用无产阶级民主专政的手段向社会解放过渡。对此，列宁深刻地指出，在国家没有消亡的情况下，作为社会解放最终状态的社会民主自然无法完全形成。为了实现这种理想状态的社会民主，必须实现无产阶级的政治民主，因为这种民主"是向社会主义民主制和使国家能开始消亡的条件的过渡"[①]。列宁的论述实际上揭示了一个深刻命题：在社会主义过渡阶段，以国家消亡、社会自治为标志的共产主义式的社会民主还无法一步到位直接实现。只有无产阶级掌握国家政权，推动生产力的发展，改造国家机器，建设社会主义文化，才能真正改变生产资料所有制，消灭剥削与劳动对人的异化，为真正实现社会民主开辟空间。换言之，社会民主必须以无产阶级掌握国家政权为基础，必须以无产阶级改造资本主义社会赖以存在的经济社会基础为前提。

由此我们可以得出结论，本书所界定的社会民主，既以共产主义社会的社会民主为价值目标，也构成了共产主义社会中的社会民主的一种不完全形态，与此同时还是最终真正实现共产主义社会中社会民主的必然路径。历史唯物主义告诉我们，社会民主不是抽象的概念，而是随着生产力的发展而逐步发展的历史进程，直至生产力高度发达的共产主义社会才能完全实现。在社会主义阶段存在两种民主：一种是作为现存制度的国家层面的无产阶级民主，一种是正在逐步实践，而且是未来共产主义社会理想目标也是必然目标的社会民主。在社会主义初级阶段，社会民主实际上是马克思所构想的社会民主的基础形态和不充分状态。

二、社会民主与政治民主

既然社会民主是与政治民主相对应的概念，那么首先就要对其与政治民主的联系与区别进行辨析，进而厘清二者之间的关系。政治民主作为"大多数的统治"的政治形式，是一种国家形态[②]。在阶级社会，政治民主属于上层建筑领域，实质是阶级统治，为一定统治阶级服务，并随着阶级

---

① 《列宁选集》第 3 卷，人民出版社 2012 年版，第 504 页。
② 王沪宁主编：《政治的逻辑：马克思主义政治学原理》，上海人民出版社 2016 年版，第 274 页。

统治的更换而变化和发展。在奴隶制社会，有奴隶主阶级统治下的政治民主，雅典民主制就是奴隶制民主制的典范，但从本质上看，它是作为统治阶级的奴隶主组织自己政权的一种形式。对此列宁指出，"奴隶占有制国家可以是君主国，贵族共和国，甚至可以是民主共和国。管理形式确实是多种多样，但本质只是一个：奴隶没有任何权利，始终是被压迫阶级，不算是人。"[①] 在封建社会，最普遍、最基本的国家形式是政权归一人掌握的君主制，但与此同时，也存在封建地主阶级统治下的政治民主，比如在中世纪欧洲的一些城市共和国中，封建贵族和城市国家的市民通过选举组织议会和选任国家首脑的办法来组织政权。在这种民主制下，政权实际上仍然是封建地主阶级实现自己阶级统治的一种形式。对此列宁指出，"地主为了维持自己的统治，为了保持自己的权力，必须有一种机构能使大多数人统统服从他们，服从他们的一定的法律、规则，这些法律基本上是为了一个目的——维持地主统治农奴制农民的权力"[②]，并强调这种农奴制国家具有共和制、君主制等不同的形式。在资本主义社会，有资产阶级统治下的政治民主，以议会、政党和选举制度为三大支柱的资产阶级民主制成为资产阶级统治的"最好的政治外壳"。恩格斯在《反杜林论》中指出，资本主义国家只是"资产阶级社会为了维护资本主义生产方式的一般外部条件使之不受工人和个别资本家的侵犯而建立的组织。现代国家，不管它的形式如何，本质上都是资本主义的机器，资本家的国家，理想的总资本家"[③]。

根据马克思主义理论，实现政治民主是人类必须经历的发展阶段，是实现更高层次社会民主的必经之路。正如马克思和恩格斯在《共产党宣言》中指出的那样："工人革命的第一步就是使无产阶级上升为统治阶级，争得民主。"[④] 政治民主（或者说政治解放）的目的就是以制度化的形式固定、拓展政治解放的成果，彻底粉碎奴隶社会、封建社会中人对人的束缚。中世纪结束后，商品生产与交换的不断扩大，催生壮大着新生资产阶

---

① 《列宁选集》第 4 卷，人民出版社 2012 年版，第 33 页。
② 《列宁选集》第 4 卷，人民出版社 2012 年版，第 34 页。
③ 《马克思恩格斯选集》第 3 卷，人民出版社 2012 年版第 666 页。
④ 《马克思恩格斯选集》第 1 卷，人民出版社 2012 年版第 421 页。

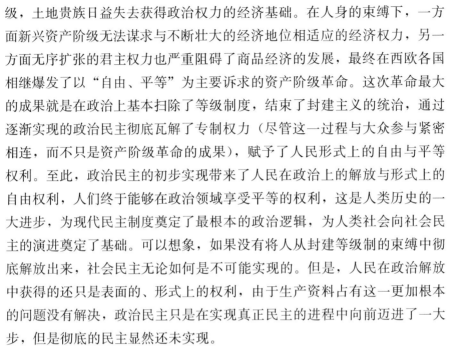

级，土地贵族日益失去获得政治权力的经济基础。在人身的束缚下，一方面新兴资产阶级无法谋求与不断壮大的经济地位相适应的经济权力，另一方面无序扩张的君主权力也严重阻碍了商品经济的发展，最终在西欧各国相继爆发了以"自由、平等"为主要诉求的资产阶级革命。这次革命最大的成果就是在政治上基本扫除了等级制度，结束了封建主义的统治，通过逐渐实现的政治民主彻底瓦解了专制权力（尽管这一过程与大众参与紧密相连，而不只是资产阶级革命的成果），赋予了人民形式上的自由与平等权利。至此，政治民主的初步实现带来了人民在政治上的解放与形式上的自由权利，人们终于能够在政治领域享受平等的权利，这是人类历史的一大进步，为现代民主制度奠定了最根本的政治逻辑，为人类社会向社会民主的演进奠定了基础。可以想象，如果没有将人从封建等级制的束缚中彻底解放出来，社会民主无论如何是不可能实现的。但是，人民在政治解放中获得的还只是表面的、形式上的权利，由于生产资料占有这一更加根本的问题没有解决，政治民主只是在实现真正民主的进程中向前迈进了一大步，但是彻底的民主显然还未实现。

从宏观意义上说，马克思主义理论以历史演进的规律性与必然性，从历史哲学的角度深刻阐释了实现政治民主对于改造旧社会等级制形态的革命性意义。具体而言，观察各国现代民主制度的演进，可以为马克思主义理论提供实践性的注脚。随着现代政治民主的实现，传统社会中家庭、行会与等级制的政治权力愈发式微，政治与社会、政治权力与个人生活产生极大程度的分离，这就为人的自由交往提供了空间（尽管是不完全的），为存在于国家与公民之间的社会公共领域提供了生长与发育空间。在古希腊与中世纪，政治权力渗透至社会的各个方面，个人直接纳入或是政治体系或是等级体系之中。在政治权力、国家控制在社会领域退潮后，留下的权力真空必然会导致内生性需求外显化，即人民群众为维护自身利益、组织社会活动、保护社会秩序而形成自我管理组织的需求。这种自我管理的社会组织，在连接独立的个人与宏观的国家之间的领域——社会领域——形成，在生产、消费、教育与文化等各个领域广泛兴起。这些社会组织往往具有非国家性、直接性、内生性与自治性，是

"谁都没有强制权"① 的一种民主管理方式。因此可以看出，政治民主实现后所释放的社会空间与权力让渡后所形成的社会需要，形成了一种社会民主的实践。回归到马克思主义理论的视角，正如政治民主的实现需要政治解放的同步推进，社会民主的实现需要社会解放的进行，尽管政治民主为社会民主提供了可能的增长空间，但如果社会自治无法改变经济生产领域的私有制经济基础以及衍生出的反民主的权威工厂管理体制，在占据人们生活最主要部分的经济生产中仍然是"实行寡头制和等级制"②，公众仍然被经济的不平等所束缚，社会民主是断然无法完全实现的。所以只有实现无产阶级掌握国家政权，完成经济社会基础的改造，政治民主才有可能向着社会民主迈进。

民主并不总是属于政治范畴，作为一种上层建筑的民主，最一般的社会本质是一种通过人们意识而形成的社会关系。民主的社会性并不总是等同于阶级性，民主只是在人类历史发展到一定阶段的阶级社会里，才表现出鲜明的社会政治性质，不同社会形态里的民主有着不同的社会属性，这种社会属性归根到底由其所依存的经济基础决定，并随着社会生产方式的更迭而变化的。因此，仅仅把对民主含义的解释限定在国家和阶级的范围内，并不是完全的历史唯物主义观点③。毫无疑问，政治民主是一种不完全的民主，是民主理想的一项未竟事业。政治民主在其他领域的自我限定最终将限制其在政治领域的充分展开。尽管政治民主带来了政治领域的平等，但其只否定了政治权力的私有制，无法否定经济社会领域里的分化与不平等。由此造成政治参与资源、参与能力与参与意愿的极度分化，进而导致政治领域的平等与民主变成"无根之萍"，政治民主变为"少数人的多重统治""精英政治""少数统治"，最终自我异化，走向了自身的对立面，向专制复归。对此恩格斯在考察英国民主制度时就一针见血地指出："英国不是正式的民主制……对于我们来说，重要的只是这样一种触目皆

---

① 朱光磊、郭道久：《非国家形态民主：当代中国民主建设的突破口》，《教学与研究》2002 年第 6 期。

② 【美】卡罗尔·佩特曼：《参与和民主理论》，陈尧译，上海人民出版社 2006 年版，第 44 页。

③ 刘德厚：《对民主含义的历史唯物主义思考——兼论社会主义民主的社会本质》，《武汉大学学报（社会科学版）》1984 年第 6 期。

是的情况：理论和实践处于惊人的矛盾中"①。而政治民主这种理论与实践的张力，恰恰是社会民主超越政治民主的起点。作为一种将平等拓展到生产、消费、教育、文化与生态等社会生活各个领域的民主，社会民主无疑是政治民主发展的最终归宿。

对照来看，社会民主代表的是一种规范性的民主，强调"民主应该是什么""民主的价值是什么"等应然命题，而政治民主则代表着一种经验性的民主，强调"现实的民主如何运行"等实然命题。从启蒙运动内在蕴含的规范性民主理念来说，民主与平等作为一种"大自然周而复始的规律以及事物的持续发展趋势而得到的答案"②，自身有着崇高的价值性、道德性。然而现代的民主政治发展过程中在大众参与、公民控制与实际效果等维度存在诸多根本性的矛盾，这就造成了规范性民主理念与经验性民主实践之间的张力。马克思在评论法国 1848 年宪法时曾一针见血地指出这种张力，"宪法要求一方不要从政治的解放前进到社会的解放，要求另一方不要从社会的复辟后退到政治的复辟。"③

面对这种矛盾，自由主义民主必须通过理论突破寻求解决的办法，自由主义民主的理论家们事实上也从未停止过消弭启蒙与现实张力的努力。一种处理方式是降低规范性民主理念的标准与要求。自由主义理论家以"保障自然权利"与"限制多数人暴政"等担忧而将民主限制于政治领域，否定更大程度民主实现的可能性，通过研究、论证现实中西方国家所运行的经验性民主，不断维持着启蒙价值与现实实践的均衡与张力。另一种处理方式是通过改造社会来满足和符合规范性理论。作为启蒙运动中激进的一翼，卢梭鲜明地提出实现公众更加广泛的参与，实现公意对国家的全面控制，对后世产生了深远的影响。作为对启蒙精神继承最彻底、同时也是批判最彻底的马克思主义，进一步提出必须彻底改变生产资料所有制以获得真正的解放。在当代，参与民主、激进民主等理论先后兴起，究其根本都要求扩大公众参与的领域与程度，谋求社会政治经济结构局部甚至全局

---

① 《马克思恩格斯全集》第 1 卷，人民出版社 1956 年版，第 703－704 页。
② 【法】托克维尔：《论美国的民主》上卷，周明圣译，中华书局 2014 年版，第 6 页。
③ 《马克思恩格斯文集》第 2 卷，人民出版社 2009 年版，第 115 页。

性的变革，表现出向启蒙运动中规范性民主理想的复归。可以说，启蒙运动以来，通过更加广泛的民主参与、更多领域的民主管理、更加有效的民主治理以及对于大众民主生活的普及，以社会民主超越政治民主的尝试从未停止过。

当然，对政治民主局限性最根本的超越，毫无疑问是马克思所设想的，彻底消灭国家与阶级、以社会管理社会，也就是最宏观意义上的社会民主。要彻底解决政治民主理论与实践的矛盾，唯一的办法就是使民主从政治领域扩张至社会领域，实现国家职能消亡、政治民主消亡，一切都最终实现于社会民主，而到那时"真正完全的、真正没有任何例外的民主才有可能"①。就当下而言，虽然各个国家的生产力发展阶段与状况尚未达到可以彻底实现宏观意义上"社会民主"的阶段，但这并不意味着讨论"社会民主"没有意义。正如马克思所言："在一切不同于民主制的国家中，国家、法律、国家制度是统治的东西，却并没有真正在统治，就是说，并没有物质地贯穿于其他非政治领域的内容。在民主制中，国家制度、法律、国家本身，就国家是政治制度来说，都只是人民的自我规定和人民的特定内容。此外，不言而喻，一切国家形式都以民主为自己的真实性，正因为这样，它们有几分不民主，就有几分不真实。"② 我们不能简单地以"存在"与"不存在"的二元对立思维看待社会民主，而应该秉持一种过程性视角，对社会民主的发展完善程度进行认真考察。

综上所述，作为国家形态民主的政治民主是社会民主的前提。长期以来，自由主义民主观中民主被限定在政治领域、限定在选举领域，并借助西方国家的经济政治霸权，将这一理论在世界范围内扩散、传播，在全世界范围内获得了广泛的影响，成为具有观念宰制性的话语体系，完成了民主概念的"私有化"。而社会民主的实践场域恰恰与政治民主相对，是一种在政治领域之外的民主实践，通过将民主覆盖场域扩展到经济、文化、基层治理等诸多领域，实现对政治民主的超越，彰显着政治民主的最终归宿。

---

① 《列宁选集》第 3 卷，人民出版社 2012 年版，第 191 页。
② 《马克思恩格斯全集》第 3 卷，人民出版社 2002 年版，第 41 页。

三、社会民主与经济民主

经济基础决定上层建筑是马克思主义的基本观点。唯物史观告诉我们，任何的民主制度"归根到底是为生产服务的，并且归根到底是由该社会中的生产关系决定的"①。只有彻底完成对生产关系的改造，才能真正实现民主。经济民主涉及生产资料所有制的民主、经济生产活动中资源配置的民主和经济分配制度的民主，实际上是改变生产关系的重要手段与路径。实现经济领域的民主是整个社会民主的有机组成部分。明晰经济民主的概念内涵、实现形式，深入探究其对于实现社会民主的功能和作用，是社会民主概念构建的重要工作。

首先来看经济民主的内涵。尽管在资本主义野蛮生长的同时，就已经出现了"村社模式"（固定区域内农民联合协作、平分土地、司法执法）等含有经济民主萌芽的各类经济组织实践②，但在刚刚打破封建等级制、特别强调自由甚至野蛮竞争的资本主义狂飙突进的年代，含有经济民主萌芽的经济形态极容易被当成落后生产因素而加以抛弃，关于经济民主的理论更是极少见到。正如罗伯特·达尔所说，"19 世纪对资本主义体制信仰的流行意味着，为了实现一个正义与进步的社会，经济单位摆脱政府或其他经济组织的外部控制、实现几乎完全的自治是必需的、理想的"③。直至资本主义的矛盾日益尖锐、内部危机频繁出现，自由主义"政治上形式的民主"与"经济上实际的专制"之间产生难以弥合的巨大张力，有关经济民主的理论才逐步登上舞台，获得越来越大的影响。对 19 世纪以来的各种"经济民主"理论做一个简单的概念分类梳理，按照对于生产关系与经济形态的变革激进程度，可大致界定为三种类型。

宏观意义上的经济民主围绕彻底改造社会形态这一根本追求展开，这种观点以马克思主义为代表。马克思主义基于生产关系的视角理解"经济民主"，强调生产关系对于经济民主的决定性意义，因为"对资产者来说，

---

① 《列宁全集》第 40 卷，人民出版社 2017 年版，第 279 页。
② 张广翔：《十九世纪俄国村社制度下的农民生活世界》，《历史研究》2004 年第 3 期。
③ 【美】罗伯特·A. 达尔：《多元主义民主的困境——自治与控制》，尤正明译，求实出版社 1989 年版，第 111 页。

只有一种关系——剥削关系——才具有独立自在的意义；对资产者来说，其他一切关系都只有在他能够把这些关系归结到这种唯一的关系中去时才有意义"①。事实上，马克思并未单独就"经济民主"进行详尽的分析讨论，因为经济上的不民主状态只是社会整体并未解放的附属问题，而根本原因是财产的私人占有。而要实现人的全面解放则必须从改造生产关系入手，彻底改变生产资料私制制，进行全面的社会变革。因此马克思主义追求的并不是在资本主义经济制度与生产组织形式下实现经济民主，因为要实现广泛的、和谐的自由合作劳动的制度，"必须进行全面的社会变革，社会制度基础的变革，而这种变革只有把社会的有组织的力量即国家政权从资本家和大地主手中转移到生产者本人的手中才能实现"②。显然，马克思主义以一种最彻底、最革命、最本质的要求来追求经济民主，将实现经济民主作为实现人的全面解放的重要手段。可以认为，"经典马克思主义的经济民主理论起始于对企业层面和经济领域专制权力的批判，结束于总体的社会改造思路"③。

中观意义上的经济民主从"生产过程控制"与"分配机制改革"两个维度展开概念建构，这种观点以社会民主主义为代表。就理论认识而言，1918年，英国工党通过了关于生产资料公有制、公平分配等核心议题的新党章，并在根据新党章召开的第一次会议上通过了极有影响力的政策声明——《工党与新社会秩序》。该声明强调了英国工党的四项原则：国民工资最低标准、工业民主监督、国家财政革命、用于公共利益的余额，旨在明确最低工资、最低劳动条件、最大工作时长、税收制度、国家发展公共事业等要求④。1951年，《社会党国际原则声明》集中概括了各国民主社会主义者较为普遍的共识："实现最高形式的民主"⑤。该声明将经济民主明确界定为："社会主义经济政策直接的经济目的是充分就业、提高生

① 《马克思恩格斯全集》第3卷，人民出版社1960年版，第480页。
② 《马克思恩格斯全集》第16卷，人民出版社1964年版，第219页。
③ 李锦峰：《经济民主：文献述评及其理论重构》，《学术月刊》2015年第10期。
④ 【英】亨利·佩林：《英国工党简史》，上海人民出版社1977年版，第47—48页。
⑤ 《德国社会民主党纲领汇编》，张世鹏译，北京大学出版社2005年版，第60—61页。

产、不断扩大福利、实现社会安全、实现一种公正的收入与财产分配"①。
就政治实践而言，20世纪以来英国工党、德国社会民主党以及奥地利、瑞典等国社会党开展的民主社会主义实践，均在不同程度上实现了以下目标：进行工资税和所得税改革，缓解分配领域的不平等；加大各类公共事业尤其是教育领域、卫生领域的财政投入，保障更加平等的居民生活；通过系列立法让工人参与企业决策、生产管理的程度逐渐加深等等。概括来讲，中观意义上的经济民主与社会民主是统筹推进的，通过高税收、高福利、员工与雇主合作以及劳资协调，实现分配的平等和从"摇篮到坟墓"的社会保障。

微观意义上的经济民主以参与民主理论或工业民主理论为代表。就工作场所层面的民主来讲，参与民主理论与民主社会主义理论有所重合，但侧重又有所不同。参与民主理论更加强调当下工业权威结构对人的"异化"，同时认为要在工厂公司中实现员工更广泛、更有控制力的参与，通过工业民主的训练，获得更加完善的民主训练，养成良好的公民品德，最终实现更加彻底的民主。也就是说，此类理论无论是从价值理性层面还是工具理性层面，都更加强调员工在生产中参与决策的重要甚至决定性作用，并对在生产过程中参与的形式与效果做了深入探讨。在这种理论看来，比起政治领域的民主化，工业生产恰恰是最不民主的领域，人们有大量时间生活在一种"反民主的管理体制"② 中，在一个员工几乎没有参与决策权、生产过程被大工业机械化高度控制的公司或工厂中，一名普通的员工"发现他处于一个很少能够运用自己的能力……也缺乏创新精神的工作环境中"③。生产过程中的权威体制与反民主体制，会在员工身上培养出一种反对民主的"权威人格"，因为"在每天低层次的工作岗位上缺乏参与机会的工人，通常不可能接受诸如董事会必须经过选举这样的观念"④，自然也就造成了对选举民主"冷漠的大多数"。因此不少学者认为，如果

---

① 《德国社会民主党纲领汇编》，张世鹏译，北京大学出版社2005年版，第61-65页。
② 【美】道格拉斯·拉米斯：《激进民主》，刘元琪译，中国人民大学出版社2016年版，第125页。
③ 【美】卡罗尔·佩特曼：《参与和民主理论》，陈尧译，上海人民出版社2006年版，第50页。
④ 【美】卡罗尔·佩特曼：《参与和民主理论》，陈尧译，上海人民出版社2006年版，第50页。

要实现"经济民主",就必须要将员工的参与甚至控制覆盖至公司工厂高层决策、生产环节安排、利润分配之中。也有学者认为应该将重大决策更加分散化,通过员工广泛的参与决定公司的投资、战略安排与股份分配等。如达尔提出要设计一种将重大的决策权分散于自主经营的主体之间的经济秩序,要求做重要决策的权威性要通过公司内部运行赋予①。还有一些学者认为员工在生产过程中的参与至关重要,因为"普通工人对这一层次的参与较有兴趣",而"缺乏这种人们感兴趣的领域的参与机会将导致更高层次的参与机会远离普通的工人"②。总之,参与民主理论或工业民主理论主要从更高程度的民主实现以及企业生产效率提高、公民政治参与热情提高、参与能力训练等角度,强调在经济生产中民主参与的合理性与合法性。这种理论并不谋求实现公有制,而是将生产资料所有制问题更多看成对生产过程控制的附属问题。因此必须明确的是,参与民主理论或工业民主理论都属于"部分变革论",都没有从根本上改变生产资料所有制、变革生产关系的诉求。马克思和恩格斯明确指出:"问题不在于改变私有制,而只在于消灭私有制,不在于掩盖阶级对立,而在于消灭阶级,不在于改良现存社会,而在于建立新社会。"③ 在私有制的基础上谋取局部与片面的改良,显然是无法实现真正的经济民主的。

根据上述界定,经济民主与社会民主有着千丝万缕的联系。从广义的角度看,经济民主是宏观意义上社会民主的子概念,内嵌于社会民主之中。以改变生产方式为主要内容的经济民主是社会民主的经济基础和重要实现手段,而社会民主则是经济民主的最终目的。马克思恩格斯所构想的共产主义社会的社会民主,其在经济上就是通过消灭生产资料私有制,消灭雇佣劳动对人的剥削与异化,形成自由人的联合体与共同体社会。在这种社会中,人才能实现真正自由而全面的发展,劳动作为人的本质其特征才得以展现,就像恩格斯在《反杜林论》中揭示的那样:"旧的生产方式必须彻底变革,特别是旧的分工必须消灭。代替它们的应该是这样的生产

---

① 【美】罗伯特·达尔:《经济民主导言》,郑晓华译,天津人民出版社 2018 年版,第 6—8 页中译本导言。

② 【美】卡罗尔·佩特曼:《参与和民主理论》,陈尧译,上海人民出版社 2006 年版,第 65 页。

③ 《马克思恩格斯文集》第 2 卷,人民出版社 2009 年版,第 192 页。

组织：在这样的组织中，一方面，任何个人都不能把自己在生产劳动这个人类生存的必要条件中所应承担的部分推给别人；另一方面，生产劳动给每一个人提供全面发展和表现自己的全部能力即体能和智能的机会，这样，生产劳动就不再是奴役人的手段，而成了解放人的手段，因此，生产劳动就从一种负担变成一种快乐。"①

就价值规范意义来说，将经济民主纳入社会民主的范畴，将社会民主置于特定的生产方式结构之上进行考量，是马克思主义理论内在统一性的表现，体现了唯物辩证法的基本原理。资本主义对于人的异化表现在两个方面：社会层面与个人劳动层面②。而这种异化的根源就在资本主义的生产方式之中。马克思在《1844 年经济学哲学手稿》中指出："整个的人类奴役制就包含在工人对生产的关系中，而一切奴役关系只不过是这种关系的变形和后果罢了。"③ 在资本主义生产中，人与人的关系沦为物与物、物与人之间的关系，"资本越来越表现为社会权力，这种权力的执行者是资本家，它和单个人的劳动所能创造的东西不再发生任何可能的关系；但是资本表现为异化的、独立化了的社会权力，这种权力作为物，作为资本家通过这种物取得的权力，与社会相对立"④。因此实现社会解放，在社会领域实现民主的条件就是"在协作和对土地及靠劳动本身生产的生产资料的共同占有的基础上，重新建立个人所有制"⑤，即变革生产资料所有制，并重塑以此为基础的分配制度，才能将社会从资本的权力中解放出来，将劳动从异化状态中解放出来。而对比西方经济民主相关理论，尽管不少非马克思主义学者对于经济民主进行过思考与探讨，其中不乏富有洞察力与借鉴性的理论成果，但究其根本，都将经济民主与社会民主割裂开来，认为经济民主可以脱离生产资料所有制、分配制度的变革而单独发展、独立实现。这是理论不彻底的表现。比如，社会民主主义就以牺牲理论结构一致

---

① 《马克思恩格斯选集》第 3 卷，人民出版社 2012 年版，第 681 页。
② 刘同舫：《政治解放、社会解放和劳动解放——马克思人类解放思想再探析》，《哲学研究》2007 年第 3 期。
③ 《马克思恩格斯选集》第 1 卷，人民出版社 2012 年版，第 61 页。
④ 《马克思恩格斯文集》第 7 卷，人民出版社 2009 年版，第 293 页。
⑤ 《马克思恩格斯选集》第 2 卷，人民出版社 2012 年版，第 300 页。

性为代价，糅合了西欧的基督教伦理、人道主义和古典哲学以及马克思主义的社会分析方法。这种把多元政治意识形态中美好价值与目的"杂糅"而成的理论体系，其内部自然存在极大的逻辑张力。在规范性意义上，将经济民主纳入社会民主的范畴之中，凸显着经济基础对于上层建筑的决定性作用，彻底解决民主的问题的办法归根到底在于在生产力发展的基础上，变革生产资料所有制，以彻底的经济民主实现真正的社会民主。

就实践层面而言，将经济民主置于整个社会民主的基石地位，也就意味着在经济民主实践中必然需要超越西方的经济民主框架。在西方对于经济民主的讨论中，由于放弃了对生产资料所有制的变革，而仅仅讨论对生产过程、对分配制度的局部调整，并未从根本上改变个体间经济权力的极端不平等，因而西方经济民主注定难以真正成为社会民主的根基。对此马克思曾加以深刻批判："不管合作劳动在原则上多么卓越，在实际上多么有效，只要它仍然限于个别工人的偶然努力的狭隘范围，就始终既不能阻止垄断势力按照几何级数增长，也不能解放群众，甚至不能显著地减轻他们的贫困的重担。"① 这就要求作为社会民主的基础而存在的经济民主，在具体实践过程中必须在追求生产资料社会化占有的前提下，加强生产过程的民主参与、更加公平的分配，进而体现出与共产主义的社会民主共同的性质和共同的目标。

与此同时，经济民主与社会民主这一对概念也存在明显的区别。首先是概念层次不同。作为与政治民主相对的概念的社会民主，在"国家-社会"二分中明确其覆盖领域，是与国家形态的政治民主相对应的民主。社会民主的价值目标是实现"自由人的联合体"，发展依据是现代社会中社会与政治国家的分离，其构成要素包括平等、自治、参与、公共服务与社会保障，其功能为促进社会自治与治理民主，主要通过社会参与、社会资本与公共空间来实现。而经济民主的价值目标是以民主的要求塑造经济生产方式，发展依据是生产力与生产关系的矛盾运动。其构成要素包括生产资料所有制民主、分配制度民主以及资源配置制度民主。其功能为改变社会生产方式，主要通过政治权力介入、经济单位自主探索、基层群众主动

① 《马克思恩格斯文集》第3卷，人民出版社2009年版，第13页。

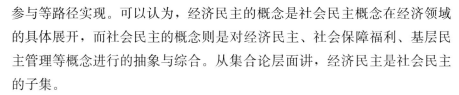

参与等路径实现。可以认为，经济民主的概念是社会民主概念在经济领域的具体展开，而社会民主的概念则是对经济民主、社会保障福利、基层民主管理等概念进行的抽象与综合。从集合论层面讲，经济民主是社会民主的子集。

其次是侧重点的不同。社会民主的概念覆盖面更广，涵盖了社会关系调节、社会矛盾化解、社会治理参与、社会福利保障等内容。而经济民主聚焦于三个方面，一是改造生产资料所有制；二是生产过程中的民主参与或民主控制，制度化地缩小劳资双方的信息差，动员生产者的参与热情，让生产者在生产过程中有更多的话语权和决策权，并重点探讨如何保障经济效益与民主参与的统一；三是聚焦于更加平等的分配制度构建，着眼通过初次分配、再次分配乃至三次分配提升劳动者的实际收入水平。

最后是实践路径不同。在我国，推动社会民主的基本实践路径为坚持系统观念统筹推进经济民主、社会保障与福利、文化民主以及社会生活的民主。在制度建设上需要巩固并逐步完善我国的基本经济制度，加强和创新各项社会治理制度与政策，加快推进社会主义文化事业的繁荣，在坚持党的领导下促进多元社会力量相协调，逐步实现社会各个领域的民主。而实现经济民主的基本实践路径则是具体聚焦我国基本经济制度，进一步完善公有制为主体、多种所有制经济共同发展的生产资料所有制制度，按劳分配为主体、多种分配方式并存的分配制度与社会主义市场经济体制，不断完善再分配机制，缩小贫富差距，保障劳动收入与经济增速同步增长，实现共同富裕；同时探索职工代表大会、劳资协商委员会等劳动者参与生产过程的实践形式，通过不断提升劳动者在经济生产中的话语权与控制权，实现经济单位在生产过程、决策过程中的民主。

四、社会民主与基层民主

"基层"是与"上层"、"高层"或"顶层"相对的概念，就社会生活而言，它既包括微观经济领域，也包括日常交往领域。相应地，基层民主指田间地头、工厂社区等最基础、与日常生活联系最紧密的空间和场域中的民主，有学者将基层民主定义为"人民群众在基层政治、经济、文化和社会生活领域直接行使民主权利，参与管理公共事务和公益事业的制度和实践"①。可以说，基层民主主要就是社会民主在生产领域与生活领域的实践。萨托利就认为，"社会民主这一名称的含义也使它被用于指基层民主网络——小社区和志愿组织。这种网络可以繁荣于整个社会，从而为政治上层建筑提供社会支柱和基础结构。一个由有着民主结构的团体组成的以'团体'为单位的多团体社会，同样具有社会民主的性质。"②

马克思经典主义作家并未直接讨论基层民主的问题，相关论述主要集中于群众在基层的自治，将群众自治视为实现社会民主的核心内容与重要路径。在马克思恩格斯看来，无产阶级掌握政权后，必须解决如何管理社会、同时真正实现民主的问题。比如恩格斯在 1847 年写作的《共产主义原理》中强调："首先无产阶级革命将建立民主的国家制度，从而直接或间接地建立无产阶级的政治统治。"③ 在这里，间接统治就是国家形态的民主，而直接统治即为基层群众直接管理部分经济、政治与社会事务。这样，基层群众自治的重要性就凸显出来，它一方面为完全的社会自治提供形式载体，同时是对人民群众进行民主训练、培育民主意识和主人翁精神、引导独立个体逐步关注社会事务、提升人民参与公共事务能力的过程。在马克思和恩格斯看来，社会主义国家的民主必须通过群众自治才有可能实现。他们对于巴黎公社实行普遍选举、推行委员会制度、人民直接监督等符合基层群众自治精神的举措高度赞同，比如，恩格斯在为 1891 年版《法兰西内战》所写的导言中提出："为了防止国家和国家机关由社会公仆变为社会主人——这种现象在至今所有的国家中都是不可避免的——公社采取了两个可靠的办法。第一，它把行政、司法和国民教育方面的一切职位交给由普选选出的人担任，而且规定选举者可以随时撤换被选举者。第二，它对所有公职人员，不论职位高低，都只付给跟其他工人同

---

① 徐勇：《基层民主：社会主义民主的基础性工程——改革开放 30 年来中国基层民主的发展》，《学习与探索》2008 年第 4 期。

② 【美】乔万尼·萨托利：《民主新论：上卷：当代论争》，冯克利、阎克文译，上海人民出版社 2015 年版，第 30 页。

③ 《马克思恩格斯文集》第 1 卷，人民出版社 2009 年版，第 685 页。

样的工资。"① 这实际上是要求基层自治的管理机构要进行群众普选，充分了解民意，同时突出公职人员的公仆性质，薪资要受到严格限制以防止贪腐。

中国共产党追求最广泛、最真实、最管用的民主，这决定了其领导的中国民主政治发展不能仅仅停留在政治生活的顶端，而必然向现实、地方、社区延伸和拓展。在我国，顶层民主以国家形态的民主为主要内容，其核心制度支撑涉及政治层面的立法、协商、监督等职能，相关事务专业化程度高、涉及公共利益程度深、影响范围广，其根本是要解决政治权力归属、政治统治形式与政治运行方式，人民主要以间接民主的形式参与其中。而基层民主既包括农村村民自治、城市社区自治、企事业单位民主管理等构成的基层群众自治，也包括基层政权中民主管理的部分，如县人民代表大会的直接民主选举、乡镇政府的听证会与恳谈会、县政协在乡镇一级所下沉的联络点等内容，是同时涉及国家形态民主和非国家形态民主，但主要存在于国家形态的民主无法覆盖的领域的民主。因参与人数规模不大、覆盖地域相对集中、议题与人民群众切身利益息息相关，基层民主具备让人民群众直接决定和管理公共事务的条件和动力，故广泛采用直接民主的形式，在基层的广泛参与中保障人民当家作主，吸纳、整合、回应人民的诉求，更好维护人民群众现实利益，满足人民群众自我教育、自我管理、自我服务、自我监督的需要。在制度设计上，发展基层民主的重点在于"健全基层党组织领导的基层群众自治机制"，"拓宽基层各类群体有序参与基层治理渠道"②，这意味着基层民主的覆盖范围大于基层群众自治，它覆盖了基层社会中与国家政权频繁交互、具备民主参与空间的国家形态民主与非国家形态民主的交叉地带；在民主环节上，基层民主涉及民主选举、民主协商、民主决策、民主管理、民主监督，贯穿基层自治组织的人员产生、政策制定、日常管理与行动监督全过程；在主要特点上，基层民主具备参与形式上的直接性、制度生成过程的自发性、外部介入较少的自治性等特点，这决定了基层民主与社会民主有着天然的紧

① 《马克思恩格斯文集》第3卷，人民出版社2009年版，第110-111页。
② 《习近平著作选读》第1卷，人民出版社2023年版，第32页。

密联系。

　　一方面，作为改革开放后随着国家向社会放权、中央向地方放权而重新出现并不断发展壮大的空间，基层为社会民主提供了运行空间，基层民主构成实现社会民主的重要制度载体，逐步实现基层民主的过程就是部分实现社会民主的过程。在社会主义革命和建设时期，治理主体呈现出明显的一元化特征，党和政府在社会治理过程中将社会所有组织与成员纳入自身的控制体系，大量本该属于社会的空间被政治或行政所挤占吸纳，政府基本上包揽一切事务，"形成'全能主义政治'的举国体制"①。改革开放以来，随着社会经济的转轨和政府职能的转变，逐渐"实现了包括劳动阶级在内的全社会成员的个体自主与解放"②，政治权力在基层大幅让渡被挤占的社会空间，由此而产生出民众民主自治的需要。改革开放以来，基层民主的法律、制度与实践快速发展，"形成了一个从利益出发、从化解矛盾着手、以人民群众直接参与为特点、以广泛参与促进民主化治理的制度体系"③，社会民主得以在基层迅速推进。除了为社会民主提供实践空间，基层民主还通过自身的民主实践，逐步改变民众的思想观念，培育民众民主意识。随着市场经济制度的逐步确立打破了传统的计划经济的指令模式，人们迫切需要自主管理生产单位中的事务。这一点尤其体现于农村自治形成的过程中，在"农村经济较发达的地方，村民自发地组织起来，经民主选举产生'村管会'等组织形式，目的在于协调各方面的利益代表村民管理本村事务"④，社会民主在基层培育发展壮大的内生动力不断显现。随着村民自治、居民自治的发展，民主得以扩散至人们的日常生活中，得以作为一种社会的管理形态、生活方式而存在，促使着人们的思想观念和行为方式发生转变，对于平等、自由、民主等权利的伸张逐渐强化，为社会民主的持续发展提供了内生动力。

---

　　①　萧冬连：《筚路维艰：中国社会主义路径的五次选择》，社会科学文献出版社 2014 年版，第 72 页。

　　②　林尚立：《建构民主：中国的理论、战略与议程》，复旦大学出版社 2012 年版，第 116 页。

　　③　徐勇：《社会动员、自主参与与政治整合——中国基层民主政治发展 60 年研究》，《社会科学战线》2009 年第 6 期。

　　④　朱光磊、郭道久：《非国家形态：当代中国民主建设的突破口》，《教学与研究》2002 年第 6 期。

面对逐渐分化的社会阶层和日益多元的社会群体，如果没有适应经济社会发展的民主制度作为支撑，定然无法形成广泛参与、良性互动、效能充足的社会民主形态。对此，以色列社会学家艾森斯塔德认为，现代化的发展必然表现为两个方面的内在统一：一是形成持续变化和发展的开放的社会结构；二是形成能够容纳持续变迁的问题与要求的制度结构[①]。中国在推进政治现代化的进程中，政府不能单纯作为经济社会发展变化的接受者、社会民主需求的回应者而存在，不仅要启动民主，更要通过一系列制度驾驭民主，而基层民主制度正是政府为实现社会民主所不断发展完善的重要制度载体。基层民主制度，覆盖群体是全体人民，规范对象是人民日常生活，参与形式主要为直接参与，因此实际上就是人民实现对日常生活民主管理的制度载体，是社会民主在基层生活中展开的制度形式。当然，一项政治制度不能仅仅通过其设计的理念与法律规定的条文，来判断其是否真的实现了民主，更要考察在现实世界中实际运用的效果，毕竟民主制度"除了要有效驾驭政治发展的民主化进程之外，还要充分有效地提高政治解决经济增长所带来的各种经济与社会问题的能力"[②]。从人民积极性维度来看，如何应对"冷漠的大多数"，成为几乎任何一种民主理论都绕不过的讨论话题。在社会民主中，激发人民实质性的参与热情是一项民主制度能否有效运转的关键。如果只有少数人参与，无论是"冷漠的大多数"将意见强加于"热情的少数"，还是"热情的少数"将意见强加于"冷漠的大多数"，都是治理效能不良的民主。能否真正提高人民的民主认知、增进人民的参与意愿，就成为社会民主在基层领域能否实现的关键问题。而基层民主制度充分以制度形式将民主嵌入人民日常生活之中，保障人民群众参与社会治理的知情权、参与权、表达权、监督权等各种民主权利，不断拓展各类基层民主形式渠道，既满足了人民表达个人利益的需要，更是回应了现代社会人民对于自我表达和自我实现的需求，最大可能调动广大人民群众通过基层民主制度参与到社会民主的实践中。从治理效果维度

[①] 【以】S. N. 艾森斯塔德：《现代化：抗拒与变迁》，张旅平等译，中国人民大学出版社1988年版，第 46 - 49 页。

[②] 林尚立：《建构民主：中国的理论、战略与议程》，复旦大学出版社 2012 年版，第 125 页。

看，无论民主的价值有多么美好和崇高，终究要回归于现实生活中才能得以实现。现代社会，民主政治已经成为政治发展的取向与共识，因此民主不只是治理形式的价值理性，也是治理过程的工具理性。独立个体间有相似但不相同的利益基础、思维方式与行为准则，为社会民主在基层的实践奠定了基础。不同个体大相径庭的生存境况、利益诉求与价值观念，要求基层民主制度在运转过程中既要巩固社会共识、促进国家整合，也要尊重和兼顾多元利益诉求。基层民主制度作为社会民主的重要载体，在意见输入过程中表达着不同个体之间共性的需要与差异化的诉求，并且在综合人民意见进行治理过程中，坚持"有事好商量、众人的事情由众人商量"①的原则，努力寻求被最大多数人接受的"同心圆"式决策，有效避免了简单"多数决"模式导致的零和博弈和社会摩擦。尽管基层民主管理的效度在强制力与约束力上弱于国家形态的上层民主，但它在可接受性与有效性上具有显著的优势。因此可以说，基层民主制度是社会民主得以有效实现的制度载体。

另一方面，社会民主丰富和拓展了基层民主的内涵。在中国，社会民主对传统意义上基层参与的相关民主理论进行了价值凝练与升华，在社会民主视域下理解基层民主，贯通了基层民主的合法性与有效性，强化了其中"社会治理"的内涵。传统意义上对于基层民主的理论阐释主要借助参与民主理论的框架，从必要性、可行性上对于基层民主的必要性进行论证。但必须认识到，参与民主理论的提出是为了弥补西方代议制民主的缺陷并解决其合法性危机，意在修补而不是放弃自由主义民主②。自由主义民主理论出于对所谓"多数人的暴政"的担忧，从能力与意愿两个方面表达了对大众民主的怀疑，认为"典型的公民一旦进入政治领域，他的精神状态就跌落到较低水平上。他会毫不犹豫地承认，他辩论和分析的方法是幼稚的，局限于他实际利益的范围"③。针对这种强烈的精英主义倾向暴露

---

① 《习近平著作选读》第 1 卷，人民出版社 2023 年版，第 269 页。

② 钱锦宇：《参与民主：新型的民主形式》，《西北大学学报（哲学社会科学版）》2011 年第 6 期。

③ 【奥】约瑟夫·熊彼特：《资本主义、社会主义与民主》，吴良健译，商务印书馆 1999 年版，第 386 页。

出的大众缺位问题，参与民主理论的提倡者们认为"所有人最大限度的参与是民主的核心"①，肯定人的社会属性和政治属性、肯定大众参与的价值与可能，以及基层参与对于民主的促进意义②。这毫无疑问具有进步意义。基层民主的重要性不仅仅限于肯定人的参与可能性与参与能力，更重要在于将基层民主嵌入超越自由主义民主的理论体系之中，认识到基层民主实践既是对经济社会发展需要的回应，也因其自身培育自治组织、唤醒民主观念、进行参与训练的功能而成为实现更高层次的社会民主的必经之路。这实际上赋予了基层民主在时间序列上的价值意义，从这种意义上说，社会民主丰富了基层民主的价值意蕴。

除此之外，社会民主视域下推进基层民主实践，要求其贯通有效性与合法性，取得良好的社会治理绩效。"合法性是指政治系统使人们产生和坚持现存政治制度是社会的最适宜制度之信仰的能力；有效性是指政治系统满足大多数居民基本需求的程度。"③ 面对代议制民主带来的政治冷漠、政治冲突与政治危机，以基层自治为核心的"参与式民主的第一个功能就是尝试修补民主大厦，重新构建合法性"④。在本杰明·巴伯看来，民主制度就是"通过使得各种偏好和意见接受公共审议和公共判断的考验来获得合法性"⑤，即通过真正的参与才能使得代议制度获得合法性。基于社会民主审视基层民主，弥合了有效性与合法性的割裂。从制度建设的维度分析，基层民主作为社会民主的运行空间与制度载体，其民主原则、制度设计同样必须遵守社会民主自身的有效性原则。这也就要求基层民主在建设与运行中不仅要回应民众需求，同时更要主动发挥对民众意愿的凝聚、整合与引导功能，始终把增进人民福祉作为主题主线，推动制度优势不断转化为治理效能。

---

① 【美】卡罗尔·佩特曼：《参与和民主理论》，陈尧译，上海人民出版社 2006 年版，第 15 页。
② 袁建军、金太军：《参与民主理论核心要素解读及启示》，《马克思主义研究》2011 年第 5 期。
③ 【美】西摩·马丁·李普塞特：《政治人：政治的社会基础》，张绍宗译，上海人民出版社 2011 年版，第 47 页。
④ 【法】皮埃尔·卡蓝默：《破碎的民主：试论治理的革命》，高凌瀚译，生活·读书·新知三联书店 2005 年版，第 5 页。
⑤ 【美】本杰明·巴伯：《强势民主》，彭斌译，吉林人民出版社 2006 年版，第 164 页。

五、社会民主与协商民主

前述经济民主、社会民主、基层民主是"民主覆盖领域"范畴下的概念，是依据民主的标准对人类社会生活的各个领域进行归类，因此只需辨析清楚概念内涵，即可从语义学或逻辑学角度明确互相之间的关系。而协商民主则是"民主实现形式"范畴下的概念，它与社会民主之间没有必然的形式逻辑联系。协商民主与社会民主之间的关系是随着国家政治建设和政治发展的过程所构建出来的，并通过具体的制度设计与政治过程来展现。因此，对社会民主与协商民主关系的探讨，需要还原到具体的制度运行场景中。

虽然协商传统在人类政治文明史中源远流长，但作为学术概念的协商民主是 20 世纪 80 年代诞生的新名词。作为对"通过多数票决制度与得到结果"这一民主过程模式的反思，协商民主是"对自由政府崩溃和无特征的普遍不满"和"对自由民主的理论批判和参与政治的复兴"[①] 的结果，根据其理论内涵、规范价值与实践目标划分，可以将协商民主分成三种类型。一是弥合精英与大众的协商民主。这类协商民主，旨在弥合因公众民主参与能力强弱不同所带来的问题。美国学者约瑟夫·毕塞特在其《协商民主——共和政府中的多数原则》中创造了"协商民主"（deliberative democracy）的概念，意在为美国政治制度辩护，回应对于美国政治体制"精英化""贵族化"的批评。毕塞特认为，协商民主的明确意图一方面是需要限制大众的多数，另一方面则又要使多数原则有效[②]。针对协商民主的具体内容，毕塞特认为，美国"宪政"民主制度通过代议原则，限制参与的广度与烈度，促进审慎的多数政治，这就是协商民主。同样，美国政治过程中的权力制衡都是一方面限制了贵族精英专权，一方面限制了大众多数暴政，符合协商民主的内在要求。可以认为，这种意义上的协商民主实际上是制衡民主。二是弥合多数与少数的协商民主。这类协

---

① 【美】詹姆斯·博曼等主编：《协商民主：论理性与政治》，陈家刚等译，中央编译出版社 2006 年版，第 2—4 页。

② 陈家刚：《协商民主概念的提出及其多元认知》，《公共管理学报》2008 年第 3 期。

商民主，旨在弥合因"单纯多数决"而忽略少数人利益的问题。法国学者伯纳德·曼宁、美国学者乔舒亚·科恩以及德国学者哈贝马斯等大幅度拓展了协商民主的概念内涵，在强调多数共识的同时，也重视自由主义民主"多数决"下而被忽视的多元少数群体的利益诉求与特殊权利，认为应该坚持个体间的信息平等、话语权平等，通过充分理性的商讨达成共识。此外值得注意的是，多数与少数不仅指国内民主进程中的多数与少数，也指国际社会中以民族国家作为主体单位的多数与少数，协商的概念是可以在国家与国家之间的交往过程中嵌入的。这种协商民主本质上是以"理性"为基础、通过"协商"达成"公共意志"的政治过程。三是弥合规范与经验的协商民主。弥合精英与大众、多数与少数的协商民主，主要从规范性的意义上探讨协商民主的伦理取向、价值意义、总体原则。但必须注意到，现代社会所产生分化的多元利益群体，并不一定能够求同存异，帕累托改进并非总能实现，不同个体团体之间难以形成共识的现象会时常发生。因此一些协商民主理论家聚焦协商民主的可操作性，旨在分析现实中协商民主实践案例，归纳总结具备可操作性的模式，进而"提出一套运用于识别与分析协商民主体系的解释性框架，从方法论视角为构建协商民主体系提供指引"①。

　　与西方协商民主不同，中国的协商民主植根于中华优秀传统文化的沃土，植根于从"协商建国"到"协商治国"的政治实践史，深深嵌入了中国社会主义民主政治全过程。对此，习近平指出："协商民主是中国社会主义民主政治中独特的、独有的、独到的民主形式，它源自中华民族长期形成的天下为公、兼容并蓄、求同存异等优秀政治文化，源自近代以后中国政治发展的现实进程，源自中国共产党领导人民进行革命、建设、改革的长期实践，源自新中国成立后各党派、各团体、各民族、各阶层、各界人士在政治制度上共同实现的伟大创造，源自改革开放以来中国在政治体制上的不断创新，具有深厚的文化基础、理论基础、实

---

① 宋雄伟、陈若凡：《中国特色协商民主体系研究的战略定位与主要议题：一个分析框架》，《北京行政学院学报》2023 年第 3 期。

践基础、制度基础。"① 我国的协商民主把马克思主义人民民主思想与中华传统政治智慧、中国社会发展实际紧密结合起来，形成既有规范层面的追求导向，又有实践层面的建设路径的协商民主理论。在规范性层面，我国的协商民主可界定为追求"执政党与百姓达成共识"以及"多数与少数达成共识"的理想状态，通过协商，保障中国共产党"广泛听取意见和建议，广泛接受批评和监督，可以广泛达成决策和工作的最大共识"②，做到"既尊重多数人的意愿，又照顾少数人的合理要求"③，从而塑造、凝聚、巩固了执政党与民众之间的连接。在实际操作层面，协商民主不是运用于狭窄范围的一种固定不变的程序，而是嵌套于政治民主、社会民主、经济民主等各个领域，涉及中国共产党、人民代表大会、人民政府、人民政协、民主党派、人民团体、基层组织、企事业单位、社会组织、各类智库等不同主体，有提案、会议、座谈、听证、公示、评估、咨询、网络等不同的政治程序，具有广泛、多层、制度化的特征的一种民主形式。

协商民主与社会民主具有深刻的内在耦合性。民主制度程序是在特定民主覆盖领域中，以特定民主实现形式生成民主产品的过程。不同的民主制度程序适用于不同的民主覆盖领域和不同的民主实现形式。社会民主作为一种民主覆盖领域，其内在结构与作用对象决定了它与协商民主这种民主制度程序的紧密相连。

首先，社会层面的协商源于社会的本质。马克思主义认为，人类只有在广泛的社会交往中才能真正实现社会发展的最终目标。人类普遍交往的形成和发展是一个历史过程，它随着社会生产力的发展和分工的出现而产生，并随着社会生产力的提高和科技的进步而发展，构成了人类进行生产实践活动的前提，同时也是民族历史走向世界历史的基础。正如马克思和恩格斯在《德意志意识形态》中所说，"各民族的原始封闭状态由于日益完善的生产方式、交往以及因交往而自然形成的不同民族之间的分工消灭

---

① 《习近平谈治国理政》第 2 卷，外文出版社 2017 年版，第 293 页。
② 《习近平著作选读》第 1 卷，人民出版社 2023 年版，第 272 页。
③ 《习近平著作选读》第 1 卷，人民出版社 2023 年版，第 274 页。

得越是彻底，历史也就越是成为世界历史。"[1] 在资本主义社会中，个体的人以原子化的个人主义为逻辑起点，以竞争式民主作为政治制度，从逻辑上并没有为社会利益、公共利益留下空间。尽管在资本主义社会中仍然存在各种形式的协商民主，但是总体上讲，协商民主是作为票决式民主的一种补充制度而存在的。而在社会主义社会中，政治哲学基础是共同体本位的，个体存在于社会之中，个体因为社会关系而被塑造，社会是个体的前提。社会主义社会建立在社会主义公有制的基础上，从根本上与资本主义私有制所建立的"市民社会"不同，摆脱了私有制所导致的"市民社会"的自私自利趋向，为社会协商奠定了公共根基。与此同时，在社会主义社会，随着资本主义生产方式对人的异化与剥削被逐步消除，个体发展的解放程度不断提高。这一解放与异化的克服，是"以生产力的巨大增长和高度发展为前提的……只有随着生产力的这种普遍发展，人们的普遍交往才能建立起来"[2]。因此真正把资本主义中的理性人转换为社会主义社会中的社会人，在迅速发展生产力的同时，必须同步推动社会交往的深入发展。这里的社会交往，既包含个体与个体层面在生产、交换方面的社会交往，也包含人们在公共行动的空间关注社会事务、参与社会治理的交往。在这一过程中，协商民主实际是个体在实现平等的深层次社会交往、形成自主的民主管理时所必需的民主过程。在协商过程中，人们逐步培养出超越个人私利的公共意识、塑造独立自主的人格、培育出自治的社会组织，最终不断提高人的自由发展程度。

其次，社会事务的协商构成了协商的日常场景。协商民主要求参与主体地位平等，这种平等不仅表现在程序上，更表现在实质上，即避免因权力格局分布差异、协商主体不对等而改变协商结果[3]。实践中的协商民主以追求共识、承认多元、强调公平为特质。在政党协商、政府协商、政府与社会之间的协商中，资源与协商地位难以对等，造成主体间的强势与弱势，同时伴随信念、认知与思维方式的差异，经常导致协商难度高、

---

[1] 《马克思恩格斯选集》第1卷，人民出版社2012年版，第168页。

[2] 《马克思恩格斯文集》第1卷，人民出版社2009年版，第538页。

[3] 谈火生：《审议民主》，江苏人民出版社2007年版，第178页。

共识达成慢。而社会民主所覆盖的经济生产领域、基层生活领域则为协商民主搭建了重要实践平台。从主体参与的角度分析，此类事务繁多且涉及领域广泛，涵盖经济、文化、生态与个人兴趣等各个领域，同时参与渠道广泛，民众可以通过各类社会组织与官方组织参与其中，表达个人意见、利益诉求并行使管理权利。在这个过程中社会成员逐步具备政治性、自主性与合理性，促进协商民主的良序运转。而从协商效果维度分析，社会本身具有较好的整合能力，能够通过协商民主实践整合不同阶层、不同群体的利益诉求意愿，在社会内部调节大量矛盾冲突①。特别需要注意的是，"现代化发展必然导致社会的自主与分化，并不可避免地走向多元格局的社会：生产多元、生活多元、结构多元、组织多元、观念多元、治理多元"②。在社会分化过程中必然会形成多元的利益诉求与利益冲突，而这些恰恰正是社会民主所作用的对象领域。如果采用"竞争式民主""票决民主"则容易造成零和博弈、赢者通吃，导致冲突加剧、社会撕裂。这就更加迫切地需要在社会民主所覆盖的各个领域中开发协商民主制度、完善协商民主机制，充分发挥协商民主整合社会、凝聚共识的制度功能。

最后，协商民主的构建、发展与完善有利于强化社会民主发展的内生动力，并提高社会民主的实现程度。一方面，社会民主要求国家形态的民主制度建设在不断完善的同时，社会的自主管理能力也不断提升，这也就意味着在组织层面需要培育多元治理主体，在个体层面不断提高民众参与意识与民主能力。而协商民主则会有效促进社会多元治理主体的合作意愿与成果，提升民众参与的意愿与能力。协商民主鼓励社会多元治理主体参与决策过程，各个治理主体的诉求与利益直接得到尊重与表达，这种参与过程以制度化秩序化的形式增强了社会多元治理主体的影响力。同时，协商民主通过包容性的参与机制，让参与主体在民主过程中明确社会治理的作用与意义，增强不同社会主体的社会认同和归属感，进而增强了其通过协商民主渠道参与社会民主治理的积极性。更重要的在于，协商民主制度

---

① 张爱军、高勇泽：《公民社会与协商民主》，《社会主义研究》2010 年第 3 期。
② 林尚立：《建构民主：中国的理论、战略与议程》，复旦大学出版社 2012 年版，第 264 页。

的构建与完善是为更高形态的社会民主的实现而进行的民主训练与前置准备。协商过程作为民众的"民主训练",提高了民众民主意识,锻炼了民众民主技能。人民在如何协商、如何达成共识、如何尊重不同的群体诉求中学会如何参与、如何行使自己的权利、明确自己权利与义务的界限、如何与其他群体相处等,从而不断提高对于参与社会治理的必要性与重要性的认知。当具有较高参与民主治理意识并且具备实际民主技能的民众群体逐步出现后,社会民主的治理效果也会自然随之提高。另一方面,在任何一个领域进行的民主治理都必须伴随一套导向清晰、规则清晰、操作有效的民主程序才能拥有治理效能。民主制度程序是对生成民主治理产品的过程进行规范与要求。在我国,协商民主作为我国民主制度程序的重要组成部分,贯穿于社会民主覆盖的各个领域之中,作为社会民主的重要民主制度程序存在。协商民主通过"参与社会整合"、实现社会治理的"多元合作",有效提高了民主参与主体的平等性、决策过程的合理性、达成结果的共识性与对多元群体的尊重与包容性,让"民主成为一种普遍的生活方式"①。在社会民主所覆盖的经济领域,就生产过程而言,引入协商民主的程序机制可以提供共识形成框架,让经济生产中资方与劳方、生产者与购买者、管理者与一线员工等所有利益相关者都能参与到生产决策中。通过协商过程,企业工厂的重大决策和生产管理不仅能反映部分人的利益,更能代表绝大多数群体的需求和愿望。就分配过程而言,引入协商民主的程序机制促使不同群体之间就资源的分配进行对话和协商,从而有助于达成更公平、更可持续的分配方案。而基层治理中更是将协商民主作为最主要的民主制度程序之一,通过协商实现党的领导与多元主体参与相统一、顶层设计与基层实践相统一、大事协商与小事协商相统一、协商典型借鉴与协商创新相统一②,有效提高了对具体细微的基层问题的解决效率,保证了基层民主的稳定性、有序性与合法性。协商民主还有利于社会组织与社会力量参与到社会治理之中。通过协商民主中蕴含的包容性、平等性为社会信任提供支持,通过协商培养参与主体的道德促进社会秩序形成,通过

① 林尚立:《建构民主:中国的理论、战略与议程》,复旦大学出版社 2012 年版,第 237 页。

② 赵秀玲:《中国式基层协商民主的成功经验与未来发展》,《甘肃社会科学》2022 年第 3 期。

协商拓宽民众的网络渠道，最终有助于培育社会资本，强化政府与社会组织的互相信任，增进在公共事务中的共识与合作，优化社会民主的实际效果①。总的来说，协商民主作为社会民主所覆盖的各个领域的一种民主制度程序，通过其内在独特的制度优势、价值优势与实践优势，不断提高社会民主各个领域的民主效能，促进社会民主整体发展。

六、社会民主与直接民主

直接民主即在民主覆盖的各个领域，按照特定的民主制度程序，人民亲身参与到特定共同体的治理当中的过程，而不是委托他人代理自己行使民主权利。目前学术界关于直接民主的界定主要分为两种，一种是制度安排层面的直接民主，一种是具体问题层面的直接民主。制度安排层面的直接民主，是指在一个特定的治理共同体内，一切的公共事务都由组成共同体的个体亲身参与治理的一种民主制度②。从制度安排层面界定直接民主，最突出的特点在于其界定命题的全称性，即"一切公共事务"，因此其与间接民主是非此即彼的关系。换句话说，如果一个特定的治理共同体采取此种界定的直接民主，该治理共同体内就没有间接民主存在、生长的制度空间。具体问题层面的直接民主，是指特定的治理共同体内，在具体的问题上，个体以直接民主的形式做出决定，如全民公投、集体协商等③。从具体问题层面出发的直接民主，并不是作为一种根本制度而存在，而是国家政治制度在某个具体领域的展开形式。此种界定命题并不具有全称性，因此可以与间接民主共存，甚至于在国家体制上是间接民主，在部分领域则是直接民主的实现形式。从制度安排层面界定的直接民主，更多作为启蒙时期的一种理想追求，而在有史可考的人类政治实践中，尚未有充分证据表明其曾经存在。最接近实现此种民主实现形式的共同体是雅典城邦。但必须注意，雅典城邦的民主仍然不能视为此种界定下完全的直接民主，因为其仍未能符合"一切公共事务"的全称判断。就雅典城邦而言，仍然

---

① 常桂祥、陈东霞：《融通与互动：社会资本与协商治理的内在逻辑》，《济南大学学报（社会科学版）》2021年第5期。

② 韩水法：《直接民主与间接民主》，《天津社会科学》2011年第2期。

③ 范进学：《论民主的实现形式——直接民主与间接民主比较》，《文史哲》2002年第1期。

存在"五百人会议""十将军委员会"等蕴含间接民主因素的制度设计。因此，讨论直接民主与社会民主的关系，要根据社会实际发展情况厘清二者概念上的异同及其内在联系。

一方面，直接民主为社会民主提供更加充分的合法性论证和有效性支撑。直接民主作为一种重要的民主实现形式，本身就是人民行使民主权利最直观的方式。在社会民主所覆盖的领域有序开展直接民主的实践，可以充分累积民主合法性、有效提升民主有效性。就合法性而言，有学者将实现政治合法性的过程概括为政府推行的价值与人民信奉的价值观趋向一致，即"政治究竟应该将何种价值作为自己所推动的目标，处于统治地位的人和处于服从地位的人应该就这一点达成一致。也只有在这个时候，统治才成为一种权利行为"①。这就是说，政治合法性的要义在于政治体制与过程在多大程度上符合人们的意愿与期盼。随着经济社会的快速发展，"后物质主义"价值观兴起并呈现"代际递增""时代递增"的趋势②，人们从追求经济增长、物质福利转化为在政府与社区决策与工作中拥有更多发言权、言论自由、理想的实现、美丽的环境等③。民众参政意识与意愿逐步提高，对于政治参与的形式、效果提出了更高的要求。在此过程之中，探索符合社会发展实际情况的"直接民主"实现形式，能够为社会民主的合法性提供有力支持。无论间接民主在经验意义上的可操作性有多高，间接民主都必须要有中介程序的存在，由中介程序代替人民行使部分政治权力。间接民主的程序、理念要想被民众广泛接受，从其内在逻辑来讲，必须以对直接民主的否定性论证为自己的合理性奠基。民主的本义就是人民统治，其最基本的形态就是人民在一起共同决定自己的事务，即直接民主④。与间接民主相比，直接民主显然更符合民主的本义，更容易带来合法性支持、凝聚政治价值共识。所以，推动直接民主的实现形式不断实践于社会民主的覆盖领

---

① 【法】让-马克·夸克：《合法性与政治》，佟心平等译，中央编译出版社2002年版，第19页。
② 李艳霞：《"后物质主义"价值观与当代中国公众的政治信任》，《公共管理学报》2017年第3期。
③ 【美】罗纳德·英格尔哈特：《静悄悄的革命：西方民众变动中的价值与政治行为方式》，叶娟丽等译，上海人民出版社2016年版，第34-43页。
④ 林尚立：《建构民主：中国的理论、战略与议程》，复旦大学出版社2012年版，第194页。

域，本身就是社会民主的合法性不断累积的过程。

如果说直接民主对于合法性的影响是较为直观清晰的，那么直接民主能否促进社会民主所覆盖领域的治理有效性，则更加值得深入讨论。直接民主的工具理性问题是民主研究经久不衰的命题。启蒙运动时期的思想家们往往因经济成本限制、行政效率限制而对直接民主持有审慎甚至批判态度，倾向于否定在现代社会实行直接民主的现实可能性。比如密尔认为"在面积和人口超过一个小市镇的社会里除公共事务的某些极次要的部分外，所有的人亲自参加公共事务是不可能的"①，而卢梭尽管高度赞扬直接民主对于"公意"的代表作用，但同时认为："就民主制这个名词的严格意义而言，真正的民主制从来就不曾有过，而且永远也不会有。多数人统治而少数人被统治，那是违反自然的秩序的。我们不能想象人民无休无止地开大会来讨论公共事务；并且我们也很容易看出，人民若是因此而建立起来各种机构，就不会不引起行政形式的改变。"② 但是，随着现代社会生产力的变革与发展，民主得以施行的社会经济土壤也在不断发生相应变化，直接民主的可行性正在逐渐提高。信息化时代，大众传媒的普及意味着民众能够更加容易地获取政治信息、表达政治意见、形成政治社群，同时也为全民直接参与投票提供了技术支持，超越了地理空间的限制。信息技术的迅猛发展也为透明政府构建提供了可能性，为大幅度提高政府决策、行政的透明度、可追踪性奠定了技术基础，使得民众直接获取政府信息、进行民主监督的成本进一步下降，提升了民众的直接参与意愿。直接民主在促进治理效能提高、有效解决治理领域大量的具体问题等方面展现出优势。而且，直接民主还最大程度地提高了群众参与社会民主治理的积极性与效能感。"个人总是与他们所处的制度无法分割开来"③，特定的社会结构形成群体的集体态度与心理品质，持续影响社会个体的民主意识、参政热情。社会民主的实现必须建立在人民群众高度的参与热情与自治能力之上，而参与热情与自治能力需要依靠后天的社会训练与政治实践。就

---

① 【英】约翰·密尔：《代议制政府》，汪瑄译，商务印书馆 1984 年版，第 55 页。

② 【法】让-雅克·卢梭：《社会契约论》，何兆武译，商务印书馆 2005 年版，第 84 页。

③ 【美】卡罗尔·佩特曼：《参与和民主理论》，陈尧译，上海人民出版社 2006 年版，第 39 页。

现代社会而言，政治仅仅是现代人社会生活的一部分，除了热衷于政治参与的民众外，政治民主并非人们生活的主要内容，甚至只是一种闲暇活动。因此单独依靠政治中的投票、表决，难以真正完成对人民群众的民主训练。毫无疑问，对于大部分现代社会的民众来说，生活中占据其时间最多的领域是经济生产与社会生活，前者是工作时间，后者是闲暇时间，而这两个领域恰恰是社会民主的覆盖场域。所以直接民主在社会民主的领域进行实践，其主要功能就是广义上的教育功能，将直接民主嵌入经济与生活两个领域，培育民众的政治表达能力与沟通能力、提高政治组织的动员力与组织力、提升政治规则意识、提升自我管理与社会管理能力[①]，弥补了政治民主的民主训练不足，使人民形成在经济、基层生活等领域参与社会民主所必需的意愿以及能力。

另一方面，社会民主也为直接民主的运行提供了更为广阔的实践空间。直接民主的历史渊源久远，早在氏族公社时期，直接民主就作为一种部落议事形式而存在。古希腊城邦时期，直接民主发展为一种政治制度，具有直接参与、全面覆盖、作为伦理价值等三重含义，在参与形式上直接管理，在覆盖领域上包括经济政治社会各个领域，在民主价值上强调通过直接民主参与帮助公民培养德性美德、追求至善[②]。然而，近代以来资产阶级民主呈现出民主的受众范围不断扩大、民主的覆盖领域却不断缩小的趋势。所谓民主的受众范围不断扩大，就是近代以来随着西欧各国资产阶级的发展壮大，新兴资产阶级出于对私有财产保护、自由市场构建的需要，对封建君主政权形成强有力的挑战，通过选举制度改革，将民主权利从少数贵族扩大至大量新兴工商业人士，使新兴资产阶级通过普选议员的形式进入议会，逐渐掌握国家政治权力，并且在无产阶级的政治压力下，进一步扩大民主受众，从少数贵族到新兴工商业阶级，最终扩大至全体公民。所谓民主的覆盖领域不断缩小，主要是指直接民主的作用领域却并没有随着民主受众范围的扩大而相应扩大，反而呈现出缩小态势。出于保护私有产权制度的需要、对大众能力的质疑、对"多数人的暴政"的担忧，

---

① 赵春丽：《网络政治参与的民主训练功能探析》，《学术论坛》2011年第8期。

② 王中汝：《社会分化与民主发展》，吉林教育出版社2011年版，第24页。

自由主义民主理论家们构建出"宪政"民主，将民主仅仅限定于政治领域和政治过程之中，而在政治过程中，直接民主被限定在了选举的部分环节中，而主要政府官员的任命、对于国家权力机构中大部分决策的制定基本与直接民主无缘①。很显然，有着如此多限制的代议制民主并非理想民主形式的"最优解"，尤其是随着交通技术、信息技术迅速发展，很多在19世纪掣肘着民主发展的生产力因素已经不再存在，直接民主有着尚未被开发的辽阔空间，找回直接民主中的合理因素，完成对代议制民主的超越，无疑是实现更高程度的民主所必需的步骤。

经济生产领域与基层生活领域的直接民主就是随着社会的出现而出现的，是国家与社会二分所诞生的结果，其萌芽成长的过程就是政治在社会领域退潮的过程，因此受到既往制度约束的阻力小、制度变化的空间大。构建社会民主的过程，实际上在经济生产领域与基层治理领域开辟了直接民主的实践空间。在当代中国，直接民主是中国特色社会主义民主的重要实现形式，"完善基层直接民主制度体系和工作体系"② 是健全人民当家作主制度体系不可或缺的重要方面，也是锻炼民主能力的重要途径。关于我国直接民主的内涵与其在整个国家政治结构中的定位，彭真认为解决人民如何行使当家作主的民主权利这个"很大的根本的问题"，最基本的是两个方面：一是人民"通过他们选出的代表组成全国人大和地方各级人大，行使管理国家的权力"，二是"在基层实行群众自治，群众的事情由群众自己依法去办，由群众自己直接行使民主权利"③，并强调："没有群众自治，没有基层直接民主，村民、居民的公共事务和公益事业不由他们直接当家作主办理，我们的社会主义民主就还缺乏一个侧面，还缺乏全面的巩固的群众基础。至于说到群众的议政能力，这也要通过实践来锻炼、提高嘛。有了村民委员会，农民群众按照民主集中制的原则，实行直接民主，要办什么，不办什么，先办什么，后办什么，都由群众自己依法决定，这是最广泛的民主实践。他们把一个村的事情管好了，逐渐就会管一个乡的

① 王绍光：《民主四讲》，生活·读书·新知三联书店2008年版，第33-54页。
② 《习近平著作选读》第1卷，人民出版社2023年版，第32页。
③ 《彭真文选》，人民出版社1991年版，第607-608页。

事情；把一个乡的事情管好了，逐渐就会管一个县的事情，逐步锻炼、提高议政能力。"① 因此，办好基层民主是几千年封建社会历史上从没有过的"一件很了不起的事情"，"是国家政治体制的一项重大改革，对于扫除封建残余的影响，改变旧的传统习惯，实现人民当家作主，具有重大的、深远的意义"②。就经济生产领域而言，传统社会的经济活动往往受到政治权力的控制，而在资本主义社会中则处于资本家的控制之下。在我国，社会民主在变革生产资料所有制的基础上，强调经济生产过程中的劳工权益、工人自治和资源公平分配，职工通过直接选举工会代表、直接与管理人员进行协商交流等环节，以直接民主的形式参与到企业民主管理中。就基层治理领域而言，通过基层群众自治制度，动员民众制度化、常态化参与村（居）民大会、直接选举村（居）委会主任与委员以及各类协商议事会，为民众直接民主提供渠道，直接管理与自身利益密切相关的基层事项，化解基层矛盾，不断开辟直接民主的实践空间。基层治理提供了一个可控的制度试验空间，允许进行政策和程序上的创新和试验，为试验直接民主的参与机制、投票技术或决策流程提供了可能性。将直接民主的实践领域聚焦于经济领域与基层治理领域，也就是社会民主的覆盖领域，是探索社会领域的大众参与作为实现更高层次民主的可能路径。

第二节　社会民主的理论阐释

一、社会民主的价值目标：以社会政治守护公共生活

现代民主诞生和成长的逻辑前提在于社会权力与国家权力的分离。对此，戴维·赫尔德指出，国家与社会的划分是民主生活的核心特征③。社会民主的重心不在于国家而在于社会，它天然地具有保卫社会免于国家

---

① 《彭真文选》，人民出版社 1991 年版，第 608 页。
② 《彭真文选》，人民出版社 1991 年版，第 608 页。
③ 【英】戴维·赫尔德：《民主的模式》，燕继荣等译，中央编译出版社 2008 年版，第 396 页。

强制、表达生活世界的民主理想、守护公共生活的意蕴①。既然社会是由自由的个人组成的，那么现代民主制度建构的逻辑起点自然是个人的权利，这从根本上确立了社会决定国家、国家服务于独立的社会与个人的政治逻辑，也从根本上决定了培育有机的公共生活是现代民主发展的必然选择。公民精神的培育、社会团体的发育、社会平等的促进、政党政治的理性、协商社会的形成，是民主的公共生活的现实基础，也为民主制度的巩固与有效运行提供必要的社会基础与政治资源②。

公共生活的社会属性，决定了人们必须以社会政治守护公共生活。民主的本义指的是一种共同体的公共生活方式或治理形式，其实践领域涵盖了私人领域之外所有公共生活。马克思强调，以实现人类解放为终极目标的民主实践，其一般意义就是"人民的自我规定"，这就意味着人民将摆脱一切外在强制性力量的束缚，在"全面而自由的发展"的过程中实现自我管理③。德国哲学家恩斯特·卡西尔曾指出："政治生活并不就是公共的人类存在的惟一形式。在人类历史中，国家现有形式乃是文明进程中一个较晚的产物。早在人发现国家这种社会组织形式之前，人就已经作过其他一些尝试去组织他的情感、愿望和思想。"④ 最早提出"社会政治"概念的刘德厚认为，社会政治是指"无产阶级、无国家社会的政治类型，它在阶级前社会和未来共产主义社会中存在，而在完全的高级阶段的社会政治到来之前，必须经过一个长期的历史性的过渡"⑤。从马克思主义对人类社会发展规律的科学揭示看，社会政治存在于国家政治产生之前，在当下与国家政治同时存在，代表着政治发展的未来方向，今后将取代国家政治。有学者将这一过程概括为"人从群体本性升华为类本性的过程"。人类社会历史的演变就是从"群体本位"经由"个体本位"发展成为"类体本位"

---

① 杨礼银：《守护民主的社会生活——论哈贝马斯和福柯的共同理论旨趣》，《陕西师范大学学报（哲学社会科学版）》2010 年第 6 期。

② 林尚立：《有机的公共生活：从责任建构民主》，《社会》2006 年第 2 期。

③ 何显明：《社会民主实践与民主政治社会微观基础的培植》，《中共杭州市委党校学报》2012 年第 1 期。

④【德】恩斯特·卡西尔：《人论》，甘阳译，上海译文出版社 1985 年版，第 82 页。

⑤ 刘德厚：《关于"社会政治"的一般理论》，《武汉大学学报（人文社会科学版）》2000 年第 5 期。

的过程，其中个体本位只是为类的真正实现创造条件的过渡阶段，而类本位社会是具有独立个性的自由人的联合体，在这种联合体中，"每一个人都把自身存在纳入他人的本质之中，人与人之间没有本质的区别，只有个性的不同"①。

社会政治的性质决定了它必然以社会民主作为重要的实现形式。社会政治同时承担着处理社会成员内部纠纷和防范国家这一凌驾于社会之上的有组织有系统的暴力机关对社会的侵犯的双重职能，因此必须以社会民主的方式最大程度地整合社会自身的力量，制衡国家对社会的统治、支配、主导和干预。马克思在批判黑格尔国家法哲学基础上提出了"国家社会化"的命题，马克思所设想的国家形态，不再是政治国家，而是社会性的伦理生活共同体，是社会化的国家②。区别于体现统治阶级对被统治阶级的压迫的国家政治，社会政治中社会成员是以平等的身份来参与社会公共事务的处理的，不存在着统治和被统治的关系。这就意味着，社会政治是全体社会成员就共同关心的公共事务进行广泛参与和合作的政治，它要求国家放松对人的政治束缚，直至最后把人的社会关系完全归还给人自身，这时国家作为特殊的社会形式也就完成了向普遍的社会形式的回归。

在马克思主义看来，民主是统治阶级实现阶级统治的工具，是为一定的经济基础服务的政治上层建筑，必然随着社会生产力的发展而不断更迭和变迁。起初完全是自然发生的"人的从属关系"是最初的社会形式，此时人受血缘关系、人身隶属依附关系限制没有自由，生产力"是在狭小的范围内和孤立的地点上发展着"；第二阶段是"以物的依赖性为基础的人的独立性"，此时人打破了原先血缘关系、人身隶属关系的限制，在形式上获得了一定程度的自由，"形成普遍的社会物质变换、全面的关系、多方面的需要以及全面的能力的体系"，但人的自由依附于商品交换，受到物的依存关系的限制；到了第三阶段，"建立在个人全面发展

---

① 高清海、张海东：《社会国家化与国家社会化——从人的本性看国家与社会的关系》，《社会科学战线》2003 年第 1 期。

② 邹诗鹏：《论马克思社会政治理论的起点——黑格尔国家法哲学批判与国家社会化的基本定向》，《学术月刊》2021 年第 6 期。

和他们共同的、社会的生产能力成为从属于他们的社会财富这一基础上的自由个性"，人最终将摆脱人的从属关系和物的依存关系，获得真正的自由解放①。

在前资本主义社会人类还没有摆脱"人的从属关系"前，民主制度已经产生，但是这种民主制是以经济、政治、社会不平等为前提的"不自由的民主制"。资产阶级民主革命打破"人的从属关系"，实现政治解放，让人类获得政治民主，在政治领域享有平等的权利。但政治解放在赋予人政治民主的同时促使政治国家从社会中抽象分离，虽然政治解放以政治方式否定私有财产以实现政治领域的民主，但在政治国家适应社会的过程中，政治民主依然以私有财产为前提②，即政治民主下的平等仅局限于政治国家层面，并没有在社会层面得到实现，人类仍然没有摆脱"物的依存关系"，因此政治民主作为形式上的民主并不是民主发展形态的终点③。在政治民主的基础上要打破"物的依存关系"实现人类真正的自由解放，唯有将民主从政治领域拓展到经济领域、社会领域之中，推动社会解放，实现社会民主。

因此，社会民主是推动社会形态从"物的依存关系"阶段向"自由的个性"阶段转变过程中对政治民主的扬弃，是在消灭生产资料私有制、消灭阶级的基础上，国家作为阶级统治的工具已经丧失了存在的意义后民主发展的理想状态，是高于政治民主阶段的民主发展的最高形态。社会民主的精神和真谛就在于，让每一个身处现代公共生活之中的人都能够具有积极的公共精神、健全的公共观念，成为促进现代公共生活不断优化的公共行动者。社会民主不断推进的过程，就是人的"自我主体意识及其蕴含的现代性力量不断扎根、成长和壮大的过程"④，就是人类日益从"政治解放"走向"社会解放"的过程。

---

① 《马克思恩格斯文集》第8卷，人民出版社2009年版，第52页。
② 王沪宁主编：《政治的逻辑：马克思主义政治学原理》，上海人民出版社2016年版，第293页。
③ 《马克思恩格斯文集》第9卷，人民出版社2009年版，第112页。
④ 韩升：《在社会民主的批判反思中推进现代社会治理》，《北京行政学院学报》2018年第4期。

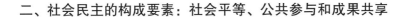

二、社会民主的构成要素：社会平等、公共参与和成果共享

由于社会民主与社会生活紧密相连，社会生活的多样化展开决定了社会民主内容的广域性和复杂性。美国学者托马·德·卢卡指出，生活的民主化需要我们采纳四个信念：一是享有平等机会的权利，二是保障生活质量的权利，三是自我尊重与尊重他人，四是弘扬个体性和差异性①。这显然涵盖了社会民主的不同维度，涉及社会权力归属、社会系统运行和社会权利实现等方面。还有学者认为经济市场化、交往普遍化和生活日常化与政治民主化一道构成了国家社会化的主要内容，其中经济市场化把社会从国家中分离出来，完成国家从人格化向制度化的转变；交往普遍化打破了封闭的社会关系，建立起真正普遍的广泛社会联系；生活日常化使人们能够按照自己的目的、愿望和意志安排日常生活，把人的社会关系全面还给人自身②。这说明民主政治"不是一个封闭的自组织系统，而总是同经济状况、文化传统、社会结构以及人们的思想观念等等构成错综复杂的互动关系"③。尽管社会民主内容纷繁复杂，但整体来看其核心要素主要包括结构层面的平等、过程层面的参与和结果层面的共享。

首先，从结构层面看，社会民主以社会平等的实现为前提。社会民主意味着社会集体生活的民主化，它本身就包含了对经济平等、阶级平等、性别平等、族群平等的追求④。在一个社会结构高度分化且不同个体、不同群体间在权利、地位、机会和资源禀赋上差距悬殊的社会，无法实现真正的民主。社会民主所追求的社会平等，不同于选举权和被选举权、知情权、表达权、监督权等政治权利在法律赋予方面的程序性平等，而是社会

---

① 【美】托马·德·卢卡，沈亚生：《民主正在成为我们时代的日常生活哲学》，《吉林大学社会科学学报》2008年第1期。

② 高清海、张海东：《社会国家化与国家社会化——从人的本性看国家与社会的关系》，《社会科学战线》2003年第1期。

③ 何显明：《社会民主实践与民主政治社会微观基础的培植》，《中共杭州市委党校学报》2012年第1期。

④ 吴晓黎：《社群、组织与大众民主：印度喀拉拉邦社会政治的民族志》，北京大学出版社2009年版，第3页。

成员在社会经济地位上的实质性平等；它不是要抹平社会成员之间的差别，而是在承认差别的基础上维护社会公平这一规则和底线。而在社会平等的诸多要素中，经济平等又居于基础性的地位。对此，美国学者悉尼·胡克指出，"一切形式的经济压迫都是对民主的公开挑战"，"在经济权力的差别是那么大，以致一个集团可以用非政治手段来决定另一个集团祸福的地方，一种政治的民主就不可能发挥适当的功能。因此，真正的政治民主必须包含着被统治者通过他们的代表来控制经济政策的权利。在这个意义上，也许可以说在没有经济民主——将在后面加以解释的一个词语——的地方，就不可能有真正的和普遍的政治民主。政治民主所必需的经济控制的确切程度将随着变化的情况而有所不同。很明显，现代的经济组织今天在社会生活中起着这样的一种统治作用，以致不能控制经济政策就不可能实现政治民主。"[1]

其次，从过程层面看，社会民主以广泛的公共参与为关键。公共参与的不断扩大是人类现代化进程中不可避免的趋势，民主的真谛就在于每个人都能参与共同的政治生活和社会生活。加拿大政治哲学家威尔·金里卡（Will Kymlicka）指出，"政治参与和公共审议活动不应该被视为沉重的责任或义务，而应该被视为具有内在的价值。人们应该高兴地接受民主公民资格的召唤，因为积极的公民生活事实上是我们的最高生活方式。"[2] 然而，自由民主政体对共同体的"善"的漠视背离了这一趋势。为了救治现代社会公众普遍患有的"政治冷漠症"，共和主义思想主张"政治体制必须对公民的政治参与诉求作出积极的回应，包容和鼓励公民以各种形式参与政治过程，进而在参与的过程中培育公民的政治责任感和公共理性精神，形成政治参与与积极公民角色塑造的良性互动"[3]，并由此提出"积极的公民身份"（active citizenship）的概念。公共参与是民主的学校，在公

---

① 【美】悉尼·胡克：《理性、社会神话和民主》，金克、徐崇温译，上海人民出版社 2006 年版，第 252 页。

② 【美】威尔·金里卡：《当代政治哲学》，刘莘译，生活·读书·新知三联书店 2004 年版，第 530－531 页。

③ 何显明：《社会民主实践与民主政治社会微观基础的培植》，《中共杭州市委党校学报》2012 年第 1 期。

共参与的过程中，广大公民和社会组织能够学会并逐渐习惯于遵照程序和协商妥协的方式解决问题、利用合法的手段表达诉求和维护权利，并且在交流中接触和了解其他利益相关者的观点，培育心态平和、容忍异见、善于妥协、尊重规则等公民精神，为民主建设和社会文明程度的提升奠定良好的文化心理基础①。

　　最后，从结果层面看，社会民主以社会发展成果的共享为归宿。政治的利益本质决定了民生问题具有社会经济属性，也具有政治属性。从唯物史观看，"人的政治主体性的实现，集中在一切权力最后都要落实到劳动权和劳动成果的占有权上"②。民生政治从改善最大多数人的生存状况出发，以经济社会权利的发展引领政治权利的发展，最大限度和最直接满足最大多数人的物质和文化需要③，是与社会民主相契合并能够转化为全民行动共识基础的政治发展战略。实现社会发展成果的共享，要以经济发展为前提。社会民主是经济发展到一定阶段的特殊产物，广大人民群众充分享受经济改革和经济发展的实惠、物质生活和精神生活水平的极大提高、社会需求的充分满足，都依托于经济的发展。如果缺乏经济发展提供的物质基础，社会民主只能是"空中楼阁"，即使强力推行也难以发挥其创生共享性底层秩序的功能④。与此同时，社会民主虽然和经济建设、经济发展水平密切相关，但不等于仅仅追求经济性价值而忽视社会性价值，而是实现增进公民福利与激发社会活力的统一⑤。换言之，社会民主要求政府通过"政权政治"建设实现人民当家作主、通过"经济政治"建设谋求国家和人民的富裕，在此基础上还要通过"社会政治"建设解决好人民最关心最直接最现实的利益问题，实现发展成果由人民共享，注重在发展中保障和改善民生，调控社会利益分配，促进社会的公平正义，为走向共同富

---

　　①　朱光磊、于丹：《论对政治行为的"社会化处理"》，《天津社会科学》2015年第1期。

　　②　刘德厚：《广义政治论：政治关系社会化分析原理》，武汉大学出版社2001年版，第129页。

　　③　陈明明：《以民生政治为基本导向的政治发展战略》，《江苏社会科学》2012年第2期。

　　④　王洪树、廖华：《社会民主的萌生发展、学理分析、价值意义及实现路径》，《当代世界与社会主义》2016年第4期。

　　⑤　曹文宏：《民生政治：民生问题的政治学诠释》，《社会主义研究》2007年第6期。

裕奠定坚实的社会基础①。

三、社会民主的鲜明特征：广泛性、真实性和有效性

社会民主的内在追求是不断扩大人民有序政治参与，使国家政治生活和社会生活各环节、各方面都体现人民的意愿，并达成优良治理绩效。与过分推崇竞争性选举的政治民主呈现出的内容"空心化"、环节"碎片化"、参与"冷漠化"等特征形成强烈反差，社会民主是广泛的、真实的和有效的民主。

首先，社会民主具有突出的广泛性。民主的理论和实践从政治领域向社会生活各领域的全面拓展，是政治现代化和人类政治文明进步的重要趋势。马克思主义所追求的人民民主是一种广义的、全方位的民主，强调民主不能满足于上层建筑层面的政治制度设计和政策安排，应该延伸拓展到经济基础层面，尤其需要到社会经济生活的日常场景中寻找。杜威的社会民主观也主张民主应当成为一种生活方式，成为人们日常生活的基本原则和重要内容。社会民主的广泛性集中表现在公民基本权利的广泛性上。政治人是政治分析的基本单位，对政治制度及其过程的真实描述和有效解释，必须回溯到微观个体层次进行考察。宪法和法律所规定的公民基本权利与义务是框定人与人之间、个体与共同体之间关系的基本准则，承认并充分保障公民在管理国家事务、经济文化事业、社会事务中的合法权利，是现代民主政治的鲜明特征和内在要求。公民基本权利覆盖面广，涵摄政治权利、社会经济权利、文化权利和人身权利等诸多方面。社会民主不仅涵盖公民依法了解与自身利益相关信息的权利和自由的权利，公民在法律允许的范围内以各种方式表明、显示或公开传播思想、情感、意见、观点、主张，而不受他人干涉、约束的权利等政治权利，而且涵盖社会经济文化权利，包括公民劳动的权利，休息的权利，退休人员的生活受到国家和社会的保障的权利，年老、疾病或者丧失劳动能力的情况下从国家和社会获得物质帮助的权利，受教育的权利，进行科学研究、文学艺术创作和

---

① 刘俊祥：《民生国家论——中国民生建设的广义政治分析》，《武汉大学学报（哲学社会科学版）》2013 年第 4 期。

其他文化活动的自由，以及妇女、儿童等特殊群体的权利等等。可见，社会民主贯通了民主的程序与实质两个维度的内容①。

其次，社会民主具有突出的真实性。规范意义上的"权利规定"的完善性并不代表经验意义上"权利行使"的真实性。公民基本权利从宪法和法律的纸面规定落实到国家治理过程并最终为人民所实质性享有，关键在于通过民主政治参与实现个体政治行动者与政治体系之间的联结与互动。政治系统的运转主要围绕着政治权力的形成、分配、行使、规范和维护活动展开，公民作为政治行为者与政治系统的互动及在其运行过程中的参与行为，具体表现为民主选举、民主协商、民主决策、民主管理、民主监督。这些民主渠道环环相扣、相互嵌套，确保民主权利体现在利益表达、利益综合、决策实施等各个环节得以贯彻落实。更重要的是，除了政治体系自身的运转对公民政治权利的保障功能之外，政治体系的输出对社会经济发展绩效的提升，为公民社会经济权利的实现营造环境并提供客观条件。有学者认为，社会民主体现为社会成员在社会结构合理化与资源占有公平化基础之上，在个体私人领域中的自由自主或在社会公共领域中的自主参与②。也有学者认为，社会民主是以平等价值为指导，以公正参与为基础而形成的民众对于社会公共事务的自我管理，它的内容包括"社团群体通过内部的公共领域实现的社团自治"和"社团群体之间通过公共领域中的协商论坛体制对公共事务进行的共同治理"这两个方面③。无论如何，公民权利既是静态的法律概念，同时也是处于一定生产关系中的动态的社会概念，因此不能单纯地将其理解为对一种法律地位的规范性要求，而应该认识到其所包含的对政治和社会承认，乃至对经济再分配的实践性要求④。社会民主不仅在宪法和法律等成文制度方面对公民的基本权利进行承认、规定和保护等"规范性保障"，而且在真实的政治过程中充分运用

---

① 《中华人民共和国宪法》，人民出版社 2018 年，第 23 - 26 页。

② 李海青：《广义民主论——构建中国特色社会主义民主话语的一种尝试》，《上海师范大学学报（哲学社会科学版）》2015 年第 5 期。

③ 王洪树：《协商合作视野下的民主政治研究》，中国社会科学出版社 2011 年版，第 258 - 259 页。

④ 【英】恩靳·伊辛、【英】布雷恩·特纳主编：《公民权研究手册》，王小章译，浙江人民出版社 2007 年，第 2 页。

群众路线、调查研究、开门决策、民主恳谈、协商对话等丰富多彩的方式为权利的落实提供"事实性保障",把民主权利在法律条文上的规定与在日常生活中的落实有效结合起来,实现了民主形式与民主内容的统一。

最后,社会民主具有突出的有效性。在"结构-功能主义"的理论视域下,社会民主涵盖"制度的体系化构建"和"制度体系的有效运行"两大过程,前者的功能在于以有效制度供给为国家治理能力现代化奠定制度基础,后者的功能在于将制度体系内蕴的优势充分激活并最终转化为优良治理绩效。构建系统完备的制度体系是民主政治运行的重要载体,也是实现良政善治的重要前提。但无论制度设计如何健全成熟,民主政治制度仍属于静态的结构性范畴,在现实中,一个国家的民主质量总会面临应然状态与实然结果之间落差的考验,其中的关键在于能否在动态治理环节中将制度内蕴的优势充分激活并成功转化为优良治理绩效。民主与治理是一对既有区别又有紧密联系的范畴,民主的核心价值在于贯彻落实人民当家作主原则,治理的核心要义则是通过多元主体的广泛参与促进经济发展、推动文化进步、维护社会安定。民主与治理互相促进、相辅相成,优质的民主绝对不会带来国家治理的"失灵",因此对政治制度的评价不能单从政治合法性出发,而要将制度绩效作为关键指标。社会民主所强调的推进基本公共服务体系均等化,逐步提升民生导向的社会保障政策的覆盖程度,整合各类调解力量将社会矛盾化解在基层等,呈现出"治理民主"参与式治理、自主性治理、多中心治理、整体性治理等典型特征①。各类治理主体在不同民主环节之间厘清各自边界,通过密切互动和相互协作更加有效地综合各方利益、凝聚最大共识,在"共建、共治、共享"的目标追求下,以自治、法治、德治相融合的治理机制发挥着对治理形态的调节功能,确保治理体系的良性运转。当然,社会民主的有效性最终落脚点在于民生,"民主保障人民在国家中的地位,民生保障人民生存与发展,民主与民生结合,体现人民民主'人民当家作主'的本质"②。

---

① 何显明:《治理民主:一种可能的复合民主范式》,《社会科学战线》2012年第10期。

② 林尚立:《民主与民生:人民民主的中国逻辑》,《北京大学学报(哲学社会科学版)》2012年第1期。

总之，依据民众自主自治的发育水平，社会民主可以分为三个层次：宏观层面上的社会民主以革命为路径促进国家和阶级的消亡，引导人们追求彻底的解放和自由；中观层面的社会民主以社会再组织化为路径谋求底层自主自治秩序的民主再造；微观层面的社会民主以民主教育为路径引导人们将民主作为一种生活状态[①]。社会民主在保证人民群众能够畅通表达利益要求，推动国家决策科学化、民主化，确保权力运用得到有效制约和监督，有效促进社会生产力解放和发展、促进现代化建设各项事业不断发展、促进人民生活质量和水平不断提高方面展现出强有力的现实功能，有助于促进善政善治的更好实现，代表着全过程人民民主最广泛、最真实、最管用的发展方向。

四、社会民主的实现途径：让民主回归日常生活世界

社会民主的建构包括三个条件，即民主国家的建构、有机的公共生活的建构和美好社会自身的建构，其中民主国家的建构是社会民主建构的外部环境，公共领域是社会自身制约国家的途径，而以社会成员之间的信任与合作为基础的美好社会建构则是社会民主建构的主要内容[②]。实现社会民主，本质是让民主回归到人们最现实、最具体、最直接的活动领域，即日常生活世界。日常生活世界是微观的、经验的世界，由人在家庭、社区、学校、工作场所等不同场景中的生活构成[③]。在日常生活世界，人的行为包括：以个体生命延续为目的的生活资料的获取与消费活动，以日常语言为媒介、以血缘和天然情感为基础的个人交往活动，以及伴随上述各种活动的非创造性的重复性的日常观念活动，这些活动界定了作为"社会关系的总和"的人的社会属性。奥地利学者阿尔弗雷德·许茨（Alfred Schütz）指出，"日常生活的世界，常识世界，在实在的各种各样领域中具有最高的地位，因为我们只有在它之中才有可能与我们的同伴进行沟通。……与符号关系的主体间性有关的许多问题，都是从其中产生、被它

---

① 林育川：《马克思恩格斯视野中的社会民主》，《社会科学辑刊》2013年第1期。
② 张嶷：《论社会资本与社会民主的建构》，《理论界》2010年第4期。
③ 何林、朱洪伟：《社会主义民主价值观的日常生活世界基础》，《辽宁大学学报（哲学社会科学版）》2015年第2期。

决定的，我们可以从它那里找到解决这些问题的办法"①。

可见，民主的价值和意义只有在日常生活中才能得以真正呈现。日常生活提供的民主实践的整体性场景，是将人们在不同场域的日常生活与整个社会联系起来，进而构成一个完整的、涵盖整个社会的民主实践系统②。在杜威看来，工作场所或社区中的直接参与虽然很少涉及政治，但无时无刻不对人产生着实质性影响。因此，只有日常生活中的参与才能"使每个人本身成为权威过程和社会支配过程的一部分"③。吉登斯指出，追求"摆脱压迫的自由、社会正义以及消除社会经济的不平等"的"解放政治"具有巨大的历史功绩，但不足以解决人类面临的种种现实困境，应该将政治实践的重心从"解放政治"转向"生活政治"，从微观生活领域拓展民主发展空间。正所谓"生活政治学是关于生活方式的一种政治学"④。日常生活更多地需要通过个体和群体之间对话、协商，通过尝试和选择新的生活方式，使社会关系真正民主化来解决。就此而言，政治民主向社会民主的演进，是人类"社会解放"进程在民主实现形式上的重要体现⑤。美国学者保罗·库尔茨也从生活的视域看待民主的现实功能，认为"根据良好的结果看，在民主制下比起在非民主制度下更多的人将会发现更满意的生活"⑥。

那么，如何在推动民主融入日常生活世界的过程中实现社会民主呢？关键在于社会资本的培育和社会公共空间的拓展。社会资本是皮埃尔·布迪厄（Pierre Bourdieu）、詹姆斯·科尔曼（James Coleman）、罗伯特·普特南（Robert D. Putnam）等学者提出并发展的概念，是由确定社会或群

---

① 【奥】阿尔弗雷德·许茨：《社会实在问题》，霍桂桓译，浙江大学出版社 2011 年版，第 388 页。

② 何林、朱洪伟：《社会主义民主价值观的日常生活世界基础》，《辽宁大学学报（哲学社会科学版）》2015 年第 2 期。

③ 【美】杜威：《人的问题》，傅统先等译，上海人民出版社 2006 年版，第 27 页。

④ 【英】安东尼·吉登斯：《亲密关系的变革：现代社会的性、爱和爱欲》，陈永国等译，社会科学文献出版社 2001 年版，第 251 页。

⑤ 何显明：《社会民主实践与民主政治社会微观基础的培植》，《中共杭州市委党校学报》2012 年第 1 期。

⑥ 【美】保罗·库尔茨：《保卫世俗人道主义》，余灵灵等译，东方出版社 1996 年版，第 92 页。

体成员身份的关系网络所构成的现实或潜在的资源集合体，其本质是有利于增进一个社会或群体的共同收益并促成集体行动的社会规范和社会网络关系①。社会资本主要由普遍的社会信任和政治信任、横向联系的社会网络组织和社会关系构成，其中与公民信任、互惠和合作有关的一系列价值观念和态度是社会资本形成和得以发展的政治文化前提，将个人与家庭、朋友、社区、工作等生活场域联系起来的社会网络组织是社会资本得以形成和发展的有力支撑。作为一种共同体的公共生活方式或治理形式，民主的实践领域涵盖了私人领域之外的所有公共生活。世界各国的经验表明，公民在社会领域充满活力的群众性基层活动对民主制度的绩效来说至关重要②。民主作为一种生活方式和社会交往方式，需要从微观的日常生活领域逐渐展开。在相对较小的共同体范围内，普通民众更有能力参与到与他们切身利益有关的公共事务的治理过程中来③。当代参与式民主理论就致力于在社会生活的各个领域、各个场所建立健全民主的微观运行机制。佩特曼认为，公民参与实践最恰当的领域就是与人们生活息息相关的领域，只有当个人有机会直接参与同自己的生活密切相关的决策时，他才能真正体验到自己对日常生活过程的控制，逐步习得民主实践的能力。为此，需要建立起一种"参与性社会"，"即社会中所有领域的政治体系通过参与过程得到民主化和社会化"，以推进整个社会生活的民主化④。

由此可见，任何公共生活空间都是民主成长的领域，在社会生活各个领域积极推进各种形式的社会民主试验，就是建构民主参与的有效载体，引导公众参与公共生活，让社会成员在微观生活场景的具体的民主实践中培养理性参与的政治人格，建立社会信任和社会关系网络，习得平等协商、宽容信任、合作共赢的民主实践技能，逐步增强参与社会建设的效能感、增值信任合作的社会资本⑤，推动人们在参与中加深对共同体的归属

---

① 燕继荣：《民主：社会资本与中国民间组织的发展》，《学习与探索》2009年第1期。
② 谢庆奎、苗月霞：《社会资本与政治民主：理论渊源与发展》，《新视野》2006年第6期。
③ 何显明：《社会民主实践与民主政治社会微观基础的培植》，《中共杭州市委党校学报》2012年第1期。
④ 【美】卡罗尔·佩特曼：《参与和民主理论》，陈尧译，上海人民出版社2006年版，第39页。
⑤ 何显明：《社会民主实践与民主政治社会微观基础的培植》，《中共杭州市委党校学报》2012年第1期。

感、认同感等情感纽带，关心并愿意为建设更好的共同体贡献自己的力量，最终形成个人与社会"共同的情感联结"，向人人有责、人人尽责、人人享有的社会治理共同体迈进①。这样一场深刻的变革，本质上也是"社会政治"的实现过程。高度社会化基础上的群众自治成为社会生活的主要内容，高度程序化的社会民主成为社会利益关系的调控机制，高度科学化前提下的有效分工成为社会自我管理的基本手段，全体社会成员的政治平等权利直接通过高度社会化得以体现，人们对共同约章、公共政治纪律和一致认同的道德原则形成了习惯性的自觉行动，标志着人类社会的更高级的新型政治文明形态诞生②。总之，民众社会活动的自主空间越扩大，民众自发组织的各种形式的自治组织越发达，民众自我管理、自我服务、自我教育、自我监督的自治活动越丰富，民主的"成色"就越好③。

五、社会民主的理论限度：规避狭隘的"社会至上主义"

任何价值都有其伸展的限度，任何理论都有一定的适用范围。我们当然承认民主具有目的性价值，但这并不等于肯定它就是人类生活的最高目的。毛泽东指出，"民主这个东西，有时看来似乎是目的，实际上，只是一种手段。马克思主义告诉我们，民主属于上层建筑，属于政治这个范畴。这就是说，归根结蒂，它是为经济基础服务的。"④ 同样的道理，社会民主是值得追求的政治发展目标，并不等于它就是政治发展的唯一目标。

社会民主是内嵌于国家治理的有机组成部分，要服从于国家治理的总体目标。国家治理涉及"治理体系"和"治理能力"两方面，其中国家治理体系包括经济、政治、文化、社会等各领域体制机制、法律法规安排，是一整套紧密相连、相互协调的国家制度；国家治理能力则是运用国家制度管理社会各方面事务的能力。国家治理体系和治理能力是一个广义的概

---

① 郁建兴、任杰：《社会治理共同体及其实现机制》，《政治学研究》2020年第1期。

② 刘德厚：《邓小平"走向社会政治"思想论纲》，《武汉大学学报（社会科学版）》2002年第3期。

③ 林尚立：《建构民主：中国的理论、战略与议程》，复旦大学出版社2012年版，第334页。

④ 《毛泽东文集》第7卷，人民出版社1999年版，第208-209页。

念，具有丰富层次和多维面向，都构成了国家治理所追求的内容。从结构层次看，国家治理体系包括广泛认同的核心价值体系、理性的决策系统、高效运转的行政执行体系、有序的政治参与、均等化的公共服务体系、全覆盖的社会保障体系等等[①]；从过程层次看，"各国之间最重要的政治分野，不在于它们政府的形式，而在于它们政府的有效程度。有的国家政通人和，具有合法性、组织性、有效性和稳定性，另一些国家在政治上则缺乏这些素质——这两类国家之间的差异比民主国家和独裁国家之间的差异更大"[②]。国家治理需要通过不同治理主体之间的良性互动，实现政治整合、精英录用、战略规划、法律实施、资源汲取、政治监管、公正保障、政治沟通、政治革新、危机应对、制度建构等治理能力的提高[③]。

虽然社会民主的要义与国家治理的效能导向更加契合，但必须认识到，国家治理体系是有机的系统，各部分之间是相互耦合的，不能孤立地强调社会民主的功能，也不能只将发展重心置于社会民主上。诚然，根据民主是一种生活方式的观点，我们应该把政治领域里的民主精神扩大适用到政治以外的各个领域，包括经济、文化、社会、家庭、教育，因为如果我们不试图在教育机会、财富资源、社会背景等各方面营造一个平等的基础，那么政治参与的平等往往只会流于空洞化。但是，社会生活领域的民主需要政治生活领域的民主作为前提和引导。不能离开国家形态的、政治生活中的民主，只讲社会形态的、社会生活领域的民主，这种"社会至上主义"的泛滥终将造成社会组织发展的丛林化问题。正像罗莎·卢森堡所指出的那样："我们从来都不是形式民主的偶像崇拜者，这只是意味着，我们始终把资产阶级民主的社会内核与政治形式区分开来，我们始终揭开隐藏在形式平等和自由的甜美外皮之下的不平等和社会奴役的坚硬内核，不是要拒绝形式，而是要鞭策工人阶级不要满足于外皮，而是要夺取政治权力，以新的社会内容来填充它。无产阶级的历史使命是夺取政权，建立

---

① 徐湘林：《"国家治理"的理论内涵》，《人民论坛》2014 年第 4 期。

② 【美】塞缪尔·亨廷顿：《变化社会中的政治秩序》，王冠华等译，上海人民出版社 2008年版。

③ 沈传亮：《建立国家治理能力现代化评估体系》，《学习时报》2014 年 6 月 3 日。

社会主义民主来取代资产阶级民主，而不是摧毁一切形式的民主。"①

此外，许多非政治领域都有自身运作的原则，不能轻易为平等参与原则所取代，如果强制以民主原则施加于这些领域，不仅无法实现民主化的目的，而且很有可能造成灾难性的后果。有学者指出，需要辩证分析社会民主的政治效应并认识其潜在的风险，"基于抽象平等精神的社会民主最终将导致个体存在的原子主义状态，这种原子化是以自我的名义最终消解了自我的真正个性，对于现代公共政治生活至关重要的公共批判精神将不复存在，我们在对社会福利和舒适生活的无节制追求中最终流于平庸，对公共政治的冷漠和漠不关心在推进着柔性专制主义"②。江宜桦曾以文化领域和学术领域为例揭示民主化的利弊。从正面来看，社会文化的大众化使得精神生活走向共同富裕，学术研究的民主化创造出一个充满活力与挑战的环境。然而，从负面来看，"大众流行文化所带来的庸俗化，已经使得文化的原始意义荡然无存，高度资本主义式的包装与营销手法，更是使哗众取宠的文化商品取代了真正值得品尝但却无缘在庸俗社会中生存的艺术创作。至于学术表现的评比与衡量，如果以民主原则取代专家原则，则追求卓越的动力很快就会沦丧于量化、大众化、标准化的生产模式"③。因此，社会民主的拓展的限度就在于，它的适用领域的运行原则必须能够与民主原则顺利衔接。民主确实可以适用于许多政治之外的领域，但不应该扩大到人类社会生活的所有领域。

第三节　本章小结：对西方民主"逻辑反叛"的反叛

从比较视野来看，西式民主政治制度设计的重心在于合法性建构，即

---

① Luxemburg, R. & Politici, S. a Cura di Lelio Basso. Roma: Editori Riuniti, 1970, p. 593. 转引自：《中国社会主义建设的历史与全过程人民民主——访意大利〈二十一世纪的马克思〉主编安德烈·卡托内》，《马克思主义研究》2023年第12期。

② 韩升：《在社会民主的批判反思中推进现代社会治理》，《北京行政学院学报》2018年第4期。

③ 江宜桦：《自由民主的理路》，新星出版社2006年版。

通过精巧的规则设计和制度设计，巩固资产阶级统治的正当性。然而，这套制度体系在实践中带来的不仅是"群龙无首、一盘散沙""党争纷沓、相互倾轧""选举前满天许诺、选举后无人过问"以及"权力间相互掣肘、内耗严重"等政治僵局①，而且还有社会经济领域中的贫富悬殊、阶层固化、民族冲突、社会动荡等严重危机，政治制度内部的结构性分裂和冲突与外部的治理失效，理论上看似"完美无缺"的民主制度导致的是人民对政治产出的高度不满。

王沪宁曾经将西方民主政治内蕴的矛盾冲突称为"逻辑反叛"，并从三个方面进行了精辟的论述。一是社会政治本来由每个社会成员的存在和活动构成，在民主政治的实践发展过程中表现出一种相反的力量，即"民主政治运作的力量把越来越多的社会成员排挤在政治过程之外"。二是民主政治的基本目的是要推进社会整体和个人的生命价值，是最符合人的生命要求、最能推进人的生命价值的一种政治方式，但是西方政治体系的实际产出过程表明，"民主政治本身已经成为为民主而民主，或者为利益而民主，为意识形态而民主，不是为人的生命而民主"。三是民主政治作为一种与人的存在最相适应、与人的内在的生活相统一的政治形式，本身是一种外在权力与内在选择相统一的政治方式，但实际上西方民主政治越来越脱离人本身，"发展成一部庞大的政治机器，成了外在于社会成员，也外在于掌握权力的阶层的存在，似乎不是人在控制这部政治机器，而是政治机器在控制人"②，因此，"西方政治哲学在当代面临的一个基本困境在于怎样把外在的民主价值与人的内在的生命价值统一起来，使民主政治不再是外在于人的力量，人不再为民主而民主，而是为生活和生命的灿烂而民主"③。

社会民主不拘囿于西式民主对政治合法性的单一化考量，而更看重以治理体系和治理能力的现代化实现过程民主和成果民主、程序民主和实质民主的统一。随着社会经济的迅速发展，人类社会面临许多亟待解决的社

---

① 《习近平谈治国理政》第2卷，外文出版社2017年，第290页。
② 王沪宁：《政治的人生》，上海人民出版社1995年版，第78—79页。
③ 王沪宁：《政治的人生》，上海人民出版社1995年版，第81页。

会矛盾和社会问题，单一依赖国家力量进行社会治理难以应对各种风险挑战。社会民主的意义在于培育、引导社会组织的发展，吸纳广大人民群众参与社会治理，实现在全社会各治理单元中更充分的民主化，将民主的理念、民主的原则和民主的制度，推广到千家万户和社会生活的方方面面，使民主成为一种日常生活方式和价值观念[①]。社会民主不仅在制度设计层面建构了一整套相互衔接、紧密配合的制度体系，而且形成了以有效性为内在追求的民主治理结构，通过对治理主体关系、治理形态、治理机制的动态化调试，借助社会自身的力量保证人民民主具有良好的治理绩效，从而实现了对西方民主"逻辑反叛"的反叛。

[①] 陈周旺：《社会主义民主的全方位建设》，《上海行政学院学报》2022 年第 6 期。

第三章　社会民主的测量指标
与国际比较

实现民主有多种方式，不可能千篇一律。用单一的标尺衡量世界丰富多彩的政治制度，用单调的眼光审视人类五彩缤纷的政治文明，本身就是不民主的。[①]

——习近平

从阿尔蒙德的结构-功能主义到"转型学"，都是以研究范式之名而内嵌的观念、思想、制度，这已经不是一般意义上的西方中心主义了，就是西方制度模板的意识形态学……没有什么权力比能操纵人的观念、思想和意念的那种权力更有力量了。[②]

——杨光斌

---

① 习近平：《习近平谈治国理政》第4卷，外文出版社2022年版，第259页。
② 杨光斌：《论意识形态的国家权力原理——兼论中国国家权力的结构性问题》，《党政研究》2017年第5期。

第一节 西方民主测量指标的形成演进

一、"民主 vs. 独裁"二分法的测量

西方关于民主测量的研究兴起于二战结束以后，尤其是 20 世纪 50 年代至 60 年代，在全球迎来国家独立浪潮、许多新兴国家经历政局动荡的背景下，学者们开始思考民主制度的稳定性和现代化之间的关系。行为主义革命使得定量方法进入学者们的研究视野，在传统的定性研究方法之外，西方的民主研究开始引入定量方法，尝试对民主这一复杂概念进行测量[①]。

西摩·马丁·李普塞特（Seymour Martin Lipset）提出的民主与独裁的划分标准是这一时期最具影响力的研究，成为相关研究的基础。李普塞特第一次将经济发展与民主制度关联起来，提出了"经济发展促进民主"的论断，这一论断被称为"李普塞特命题"或"现代化理论"，被一些政治学者称为"社会科学中最杰出的理论发现"[②]。针对欧洲及英语国家和拉丁美洲国家之间不同的政治文化背景，李普塞特提出了两套不同的民主判断标准：对于欧洲及英语国家，民主的主要标准是自第一次世界大战以来一直保持稳定的统治，并且在过去 25 年中没有发生过任何重大的国内反民主运动；对于拉丁美洲国家，民主的判断标准则不那么严格，只要某个国家在第一次世界大战后的大部分时间里或多或少存在自由选举，即可被认为是民主国家。依据选举结果，该指标将 28 个欧洲及英语国家划分为稳定民主、不稳定民主与独裁两类；依据历史学家的分析判断，将 20 个拉丁美洲国家划

---

① 赵卫涛、张树华：《西方民主测量的理论局限与政治反思》，《政治学研究》2016 年第 4 期；Giebler H., Ruth S. P., Tanneberg D. (2018). Why choice matters: revisiting and comparing measures of democracy. Politics and Governance, 6 (1), pp. 1 – 10; Högström J. (2013). Does the choice of democracy measure matter?: comparisons between the two leading democracy indices, Freedom House and Polity IV. Government and Opposition, 48 (2), pp. 201 – 221.

② Diamond L, Morlino L. (2005). Assessing the quality of democracy. JHU Press.

分为民主与不稳定独裁、稳定独裁两类① （分类情况如表 3－1 所示）。

表 3－1　李普塞特的政体分类

欧洲及英语国家		拉丁美洲国家	
稳定民主	不稳定民主与独裁	民主与不稳定独裁	稳定独裁
澳大利亚 比利时 加拿大 丹麦 爱尔兰 卢森堡 荷兰 新西兰 挪威 瑞典 瑞士 英国 美国	奥地利 保加利亚 捷克斯洛克 芬兰 法国 联邦德国 希腊 匈牙利 冰岛 意大利 波兰 葡萄牙 罗马尼亚 西班牙 南斯拉夫	阿根廷 巴西 智利 哥伦比亚 哥斯达黎加 墨西哥 乌拉圭	玻利维亚 古巴 多米尼加共和国 厄瓜多尔 萨尔瓦多 危地马拉 海地 洪都拉斯 尼加拉瓜 巴拿马 巴拉圭 秘鲁 委内瑞拉

资料来源：Lipset S. M. （1959）. Some social requisites of democracy. American Political Science Review，53，pp. 69－105.

　　"民主 vs. 独裁"二分法的研究进路深刻影响了后来的一大批民主研究学者。例如，萨托利认为，政治系统是一个"绑定的整体"（bounded wholes），这一整体的特征"取决于基本的机制和原则，这些机制和原则要么存在，要么不存在"，分级法只能应用于根据二分法被确定为民主的国家中，对非民主国家采用等级法是没有意义的②。普沃斯基也认为，民主是一个非此即彼的概念，一个政体是无法被视为"半民主"的；如果遇到无法清晰区分民主与非民主的情况，也不能说明二分法是错误的，而只能说

---

　　①　Lipset S. M. （1959）. Some social requisites of democracy. American Political Science Review，53，pp. 69－105.

　　②　Sartori G. （2016）The theory of democracy revisited//Democracy：a reader. Columbia University Press，pp. 192－196.

明分类规则不够合理，或是信息不够充分①。胡安·林茨（Juan Linz）②、塞缪尔·亨廷顿（Samuel Huntington）③、芭芭拉·格迪斯（Barbara Geddes）④ 等学者也支持采用二分法的研究路径。

以上民主测量指标表现出以下特征：一是理论上的简单化，即对民主概念的理解过于局限，将民主简化为现代化的结果；二是方法上的粗线条，二元对立、非黑即白的测量过于粗糙，忽视了民主国家内部的差异；三是数据来源的局限性，数据来源只涵盖少数几个国家或年份，并且往往根据获取数据的便利性进行选择。

二、以"竞争"和"参与"为核心的测量

进入 20 世纪 70 年代，民主测量研究与"第三波"民主化运动几乎同时迎来高峰⑤。"第三波"民主化运动始于 1974 年葡萄牙的康乃馨革命，接着是西班牙、希腊等国家的民主转型，然后是拉丁美洲、东欧、亚洲等地区的大规模民主化浪潮，世界各地民主化运动风起云涌，民主化运动的繁荣促进了这一时期民主测量研究的发展。与此同时，达尔将争论/竞争（contestation/ competition）和参与/包容（participation/ inclusion）确定为民主的两大基本维度⑥，深刻地影响了相关研究，并成为该领域的基本分析框架⑦。

事实上，以"竞争"和"参与"为核心的测量方法早在 20 世纪 60 年

---

① Alvarez M., Cheibub J. A., Limongi F., et al. （1996）. Classifying political regimes. Studies in comparative international development，31pp. 3 - 36.

② Linz J. J. (2000). Totalitarian and authoritarian regimes. Lynne Rienner Publishers.

③ Huntington S. P. (1991). The third wave: democratization in the late twentieth century. Norman: University of Oklahoma Press.

④ Geddes B. (1999). What do we know about democratization after twenty years?. Annual Review of political science, 2 (1), pp. 115 - 144.

⑤ 赵卫涛：《冷战后国际民主化视角下的中东欧政治转型——基于若干国际民测评指标的批判性分析》，《欧洲研究》2019 年第 5 期。又："第三波"民主化运动，即西式民主化运动，本书其他涉及"第三波"民主化运动的，亦是在此意义上使用的。

⑥ Dahl R. (1971). Polyarchy. New Haven，CT：Yale University Press.

⑦ 赵卫涛、张树华：《西方民主测量的理论局限与政治反思》，《政治学研究》2016 年第 4 期。

代已初见端倪。例如，1963 年，菲利普斯·卡特莱特（Phillips Cutright）从政治发展的宏观角度测量民主，构建了一套用于衡量不同国家政治现代化程度的政治发展指数。卡特莱特认为"一个国家的政治发展的程度，可依国家的政治制度的复杂性和专业化程度来界定"[1]。他以 1940 年到 1960年间的 77 个国家为研究对象，将每个国家 21 年的立法机关绩效与行政机关绩效变量的值进行累加，即得出该国的政治发展指数[2]（计算方法如表3－2 所示）。卡特莱特对"立法机关绩效"的测量强调了多党竞争的特点，对"行政机关绩效"的测量则强调了选民投票参与的重要性，其研究方法已十分接近"竞争-参与"的范式。到了 20 世纪 70 年代，以"竞争"和"参与"为核心的测量方法开始大量涌现，成为这一阶段的主流研究范式。在这一时期，最具代表性和影响力的测量指标主要有三项。

表 3－2　政治发展指数的计算方法

变量	指标	赋值
立法机关绩效	议会中有两个及以上的政党的代表，且少数党拥有的席位多于 30%	2
	议会中有一个或多个政党的代表，但少数党拥有的席位少于 30%	1
	不存在议会，或议会的权力被废除	0
行政机关绩效	行政首脑通过公开选举直接投票当选，或由多党制下的政党选举产生	1
	行政首脑的产生方式与上述不同，但行政首脑不是世袭统治者	0.5
	行政首脑是世袭统治者	0

资料来源：Cutright P. （1963）. National political development：Measurement and analysis. American Sociological Review，28，pp. 253－264.

一是温汉南的民主化指数（Index of Democratization）。1971 年，在扩大民主测量的时间和空间范围的基础上，塔图·温汉南（Tatu Vanhanen）将其早年的权力分布指数（Index of Power Distribution）发展为民主化指

---

[1]　转引自陈鸿瑜：《政治发展理论》，吉林出版集团 2009 年版，第 83 页。

[2]　Cutright P. （1963）. National political development：measurement and analysis. American Sociological Review，28，pp. 253－264.

数。计算公式如下：

$$民主化指数 = \frac{竞争程度 \times 参与程度}{100}$$

其中，竞争程度用较小的政党在议会或总统选举中所占的选票份额测量；参与程度用在这些选举中实际投票的人口比例测量；民主化指数通过将竞争程度与参与程度变量相乘再除以 100 计算得到[①]。温汉南的民主化指数仅包含竞争和参与这两类基本维度，相比其他类似指标体系，该指数更简便且可操作性更强。温汉南对竞争程度与参与程度变量进行了等量加权，并将其相乘，意味着两个变量中的任何一个值较低就会导致民主化指数较低。这与温汉南构建该指数的理论基础，即竞争和参与都是民主的必要条件是一致的。

根据温汉南的测量方法，2018 年各国的民主化指数处于 0~47.72 的区间内，在 0~2.5 的区间内统计频次最高，在 10~12.5 和 30~32.5 两个区间内出现了两个较高的峰值。民主化指数表现出向右倾斜的数据趋势，这说明根据该指标体系的测量标准，大多数国家的民主化水平并不高（如图 3-1 所示）。

二是基于政体数据集第四版（Polity IV）的政体指数。政体数据集（Polity data series）是在政治科学研究中广泛使用的资料集。该数据集于20 世纪 60 年代末由特德·罗伯特·格尔（Ted Robert Gurr）所创立，目前由其学生蒙蒂·G. 马歇尔（Monty G. Marshall）继续主持，并得到政治不稳定特别工作组（Political Instability Task Force，PITF）赞助。PITF 受到美国中央情报局（CIA）资助，主要研究由于政权崩溃导致的政治冲突。

1971 年，Polity IV 发布，该数据集涵盖了自 1800 年至 2013 年所有总人口数大于 50 万的独立国家民主水平的数据。政体指数将民主和独裁的区

---

①   Vanhanen T. (1971). Dependence of power on resources: a comparative study of 114 states in the 1960's. Jyväskylä: University of Jyväskylä, Institute of Social Sciences.

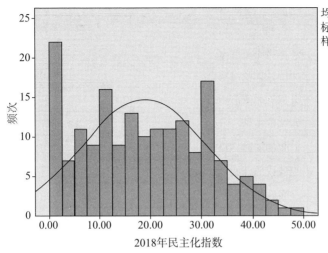

图 3 - 1　2018 年温汉南民主化指数

数据来源：https://services. fsd. uta. fi/catalogue/FSD1289?lang=en&study_language=en.

别简化为是否存在竞争性选举[①]。政体指数的计算公式为：

政体指数＝民主变量－独裁变量

其中，民主变量和独裁变量都是定距变量，由五个专家编码的分类指标组成。包括以下几个维度：通过选举的方式选拔官员、对主要官员有实质性的约束、开放且有竞争性的政治参与。

　　由于民主变量和独裁变量的取值范围均为 0～10，因此政体指数值在－10～10 的范围之内。根据政体指数值的大小，世界各国的政体被分为三个类别，即"独裁政体"（autocracy）、"无政府状态"（anocracy，包括封闭式无政府状态、开放式无政府状态，以及政权的中断、政权的崩溃和新政权的开始三个特殊状态）和"民主政体"（democracy，包括完全民主政体和民主政体）。政体指数值与政体类别的对应关系如表 3 - 3 所示。其中，"无政府状态"中的三个特殊状态分别对应三个特殊值。

---

　　① 杨光斌、释启鹏：《西方自由民主评价带有明显意识形态偏见》，《世界社会主义研究》2017 年第 9 期。

表 3-3　政体指数值与政体类别对应表

类别		政体指数值
独裁政体		−10～−6
无政府状态	封闭式无政府状态	−5～0
	开放式无政府状态	1～5
	政权的中断	−66
	政权的崩溃	−77
	新政权的开始	−88
民主政体	民主政体	6～9
	完全民主政体	10

资料来源：https://www.systemicpeace.org/polity/polity4x.htm.

三是《世界自由报告》（*Freedom in the World*）。该报告自 1973 年起每年发布，评估和衡量全世界 200 多个国家和地区的政治权利（political rights）和公民自由（civil liberties）情况，并将它们分为自由、部分自由或不自由三类。该报告主要由保守派或新保守派编写[1]，主要资金来源为美国政府拨款，和各种半公共和私人基金会以及个人捐款，致力于研究和宣扬美国所认可的民主模式，从而服务于美国政府的政治目标和战略决策[2]。

《世界自由报告》的测量规则同样也是围绕竞争和参与两大维度制定的。《世界自由报告》采用由分数评定和等级评定组成的两级系统，通过政治权利和公民自由变量综合评估一个国家或地区的自由状态等级。政治权利变量由选举过程、政治多元化和参与、政府运作等 10 个相关指标测量构成，另附 4 个涉及强制人口变化的自由裁量指标进行额外调整。公民自由变量由言论和信仰自由、结社和组织权利、法治、个人自治和个人权利

---

① 杜欢：《自由的指数与不自由的偏误——对〈世界自由报告〉》的批判性透视》，《国外理论动态》2018 年第 7 期。

② Przeworski A. (2003). Freedom to choose and democracy. Economics & Philosophy，19 (2)，pp. 265-279.

等 15 个相关指标测量构成。每个常规指标的取值范围为 0～4，指标的值越小，代表自由程度越低；对于自由裁量指标，可酌情减去 1～4 分，减分越多，代表自由程度越低。具体测量指标如表 3-4 所示。

表 3-4　《世界自由报告》的测量指标

变量	指标类别	测量指标
政治权利	选举过程	1. 现任政府首脑或其他国家主要权力机构是通过自由公正的选举产生的吗？
		2. 现任国家立法代表是通过自由、公正的选举产生的吗？
		3. 选举法是否公平？相关选举管理机构是否公正地执行？
	政治多元化和参与	4. 人民是否有权组织自己选择的不同政党或其他竞争性政治团体，该制度是否对这些竞争性政党或团体的兴衰没有任何不当障碍？
		5. 反对派是否有现实的机会通过选举来增加支持或获得权力？
		6. 人民的政治选择是否不受政治领域之外的力量或采用政治外手段的政治力量的支配？
		7. 各阶层人口（民族、种族、宗教、性别和其他相关群体）是否拥有充分的政治权利和选举机会？
	政府运作	8. 自由选举产生的政府首脑和国家立法代表是否决定政府的政策？
		9. 针对官员腐败的保障措施是否强有力且有效？
		10. 政府运作是否公开透明？
政治权利	自由裁量指标	11. 政府或占领国是否故意改变一个国家或领土的民族构成，以破坏一种文化或使政治平衡向有利于另一个群体的方向倾斜？
		12. 政府是否向某些人提供经济或其他激励措施以改变一个或多个地区的民族构成？
		13. 政府是否强迫人们迁入或迁出某些地区，以改变这些地区的民族构成？
		14. 政府是否为了改变一个或多个地区的民族构成而逮捕、监禁或杀害某些民族的成员？

续表

变量	指标类别	测量指标
公民自由	言论和信仰自由	1. 有自由独立的媒体吗？
		2. 个人是否可以自由地公开或私下实践和表达其宗教信仰或无信仰？
		3. 是否存在学术自由，教育体系是否不受广泛的政治干涉？
		4. 个人是否可以自由表达对政治或其他敏感话题的个人观点而不必担心监视或报复？
	结社和组织权利	5. 有集会自由吗？
		6. 非政府组织，特别是那些从事人权和治理相关工作的非政府组织有自由吗？
		7. 工会或类似的劳工组织有自由吗？
	法治	8. 有独立的司法机关吗？
		9. 民事和刑事案件中是否存在正当程序？
		10. 是否有防止非法使用武力以及免受战争和叛乱的保护？
		11. 法律、政策和实践是否保证不同人群的平等待遇？
	个人自治和个人权利	12. 个人是否享有迁徙自由，包括改变居住地、就业或教育地点的能力？
		13. 个人是否能够在不受国家或非国家行为者不当干预的情况下行使拥有财产的权利并建立私营企业？
		14. 个人是否享有个人社会自由，包括选择婚姻伴侣和家庭规模、免受家庭暴力以及对外表的控制？
		15. 个人是否享有平等机会并免受经济剥削？

资料来源：https://freedomhouse.org/reports/freedom-world/freedom-world-research-methodology.

政治权利与公民自由变量被赋予同等权重，通过如表3-5所示的变量值和自由状态等级的转换方式，评估各个国家或地区的自由、部分自由或不自由状态。在表3-5中，横坐标表示政治权利变量值的7个取值区间，变量值越高代表政治权利的保障程度越高；纵坐标代表公民自由变量值的7个取值区间，变量值越高代表公民享有的公民自由越多；F代表自由，PF代表部分自由，NF代表不自由。

表 3－5　政治权利和公民自由变量值与自由状态等级的转换方式

		政治权利变量值						
		0～5*	6～11	12～17	18～23	24～29	30～35	36～40
公民自由变量值	53～60	PF	PF	PF	F	F	F	F
	44～52	PF	PF	PF	PF	F	F	F
	35～43	PF	PF	PF	PF	PF	F	F
	26～34	NF	PF	PF	PF	PF	PF	F
	17～25	NF	NF	PF	PF	PF	PF	PF
	8～16	NF	NF	NF	PF	PF	PF	PF
	0～7	NF	NF	NF	NF	PF	PF	PF

* 由于自由裁量问题的存在，政治权利变量值可能为负数。

　　《世界自由报告》采用主观测量的方法，由来自学术界、智库的分析师以及专家顾问团队对各个指标进行赋值。分析师通过新闻文章、学术分析、非政府组织的报告和实地研究等渠道，根据评估期间的情况对国家和地区进行评分。分析师提出的分数经由专家顾问小组和工作人员共同审议，达成一致后即为最终评分。2024 年《世界自由报告》公布了全球 200多个国家和地区自由状态的评估结果，84 个国家或地区被认定为"自由"，59 个国家或地区被认定为"部分自由"，67 个国家和地区被认定为"不自由"。显然，这种评估方式带有强烈的主观色彩和随意性，充斥着意识形态偏见。

　　综上所述，这一阶段民主测量研究在理论、方法和应用范围上都取得了明显的突破。民主测量开始探索更为精确的量化方法，并制定了更加系统、更加标准化的指标体系。在应用范围上，民主测量被用于不同国家民主化进程的国际比较研究，为探讨民主发展的影响因素提供了更为广阔的视角。但是，这一阶段所测量的民主实际上被默认为西方自由民主，忽视了民主的其他形式；对民主的测量也只流于表面的程序与形式，并未关注到民主的实质。

三、民主测量的"质量转向"

冷战结束之际，弗朗西斯·福山（Francis Fukuyama）提出，自由民主是人类历史的终结。在随后的十余年中，民主化进一步推进，不仅亚洲涌现出新的民主国家，北非和中东地区也经历了"茉莉花革命"。然而在表面繁荣的背后，各种形式的虚假、无效民主不断涌现，一些国家面临着政治腐败、权力滥用等问题，民主质量参差不齐。这使得不少学者重新审视民主测量的范式，他们不约而同地将目光聚焦到民主质量上，形成了三项影响力较大的民主测量研究[①]。

一是拉里·戴蒙德和里奥纳多·莫里诺对"优质民主"与"劣质民主"的划分，以法治（rule of law）和回应性（responsiveness）为核心。在戴蒙德和莫里诺看来，传统的二元对立式民主测量范式已不能适应实际需求，必须深入实践来区分"优质民主"和"劣质民主"。从质量和效率等相关角度出发，戴蒙德和莫里诺指出，民主应具备以下条件：（1）普遍的成年公民选举权；（2）具有竞争性的反复的、自由的公正选举；（3）一个以上的正式政党；（4）多元的信息来源。而"优质民主"则意味着通过正规合法的稳定机制赋予公民充分的自由、政治平等以及对公共政策及政策制定者的控制。他们没有设计一个测量民主质量的客观框架，但是大体确定了测量民主质量的八个维度，即法治、参与、竞争、垂直问责、水平问责、公民与政治自由、政治平等和回应性[②]。莫里诺还特别强调，法治和回应性是衡量民主质量的关键，它们使得对民主质量的测量和对民主程序的测量区别开来[③]。

二是贝塔斯曼政治转型指数（Bertelsmann Political Transformation Index），以治理质量（the quality of governance）为核心。贝塔斯曼政治转型指数是用于衡量全球发展中国家和转型国家政治转型进程的发展状况

---

① 燕继荣：《民主及民主的质量》，《经济社会体制比较》2014 年第 3 期。

② Diamond L，Morlino L.（2005）. Assessing the quality of democracy. JHU Press.

③ Morlino L.（2009）. Legitimacy and the quality of democracy. International Social Science Journal，60（196），pp. 211 – 222.

的指数，着眼于民主转型过程，因此排除了 1989 年之前成为经济合作与发展组织（OECD）成员的所有国家以及居民少于 100 万的小国。自 2005 年以来，贝塔斯曼基金会每两年发布一次政治转型指数，旨在确定 137 个国家在民主转型进程中所处的状态。

贝塔斯曼政治转型指数关注国家性（stateness）、政治参与（political participation）、法治（rule of law）、民主制度的稳定性（stability of democratic institutions）、政治和社会一体化（political and social integration）等五个类别的民主运作基本条件，在测量中特别强调治理质量（the quality of governance）。具体测量方法如表 3-6 所示。

表 3-6 贝塔斯曼政治转型指数的测量方法

类别	测量指标
国家性	1. 国家对使用武力的垄断在多大程度上覆盖了整个国家的领土？
	2. 社会中所有相关群体在多大程度上同意公民身份并接受民族国家的合法性？
	3. 法律秩序和政治制度在多大程度上不受宗教教条的干扰？
	4. 行政机关的管理范围和效力如何？
政治参与	1. 政治代表在多大程度上是由普遍、自由和公平的选举决定的？
	2. 民主选举的政治代表在多大程度上具有有效的治理权力，或者在多大程度上存在否决权？
	3. 个人在多大程度上可以组建和加入独立的政治或公民团体？这些团体在多大程度上可以自由运作和集会？
	4. 公民、组织和大众媒体在多大程度上可以自由表达意见？
法治	1. 权力分立与制衡在多大程度上是有效的？
	2. 在多大程度上存在一个独立和有效的司法机构？
	3. 滥用职权的公职人员在多大程度上受到起诉或处罚？
	4. 公民权利在多大程度上得到保障和保护，公民在多大程度上可以为这些权利受到侵犯而寻求赔偿？
民主制度的稳定性	1. 民主制度能够发挥作用吗？
	2. 民主制度在多大程度上被相关行动者认为是合法的？

续表

类别	测量指标
政治和社会一体化	1. 政党制度在多大程度上表达和汇集了公共利益？
	2. 在多大程度上存在利益集团？
	3. 公民对民主规范和程序的认可程度有多高？
	4. 公民对社会组织的信任程度有多高？

资料来源：BTI2024_Codebook，https://bti-project.org/fileadmin/api/content/en/downloads/codebooks/BTI2024_Codebook.pdf.

贝塔斯曼政治转型指数主要采用专家评估的方法测量。每个国家通常由一名国际专家和一名当地专家分别对 18 个指标进行赋值；随后，由七名区域协调员对区域内和区域间的结果进行标准化处理；最后，由转型专家组成的科学顾问委员会监督和讨论结果，并确定最终的政治转型指数，贝塔斯曼政治转型指数将调查对象的民主转型状态，划分为巩固的民主、有缺陷的民主、有严重缺陷的民主、温和的独裁和强硬的独裁等五类，并带有偏见地认为东欧和南美的民主程度高于亚洲和非洲。

三是经济学人情报社民主指数（The Economist Intelligence Unit's Index of Democracy），关注到了政治文化（political culture）的作用。该指数是由英国《经济学人》杂志社旗下的信息情报社创立的一套全球民主质量评估指标体系，覆盖全球 167 个国家和地区。该指数于 2006 年首次发布，2008 年第二次发布，并从 2010 年起每年发布一次，评估上一年的民主状况。凭借《经济学人》杂志的全球影响力，该指数在不到 20 年的时间里已经获得了相当多的拥趸。

经济学人情报社民主指数试图超越单纯的选举民主，尝试从更广义的角度定义民主，特别是将政治文化等因素纳入评估体系。经济学人情报社民主指数的测量指标被分为五个大类：选举过程与多元化（electoral process and pluralism）、政府运行（the functioning of government）、政治参与（political participation）、政治文化（political culture）和公民自由（civil liberties）。具体测量方法如表 3 - 7 所示。

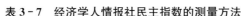

表 3-7 经济学人情报社民主指数的测量方法

一级指标	二级指标
选举过程 与多元化	1. 国家立法机构和政府首脑的选举是自由的吗？
	2. 国家立法机关和政府首脑的选举公平吗？
	3. 市政选举既自由又公平吗？
	4. 所有成年人都有普选权吗？
	5. 公民在投票时能否不受国家或非国家机构对其安全的重大威胁？
	6. 法律是否规定了广泛平等的竞选机会？
	7. 为政党提供资金的过程是否透明并被普遍接受？
	8. 选举之后，从一个政府向另一个政府有序移交权力的宪法机制是否明确、确立并被接受？
	9. 公民是否可以自由组建独立于政府之外的政党？
	10. 反对党有实现执政的现实前景吗？
	11. 是否所有公民都有可能获得公职？
	12. 公民是否被允许组建政治和公民组织，不受国家干预和监视？
政府运行	1. 自由选举产生的代表们决定了政府的政策吗？
	2. 立法机构是最高的政治机构，明显高于其他政府部门吗？
	3. 政府权力的行使是否有有效的制衡制度？
	4. 政府是否受到军队或安全部门的不当影响？
	5. 外国势力和组织是否能决定重要的政府职能或政策？
	6. 特殊的经济、宗教或其他强大的国内团体是否行使与民主制度平行的重要政治权力？
	7. 是否有足够的机制和机构确保政府在两次选举之间对选民负责？
	8. 政府的权力是否延伸到国家的全部领土？
	9. 政府的运作是否公开透明以使公民能够充分获取信息？
	10. 腐败有多普遍？
	11. 公务员是否愿意及有能力执行政府的政策？
	12. 民众是否能自由选择和控制自己的生活？
	13. 民众是否有对政府的信任？
	14. 民众是否有对政党的信任？

续表

一级指标	二级指标
政治参与	1. 全国选举的选民参与/投票率。
	2. 民族、宗教和其他少数群体在政治进程中是否有合理程度的自治权和发言权？
	3. 议会中的女性比例。
	4. 具有政党和非政府政治组织成员资格的比例。
	5. 公民的政治参与意愿。
	6. 民众参加合法的示威活动的意愿。
	7. 成人识字率。
	8. 成年人口在多大程度上对新闻中的政治表现出兴趣和关注？
	9. 当局是否努力推进政治参与？
政治文化	1. 是否有足够程度的社会共识和凝聚力来支撑一个稳定、有效的民主？
	2. 希望有一个绕过议会和选举的强势领导人的人口比例。
	3. 赞成军事统治的人口比例。
	4. 更喜欢专家或技术官僚统治的人口比例。
	5. 认为民主国家不善于维持公共秩序的人口比例。
	6. 相信民主有利于经济表现的人口比例。
	7. 民众对民主的支持程度。
	8. 政教分离有很强的传统。
公民自由	1. 有没有自由的电子媒体？
	2. 有没有自由的印刷媒体？
	3. 是否有表达和抗议的自由（除了普遍接受的限制，如禁止倡导暴力）？
	4. 媒体报道是否有力？
	5. 上网是否有政治上的限制？
	6. 公民是否可以自由组建专业组织和工会？
	7. 机构是否为公民提供向政府请愿以纠正冤屈的机会？

资料来源：https://mkto-ab220141.com/NzUzLVJJUS00MzgAAAGR9NvF42idNaiFIIosz fYXtOmLdrHmG4dhRsyv2d1NCAomDih4_nIeF-WfJg0z7wAtZTpLbno=.

　　根据二级指标的不同情况，分别采用二分量表或三分量表测量，每个指标的值从高到低分别为 1、0 或 1、0.5、0。除少数例外情况，对于每个一级指标，将各个相应的二级指标的值相加，再乘以 10，然后除以该一级指标的二级指标总数，分别得到取值从 0 至 10 不等的五个一级指数值；再对五个一级指数值加总后取平均，得出的位于 0 至 10 范围内的值即为最终的民主指数值。民主指数值与国家类型的对应关系如表 3 - 8 所示。

表 3 - 8　民主指数值与国家类型的对应表

国家类型	民主指数值
威权政体（authoritarian regime）	0～4
混合政体（hybrid regime）	4～6
有瑕疵的民主（flawed democracy）	6～8
完全民主（full democracy）	8～10

资料来源：https://mkto-ab220141.com/NzUzLVJJUS00MzgAAAGR9NvF42idNaiFIIoszfYXtOmLdrHmG4dhRsyv2d1NCAomDih4_nIeF-WfJg0z7wAtZTpLbno=.

　　除了专家评估之外，经济学人情报社民主指数还使用了民意调查的数据加以补充。其中，最主要的数据来源是世界价值观调查，也包括欧洲晴雨表、盖洛普民意调查、亚洲晴雨表、拉丁美洲晴雨表、非洲晴雨表等民意调查数据。对于缺少调查结果的国家，则使用类似国家的调查结果和专家评估来填补空白，或仍采用专家评估数据。该指数按照完全民主、有瑕疵的民主、混合政体、威权政体四种类型，将不同国家和地区的民主状况分为了 9 个具体的等级，并带有偏见地认为欧洲、北美洲、大洋洲的民主得分高于亚洲和非洲。

　　这一阶段民主测量研究的重心转向了民主质量，开启了理解民主的新视角，在理论和方法上表现出如下特征：首先，在理论上，这一阶段的研究虽然更重视民主质量，但仍然没有真正跳出选举民主的框架。在测量民主时，涉及选举民主的指标仍然占据主导地位，而其他方面的指标如社会、文化等的发展状况，实际上只是选举民主的辅助条件。其次，在方法上，引入了公民对民主的主观感受数据进行跨国实证调查，在一定程度上丰富了数据来源，更加注重公民对民主的态度、信任和参与意愿等方面因素，为民主质量的测量提供了相对全面的视角。但是，也许出于调查方法的局限性、数据的主观性以及跨文化比较的复杂性等方面原因，公民的主观感受数据使用范围并不广泛，也并未成为主要的数据来源。

四、民主衰退视域下民主测量的多样化

以 2008 年全球金融危机为标志，世界范围内开始出现民主衰退的迹象。全球金融危机引发了欧美世界的经济和财政动荡，被视为"民主的经济危机"，激起了对西式民主模式的深刻反思。大量新兴民主国家相继出现国家发展停滞、民主质量下降、政权解体的现象，西方民主国家也遭受了民主信任危机。2010 年以来，欧洲难民危机不断升级；2010 年末至 2011 年初，突尼斯的"茉莉花革命"导致西亚和北非多国的政治动荡，随后的"阿拉伯之春"进一步加剧了欧洲的难民潮；饱受欧债危机困扰的欧盟成员国在债务和难民分配等问题上的分歧日益加深，民粹主义和反欧主义情绪开始蔓延。在这种背景下，民主测量研究转向考察民主的复杂性和多样性。

这一阶段的民主测量研究以 V-Dem（Varieties of Democracy，民主多样性）指数为代表。V-Dem 指数由瑞典哥德堡大学政治学系于 2017 年创建，每年发布一次全球民主状况的测评报告（V-Dem Annual Democracy Report），是目前最有影响力的民主测量指标体系之一。V-Dem 研究所发布的《2024 年民主报告》称，V-Dem 指数提供了一个多维、分类的数据集，致力于从一种全新的路径出发，用最先进的方法来定义与测量民主，即在历史视角下，通过更加多维（multidimensional）、精准（nuanced）和分解（disaggregated）的方式来分析和呈现民主概念的复杂性①。从指标数量、覆盖时间与范围等方面来看，与其他主流民主指数相比，V-Dem 指数的测量标准的确最为详尽和细致。截至 2024 年，V-Dem 数据集包含

---

① https://www. v-dem. net/documents/44/v-dem_dr2024_highres. pdf.

470 个测量指标，覆盖了 1789 年至 2023 年期间 202 个国家的数据①。

V-Dem 指数反映了一种超越简单选举的复杂民主概念，但仍然以选举民主为基础。V-Dem 指数由五个分指数组成，分别是选举民主指数（electoral democracy index）、自由民主指数（liberal democracy index）、参与民主指数（participatory democracy index）、协商民主指数（deliberative democracy index）以及平等民主指数（egalitarian democracy index）。其中，后四种民主指数在测量时都包含了选举民主指数。各分指数的测量方法如表 3 - 9 所示。

表 3 - 9　V-Dem 指数分指数的测量方法

分指数名称	二级指数名称	三级指数名称
选举民主指数	可加性多元政体指数	/
	可乘性多元政体指数	言论自由和其他信息来源指数
		结社自由指数
		有选举权的人口比例指数
		公正选举指数
		民选官员指数
自由民主指数	选举民主指数	/
	自由成分指数	法律面前人人平等和个人自由指数
		司法对行政的制约指数
		立法对行政的制约指数
参与民主指数	选举民主指数	/
	参与成分指数	公民社会参与指数
		直接普选指数
		地方政府指数
		区域政府指数

---

① Coppedge et al，（2024）．"V-Dem Codebook v14" Varieties of Democracy（V-Dem）Project．https：//www. v-dem. net/documents/39/v-dem_methodology_v14. pdf.

续表

分指数 名称	二级指数名称	三级指数名称
协商民主 指数	选举民主指数	/
	协商成分指数	/
平等民主 指数	选举民主指数	/
	平等成分指数	平等保护指数
		平等机会指数
		资源平等分配指数

注：表中"/"表示此处空缺。

资料来源：Coppedge et al.（2024）."V-Dem Codebook v14" Varieties of Democracy（V-Dem）Project. https://www.v-dem.net/documents/39/v-dem_methodology_v14.pdf.

V-Dem 指数通过专家评估的方法进行测量。V-Dem 项目通常在每个国家中选取至少五名专家，为每个国家/年的每个指标编码，并通过测量模型聚合专家编码数据解决主观差异问题，以解释估计的不确定性和潜在偏差。

在 V-Dem 指数看来，全球范围内都呈现出显著的民主衰退迹象，自2009 年以来，非民主国家的人口数多于民主国家的人口数，且这一差距在持续拉大，2023 年全世界 71% 的人口生活在该指数认定的 88 个非民主国家中[1]。

在理论上，这一阶段的民主测量研究开始认同民主模式不是单一的，但仍然以选举民主为基本标准。在方法上，这一阶段的民主测量研究在民主概念的多维度考察、指标的选取与分类、数据的赋值与加总等方面都实现了显著的改进与完善；但是，从根本上讲，上述努力仍未摆脱西方自由民主范畴下"民主-独裁"二分法的窠臼。

五、西方主要民主测量指标演进的趋势与动力

在上述四个阶段的西方民主测量发展历程中，出现了三个反复讨论的主

---

[1] https://www.v-dem.net/documents/44/v-dem_dr2024_highres.pdf.

题：什么是民主？什么是良好的民主测量标准？对民主的测量是否与时俱进地反映了现实的发展？随着时间的推移，这些问题的答案一直在变化，民主测量在理论和方法上都在不断发展。表3-10梳理了西方主要民主测量指标的演进历程。总体看来，西方民主测量指标表现出以下演进趋势：

表3-10 西方主要民主测量指标的演进历程

发展阶段	测量重心	代表性测量指标名称	核心测量维度
20世纪50年代至60年代	民主与独裁的划分	李普塞特的"民主-独裁"二分法	民主的稳定性或自由选举
20世纪70年代至80年代	以竞争性选举为基础的自由民主	温汉南民主化指数	竞争、参与
		政体指数	竞争性选举
		"世界自由报告"	政治权利、公民自由
20世纪90年代至21世纪初	民主质量	"优质民主"与"劣质民主"	法治、参与、竞争、垂直问责、水平问责、公民与政治自由、政治平等和回应性，法治、回应性是关键
		贝塔斯曼政治转型指数	国家地位、政治参与、法治、民主制度的稳定性、政治和社会一体化，特别强调治理质量
		经济学人情报社民主指数	选举过程与多元化、政府运行、政治参与、政治文化和公民自由
2008年以来	民主多样性	V-Dem指数	选举民主、自由民主、参与民主、协商民主和平等民主

首先，测量内容的重心越来越接近民主的实质。在民主测量研究的初期阶段，大多数研究以"竞争-参与"范式将各国的政体划分为大同小异的几种类型，并止步于对民主类型的判断。20世纪90年代以来，民主国家内部的差异越来越大，仅仅判定一个国家属于民主政体已经没有太大的实际意义；民主衰退的趋势越来越显著，自由民主和选举民主的话语霸权面临挑战，民主质量和民主的多样性等更实质的问题转而成为研究焦点。与此同时，测量的维度越来越丰富。早期的民主测量指标测量维度较为单一，以竞争和参与两大维度为主。随着民主质量和民主多样性进入研究者

的视野，测量维度明显更为多元，大多数指标体系在保留了传统的两大测量维度的同时，引入了新的测量维度，如法治、回应性、治理质量、政治文化等，体现了对民主概念更立体、更多元的理解。

其次，测量指标和测量指标聚合为指数的过程越来越复杂。测量指标的数量越来越多，例如早期的温汉南民主化指数仅有竞争程度和参与程度两个指标，其后的"世界自由报告"、经济学人情报社民主指数等指标体系的测量指标都达到了数十个，更晚近的 V-Dem 指数的指标数量更是有数百个之多。同一维度的测量指标数量也大大增加，以"选举"这一维度为例，早期的民主测量只考虑了选举的投票人口比例、选举的公正性等少数指标，随后的研究还关注到了选举的有效性、参与选举的自由程度、选举权的覆盖程度、选民在选举时能否不受威胁、竞选机会是否平等等一系列指标，经济学人情报社民主指数中仅与选举相关的测量指标就有 12 个，V-Dem 选举民主指数的测量指标更是多达 41 个。同时，聚合指标的方式也越来越复杂，早期温汉南的民主指数只简单地将两个指标进行相乘，"世界自由报告"的各个测量指标也只是进行了简单的加总处理。中后期的民主测量更重视对数据的聚合过程，往往会通过一系列复杂的数理模型确定权重和聚合规则，尽可能降低不确定性，减少潜在的偏差。

最后，数据来源越来越多样，特别是引入了公民的主观感受数据，对传统的客观数据和专家评估数据形成了有益的补充。早期的民主测量研究不仅数据缺失多，并且来源单一。例如，李普塞特的研究仅使用了欧洲及英语国家、拉丁美洲的数据，并且拉丁美洲的数据全部来源于历史学家的主观判断，这使得他的研究结论的可信度受到质疑。只采用客观数据或专家主观评估数据的民主指数往往与公民的主观感受有一定出入，例如，唐文方发现，"世界自由报告"与第五波世界价值观调查的数据之间存在矛盾，被"世界自由报告"认定为自由民主的国家和地区中很多公民都认为自己并不自由[①]。从测量实质民主的角度来说，一国公民的主观感受应当优先于被人为制定的所谓的民主的"客观标准"。时至今日，已有更多民

---

① 唐文方：《如何测量中国民主——关于民主与政治幸福感的讨论》，http://nads. ruc. edu. cn/upfile/file/20170306161409_643857_56010. pdf.

主指数开始尝试在测量中加入公民的主观感受数据。

西方民主测量指标体系的演进受到理论和实践发展的双重影响。一方面，理论的发展是民主测量指标不断演进的直接动力，前一个阶段的缺陷往往在下一阶段得到一定程度的完善。在第一阶段，受行为主义革命影响，量化方法被引入民主研究，但测量方法相对比较粗糙；第二阶段的民主测量方法明显更为精细，也更成体系，但受到"竞争-参与"范式的深刻影响，其测量的民主只局限于自由民主和形式民主的范畴；第三阶段的民主测量意识到了自由民主和形式民主的局限性，开始重视对民主质量的测量，引入法治、治理等方面的指标，但对实质民主的测量仍然不足，与选举民主相关的指标仍然占据主流；第四阶段的研究开始尝试跳出自由民主和选举民主的框架，对不同类型的民主做出测量，但这一尝试的效果较为有限，选举民主仍然被视为各类民主模式的基础，实际上仍未摆脱西方民主的桎梏。另一方面，理论的发展归根到底来源于实践的发展，民主化进程的持续推进是民主测量指标不断演进的根本动力。二战结束后，现代化问题和民主危机突出，这一阶段的民主测量研究主要服务于现代化问题，只作出民主和独裁的划分一定程度上已能满足此时的研究需求；20世纪70年代第三波民主化运动开始，自由民主占据了这一时期的民主模式的主流，判断一个国家的政体是不是自由民主政体，是这一阶段研究的主要任务；20世纪90年代至21世纪初，第三波民主化浪潮下迅速增加的新兴民主国家民主的质量不尽如人意，对民主质量的测量便成为这一阶段研究的重心；2008年以来，民主质量问题进一步突出，民主衰退的趋势越来越明显，不同国家的政治历史背景、经济发展状况、文化价值观念都不尽相同，民主的多样性成为新一阶段的研究重点。

第二节　西方民主测量指标的内在局限

一、西方民主测量指标的内容局限

西方民主测量研究往往只偏重对政治民主的测量，而忽略了社会民主。这折射出一种对民主十分狭隘的理解，因为政治民主只能实现政治解放，无法实现彻底的人类解放；人类真正的解放，要通过社会民主来实现。在西方民主测量指标体系中，选举民主和自由民主构成了内容的重中之重。

一方面，对选举民主的关注表现为对选举、竞争等要素的重点测量。首先来看选举。西方主流民主测量指标体系通常会评估选举过程的自由度和公正性、选举的规律性、选民参与度、选举管理机构的独立性。比如在"世界自由报告"中，选举过程（election process）是政治权利（political rights）的重要组成部分。选举是否有竞争性的候选人、选举程序是否透明、是否有平等的竞选机会、选民是否能够自由表达意愿等因素是评估的重点。在 Polity IV 的指标体系中，选举的自由度和公正性是评估民主水平的关键指标。该项目通过分析选举的规则和实际情况，如选举周期的规律性、选举结果的可预测性，以及选举过程中的舞弊和暴力事件，来评估一个国家的民主水平。经济学人情报社民主指数也把选举作为评估民主质量的关键维度之一。该指数会考虑选举的规律性、自由度、公正性和竞争性，分析选举结果是否能够被广泛接受，评估选民的投票率、政党是否能够合法运作，考察选举管理机构的独立性和效率，以及选举过程的透明度。温汉南民主化指数通过在议会或总统选举中实际投票的人口比例计算参与程度。

再来看竞争。西方民主指标体系通常关注选举过程中的竞争性，包括政党之间的竞争、候选人的多样性以及选民的选择自由；同时也会考察政治舞台上是否存在多元化的声音和观点，即不同的政治力量是否有机会表达自己的立场并争取公众支持，包括政党的合法性、多样性以及公民是否有足够的平等参与权。比如，"世界自由报告"在其民主排名中，将政府的多元化和参与（political pluralism and participation）作为评估民主水平的关键要素。这包括政府内是否存在不同的政党、是否允许相互竞争，以及公民是否有足够的平等参与权。竞争性在这里体现为政党之间的自由竞争和公民的平等参与机会。Polity IV 项目在评估民主程度时，会考虑政治竞争的自由度和公正性。这包括选举周期的规律性、选举结果的可预测性，以及选举过程中的舞弊和暴力事件。竞争性在这里体现为政治权利的开放性，即不同的政治力量有机会通过选举过程获得或保持权利。温汉南民主化指数计算了除最大政党外，所有政党在国家选举中获得的选票份额。这反映了政治竞争的自由度，即不同政治力量在选举中的竞争机会。

另一方面，西方民主测量指标体系建立在以政治自由为核心经营民主价值理念的基础之上。规避民众对资本主义的厌恶和回应来自其他民主理论的挑战是将民主自由主义化的主要动机。资本主义民主因其明显的阶级属性难以被广泛接受，而"自由"却是人们偏爱的价值，以"自由"为核心建构的自由民主代替了资本主义民主，掩饰了其阶级本质，转移了矛盾。在二战之前，关于民主的讨论通常围绕社会主义民主与资本主义民主展开，具有鲜明的阶级性。在冷战时期，为了消弭大众和知识分子对资本主义的负面看法，美国中央情报局（CIA）于 1951 年决定将"自由"作为社会科学宣传的核心，用自由民主的概念来重新定义资本主义民主，以此替代原有的资本主义民主概念①。萨托利明确指出了这一策略的目的，"民主（表达时的用词）变得引人注目，而自由主义（隐含的概念）则受到轻视"，并且"我们所信奉和实践的民主是自由主义民主"②。这一转变不仅在意识形态上重塑了民主的内涵，也在政治话语中为资本主义的辩护提供了新的理论基础。

在西方民主测量指标体系中，对"政治自由"的关注体现在多个维度的评估中。"世界自由报告"把公民自由（civil liberties）列为衡量民主水平的两大类别之一。这一类别下，具体考察了表达与信仰自由（freedom of expression and belief）、结社和组织权利（associational and organizational rights）、法治（rule of law）以及公民自治与个人权利（personal autonomy and individual rights）。这些指标反映了公民在政治、社会和文化生活中的自主选择权，以及他们在法律面前的平等地位。Polity IV 项目在评估民主

---

① 杨光斌、释启鹏：《带有明显意识形态偏见的西方自由民主评价体系》，《世界社会主义研究》2018 年第 3 期。

② 【美】乔万尼·萨托利：《民主新论：上卷：当代论争》，冯克利、阎克文译，上海人民出版社 2015 年版，第 318 页。

和独裁政体时，会考虑政治竞争的自由度和公正性。此外，Polity IV 还会评估政府的开放性，即政治权力是否对不同政治力量开放，以及公民是否能够自由参与政治过程；新闻自由也是评估的内容之一，包括媒体的多样性、独立性和专业性，以及媒体是否能够自由地传播信息和观点，不受政府的审查和压制。V-Dem 指数中的自由民主指数（liberal democracy index）强调个人和少数人的权利应当得到保护，反对国家的暴政和"多数人的暴政"。自由民主指数衡量了一个国家是否实现了法治、权力制衡，是否保护了公民自由。具体测量指标包括法律面前是否人人平等、是否有个人自由、司法对行政是否有制约、立法对行政是否有制约等。经济学人情报社民主指数关注言论自由、新闻自由、集会自由、结社自由、宗教信仰自由等方面。

二、西方民主测量指标的方法局限

与西方民主测量指标一贯自我标榜的"科学性"与"客观性"不同，从其数据来源、测量效度、测量精度、指标赋值、指标聚合等方面来看，在测量的各个环节，西方的民主测量方法实际上都表现出既不科学也不客观的特征。

第一，在数据来源上，大多数西方民主指数都带有研究机构或学者的主观色彩，具有极大的模糊性与不确定性；并且，此类民主指数常常与基于调查数据产生的"主观民主指数"的结论大不相同，不能全面地反映真实情况。

基于统计方法的不同，民主测量的数据来源可以被分为基于标准的数据和基于调查的数据两种类型[①]。基于标准的数据是指研究机构或学者先将民主进行概念化与操作化，形成一系列标准化指标，再根据这一系列标准化指标分别为不同国家赋值，最后将这些指标聚合为一个指数。这种方法被各种研究机构和学者广泛应用，是目前西方民主测量研究领域的主流

---

① Landman T, Häusermann J. (2003). Map-making and analysis of the main international initiatives on developing indicators on democracy and good governance. Report for University of Essex-Human Rights Centre and EUROSTAT, pp. 4 - 10.

方法。此类指数一般被称为"客观民主指数"，大部分目前常用的民主指数都属于此列，例如经济学人情报社民主指数、政体指数、V-Dem 指数等。此类民主指数的一个明显问题在于，从测量指标的选取到分类、赋值、加总等方面都表现出了浓厚的主观色彩，留下了很大的模糊空间。以 2023 年经济学人情报社民主指数为例，其中一项测量指标为"市政选举既自由又公平吗?"其赋值规则为：若"都是自由和公平的"则赋值为 1；若"都是自由的，但不是公平的"则赋值为 0.5；若"既不自由也不公平"则赋值为 0[①]。但是，到底什么程度的选举才称得上"自由""公平"，却很难形成一个统一的标准。在实际赋值过程中，那些已经被西方国家"定性"为"专制独裁""威权"的国家，即使存在自由公平的选举，也会遭到恶意抹黑。基于调查的数据主要来源于民意调查，通过随机抽样测量民众对本国或他国民主水平、民主质量等方面的评价，这类调查通过对目标人群的随机抽样，测量民众对于本国或者他国民主发展阶段、民主观念或者民主质量的评价，一般采用统计推断方法。此类在民意调查基础上形成的民主指数就被称为"主观民主指数"。目前主流的主观民主指数包括世界价值观调查（World Values Survey）和全球晴雨表调查（Global Barometer Survey）。

越来越多的研究表明，主观民主指数与客观民主指数之间往往存在很大的张力。例如，有学者发现政体指数和"世界自由报告"对某些地区民主状况的评价与东亚晴雨表中同一地区民众感知的民主绩效并不相符。杨光斌和释启鹏比较了同样是由经济学人发布的"民主指数"和"民众主观感受指数"，发现二者的结果有很大差距[②]。亚洲晴雨表的结果也否定了"世界自由报告"的结论，中国民众对于政府信任、制度认同、政府解决问题的能力等根本性问题的认识都与"世界自由报告"所评估的情况不同，在指数排名上都位居亚洲国家前列，这一结论也得到了中国几家数据

---

① https://mkto-ab220141.com/NzUzLVJJUS00MzgAAAGR9NvF42idNaiFIIoszfYXtOmLdrHmG4dhRsyv2d1NCAomDih4_nIeF-WfJg0z7wAtZTpLbno=.

② 杨光斌、释启鹏：《带有明显意识形态偏见的西方自由民主评价体系》，《世界社会主义研究》2018 年第 3 期。

库的支持①。

那么，到底是客观民主指数还是主观民主指数更能反映民主的本质？更深一层的问题是，到底是所谓的"客观标准"重要，还是国民的主观感受重要？从民主的本质上讲，民主是一种把公共偏好转化为公共政策的机制，民众的意志才应该是民主政体唯一的合法性来源②。然而，当前的西方民主测量偏重使用客观民主指数，对主观与客观民主指数之间的张力视而不见。这种张力绝非个例，反映了客观民主指数结构性的局限性，此类民主指数所测量的民主，是不客观、不全面、不真实的。

第二，在测量效度上，尽管西方民主测量指标的名目越来越繁多、层次关系越来越复杂，但测量指标的效度仍然不尽如人意。仅以最常用且最基础的测量指标投票率为例，且不论投票究竟是否是民主的必要条件，即使承认投票之于民主的重要性，以投票率测量民主的有效性也仍然值得质疑。例如，投票率与其他民主指标的相关性很低，有时甚至是负相关。例如，博林分析了投票率与多个民主指数的相关性，发现20岁以上人口投票率与新闻自由指数的相关系数为-0.49，与选举公平性指数的相关系数为-0.28；选民投票率与最不发达国家的民主指数的相关系数仅为 0.09③。这说明，以投票率测量民主可能会导致自相矛盾的结论，测量的效度堪忧。再如，投票率与民主水平之间的相关性并不稳定。在某些情况下，投票率低可能不是因为民主水平较低，而是选民政治冷漠的结果。并且，民主水平高的国家可能投票率反而很低，因为政府政策已充分满足了选民的政治意愿，选民对政府较为满意，不再需要投票行为表达意愿④。投票率与民主水平之间不一定存在因果关系，即使存在，也不一定是简单的线性关系。又如，由于强制性投票行为的存在，投票率并不能反映真实的政治参与意愿。一些非民主国家将投票率作为民主的象征，鼓励投票行为，其

① Chu Y. H. (2016). Sources of regime legitimacy in Confucian societies. Journal of Chinese Governance，1 (2)，pp. 195 – 213.

② 【日】猪口孝等：《变动中的民主》，林猛等译，吉林人民出版社1999年版，第5页。

③ Bollen K. A. (1980). Issues in the comparative measurement of political democracy. American Sociological Review，pp. 45，370 – 390.

④ Lipset S. M. (1962). Garden city. NY：Anchor Books.

至通过法律手段强制投票，以实现形式上的民主和统治的合法性①。这种对投票行为的过度干预严重影响了投票率的真实性。民主国家虽然没有在法律上强制选民投票，但一系列非正式的安排同样影响了投票行为，扭曲了选民的意愿②。换言之，投票率这一指标在很大程度上是可以被操纵的，以此类极易被扭曲的指标测量民主，即使在处理数据时采用最严谨的数学方法，也将不可避免地导致测量的效度问题。

第三，在测量精度上，无论是采用二分测量法还是多级测量法，均无法避免测量误差。"民主 vs. 独裁"的二分测量虽然有利于简化分析，但很有可能将民主水平具有很大差异的国家也归为同一类。例如，"民主与独裁指数"（index of democracy and dictatorship）将国家或地区的政体简单地划分为民主（democracy）和独裁（dictatorship）两种基本类型③，导致巴布亚新几内亚和瑞典这两个在选举质量、公民自由和竞争障碍方面存在明显差异的国家却得到了同样的分数④。多级测量法在一定程度上能减少这一误差，并且分级越多，测量的精度也越高⑤。但是，多级测量法同样也有缺陷。有些指数从多方面评价一国的民主水平，采取的计算方法是各项分数的加权乘积⑥。这意味着，两个国家即使总的民主指数值相同，也

---

① Lerner D. (1958). The passing of traditional society: modernizing the Middle East. New York: Free press; Hewitt C. (1977). The effect of political democracy and social democracy on equality in industrial societies: a cross-national comparison. American sociological review，41，pp. 450 - 464；Moon B. E.，Birdsall J. H.，Ciesluk S.，et al. (2006). Voting counts: Participation in the measurement of democracy. Studies in Comparative International Development，41，pp. 3 - 32.

② Elklit J. (1994). Is the degree of electoral democracy measurable? experiences from Bulgaria, Kenya，Latvia，Mongolia and Nepal//Defining and measuring democracy. SAGE Publications，pp. 89 - 111；Hadenius A. (1992). Democracy and development. Cambridge University Press，p. 40.

③ Przeworski A.，Alvarez M. E.，Limongi F. (2000). Political institutions and well-being in the world，1950 - 1990. Cambridge University Press.

④ Coppedge M.，Gerring J.，Altman D.，et al. (2011). Conceptualizing and measuring democracy: a new approach. Perspectives on Politics，9 (2)，pp. 247 - 267.

⑤ Bollen K. A.，Grandjean B. D. (1981). The dimension (s) of democracy: further issues in the measurement and effects of political democracy. American Sociological Review，46，pp. 651 - 659.

⑥ Treier S.，Jackman S. (2008). Democracy as a latent variable. American Journal of Political Science，52 (1)，pp. 201 - 217.

可能在不同方面的表现差异很大①。并且，大多数现有民主指数无法区分得分为满分的国家的民主水平。例如，安道尔、保加利亚、丹麦、以色列、毛里求斯、瑙鲁、巴拿马、南非、乌拉圭和美国等国家在"世界自由报告"2004 年的政治权利评估中得分最高，但这些国家的民主水平显然存在显著差异②。简言之，即使是采用多级测量法，民主指数也无法证明一个得分高的国家实际上更民主③。

第四，在指标赋值上，几乎所有的西方民主指数的指标赋值都表现出对非西方国家政治制度的严重偏见，对其民主状况的评估与现实情况严重不符，未能真实反映其民主水平。以中国为例，我国的全过程人民民主是全链条的，民主选举、民主协商、民主决策、民主管理、民主监督等各个环节紧密结合、相互关联，包含了完善的制度程序和广泛的参与实践，贯穿选举、审议、决策、管理和监督的全过程。但温汉南民主化指数、"世界自由报告"、经济学人情报社民主指数等都严重低估我国的民主发展水平，这显然与我国民主政治建设的现实情况和巨大成就不相符合。事实上，中国绝非遭受不公正的指标赋值的个例。有学者对"世界自由报告"进行意识形态偏见的因子分析发现，其评估结果一向偏向基督教和西方国家，而不利于伊斯兰国家。经济学人情报社民主指数也表现出对社会主义国家的偏见，例如"选举过程与多元化"一级指标，中国、越南、老挝、朝鲜、古巴等国家的得分均为 0，即使是"所有成年人都有普选权吗？"和"公民在投票时能否不受国家或非国家机构对其安全的重大威胁？""法律是否规定了广泛平等的竞选机会？"这类明显可以得分的指标，也被赋零分。

第五，在指标聚合上，对于指标权重的设置暗含了价值偏向，测量同一维度的指标多次重复出现，显然增加了这一维度的权重。例如，在"世

---

① Coppedge M., Gerring J., Altman D., et al. (2011). Conceptualizing and measuring democracy: a new approach. Perspectives on Politics, 9 (2), pp. 247 – 267.

② Pemstein D., Meserve S. A., Melton J. (2010). Democratic Compromise: a latent variable analysis of ten measures of Regime Type. Political Analysis, 18 (4).

③ Pemstein D., Meserve S. A., Melton J. (2010). Democratic compromise: a latent variable analysis of ten measures of Regime Type. Political Analysis, 18 (4).

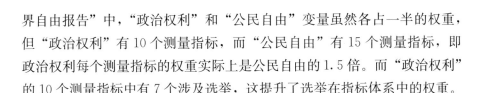

界自由报告"中，"政治权利"和"公民自由"变量虽然各占一半的权重，但"政治权利"有 10 个测量指标，而"公民自由"有 15 个测量指标，即政治权利每个测量指标的权重实际上是公民自由的 1.5 倍。而"政治权利"的 10 个测量指标中有 7 个涉及选举，这提升了选举在指标体系中的权重。

三、西方民主测量指标局限性的根源

西方民主测量指标之所以在测量内容和测量方法上存在上述诸多局限，固然有技术层面不够成熟的原因，然而归根结底是由其民主理论决定的。

西方民主测量指标体系建立在以竞争性选举为核心对古典民主概念的改造的基础之上。现代合法性理论的奠基人韦伯，将合法性简化为权力产生和运行的一系列程序，深刻影响了现代民主理论的演进。韦伯构建了现代合法性的理想类型——"法理型统治"，将正式制定的非人格法律视为最高行为准则，试图通过构建被认同和服从的合法性夯实稳固的统治基础。法理型统治把是否符合抽象政治和伦理准则作为判断合法性的标准，因而特别重视选举程序。韦伯将议会代议制称为自由的代议制，认为代议士仅需忠于自身对事务的信仰，而无须履行其代表的人的利益；代议士是选民选举的"主子"，而非他们的"公仆"[1]。由此可见，韦伯所阐释的合法性仅指涉形式合法性，与统治绩效并无直接关系。在古希腊时期，民主是公民普遍参与的政治形态，是"主客合一的直接民主、抽签轮替的参与民主、物质保障的实质民主、公益至上的价值民主"[2]。而现代的选举民主，不再是实现普遍利益的制度安排，而仅仅被视为产生政治精英的工具。

在韦伯之后，熊彼特通过建立以"程序正义"替代"实质正义"的新民主理论，完成了对民主概念的进一步改造。他将民主视为选民选举产生政治家的过程，至于政治家产生之后如何立法、决策等，则不是民主政治的范畴[3]。熊彼特首先解构了古典主义民主观和"实质正义"的人民主

---

① 【德】马克斯·韦伯：《经济与社会》上卷，商务印书馆 1997 年版，第 326 页。

② 张国军：《民主的两种理路：选举民主与过程民主》，《观察与思考》2015 年第 10 期。

③ 【美】约瑟夫·熊彼特：《资本主义、社会主义与民主》，吴良健译，商务印书馆 1999 年版，第 395 - 396 页。

权论。古典民主理论以功利主义为基础，强调国家存在的目的和价值在于促进大多数人的最大幸福，相信存在共同福祉与共同意志，"人民"是政治合法性的来源。然而，熊彼特却认为，人们并不存在能够一致同意或通过合理论证而同意的共同福祉，也不存在所谓的普遍人民意志。在此基础上，熊彼特建构了一套新的民主理论，这套理论反对主张"实质正义"的古典主义，将"人民主权"置换成"人民的选举权"。"选举代表对民主制度的最初目标而言是第二位的，最初目标是把决定政治问题的权力授予全体选民。假如我们把这两个要素的作用倒转过来，把选民决定政治问题放在第二位，把选举做出政治决定的人作为最初目标。换言之，我们现在采取这样的观点，即人民的任务是产生政府，或产生用以建立全国执行委员会或政府的一种中介体。"① 可见，在熊彼特的理论中，民主不意味着人民拥有实际的主权，而是人民必须承认并接受由被选出的政治精英统治。至此，民主已然失去"人民主权"的含义，而转变为由人民选出政治精英统治他们的选举过程。民主的主体已成为政治精英，而不再是人民。这一"偷天换日"的概念改造策略实现了对政治合法性的重塑。

萨托利将"自由"视为"民主"的核心，强调自由是民主存在的前提。"民主关心的是社会凝聚力和公平分配，自由则看重出类拔萃和自发性。……自由以个人为枢纽，民主则以社会为中心。……自由首先是要设法限制国家权力，民主则在国家权力中嵌入人民的权力"②。民主的本质是平等不是自由。但"自由应当先于平等而实现。自由首先到来，是根据这样一个简单的认识：如果没有自由，人们甚至无法提出平等的要求"③。在他看来，自由主义民主的本质在于通过自由来追求平等，而不是通过平等来追求自由。自由民主是统领性的民主，其他的民主，无论是社

---

① 【美】约瑟夫·熊彼特：《资本主义、社会主义与民主》，吴良健译，商务印书馆 1999 年版，第 395 页。

② 【美】乔万尼·萨托利：《民主新论：下卷：古典问题》，冯克利、阎克文译，上海人民出版社 2015 年版，第 421－422 页。

③ 【美】乔万尼·萨托利：《民主新论：上卷：当代论争》，冯克利、阎克文译，上海人民出版社 2015 年版，第 391 页。

会民主、参与民主还是工业民主、经济民主，在等级上都低于自由民主。"要么是自由主义民主，要么什么民主都不是"①。在政体意义上谈论自由主义民主时，萨托利谈论更多的是"自由主义"，而非"民主"。萨托利对"自由主义"和"民主"的内涵进行了区分，并将民主置于自由主义的范畴中："我们制度中的自由主义和民主主义这两种成分的相互联系，可以描述如此：前者特别关心政治约束、个人首创精神以及国家形式问题，后者则对福利、平等以及社会凝聚力特别敏感。"②"从政治意义上来说，民主国家与自由主义国家大致相同，前者在很大程度上只是后者的一个新名称。"③

通过将民主自由主义化，自由主义与资本主义进行了表面上的脱钩，以免大众把对资本主义的痛恨转移到自由主义上来；这使得自由民主的地位得以巩固，并通过第三波民主化运动深刻影响了一大批国家。萨托利承认，自由主义与民主的结合在总体上是成功的，并且自由主义占据了优势地位；但为了维持这一结合的稳定性，自由主义不得不在表面上淡化这一优势。为了掩饰相对于民主的胜利，自由主义放弃了其身份，选择自称为民主主义者。这种策略性的自我隐匿，实际上是出于政治目的而做出的妥协。此举的根本原因在于，自由主义因与资本主义紧密结合而受到广泛敌视。工业革命是在经济自由主义的名义下发生的。在自由主义诞生初期，第一次工业革命在极大地促进生产力发展的同时，也带来了工业化的苦难。工业化进程中的资本积累伴随着对工人阶级的剥削，并伴随着资本主义全球扩张的过程越来越多地招致人民的怨恨。

西方民主测量研究机构及其指标体系从创立之初就带有浓厚的意识形态对抗色彩，为少数西方大国的政治外交目的服务。早在 20 世纪 50 年代，美国中央情报局的官员就表示，美国社会科学的研究就是让非西方阵营觉

---

① 【美】乔万尼·萨托利：《民主新论：下卷：古典问题》，冯克利、阎克文译，上海人民出版社 2015 年版，第 429 页。

② 【美】乔万尼·萨托利：《民主新论（下卷：古典问题）》，冯克利、阎克文译，上海：上海人民出版社，2015 年版，第 422 页。

③ 【美】乔万尼·萨托利：《民主新论（下卷：古典问题）》，冯克利、阎克文译，上海：上海人民出版社，2015 年版，第 422 页。

得"我们别无选择，唯一的办法就是通过建设性地实施'自由'这个理念来证明其优越性"①。"世界自由报告"启动和发布时，美国在冷战对峙中正处于相对劣势。为了扭转战略态势，美国政府开始加强政治价值与制度的输出，每年通过所谓的非政府组织发布"世界自由报告"就是其中一种重要手段。意识形态的斗争并没有随着冷战的结束而消失，资本主义与社会主义两个集团的对立逐渐被建构为所谓民主国家与非民主国家的对立。冷战结束后，凭借着对"民主""自由"等话语的垄断，少数西方国家对不符合其民主评价标准的国家横加指责，在全球范围内进行"民主输出""民主渗透"。其中，由西方国家主导的民主测量指标体系无疑是其中的重要工具。

对于西方民主测量指标在测量内容和测量方法上存在的种种局限，如果从巩固、传播意识形态偏见的角度去理解其深层次的行为动因，就会有豁然开朗之感。从测量内容来说，社会民主之所以鲜少在西方民主测量指标中出现，是因为社会民主与资产阶级的利益是对立的，而政治民主则能够保障资产阶级的利益，实现阶级统治。社会民主是与资产阶级和财产对立的民主制度，是实现经济领域的平等、实现大多数人对少数人统治的民主。资本主义国家的统治阶级是资产阶级，显然无法容忍这种民主形式的存在。相应地，西方民主测量指标片面强调政治民主，是因为这与西方资本主义国家的利益是一致的。政治民主的本质是阶级统治。从全世界的社会发展历程来看，资产阶级民主共和制的确立，固然是巨大的历史进步；但是，"资本主义社会里的民主是一种残缺不全的、贫乏的和虚伪的民主，是只供富人、只供少数人享受的民主"②。资产阶级民主制度的性质决定了议会、政党、选举制度本质上都是为资产阶级利益服务的。通过这些民主的机构和制度，资产阶级不仅能实现其阶级利益，而且能保证统治的合法性和稳定性。"民主共和制是资本主义所能采用的最好的政治外壳，所以资本一掌握……这个最好的外壳，就能十分巩固十分可靠地确立自己的权

---

① 杨光斌、释启鹏：《带有明显意识形态偏见的西方自由民主评价体系》，《世界社会主义研究》2018 年第 3 期。

② 《列宁全集》第 31 卷，人民出版社 2017 年版，第 86 页。

力，以致在资产阶级民主共和国中，无论人员、无论机构、无论政党的任何更换，都不会使这个权力动摇。"① 资产阶级实行民主制的核心目的在于，通过民主制这一"最好的政治外壳"保障资产阶级的财产所有权，调配和发挥资产阶级的力量，保障资产阶级对无产阶级和人民大众的统治②。总而言之，资产阶级的民主不过是资产阶级实现其阶级统治的工具。因此，在西方民主测量指标中，政治民主被突出强调，而社会民主则被刻意地忽视了。

至于测量方法，无论是在数据来源、测量效度、测量精度、指标赋值还是指标聚合中存在的问题，都体现了以西式自由民主为唯一标准的民主判断倾向。如果采用基于某种特定标准的客观数据，民主指数的设计者就能够以自由民主的原则作为测量标杆，为西方资本主义国家"量身定制"测量标准，从而得到符合其意识形态需要的民主指数；如果引入了公民的主观感受数据，则有可能削弱甚至抵消西方资本主义国家的排名优势。因此，即使民主指数的设计者能够意识到民主指数在数据来源等方法论层面的不足，也只会做一些无关紧要的技术性调整，不会真正触及在指数背后的价值问题③。再如，二分测量法背后反映出民主与专制的二元分析范式已经深入到西方民主理论的各个方面。随着行为主义政治学的兴起，民主测量的理论与实证研究趋向于科学化、数据化和模型化。然而，在充满意识形态色彩的理论预设下，再进行的计量、分析与排序工作都已经不那么重要了。又如，在指标赋值过程中，西方民主测量指标多采用专家评估的方法，这些所谓的专家本身就带有意识形态立场，明显地表现出对西方国家的偏好和对非西方国家的成见。这些专家对非西方国家的认识主要依赖于文本信息或二手资料，缺乏对这些国家政治发展实际情况的深入了解和观察。但是，在获取信息如此方便的信息时代，这些专家更多是"不想"而非"不能"全面和客观地呈现非西方世界的真实情况。

① 《列宁全集》第31卷，人民出版社2017年版，第12—13页。
② 王沪宁主编：《政治的逻辑》，上海人民出版社2004年版，第219页。
③ Munck G. L., Verkuilen J. (2002). Conceptualizing and measuring democracy: evaluating alternative indices. Comparative political studies, 35 (1), pp. 5-34.

第三节　新的民主测量指标的构建与应用

一、民主测量指标的构建原则

如前所述，西方的民主测量指标在测量内容和测量方法上存在诸多局限，反映出对民主的狭隘理解和深刻的意识形态偏见。面对层出不穷的"民主的危机"，我们需要从根本上警惕和反思西方民主理论的结构性缺陷，在民主测量指标上更加注重反映社会正义和平等、公民在政治生活中的积极参与以及对公共利益的共同关怀等内容。因此，笔者尝试建立一个兼顾政治民主与社会民主的民主测量指标，提升社会民主的比重，以纠正西方民主测量指标的偏差并弥补其不足。

在测量内容方面，要注意以下三点：一是要注重民主测量指标的完整性与系统性。在构建民主的测量指标体系时，应当秉持政治民主与社会民主密不可分的原则，确保该体系能够全面、准确地反映出一个国家或地区在民主方面的发展水平。二是要注重人民主体性，实现客观指标与主观指标的结合。在构建民主指数时，应摆脱对西方精英及专家评估的依赖，将本国民众对民主的直接感受作为主要数据来源。通过问卷调查等方法，收集民众对民主选举、回应性、责任性、政治信任、社会治理、政府效能和满意度等方面的直接反馈，以此作为构建民主测量指标体系的基础。三是注重指标的普遍通约性与其在发展中国家适用性的统一。对西方民主测量指标进行扬弃，审慎吸纳其理论中的合理成分，避免陷入"自说自话"和"闭门造车"的自我中心主义误区。通过与西方民主测量指标的理论对话，丰富民主测量的理论框架，提升新的测量指标在民主测量领域的国际影响力和话语权。与此同时，应充分考虑到发展中国家在发展阶段、政治体制、社会结构等方面的特殊性，避免采用单一维度的评估方法，应构建一个多维度、包容不同民主模式的指标体系，全面评价民主的多样性和复杂性。

在测量方法上，要坚持科学性原则，测量维度的划分要体现对民主概念的科学理解，测量指标的选取、赋值要充分反映现实情况，指标的权重计算需严格依据科学的理论；要坚持可操作性原则，测量指标的选取要保证数据的可获得性、可比较性、可测量性；要坚持权威性原则，客观指标应使用官方权威部门统计和发布的指标，应使用统计口径一致的数据，确保数据的一致性和可靠性，如果数据存在小部分缺失，应当使用权威数据通过数学方法进行科学的推算；要坚持简洁性原则，指标体系应由具有典型性的指标构成，既要尽可能全面地反映民主概念的科学内涵，同时也要避免盲目堆砌过多指标；要坚持动态性原则，鉴于民主水平与民主质量处于不断的动态变化之中，测量指标体系必须具备动态监测的能力，以适应和反映各国民主状况的持续变化。遵循上述原则，笔者构建了一个包含"政治民主的安排与绩效"和"社会民主的安排与绩效"两个分指数的层级分明、科学可行的指标体系。

二、民主测量指标的基本框架

（一）政治民主的安排与绩效

在"政治民主的安排与绩效"方面，本研究从民主选举、民主监督、责任性、政治民主绩效 4 个一级指标出发，共遴选出 10 个二级指标和 15 个三级指标（见表 3-11）。

表 3-11 政治民主的安排与绩效测量指标

一级指标	二级指标	三级指标	数据来源
民主选举	选举参与度	选民参与选举的频率（＋）	世界价值观调查
	选举公平性	不公正事件的发生频率（－）	
	选举结果实质性	选举结果在多大程度上改变了选民的生活（＋）	
民主监督	政府可问责性	世界治理指数"话语权和可问责性"指标（＋）	世界治理指数
	政府公开性	WJP 法治指数"开放政府"指标（＋）	世界正义工程法治指数

续表

一级指标	二级指标	三级指标	数据来源
责任性	横向责任（法治程度）	世界治理指数"法治"指标（＋）	世界治理指数
	纵向责任（廉洁程度）	腐败感知指数（＋）	透明国际
		公民对本国政府腐败的主观感知（－）	世界价值观调查
政治民主绩效	政治信任	政府信任（＋）	世界价值观调查
		政党信任（＋）	
	政治稳定	世界治理指数"政治稳定与非暴力"指标（－）	世界治理指数
		按来源国家划分的难民人数占比（－）	世界银行
	政府效能	一般政府最终消费支出占GDP比重（－）	世界银行
		人均GDP（＋）	
		世界治理指数"政府效能"指标（＋）	世界治理指数

1. 民主选举

民主选举一级指标包含选举参与度、选举公平性、选举结果实质性 3 个二级指标。

首先，选举是选民表达政治偏好和政治需求的重要途径。更高的选举参与度意味着更广泛的社会群体通过选举表达了自己的意愿，反映了更广泛充分的民主。本研究没有选取常见的投票率指标测量选举参与度，是因为由于强制性投票行为的存在，投票率并不能反映真实的政治参与意愿，这一指标的效度值得质疑。从测量实质民主和坚持人民主体性原则的角度出发，本研究选择通过世界价值观调查中的问题"在地方选举中，你是总是投票、通常投票还是从不投票？"测量选举参与度①。

其次，只有在公正的选举中，选民的意志才能得以真实准确的表达，

---

① 这一问题的原文为："When (local level) elections take place, do you vote always, usually or never ?"

确保选举结果能够忠实地反映选民的选择和偏好。选举的公平性不仅关系到选举本身的正当性，也是民主体系健康运作和持续发展的必要条件。本研究通过世界价值观调查中的问题"在您看来，在这个国家的选举中，下列情况（选票被公平计算；反对派候选人被禁止参选；电视新闻对执政党有利；记者提供公正的选举报道；选举官员是公正的；富人操纵选举；选民在投票站受到暴力威胁；选民在选举中有真正的选择；女性在选举中有平等的机会）发生的频率有多高？"综合测量选举的公平性①。

最后，相较于选举的程序性和形式性特征，选举结果的实质性对于民主而言更为重要。本研究通过世界价值观调查中的问题"有些人认为，诚实的选举会给他们的生活带来很大的不同；其他人则认为这无关紧要。你认为诚实的选举对你来说有多重要？"测量选举结果的实质性②。

2. 民主监督

民主监督一级指标包含政府可问责性、政府公开性2个二级指标。

首先，政府的可问责性确保民主选举不只是一个程序性形式，而是一个保障政府履行其服务公民职责的实质性机制，是实现有效民主监督的关键保证。可问责性保障了公民的言论自由和结社自由等基本权利，这些权利是民主参与的基础。本研究采用世界治理指数中的"话语权和可问责性"（voice and accountability）指标测量可问责性③。世界治理指数（Worldwide Governance Indicators，WGI）由世界银行开发，包括话语权与可问责性、政治稳定与非暴力、政府效率、监管质量、法治、腐败控制六方面的指标。其中，"话语权和可问责性"指标反映了一个国家的公民

---

① 这一问题的原文为："In your view, how often do the following things (Votes are counted fairly, Opposition candidates are prevented from running, TV news favors the governing party, Voters are bribed, Journalists provide fair coverage of elections, Election officials are fair, Rich people buy elections, Voters are threatened with violence at the polls, Voters are offered a genuine choice in the elections, Women have equal opportunities to run the office) occur in this country's elections?"

② 这一问题的原文为："Some people think that having honest elections makes a lot of difference in their lives; other people think that it doesn't matter much. How important would you say is having honest elections for you—very important, rather important, not very important or not at all important?"

③ https://databank.worldbank.org/source/worldwide-governance-indicators#.

在多大程度上能够参与选择政府，以及对言论自由、结社自由和媒体自由等基本权利的保障①。

其次，政府公开性是实现民主监督的前提。政府对决策过程和结果的公开有利于公民对权力运行的合法性、决策的科学性做出正确判断，从而充分发挥民主监督的作用。本研究采用法治指数中的"开放政府"（open government）指标测量公开性。法治指数（rule of law index）是由世界正义工程（World Justice Project，WJP）发布的用于衡量各国法治差距的指标，包括政府权力的制约、廉洁、开放政府、基本权利、秩序和安全、监管、民事司法、刑事司法八个维度。其中，"开放政府"维度包括法律和数据公开、知情权、公民参与、投诉机制等指标，综合反映了政府的公开程度②。

3. 责任性

责任性一级指标包含横向责任（法治程度）、纵向责任（廉洁程度）2个二级指标。莱文（Daniel H. Levine）和莫琳娜（José E. Molina）将责任区分为横向责任、纵向责任和社会责任③。由于社会责任在本研究所构建的指标体系的其他一级指标中已有所体现，因此本研究在借鉴莱文等人成果的基础上，在责任性一级指标下构建了横向责任、纵向责任2个二级指标。

首先，横向责任是指公职人员不仅要向选民负责，而且要向相关的其他政府部门和公职人员负责，体现了公职人员在行政体系内部所受的监督和制约。法治程度是衡量责任性的关键指标，体现了司法部门对于行政部门滥用权力的制约程度。并且，按照戴蒙德和莫里诺的民主质量理论，法治是衡量民主质量的关键④。因此，本研究采用世界银行发布的"世界治理指数"中的"法治"指标作为衡量责任性的指标之一，该指标反映了公

---

① https://www. worldbank. org/en/publication/worldwide-governance-indicators/documen-tation.

② https://worldjusticeproject. org/our-work/research-and-data.

③ 李辉：《东亚民主的质量：测量与比较》，《开放时代》2014 年第 5 期。

④ Morlino L. (2009). Legitimacy and the Quality of Democracy. International Social Science Journal, 60 (196), pp. 211 - 222.

众对法律的信任程度和遵守程度①。

其次，纵向责任是指公职人员对公民的责任。腐败意味着公权力不再用于为公民服务，而被用于为公职人员的私利服务。因此，如果一个国家的公职人员越清廉，则可认为该国的纵向责任程度越高。纵向责任包含腐败感知指数（又称清廉指数，corruption perception index）和公民对本国政府腐败的主观感知2个三级指标。腐败感知指数由透明国际（Transparency International）发布，是目前广为接受的腐败测量指数②。腐败感知指数值越高，意味着感知的腐败程度越低。由于腐败感知指数主要由专家评分得到，有失人民主体性原则，因此本研究还构建了公民对本国政府腐败的主观感知指标，通过世界价值观调查中的问题"如果以10分为满分，你会如何评价你的国家的腐败问题?"测量③。

4. 政治民主绩效

政治民主绩效一级指标包含政治信任、政治稳定、政府效能3个二级指标。

首先，广义上的政治信任包括政治体系信任、政治制度信任、政治体制信任、政权基础信任、政府绩效信任以及政府信任等内涵④。一般而言，政治信任主要指民众对政府的支持与信任，这是政权合法性的重要基础，也是政治稳定的重要保障。在实证研究中，政党也是常见的被测量的政治信任的对象⑤。因此，本研究在政治信任下构建了政府信任和政党信任2个三级指标，通过世界价值观调查中的"我将列举一些组织。对于我所列举的组织（其中包括政府和政党），你能告诉我你对他们有多大的信心吗"

① https://databank. worldbank. org/source/worldwide-governance-indicators#.

② https://transparency. am/en/.

③ 这一问题的原文为："How would you place your views on corruption in your country on a 10-point scale where '1' means 'there is no corruption in my country' and '10' means 'there is abundant corruption in my country'?"

④ 上官酒瑞、程竹汝:《政治信任的结构序列及其现实启示》,《江苏社会科学》2011年第5期;马得勇:《政治信任及其起源——对亚洲8个国家和地区的比较研究》,《经济社会体制比较》2007年第5期。

⑤ 王正绪:《政治信任研究:民本主义的理论框架》,《开放时代》2022年第2期。

来进行问题测量①。

其次，政治稳定是政治发展的基本目标。本研究构建了 2 个政治稳定的三级指标："政治稳定与非暴力"（political stability and absence of violence/terrorism）指标来自世界治理指数，反映了公民对政治不稳定和/或出于政治动机的暴力可能性的认知②；"按来源国家划分的难民人数占比"指标借鉴了华东政法大学的国家治理指数的指标设计，通过按来源国家或地区划分的难民人数占该国总人口的比重考察该国的难民流出数量，进而反映该国的政治稳定程度。

最后，平衡民主与效率是现代政府面临的重要问题，建立高效而民主的政府是现代各国所追求的重要目标。有学者认为民主政府本质上倾向于低效，而高效能的政府往往由少数精英所掌控③。然而，随着对民主的深入理解，人们开始达成新的共识：有效政府是民主稳定发展的基础，更民主的政府往往是政府效能更高的政府。在发展政治民主的过程中，必须不断提高民主政府的有效性，这不仅是民主稳固的内在要求，更是政治民主自身优势的内在体现。政府效能包含 3 个三级指标，分别是一般政府最终消费支出占 GDP 比重、人均 GDP、世界治理指数中的"政府效能"指标。其中，前两个指标均参考了华东政法大学的国家治理指数的测量指标体系，一般政府最终消费支出占 GDP 比重反映了政府的治理成本，人均GDP 反映了政府的治理产出；世界治理指数中的"政府效能"（government effectiveness）指标反映了公众对公共服务质量、政策制定和执行的质量、政府的政策承诺可信度等方面的看法④。

（二）社会民主的安排与绩效

在"社会民主的安排与绩效"方面，本研究从经济公平、社会平等、

---

① 这一问题的原文为："I am going to name a number of organizations. For each one（The government；Political parties），could you tell me how much confidence you have in them?"

② https://www. worldbank. org/en/publication/worldwide-governance-indicators/documentation.

③ 【美】托马斯·戴伊、【美】哈蒙·齐格勒：《美国民主的讽刺》，张绍伦等译，世界知识出版社 1991 年版，第 1 页。

④ https://databank. worldbank. org/source/worldwide-governance-indicators＃.

社会治理、社会保障、社会民主绩效 5 个一级指标出发，共遴选出 13 个二级指标和 28 个三级指标（见表 3-12）。

表 3-12 社会民主的安排与绩效测量指标

一级指标	二级指标	三级指标	数据来源
经济公平	就业情况	劳动参与率（＋）	国际劳工组织数据库
		失业率（一）	
	劳工权利保护	法定每月最低名义工资总额（美元）（＋）	
	收入分配	基尼系数（一）	世界银行
社会平等	教育平等	受教育年限的标准差（一）	联合国教科文组织统计研究所（UNESCO Institute for Statistics，UIS）
		受教育年限的基民系数（一）	
	性别平等	性别不公指数（GII）（一）	联合国开发计划署《人类发展报告》
社会治理	社会参与	在工会中的活跃程度（＋）	世界价值观调查
		在消费者组织中的活跃程度（＋）	
	公共服务	教育公共支出占政府支出的比重（＋）	世界发展指数
		国内一般政府卫生支出占当期卫生支出的比重（＋）	
		电力普及率（＋）	
		网络普及率（＋）	
	公共安全	主观安全程度感知（＋）	世界价值观调查
		治安案件发案频率（一）	
		国际谋杀犯罪率（每10万人）（一）	世界发展指数
		盖洛普全球法律与秩序指数（＋）	盖洛普民调
社会保障	社会保障有效覆盖率	至少享受一项社会福利的人口比例（＋）	国际劳工组织基于社会保障调查（SSI）的社会保障数据库
	社会保障支出	社会保障支出占GDP比例（＋）	

续表

一级指标	二级指标	三级指标	数据来源
社会民主绩效	经济发展	世界银行共同富裕指数（＋）	世界银行
		世界银行共同富裕溢价指数（＋）	
		GDP 总量（现价美元）（＋）	国际货币基金组织
		GDP 增长率（＋）	
	人类发展	人类发展指数（＋）	联合国开发计划署《人类发展报告》
	幸福与福祉	主观幸福感受（＋）	世界价值观调查
		主观自由感受（＋）	
		主观生活满意度（＋）	
		主观经济状况满意度（＋）	

1. 经济公平

经济公平一级指标包含就业情况、劳工权利保护、收入分配 3 个二级指标。

首先，就业是个人和家庭获得收入的主要途径，就业情况直接影响贫富差距和经济公平。就业情况包含劳动参与率、失业率 2 个三级指标：高劳动参与率通常表明更多的劳动者有机会进入劳动力市场，反映了就业机会的广泛性和公平性；低失业率通常表明经济健康和就业机会充足，也是经济公平的体现。高劳动参与率和低失业率既有助于提高总体收入水平，减少收入不平等；也有助于维持经济增长和社会稳定，是经济公平的基础。

其次，劳工权利保护意味着工人能够获得公平的薪酬、合理的工作时间和安全的工作环境，这些都是经济公平的基本要素。综合考虑数据可得性等问题，对于一个国家对劳工权利保护的程度，本研究主要通过法定每月最低名义工资总额（美元）测量。

最后，公平的收入分配有助于缩小贫富差距，提升社会整体福祉；也有助于提高社会流动性，促进经济收入的代际公平。本研究选取收入的基尼系数衡量收入分配情况，反映收入差距的大小与收入分配的公平性。

2. 社会平等

社会平等一级指标包含教育平等、性别平等 2 个二级指标。

教育平等是社会公平在教育领域的集中体现，是维系社会公平正义的基石①。常用于反映教育不平等程度的指标有 2 个，即受教育年限的标准差和受教育年限的基尼系数②。前者反映教育的绝对不平等程度，后者反映教育的相对不平等程度。本研究将这两个指标均纳入指标体系，用以综合衡量教育公平程度。

性别平等与妇女发展是人类追求公平、正义与平等的永恒主题③。本研究采用联合国开发计划署在《人类发展报告》中提出的性别不公指数（gender inequality index，GII）测量性别平等程度。国际上已有许多测量性别不平等的指数体系，其中性别发展指数（gender development index，GDI）、性别赋权指数（gender empowerment measure，GEM）、性别平等指数（gender parity index，GPI）、全球性别差距指数（global gender gap index，GGGI）、社会制度和性别指数（social institution and gender index，SIGI）、性别不公指数（gender inequality index，GII）等影响较大。其中，性别不公指数反映了不同国家在生殖健康（reproductive health）、赋权（empowerment）和劳动力市场（labour market）三个维度基于性别的劣势，具体包括孕产妇死亡率、15～19 岁未成年女性生育率、议会席位占比、25 岁及以上至少受过中等教育的人口比重、劳动力参与率 5 个指标④。这个指数提供了一种更为客观的评估方法，能够更精确地反映性别间的长期社会差异，并量化性别不平等对一个国家人类发展的潜在损失。鉴于此，本研究将性别不公指数纳入本研究的指标体系。性别不公指数值越低，说明性别之间的平等程度越高。

---

① 郑功成：《中国社会公平状况分析——价值判断、权益失衡与制度保障》，《中国人民大学学报》2009 年第 2 期。

② 白雪梅：《教育与收入不平等：中国的经验研究》，《管理世界》2004 年第 6 期。

③ https://www. gov. cn/zhengce/2015－09/22/content_2936783. htm.

④ https://hdr. undp. org/data-center/thematic-composite-indices/gender-inequality-index＃/indicies/GII.

3. 社会治理

社会治理一级指标包含社会参与、公共服务、公共安全3个二级指标。

首先，社会参与是实现良好社会治理的关键要素，社会行动者在社会治理中的主体性和主动性是衡量社会治理质量的重要指标①。社会治理的主体是社会组织乃至公民个体，其主要表现形式不是政府管制，而是社会自治（social self-governance）②。社会组织是公民参与社会治理的重要平台，社会组织的活跃程度在一定程度上反映了社会参与的水平。因此，本研究在社会治理一级指标下构建了"社会参与"二级指标，以测量公民通过社会组织参与社会治理的活跃程度。社会参与下设公民在工会、消费者组织中的活跃程度2个三级指标，分别通过世界价值观调查中的相应题组测量。

其次，社会治理的成效与公共服务的数量、质量和公平分配密切相关。公共服务二级指标反映了公共服务供给的数量、质量、分配情况，以4个三级指标衡量：教育公共支出占政府支出的比重、国内一般政府卫生支出占当期卫生支出的比重、电力普及率、网络普及率。教育公共支出占政府支出的比重和公共卫生支出占政府支出的比重两项指标属于投入性指标，反映了各国政府在提供公共服务方面的实际投入程度。电力普及率、网络普及率都反映了各国政府在社会基础设施建设上的努力程度和成效。

最后，公共安全是评估社会治理成效的重要维度。公共安全主要包含主观安全程度感知、治安案件发案频率、国际谋杀犯罪率（每10万人）、盖洛普全球法律与秩序指数（gallup's latest law and order index）4个三级指标。主观安全程度感知是居民对生活环境中有无外部威胁及其程度的主观评价，这是一种综合感受，反映了居民对犯罪率、治安情况、政府提供的预防犯罪服务等多方面因素的评价，通过世界价值观调查中的"你能告诉我这些天你感到有多安全吗"问题测量③。治安案件发案频率指一定时

---

① 俞可平：《中国社会治理评价指标体系》，《中国治理评论》2012年第2期。
② 燕继荣：《中国社会治理的理论探索与实践创新》，《教学与研究》2017年第9期。
③ 这一问题的原文为："Could you tell me how secure do you feel these days?"

期内某地区发生的治安案件数量，直接反映了社会治安状况和公共安全水平，通过世界价值观调查中的相应题组测量。国际谋杀犯罪率反映了一个国家每 10 万人中谋杀案发生的数量，这一指标是衡量暴力犯罪程度和整体治安状况的重要指标。盖洛普全球法律与秩序指数是衡量全球个人安全感以及犯罪和执法经验的重要指标，通过对 140 多个国家和地区超过 16 万名成年人的采访获得①。全球法律与秩序指数值越高，表明这个国家或地区的安全系数越高。

4. 社会保障

在社会保障一级指标方面，本研究参考国际劳工组织（International Labour Organization，ILO）基于社会保障调查（Social Security Inquiry，SSI）的社会保障数据库，将社会保障划分为社会保障有效覆盖率、社会保障支出 2 个二级指标②。其中，社会保障有效覆盖率是国际劳工组织制定的重要的可持续发展目标指标之一（SDG indicator 1.3.1），用于测量社会保护最低标准/制度覆盖的人口比例，包括儿童、失业者、老年人、残疾人、孕妇、新生儿、工伤受害者以及穷人和弱势群体。该指标反映了社会保障制度有效覆盖的人口比例。

5. 社会民主绩效

社会民主绩效一级指标包含经济发展、人类发展、幸福与福祉 3 个二级指标。

首先，经济发展是实现社会民主的基础，没有生产力的高度发展，想要建立起一个以"每个人的自由发展是一切人的自由发展的条件"的"自由人联合体"，并使得"人终于成为自己的社会结合的主人，从而也就成为自然界的主人，成为自身的主人——自由的人"③ 无异于痴人说梦。经济发展下设世界银行共同富裕指数（shared prosperity index，SPI）、世界银行共同富裕溢价指数（shared prosperity premium index，SPPI）、GDP 总量（现价美元）、GDP 增长率 4 个三级指标。其中，共同富裕指数是指

---

① https://www.gallup.com/analytics/356963/gallup-global-law-and-order-report.aspx.

② https://www.ilo.org/media/419201/download.

③ 《马克思恩格斯选集》第 3 卷，人民出版社 2012 年版，第 817 页。

最贫穷的 40％群体（"B40"群体）的人均消费或人均收入的年增长率①。世界银行认为，通过提高最弱势群体的平均收入增长率，可以有效促进共同富裕目标的实现②。为了监测共同富裕实现的程度，世界银行进一步构建了共同富裕溢价指数，该指数通过计算一国 B40 群体的平均收入增长率与该国全体居民平均收入增长率之间的差额得到。已有研究指出，只有全球 B40 群体平均收入增长率超过总体平均收入增长率 2 个百分点，世界银行的减贫目标才能实现③。这几个指标综合反映了一个国家的共同富裕程度、总体的经济规模、经济活力和发展潜力。

其次，社会民主最终追求的是人的彻底解放和自由全面发展。本研究通过联合国开发计划署发布的人类发展指数（human development index）这一综合性指标测量人类发展。人类发展指数自 1990 年发布以来，影响极其广泛。人类发展指数的设立目的是强调评价一个国家发展的最终标准应当是公民及其个人能力，而不仅仅是经济增长。人类发展指数被分为健康长寿的生命（a long and healthy life）、丰富的学识（being knowledgeable）、体面的生活（having a decent standard of living）三个维度，分别通过出生时的预期寿命、受教育年限（包括成年人的平均受教育年限和儿童的预期受教育年限）、人均国民总收入三项指标测量，能够综合反映各个国家在人类发展关键维度的平均成就④。

最后，幸福与福祉也是社会民主追求的重要目标。幸福是一种综合的主观感受，通过公民的主观幸福感受、主观自由感受、主观生活满意度、主观经济状况满意度 4 个三级指标综合测量，数据来源于世界价值观调查。

（三）指标的合成方法

本研究采用熵值法计算指标权重并对民主测量指标进行合成。熵值法

---

① https://pip.worldbank.org/shared-prosperity.

② 韩秀兰、李俊明、窦姝云：《我国个人所得税对共同富裕影响的量化分析——基于共同富裕指数（SPI）和共同富裕溢价指数（SPPI）的分析》，《税务研究》2022 年第 10 期。

③ Lakner C., Negre M., Prydz E. B., et al. (2014). Twinning the goals: how can promoting shared prosperity help to reduce global poverty?. World Bank Policy Research Working Paper, 7106.

④ https://hdr.undp.org/data-center/human-development-index.

是一种客观赋权法，根据各指标的离散程度确定指标的权重：一个指标的离散程度越大，说明该指标包含的信息量越大，对于综合评价的影响也越大，因此为其赋予更大的权重；反之，离散程度越小，则为其赋予较小的权重。

由于各个指标的量纲、实际意义不同，不具有可比性，因此必须对指标进行标准化处理。本研究采用极值法（功效系数法）进行标准化：

正向指标：

$$x_{ijt}' = \frac{x_{ijt} - \min\limits_{i,t}(x_{ijt})}{\max\limits_{i,t}(x_{ijt}) - \min\limits_{i,t}(x_{ijt})}$$

负向指标：

$$x_{ijt}' = \frac{\max\limits_{i,t}(x_{ijt}) - x_{ijt}}{\max\limits_{i,t}(x_{ijt}) - \min\limits_{i,t}(x_{ijt})}$$

其中：i 表示国家（$i=1, 2, \cdots, m$），j 表示指标（$j=1, 2, \cdots, n$），t 表示年份（$t=1, 2, \cdots, T$），x_{ijt} 表示 i 国家、第 j 个指标、第 t 年的原始值，x_{ijt}' 表示 i 国家、第 j 个指标、第 t 年取值经过标准化处理后的值，$\max\limits_{i,t}(x_{ijt})$ 和 $\min\limits_{i,t}(x_{ijt})$ 分别表示指标 j 在各国家历年间的最大值和最小值。极值法得到的标准化结果均分布于区间（0，1）内。

进而，可以利用熵值法为各指标赋予不同的权重。首先，计算 i 国家 t 年在指标 j 上所占的比例：

$$p_{ijt} = \frac{x_{ijt}'}{\sum\limits_{i=1}^{m} \sum\limits_{t=1}^{T} x_{ijt}'}$$

其次，计算指标 j 的熵值：

$$e_j = -\frac{1}{\ln(m \times T)} \sum\limits_{i=1}^{m} \sum\limits_{t=1}^{T} p_{ijt} \ln p_{ijt}$$

其中：$0 \leqslant e_j \leqslant 1$。$e_j$ 的大小可以反映指标 j 取值的离散程度：e_j 的值越小，说明 x_{ijt}' 的差异越大，则该指标的权重也越大；反之，e_j 的值越大，

说明 $x_{ijt}{'}$ 的差异越小，则该指标的权重也越小。

最后，根据以下公式确定指标 j 的权重：

$$w_j = \frac{1 - e_j}{n - \sum\limits_{j=1}^{n} e_j}$$

其中：w_j 表示第 j 个指标在指数模型中所占的权重。

根据上述步骤，可以得到分指数、一级指标和二级指标的权重。进而，在对三级指标进行标准化处理的基础上，通过线性加权法进行指数的合成，分指数、一级指标和二级指标的计算公式如下：

$$Q_j = \sum_{j=1}^{n} x_j^* \cdot w_j$$

其中：Q_j 表示具体某个分指数、一级指标或二级指标的最终结果，x_j^* 为该分指数、一级指标或二级指标的标准化数值；w_j 为与 x_j^* 相对应的三级指标的权重；n 为该分指数、一级指标或二级指标所对应三级指标的项数。

最终，民主指数的最终合成公式为：

$$P = \sum_{j=1}^{N} Q_j \cdot w_j$$

其中：P 表示民主指数的数值结果，Q_j 为分指数的数值结果；w_j 为与 Q_j 相对应的权重；N 为分指数的项数。

三、民主测量指标的应用举隅

为了与西方民主指标体系进行比较分析，本研究选取了中国、俄罗斯、印度、美国等四个具有典型性的国家进行计算与比较。在 2019—2022 年"世界自由报告"经济学人情报社民主指数、V-Dem 指数三个西方民主测量指标体系中，四国的民主水平排名由高到低依次为美国、印度、俄罗斯和中国，但事实真的如此吗？

综合考虑数据的时效性与可得性，笔者运用本研究构建的测量指标体系计算了 2019—2022 年中国、俄罗斯、印度、美国的民主指数以及两个分指数的指数值，计算结果如 3-13 所示。总体来看，在考察的四年期限内，无论是民主指数，还是政治民主指数和社会民主指数两个分指数，中国均位列首位，显示出中国在民主实践方面的显著优势。这与西方主流的民主指数评估结果存在显著的差异。

表 3-13　2019—2022 年中、俄、印、美在本研究构建的民主指数中的得分

国家	年份	民主指数值	政治民主的安排与绩效指数值	社会民主的安排与绩效指数值
中国	2019	0.651	0.612	0.706
	2020	0.653	0.621	0.703
	2021	0.666	0.634	0.716
	2022	0.663	0.631	0.713
俄罗斯	2019	0.317	0.242	0.345
	2020	0.318	0.240	0.347
	2021	0.324	0.244	0.355
	2022	0.315	0.228	0.351
印度	2019	0.365	0.360	0.390
	2020	0.357	0.355	0.381
	2021	0.377	0.355	0.417
	2022	0.377	0.355	0.416
美国	2019	0.655	0.558	0.707
	2020	0.639	0.549	0.684
	2021	0.652	0.560	0.699
	2022	0.661	0.574	0.706

从政治民主指数各项一级指标得分来看，四年间政治民主指数中国稳定保持领先地位（见表 3-14）。中国在政治民主指数的大部分一级指标中均表现突出，尤其是在责任性和政治民主绩效一级指标中，与其他国家相比优势较为显著。这充分说明我国的责任性政府建设成效显著，民主绩效不断提升，我国的民主是最广泛、最真实、最管用的民主。

表 3-14　2019—2022 年中、俄、印、美政治民主指数及各指标得分

国家	年份	政治民主指数	民主选举	民主监督	责任性	政治民主绩效
中国	2019	0.612	0.150	0.008	0.18	0.279
	2020	0.621	0.150	0.007	0.18	0.284
	2021	0.634	0.150	0.003	0.19	0.294
	2022	0.631	0.150	0.005	0.19	0.289
俄罗斯	2019	0.242	0.103	0.030	0.03	0.079
	2020	0.240	0.103	0.030	0.03	0.074
	2021	0.244	0.103	0.030	0.03	0.081
	2022	0.228	0.103	0.022	0.02	0.079
印度	2019	0.360	0.052	0.081	0.05	0.173
	2020	0.355	0.052	0.076	0.05	0.174
	2021	0.355	0.052	0.075	0.05	0.176
	2022	0.355	0.052	0.073	0.06	0.174
美国	2019	0.558	0.139	0.117	0.11	0.187
	2020	0.549	0.139	0.119	0.11	0.181
	2021	0.560	0.139	0.115	0.11	0.195
	2022	0.574	0.139	0.113	0.11	0.207

从社会民主指数各项一级指标得分来看，在社会民主指数的各项一级指标中，中国均保持较高水准，尤其在社会治理方面具有显著优势（见表 3-15）。这说明我国的全过程人民民主制度和多元治理主体协同互动的社会治理共同体能够有机联系、相互契合，有效保证人民广泛参加国家治理和社会治理，充分发挥人民参与社会治理的积极主动性，引领多元治理主体协同共治，不断增进民生福祉。

表 3-15　2019—2022 年中、俄、印、美社会民主指数及各指标得分

国家	年份	社会民主指数	经济公平	社会平等	社会治理	社会保障	社会民主绩效
中国	2019	0.706	0.049	0.041	0.201	0.027	0.389
	2020	0.703	0.050	0.041	0.201	0.027	0.384
	2021	0.716	0.051	0.041	0.201	0.027	0.396
	2022	0.713	0.052	0.041	0.203	0.027	0.390

续表

国家	年份	社会民主指数	经济公平	社会平等	社会治理	社会保障	社会民主绩效
俄罗斯	2019	0.345	0.048	0.055	0.115	0.043	0.084
	2020	0.347	0.048	0.053	0.129	0.043	0.074
	2021	0.355	0.049	0.053	0.132	0.043	0.078
	2022	0.351	0.057	0.054	0.124	0.043	0.073
印度	2019	0.390	0.037	0.002	0.171	0.000	0.180
	2020	0.381	0.030	0.004	0.179	0.000	0.169
	2021	0.417	0.041	0.004	0.190	0.000	0.182
	2022	0.416	0.044	0.005	0.186	0.000	0.182
美国	2019	0.707	0.068	0.077	0.135	0.035	0.392
	2020	0.684	0.053	0.078	0.133	0.035	0.386
	2021	0.699	0.066	0.078	0.130	0.035	0.390
	2022	0.706	0.072	0.078	0.133	0.035	0.388

第四节　本章小结：民主不是少数国家的专利

　　西方民主测量历经 70 余年的发展，形形色色的指标体系层出不穷，但其本质是西方国家打着科学研究的幌子垄断民主话语权，对外输出自由民主并借此扩展自身的全球战略利益的政治工具。然而，自由民主并没有如西方国家所说的那样给发展中国家带来和平与发展；相反，所谓的民主转型带来了政治不稳定、社会混乱，甚至导致了战争的爆发，给不少发展中国家带来了动荡和苦难。

　　为了破解西方民主测量指标的局限性，本研究构建了一套由政治民主的安排与绩效、社会民主的安排与绩效两个分指数构成、三级指标层层递进的民主测量指标体系，共遴选出 9 个一级指标、23 个二级指标、43 个三级指标。"政治民主的安排与绩效"分指数分为民主选举、民主监督、责任性、政治民主绩效 4 个一级指标。"社会民主的安排与绩效"分指数分为经济公平、社会平等、社会治理、社会保障、社会民主绩效 5 个一级指标。将这套指标体系运用到对中国、俄罗斯、印度、美国民主程度的测量中，我们发现，根据西方主流民主测量指标所得出的结论与本研究提出的指标体系所揭示的结果存在显著差异，例如中国不仅不是西方所谓的民主程度较低的国家，反而是民主国家中的佼佼者。这一差异揭示了一个重要现象：在西方自由民主的标准下被认为是民主的国家，并不一定完全符合民主的本质要求；同样，那些在西方标准下被视为非民主的国家，其实际民主实践可能具有独特价值和意义。这一发现进一步证实了前文所述的论点，即西方自由民主模式存在固有的局限性和虚伪性，其在全球范围内的普适性值得质疑。

值得说明的是，本研究试图超越西方自由民主理论的狭隘视角，以社会民主作为核心原则，旨在提供一个更为全面和多维度的民主评价框架。本研究所构建的民主测量指标体系只是一次对社会民主进行量化研究的初步探索，关于这一指标体系的合理性与稳定性，仍有待进一步的验证与完善。面向未来，我们需要构建科学性更强、内涵更为丰富、更具有普遍适用性的民主评价指标体系。这一新的指标体系的目的不在于形成取代西方民主测量指标的新的"指标霸权"，而是为了更准确地评估不同政治体制下的民主实践，更有利于提升社会民主在全球范围内的影响力和认可度，为全球民主发展提供新的视角和动力。

第四章　社会民主的中国实践与经验启示

德谟克拉西，无论在政治上、经济上、社会上，都要尊重人的个性。社会主义的精神，亦是如此。从前权势阶级每以他人为手段、为机械而利用之、操纵之，这是人类的大敌，……凡此社会上不平等不自由的现象，都为德谟克拉西所反对，亦为社会主义所反对。[①]

——李大钊

社会生活民主是静水流深的民主，不怎么显眼，也不怎么热闹，但它就是这样弥漫渗透在中国人日常的生活之中，成为社会生活的一部分而浑然不觉，事实上，民主精神已经成为中国人民的基本气质。[②]

——陈周旺

[①] 《李大钊全集》第4卷，人民出版社2006年版，第3—4页。
[②] 陈周旺等：《社会主义民主政治：制度与过程》，上海人民出版社2023年版，第142页。

第一节　前提与基础：
在调节社会关系中化解社会矛盾

一、以社会革命实现民族独立和人民解放

　　建设一个既充满活力又和谐有序的美好社会，是中华民族自古以来孜孜以求的社会理想。近代中国是民族矛盾和阶级矛盾交织叠加的社会。由于帝国主义的侵略和军阀、官僚、买办阶级、大地主阶级对中国人民施加的压迫，近代中国面临整体性危机，整个社会处于内忧外患之中，社会秩序混乱、社会冲突剧烈，矛盾空前尖锐激化。历经频仍战乱与社会动荡的中国人民对于稳定的社会秩序、和谐的社会关系的渴求更加迫切。诞生于民族危难之际的中国共产党，自成立起就把维护社会稳定、促进社会和谐作为实现民族复兴、增进人民福祉的重要任务。

　　新民主主义革命时期，中国共产党紧扣中国社会性质和主要矛盾，通过领导完成新民主主义革命，推翻"三座大山"的压迫，实现民族独立和人民解放，从根本上解决了帝国主义同中华民族的矛盾、封建主义同人民大众的矛盾。具体而言，中国共产党以特定阶段的社会主要矛盾为指引，以阶级关系为调节重点，将仲裁调解、利益补偿、制度构建作为重要抓手和关键手段，构建适应革命实践的利益整合机制，调节各领域社会关系以凝聚最广大的人力、物力化解具体社会矛盾，在革命根据地开展局部执政条件下化解社会矛盾、巩固政权的实践探索。

　　在各类社会关系中，首要的是与社会主要矛盾紧密相连的阶级关系问题。在大革命时期，毛泽东率先基于社会调研结果，提出中国革命的首要问题是分清敌友的问题，"一切勾结帝国主义的军阀、官僚、买办阶级、大地主阶级以及附属于他们的一部分反动知识界，是我们的敌人。工业无产阶级是我们革命的领导力量。一切半无产阶级、小资产阶级，是我们最接近的朋友。那动摇不定的中产阶级，其右翼可能是我们的敌人，其左翼

可能是我们的朋友"①，中国共产党在此基础上确定了对社会各阶级的基本态度并开展广泛的统一战线处理阶级关系问题。在和工人阶级关系问题上，中国共产党从成立起就尝试把马克思主义与中国工人运动有机结合，让自身成为代表工人阶级利益的无产阶级政党。同时，农民阶级作为工人阶级的天然同盟军被给予高度关注，中国共产党在农村依托农会等组织的威慑废止大量苛捐杂税，推广广泛的减税减租，并解决农民中的婚姻案、钱债案、产业争夺、命案以及打架等等，处理大量农村社会矛盾。同时，对于知识分子、党外民主人士等，只要赞成中国共产党的民主纲领，就坚持与之合作，巩固统一战线。

在民族关系问题上，中国共产党在民族平等和民族团结的原则上始终致力于将民族解放斗争与无产阶级革命相结合，确立民族平等、民族团结的根本政策。中国共产党自成立起就将民族平等和民族团结作为处理民族关系问题、化解民族矛盾的根本政策。1928 年，中共中央就在致内蒙特支指示信中谈道："应以'民族平等'的口号唤起汉人对内蒙民族的同情和帮助。"② 在 1931 年通过的《中华苏维埃共和国宪法大纲》强调苏维埃公民不分民族在法律面前一律平等，并且要在少数民族中发展他们自己的民族文化和民族语言③，民族平等第一次以宪法性文件的形式被确立下来。1939 年，毛泽东在《中国革命和中国共产党》中提出了"中华民族"的概念，并在 1940 年发表的《目前抗日统一战线中的策略问题》中强调了"对外求中华民族的彻底解放，对内求国内各民族之间的平等"④ 的基本要求。1949 年通过的《中国人民政治协商会议共同纲领》中也重申了"中华人民共和国境内各民族一律平等，实行团结互助"⑤ 的规定。中国共产党在民

---

① 《毛泽东选集》第 1 卷，人民出版社 1991 年版，第 9 页。

② 中共中央统战部：《民族问题文献汇编（一九二一·七—一九四九·九）》，中共中央党校出版社 1991 年，第 91 页，转引自彭谦、程志浩：《流变与演化：中国共产党民族政策的百年俱进》，《湖北民族大学学报（哲学社会科学版）》2021 年第 1 期。

③ 中共中央文献研究室、中央档案馆编：《建党以来重要文献选编（1921—1949）》第 8 册，中央文献出版社 2011 年版，第 650 - 652 页。

④ 《毛泽东选集》第 2 卷，人民出版社 1991 年版，第 752 页。

⑤ 中共中央文献研究室编：《建国以来重要文献选编》第 1 册，中央文献出版社 2011 年版，第 10 页。

族平等、民族团结的根本政策下揭示封建主义、帝国主义、官僚资本主义对少数民族的压迫剥削，团结、联合各民族加入反帝反封建的革命力量之中。通过妥善处理民族关系问题，中国共产党逐步化解各种社会矛盾，凝聚了各民族的革命力量。

在宗教关系问题上，建党之初，中国共产党在马克思主义理论的指引下运用唯物史观对宗教及其产生的根源进行剖析，指出"宗教的本质就是不平等关系的表现"①，是"每个时代的支配阶级用以统御其被支配阶级的工具"②。在此基础上，对主张有神论的各类宗教开展批判，并且把对宗教的否定与反对帝国主义侵略相联系。随着革命形势的不断发展，党加深了对宗教问题复杂性的认识，1927年中共中央发布《中央通告农字第七号》并提出："对于宗教尚且必须以信仰自由为原则。"③ 1931年通过的《中华苏维埃共和国宪法大纲》进一步规定："中国苏维埃政权以保证工农劳苦民众有真正的信教自由的实际为目的，绝对实行政教分离的原则，一切宗教不能得到苏维埃国家的任何保护和供给费用，一切苏维埃公民有反宗教的宣传之自由，帝国主义的教会只有在服从苏维埃法律时，才能许其存在。"④ 需要注意的是，宗教信仰自由以区分敌友为前提，是"工农劳苦群众"所享有的权利，宗教上层人士仍然是革命的对象。抗日战争全面爆发后，为了配合建立抗日民族统一战线，中国共产党开始积极团结宗教界上层人士，尊重信教人士的感情并推动成立抗日宗教团体。对于宗教土地，《中共中央关于抗日根据地土地政策的决定》的附件三《关于若干特殊土地的处理问题》强调："宗教土地（基督教、佛教、回教、道教及其他教派的土地），均不变动。"⑤ 1945年党的七大提出："根据信教自由的原则，中国解放区容许各派宗教存在。不论是基督教、天主教、回教、佛教及其

① 《李大钊全集》第4卷，人民出版社2013年版，第99页。
② 《蔡和森文集》下，人民出版社2013年版，第710页。
③ 中共中央文献研究室、中央档案馆编：《建党以来重要文献选编（1921—1949）》第4册，中央文献出版社2011年版，第295页。
④ 中共中央文献研究室、中央档案馆编：《建党以来重要文献选编（1921—1949）》第8册，中央文献出版社2011年版，第652页。
⑤ 中共中央文献研究室、中央档案馆编：《建党以来重要文献选编（1921—1949）》第19册，中央文献出版社2011年版，第26页。

他宗教，只要教徒们遵守人民政府法律，人民政府就给以保护。信教的和不信教的各有他们的自由，不许加以强迫或歧视。"① 到了解放战争时期，为了配合土地改革反对封建主义，对于宗教土地的规定又发生新的调整，主张"废除一切祠堂、庙宇、寺院、学校、机关及团体的土地所有权"②，但为照顾信教民众的感情，同时又强调灵活应对，"应根据当地情况，依照当地人民公意及其族人或教民的意见妥善处理之"③。1949 年《中国人民政治协商会议共同纲领》规定中华人民共和国公民拥有宗教信仰的自由权，并在民族政策一节中强调少数民族有保持宗教信仰的自由④。通过宗教信仰自由政策，中国共产党理顺了党与宗教、宗教与世俗以及各类宗教之间的复杂关系，主动化解了宗教领域的社会矛盾，有效避免了因宗教关系处理不当而造成社会失序的风险。

在性别关系问题上，中国共产党秉持马克思主义妇女观，提出妇女解放的根本途径在于阶级解放，坚持推动妇女解放并将妇女解放与民族解放、社会解放事业相结合。在大革命时期，中国共产党就认识到了妇女在革命中发挥的重要作用，以城市为中心实现妇女运动与国民革命相结合。在经济层面，持续开展以城市女工罢工斗争为基础的革命性劳动妇女运动；在政治上，提出"帮助妇女们获得普通选举权及一切政治上的权利与自由"⑤ 的目标，发展妇女运动委员会等妇女团体组织并发展女党员、培养妇女干部；在教育上，将发展妇女教育作为妇女解放运动的关键环节，提出"男女教育平等""反抗良妻贤母主义的女子教育"⑥ 等口号。在社会

---

①　中共中央文献研究室、中央档案馆编：《建党以来重要文献选编（1921—1949）》第 22 册，中央文献出版社 2011 年版，第 186 页。

②　中共中央文献研究室、中央档案馆编：《建党以来重要文献选编（1921—1949）》第 24 册，中央文献出版社 2011 年版，第 417 页。

③　中共中央文献研究室、中央档案馆编：《建党以来重要文献选编（1921—1949）》第 23 册，中央文献出版社 2011 年版，第 374 页。

④　中共中央文献研究室编：《建国以来重要文献选编》第 1 册，中央文献出版社 2011 年版，第 2、11 页。

⑤　中共中央文献研究室、中央档案馆编：《建党以来重要文献选编（1921—1949）》第 1 册，中央文献出版社 2011 年版，第 161 页。

⑥　中共中央文献研究室、中央档案馆编：《建党以来重要文献选编（1921—1949）》第 2 册，中央文献出版社 2011 年版，第 253 页。

关系上，提出男女社会地位平等，要废除一切束缚女子的法律。到了土地革命战争时期，中国共产党工作重心由城市转移至农村，妇女工作开始聚焦于农村妇女运动。这一阶段中国共产党认识到婚姻、家庭变革是改变妇女社会地位的突破口，为了打破"政权、族权、神权、夫权"四条束缚妇女的绳索，中国共产党制定一系列法律保障妇女权益，一方面通过制定婚姻法推动离婚结婚自由，从法律上帮助妇女摆脱封建包办婚姻的影响，一方面通过土地法规定："雇农、苦力、劳动农民均不分男女同样有分配土地的权限"[①]，突出妇女参与生产劳动的重要意义，保障妇女的经济权益。全民族抗日战争时期，中国共产党更加强调参与生产劳动对提高妇女社会经济地位的关键作用，党的妇女工作重心转向发动妇女参与农村革命根据地的生产，为了动员广大妇女走出家庭参与生产劳动，中国共产党领导陕甘宁边区政府颁布《陕甘宁边区婚姻条例》，将男女婚姻规定为"以自愿为原则，实行一夫一妻制"，在此基础上提出"禁止强迫包办及买卖婚姻"[②]，推动男女平权。解放战争时期，中国共产党的妇女工作开始为建立人民民主统一战线、夺取全国政权服务，重点是通过推动妇女参与生产，推进土地改革保障妇女的经济权利，从经济根源上化解男女不平等问题，同时通过扫盲运动、创办识字班和夜校等多种形式不断完善妇女文化教育工作，提升妇女的文化素质。中国共产党一系列的政策将妇女解放与阶级解放、民族解放紧密结合，在经济生产活动、政治民主生活、文化教育事业中推动男女平等，妥善处理两性关系问题，在社会末梢消融了由性别不平等带来的家庭矛盾，使妇女作为重要力量参与到国家独立、民族解放的斗争之中。

综上所述，新民主主义革命时期，中国共产党将整合社会利益与夺取革命胜利相结合，逐步建构起适应战争环境的处理社会关系、化解社会矛盾的有效机制，这种机制以军事权力下的政党主导为最鲜明特征。依托军事力量，党直接下达命令可以最广泛地集中人力物力处理某一领域的社会

---

① 中共中央文献研究室、中央档案馆编：《建党以来重要文献选编（1921—1949）》第 8 册，中央文献出版社 2011 年版，第 730 页。

② 梁星亮、杨洪主编：《中国共产党延安时期政治社会文化史论》，人民出版社 2011 年版，第 126 页。

关系，迅速高效地把社会矛盾化解在基层，在革命特殊时期对协调各方社会利益发挥了巨大作用。中国共产党领导下处理社会关系、化解社会矛盾的机制以各个历史阶段的社会主要矛盾为中心，不断调整方针政策，抓住阶级关系这个关键因素，全面顾及阶层关系、民族关系、宗教关系、性别关系，形成广泛的统一战线，为在传统社会解构产生巨大社会分化的背景下实现社会结构重新整合，建立全国性政权以构建新的和谐社会有机体奠定了坚实的基础。

二、以全面加强社会管理重整社会秩序

中华人民共和国成立后，在全国范围取得了执政地位的中国共产党开始面临处理不同地区、不同群体间社会关系的新挑战。刚刚成立的新中国百废待兴，长期战争创伤导致社会生产疲弱、基础设施破旧，与此同时境内敌对势力猖獗、境外封锁局面严峻，社会关系异常复杂、社会矛盾异常突出。尤其是在中国共产党尚缺乏管理经验的大城市，普遍存在工厂停工、商店关门的情况，市场萧条，物价高涨。如何通过全面重整社会秩序理顺社会关系、解决社会矛盾，为开展全局性、大规模的国家建设提供有利的社会条件，成为摆在党面前的重大考验。

中国共产党首先扫除旧社会带有封建残余性质的一切遗风恶俗，打破封建剥削制度，让群众从腐朽愚昧中摆脱出来，其中最突出的就是封闭妓院和禁毒禁赌。1949 年 11 月 21 日，北京市率先将全市尚存的 224 家妓院全部关闭，将 424 名妓院老板、领家集中审查处理，1 268 名妓女被安置在生产教养院。继北京的行动后，上海、天津、沈阳等全国各大中小城市均采取了行之有效的措施，仅仅在三年多时间里，就先后查封妓院 8 400 多所。据不完全统计，全国共有 32 万余名妓女在生产教养院里获得新生①。中国共产党在专门的收容所里对妓女进行思想教育，讲授文化知识和生产生活技能，并帮助改造后的妓女介绍婚姻、组建家庭，帮助她们重新融入社会。针对旧中国鸦片烟毒泛滥成灾的状况，1950 年出台《关于严禁鸦片

---

① 李文主编：《中华人民共和国社会史（1949—2019）》，当代中国出版社 2019 年版，第 23 页。

烟毒的通令》，设立禁毒委员会并提出："从本禁令颁布之日起，全国各地不许再有贩运制造及售卖烟土毒品情事，犯者不论何人，除没收其烟土毒品外，还须从严治罪。"① 全国范围内开始了禁烟禁毒运动，严厉打击制毒贩毒行为，到1953年鸦片烟毒在中国基本被消灭。在禁毒同时，公安部发布了禁止赌博的通告，并发起禁止聚众赌博的运动。封闭妓院和禁毒禁赌充分洗涤了旧社会的污水，为建立新的健康社会关系创造了条件。

在全面重整社会秩序的基础上，中国共产党协调阶级、民族、宗教、性别等多方面社会关系，减少社会矛盾的发生，在全国范围内初步构建了和谐的社会有机体。阶级关系仍然是社会关系中最核心的问题，而彻底的土地改革是调节农村阶级关系的最基本任务。1950年6月，《中华人民共和国土地改革法》正式颁布，依据这部法律的规定，要通过剥夺地主阶级、富农阶级占有的土地，向少地无地的贫农、雇农及部分中农平均分配，以实现农村地区土地资源配置的平均化。到1952年底，全国绝大部分地区的土地制度改革基本完成，千百年来农民拥有土地的夙愿得以实现。土地改革是理顺农村地区阶级关系，化解农村地区社会矛盾的核心环节，通过土地改革真正实现农民在农村社会生活中的主体地位，为从根源上减少农村社会矛盾的发生及化解提供了前提。城市劳资关系也迎来重构。1949年11月，中华全国总工会颁布《关于劳资关系暂行处理办法》，对所有私营工商企业中的劳资关系进行了制度规定。各行各业也结合行业具体情况制定管理办法，原本在官僚资本统治下制定的诸多不合理制度逐步被废除，民主管理制度得到推行和确立。企业改革清除了有碍于生产、助长剥削的诸多不合理制度，恢复企业生产进入正常轨道，同时落实了劳动者的合法权益，大大激发了劳动者的生产热情，极大化解了社会矛盾。与此同时，全国开展了镇压反革命运动，"给反革命分子的暴动捣乱破坏行为以严厉的镇压，又对其胁从分子、罪恶不大的分子给以宽大处理，令其改过自新"②。镇反运动巩固了新生的人民政权、捍卫了革命成果和人民群众

---

① 中共中央文献研究室编：《建国以来重要文献选编》第1册，中央文献出版社2011年版，第109页。

② 中共中央文献研究室编：《建国以来重要文献选编》第1册，中央文献出版社2011年版，第121页。

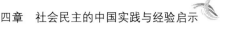

的利益，为减少社会矛盾的发生起到了积极作用。

在民族关系上，新中国成立时由于历史原因各个民族的经济社会发展程度严重不平衡，存在大量歧视少数民族的现象，民族隔阂和矛盾问题非常严重。为了缓解民族矛盾，中国共产党在民族平等、民族团结的原则下采取了一系列举措理顺民族关系，包括将民族区域自治制度确立为基本政治制度并写入宪法之中，让少数民族在政治上享有平等权利；开展民族识别调查工作，让民族政策能够更好地贴合各民族自身的意愿和习惯；任用培养少数民族干部，相继组建各类民族学院；尊重并保护少数民族的历史文化和语言文字，提升少数民族群众受教育水平，并针对封建制度、农奴制度逐步推进社会改革。通过政治、经济、文化、社会等各方面的政策，平等团结的新型民族关系在全国范围内构建起来。

在宗教关系上，面对宗教内部宗派林立、矛盾丛生，信教民众人数较多的社会背景，中国共产党在宗教信仰自由的基础上提出了政教分离和推进宗教民主改革的具体方向。国务院宗教事务局统管各宗教组织和团体，强调"反对单纯地依靠行政命令简单急躁的办法来处理宗教问题"[①]，对宗教"坚持不干涉的原则"[②]。同时反对宗教干涉政治，不允许宗教因传教影响社会秩序，进入司法、教育、行政等领域。在佛教、道教、伊斯兰教、基督教、天主教中先后开展宗教民主改革，肃清旧中国宗教之中的封建残余和殖民残余，具体包括支持基督教"自治、自养、自传"的"三自运动"，废除佛教及道教中的封建土地所有制和一系列特权等等。在中国共产党的领导下，宗教界上层人士和信教群众经过团结、教育、改造构建了广泛的统一战线，基本形成了和谐的宗教关系。

在性别关系上，中国共产党面对旧中国妇女被封建礼教禁锢且深受族权、父权、夫权压迫的现状，着力提升妇女的社会地位，提倡男女平等。一是选举产生中华全国民主妇女联合会，成为全国统一的维护妇女权益、开展妇女工作的重要领导组织。二是通过《中华人民共和国婚姻法》，规

---

① 中共中央文献研究室编：《建国以来重要文献选编》第1册，中央文献出版社2011年版，第354页。

② 《周恩来选集》下卷，人民出版社1984年版，第40页。

定："废除包办强迫、男尊女卑、漠视子女利益的封建主义婚姻制度。实行男女婚姻自由、一夫一妻、男女权利平等、保护妇女和子女合法权益的新民主主义婚姻制度"[1]，建立起自由的新型婚姻家庭关系，加速社会婚姻观念的变革。三是给予妇女平等政治权利，营造良好的参政环境。宪法规定妇女与男子具有同样的选举权和被选举权，1953 年和 1956 年有亿万妇女参加了基层普选和民主建政工作。1954 年，全国各地共有 98 万妇女当选为人民代表大会代表，占全国代表总数的 17.3％，有 147 名妇女出席了第一届全国人民代表大会，占代表总数的近 12％[2]。四是为妇女接受教育提供法律保障，并要求妇女广泛地参与到社会生产之中来。一系列的变革重塑了性别关系，加速了妇女解放，让妇女成为和谐社会有机体建设中的重要力量。

与此同时，中国共产党在矛盾的具体调节机制上进行了创新。1953 年，第二次全国司法会议通过决议，决定在全国范围内逐步建立健全人民调解组织。1954 年中央人民政府政务院正式颁布《人民调解委员会暂行组织通则》，统一的人民调解制度在全国范围内建立起来。人民调解制度及时有效地化解民间纠纷，避免大量矛盾纠纷上升到司法层面，促进了社会关系的协调和社会矛盾的解决。

在全国范围内新的社会秩序基本建立、生产基本恢复的条件下，大规模的社会主义改造提上日程，开始以生产关系的根本变革改善社会关系、促进社会矛盾的减少与矛盾化解能力的优化。在农村，通过推动农业生产互助合作调整生产关系、促进生产分配均等化。在农业合作社的模式下，对劳动成果进行相对均等化的分配，使得长期存在的贫富差距悬殊、社会生活失衡的现状得以调整，因分配不均、生活质量持续低下而产生的社会矛盾因此得到化解。同时，"政社合一"的组织体系构建起全新的农村基层管理模式，旧社会农村恶霸豪绅横行的状况得以根除。在城市，工人、个体手工业者、资本主义工商业者也通过各种方式走向联合：优先发展重

---

[1] 参见 1950 年 5 月 1 日颁布的《中华人民共和国婚姻法》。

[2] 李文主编：《中华人民共和国社会史（1949—2019）》，当代中国出版社 2019 年版，第 27 页。

工业的指导战略推动了整个工业行业的变革，各级工会组织也普遍建立起来，在组织上依靠工人、利益上代表工人、权利上保护工人，并以工人阶级为基础，动员起了广大人民群众，推动社会矛盾的妥善解决；城镇手工业者联合起来，改变自己个体私营的身份；资本主义工商业者采用委托加工、统购包销等手段，逐步向公私合营过渡。劳动集体所有、全民所有的公有制建立起来，劳动人民群体得以扩大，生产关系的进步带动阶级关系的进一步改善，过去因阶级对立和冲突引发的社会矛盾大量减少。与此同时，中国共产党还在"一化三改"中对城乡关系问题进行了初步的探索，要求"在优先发展重工业的条件下，力求使各个经济部门——特别是工业和农业、重工业和轻工业——之间的发展保持适当的比例，避免彼此脱节"①，同时在工业品和农产品交换时采取"缩小剪刀差，等价交换或者近乎等价交换的政策"②，在重点推进工业化的同时在一定程度上保护农民的利益，不让农村成为城市发展的牺牲品，为缓解城乡矛盾作出努力。

　　社会主义改造完成后，社会主义制度在全国范围内基本建立起来，但是社会主义社会仍然是充满矛盾的社会，存在社会利益冲突和复杂的社会关系。对此，党的八大作出科学判断，指出我国的主要矛盾是人民对于建立先进的工业国的要求同落后的农业国的现实之间的矛盾，人民对于经济文化迅速发展的需要同当前经济文化不能满足人民需要的状况之间的矛盾，与无产阶级和资产阶级的矛盾不同，这种矛盾是先进生产关系和落后生产力之间的矛盾，是人民内部的矛盾。社会主义社会中的矛盾大部分是人民内部矛盾，"人民内部的矛盾不是对抗性的。但是如果处理得不适当，或者失去警觉，麻痹大意，也可能发生对抗"③。面对全面建设社会主义的任务，中国共产党不断探索正确处理人民内部矛盾的方式方法。1957 年毛泽东在《关于正确处理人民内部矛盾的问题》中明确指出，"凡属于人民内部的争论问题，只能用讨论的方法、批评的方法、说服教育的方法去解

　　①　中共中央文献研究室编：《建国以来重要文献选编》第 6 册，中央文献出版社 2011 年版，第 353 页。
　　②　中共中央文献研究室编：《毛泽东文集》第 7 卷，人民出版社 1999 年版，第 30 页。
　　③　中共中央文献研究室编：《毛泽东文集》第 7 卷，人民出版社 1999 年版，第 211 页。

决，而不能用强制的、压服的方法去解决"①。在城市中，以单位制为主体的城市管理体系逐渐形成。在单位制的管理模式下，对每个社会成员根据自己工作所在的机构进行统一编制管理，各级单位设立的党组织作为领导核心广泛开展政治动员和社会管理。社会的单位化使中央和国家的各项政策部署都能够快速有效地落实。除了每个人所固定的单位外，街道办事处、社区居委会等"类单位"组织也对未就业人员和离退休人员等进行管理，承担基层治安、生活服务等职能。与城市体制相类似，农村地区基本在人民公社"政社合一"的组织模式下实现了行动统一化和生活集体化。面对复杂的社会关系，基层干部群众还不断总结实践经验、作出有益尝试，全国各地结合自身特点创造出诸多化解社会矛盾的有效方式，其中最具代表性的是 20 世纪 60 年代初浙江省绍兴市诸暨县（现诸暨市）枫桥镇干部群众创造的"枫桥经验"，即"发动和依靠群众，坚持矛盾不上交，就地解决，实现捕人少，治安好"。从当时的历史条件看，城乡高度统一化管理体制的建立整体上对社会秩序的维护、社会矛盾的缓解起到了积极作用。

综上所述，社会主义革命和建设时期，中国共产党建立起全国性政权，在此基础上面对新形势重整社会关系，化解社会矛盾，初步构建了新的和谐的社会有机体。这一时期，中国共产党的社会利益整合机制从掌控军事力量的中国共产党的直接主导转变为党领导下的政府主导型机制，政治控制取代了依托军事力量的政党控制，围绕政权建立了全覆盖、长链条的管理体系，整体高度集中、平等、统一。国家统一安排经济生产，配置生产资料和产品。同时，依托广泛而有力的社会运动进行思想文化宣传，整合社会成员的价值认同。这种机制的最大特征就是高效，能够在最短的时间内最大程度集中有限的资源投入到社会利益的分配之中，为在新中国成立初期旧社会生产疲弱、矛盾尖锐的严峻背景下迅速重构社会关系、化解社会矛盾起到了积极的作用。

三、以统筹经济社会发展构建和谐社会

进入改革开放和社会主义现代化建设新时期，社会主义市场经济体制

---

① 中共中央文献研究室编：《毛泽东文集》第 7 卷，人民出版社 1999 年版，第 209 页。

的提出、建立并不断完善，引发社会领域发生一系列深刻变革，社会关系的演变更加复杂，导致新的社会矛盾不断生成，这对调节社会关系、化解社会矛盾提出了新的要求和挑战。这一时期中国共产党对化解社会矛盾的探索始终围绕经济建设这一中心任务，在牢牢把握发展这个第一要务的基础上，统筹推进经济发展与社会建设，在把社会建设逐渐纳入中国特色社会主义总体布局的历史进程中从新的维度重新构建和谐的社会有机体。

"文化大革命"结束之初，人民生活普遍贫困，经济发展举步维艰，社会分化严重，社会关系急需重塑。党的十一届三中全会之后，改革开放成为中国社会最鲜明的特征。经济体制的改革从农村拓展到城市，全方位、多领域的对外开放格局不断扩张，由此带来了整个社会的剧烈变化，历史遗留问题与现实发展困境互相交织，大量社会矛盾存在潜在风险。面对复杂的社会关系和社会矛盾，邓小平在 1979 年明确指出："在社会主义社会中，基本的矛盾仍然是生产关系和生产力之间的矛盾，上层建筑和经济基础之间的矛盾"[1]，确立了通过发展生产力来解决社会矛盾的总体思路，强调"我们一定要根据现在的有利条件加速发展生产力，使人民的物质生活好一些，使人民的文化生活、精神面貌好一些"[2]。邓小平坚持将社会矛盾分开来看，指出既要坚持"使用法律武器（包括罚款、重税一类经济武器）同反党反社会主义的势力和各种刑事犯罪分子进行斗争"[3]，也要坚持只能说服不能压服的思路，用说服教育的方法解决人民内部矛盾。

面对历史遗留问题，邓小平指出"总结历史是为了开辟未来"，要求分清一些人的功过，其中既包括对"文化大革命"时期冤假错案的平反，也包括对新中国成立以来历史错案的拨乱反正。至 1981 年底，复查了"文化大革命"期间判处的 120 余万件刑事案件，按照中共中央的有关政策，改判纠正了冤假错案 30.1 万余件，涉及当事人 32.6 万余人。各地人民法院还主动复查了 1977 年和 1978 年两年中判处的反革命案件 3.3 万件，改

---

[1] 《邓小平文选》第 2 卷，人民出版社 1994 年版，第 182 页。
[2] 《邓小平文选》第 2 卷，人民出版社 1994 年版，第 128 页。
[3] 《邓小平文选》第 2 卷，人民出版社 1994 年版，第 371 页。

判纠正了错案 21 万件①。纠正冤假错案有效避免了因为历史遗留问题挫伤领导干部和人民群众的积极性，迈出了重塑社会关系的关键一步。在阶级关系上，停止使用"以阶级斗争为纲"的口号，采取各种政策调节因"左"倾错误而激化的阶级矛盾，调整对知识界、科技界、文艺界的政策，促进社会安定团结。承认以农村专业户、城市个体户为代表的新社会群体的地位。1984 年党的十二届三中全会通过《中共中央关于经济体制改革的决定》，提出："我国现在的个体经济是和社会主义公有制相联系的，不同于和资本主义私有制相联系的个体经济，它对于发展社会生产、方便人民生活、扩大劳动就业具有不可代替的作用，是社会主义经济必要的有益的补充，是从属于社会主义经济的。"② 党的十三大进一步提出私营经济是公有制经济必要的和有益的补充，确定了国家在法律规定范围内保护、规范私营经济发展的方向。与此同时，全国人大还于 1986 年制定《中华人民共和国外资企业法》，明确提出保护外资企业的合法权益。在推动个体经济、私营经济、外资经济壮大发展的过程中，新的社会群体规模迅速扩大并逐渐形成了主要由非公有制经济人士和自由职业人员组成的新的社会阶层，为社会主义现代化建设提供了新的主体动能。在民族关系上，重点将经济因素纳入民族政策之中，具体包括补助金、发展资金等财政优惠和农业税、所有税等税收减免。在宗教关系上，中国共产党于 1978 年召开第八次全国宗教工作会议并重新恢复宪法所规定的宗教信仰自由政策的执行，推动中国佛教协会、中国道教协会、中国伊斯兰教协会、中国天主教爱国会、中国基督教协会等爱国宗教组织团体恢复活动。1982 年，中共中央发布《关于我国社会主义时期宗教问题的基本观点和基本政策》，用"长期性"解释了宗教在社会主义社会存在的合理性，将马克思主义宗教问题理论与中国宗教问题具体实践相结合，阐明中国宗教自主自办的特性，统一了社会对于宗教关系的认知。在性别婚姻关系上，1980 年五届全国人大三

---

① 《当代中国的审判工作》上，当代中国出版社 1993 年版，第 148 页，转引自李文主编：《中华人民共和国社会史（1949—2019）》，当代中国出版社 2019 年版，第 144 页。

② 中共中央文献研究室编：《十二大以来重要文献选编》中册，中央文献出版社 2011 年版，第 65 页。

次会议通过新《婚姻法》，将计划生育的要求写入法律条文，并在离婚法定条件、妇从夫居和夫从妇居并行等方面对婚姻家庭制度进行补充修改，有效革除极左思想的影响，推动了性别关系、婚姻家庭关系的变革。在城乡关系和区域关系上，户籍制度与单位制度的改革不断深化，具体包括：一是户籍政策的破冰，重点解决干部和职工的调动、夫妻分居等重大问题。二是"农转非"政策开始调整，放宽农村人口进入城市的限制。三是居民身份证制度的实施，1985 年全国人大通过《中华人民共和国居民身份证条例》，公安部于 1986 年颁布相关细则，实现户籍制度的重大进步。众多举措开启了城乡融合的进程，城乡、区域之间的人口、资源的社会流动开始成为可能，社会主义革命和建设时期形成的城乡二元体制逐步瓦解。

进入 20 世纪 90 年代，中国的改革开放事业大步向前推进，由此带来社会领域的转型变革。劳动力持续从第一、第二产业向第三产业流动，快速的人口转移给城市承载带来了巨大压力，城乡之间、地区之间矛盾增加。与此同时，因历史遗留问题而产生的矛盾演化得十分激烈，特别是在 20 世纪 90 年代中期后，城市的经济体制随着国有企业的大规模改革而剧烈变化，利益分配的格局从原有的重视平均到鼓励负向竞争，这样的重大变化使得各种群体之间冲突的潜在风险扩大。以江泽民同志为主要代表的中国共产党人提出坚持以发展调节社会关系、促进社会矛盾化解的总思路。党的十五大报告明确指出："社会主义的根本任务是发展社会生产力。在社会主义初级阶段，尤其要把集中力量发展社会生产力摆在首要地位……只有牢牢抓住这个主要矛盾和工作中心，才能清醒地观察和把握社会矛盾的全局，有效地促进各种社会矛盾的解决。"[1] 在坚持"发展是硬道理，是解决中国所有问题的关键"这一原则的基础上，明确将维护好、实现好和发展好最广大人民群众的利益作为化解社会矛盾的核心要求。党的所有政策部署的根本标准都是看是否符合人民群众的根本利益，群众满意是基本要求[2]。党的十六大报告强调："在建设中国特色社会主义的进程

---

① 江泽民：《高举邓小平理论伟大旗帜 把建设有中国特色社会主义事业全面推向二十一世纪》，人民出版社 1997 年版，第 18 页。

② 中共中央文献研究室编：《十五大以来重要文献选编》中册，人民出版社 2001 年版，第 1076 页。

中，全国人民的根本利益是一致的，各种具体的利益关系和内部矛盾可以在这个基础上进行调节。制定和贯彻党的方针政策，基本着眼点是要代表最广大人民的根本利益，正确反映和兼顾不同方面群众的利益，使全体人民朝着共同富裕的方向稳步前进。"①

在阶层关系上，原先工人阶级、农民阶级、知识分子阶层的社会阶层结构在市场经济体制改革的推进下加速分化、重构，以不同经济地位、职业身份、社会地位、利益分布为标准形成价值认同、利益归属的分化机制逐步取代过去以政治身份、户口身份为依据的分化机制。面对新阶层的迅速成长和人员的大规模流动，江泽民在庆祝中国共产党成立 80 周年大会上首次使用了"新的社会阶层"的概念并指出："在党的路线方针政策指引下，这些新的社会阶层中的广大人员，通过诚实劳动和工作，通过合法经营，为发展社会主义社会的生产力和其他事业作出了贡献。他们与工人、农民、知识分子、干部和解放军指战员团结在一起，他们也是有中国特色社会主义事业的建设者。"② 中国共产党明确认识到虽然新社会阶层与其他阶层之间、新社会阶层内部人员之间的个人财富、社会地位有所不同，但是本质上仍然是包括知识分子阶层在内的工人阶级、农民阶级在市场经济体制下不断分化的结果，其根本利益是一致的，各个阶层之间的利益分配和内部矛盾都可以在全国人民的根本利益基础之上采取合适的手段进行调节，要对包括新社会阶层在内的各阶层群众的合理利益需求进行正确反映和保护支持。在城乡关系上，中国共产党进一步打破城乡壁垒，让市场在城乡交流中发挥基础性作用，开启大量农村剩余劳动力向非农产业转移的进程，实现乡镇企业大规模发展。非农产业的发展为农民收入开辟新的增长点并在经济利益驱动下加速了中国城镇化进程，使城乡结构出现新的特征。在宗教关系上，中国共产党更加注重推进宗教事务管理的制度化、法律化，1994 年国务院发布了《中华人民共和国境内外国人宗教活动管理规定》和《宗教活动场所管理条例》。中国共产党在这一时期还正式提出了

---

① 《江泽民文选》第 3 卷，人民出版社 2006 年版，第 540 页。

② 中共中央文献研究室编：《十五大以来重要文献选编》下册，中央文献出版社 2011 年版，第 163 页。

"引导宗教与社会主义社会相适应"的理论命题，1991 年《中共中央、国务院关于进一步做好宗教工作若干问题的通知》指出："动员全党、各级政府和社会各方面进一步重视、关心和做好宗教工作，使宗教同社会主义社会相适应。"① 在性别关系上，在 1992 年颁布《中华人民共和国妇女权益保障法》的基础上，宣布将男女平等作为促进我们社会发展的一项基本国策②。无数的妇女参与到改革开放和社会主义市场经济体制构建的过程之中，通过经济实力提升了家庭地位、社会地位，成为构建社会和谐有机体的重要力量。

　　进入 21 世纪，市场经济逐步成熟条件下的社会关系产生新的阶段性特征，社会矛盾集中凸显的阶段逐渐明晰：经济社会长期高速发展带来的矛盾不断增多、增烈，社会矛盾的总数规模、具体类别、表现强度、传播影响等，都呈现出上升快、积累多、关联强的特点，中国社会进入了社会矛盾的集中凸显期。其中，基础设施建设产生的土地征用问题、城镇更新产生的拆迁补偿问题、违法排放产生的环境污染问题、企业改制产生的人员归属问题，以及涉黑案件、工资拖欠、贪污腐败等问题，在 21 世纪的头十年集中显现。以胡锦涛同志为主要代表的中国共产党人提出并深入阐述科学发展观，强调必须坚持用发展和改革的方法调节社会关系、化解社会矛盾，将"群众利益无小事"作为化解复杂社会关系中产生的社会矛盾的重要原则，提出构建社会主义和谐社会的重大战略举措。对于因社会体制变化造成的结构性困难人群，必须要以高度负责的行动和深切关怀的情感去面对，将各项帮扶纾困的政策落实落地③。2005 年，胡锦涛在省部级主要领导干部提高构建社会主义和谐社会能力专题研讨班上发表讲话指出，必须"花更大气力妥善协调各方面利益关系，正确处理各种社会矛盾，大力促进社会和谐"④。2006 年 10 月，党的十六届六中全会通过的《中共中央

---

　　① 中共中央文献研究室研究组、国务院宗教事务局政策法规司组编：《新时期宗教工作文献选编》，宗教文化出版社 1995 年版，第 220 页。

　　② 姚大伟：《在联合国第四次世界妇女大会欢迎仪式上江泽民主席的讲话》，《人民日报》1995 年 9 月 5 日。

　　③ 中共中央文献研究室编：《十六大以来重要文献选编》上册，中央文献出版社 2011 年版，第 372 页。

　　④ 《胡锦涛文选》第 2 卷，人民出版社 2016 年版，第 276 页。

关于构建社会主义和谐社会若干重大问题的决定》对影响社会和谐的矛盾和问题及其产生的原因进行了科学的分析，要求各级党员领导干部更加积极主动地认识矛盾、应对矛盾、化解矛盾，尽最大努力为社会增加和谐因素，最大限度地减少影响社会和谐的负面因素。

在阶层关系上，中国共产党着手构建"橄榄型"的社会阶层结构，党的十六大提出"以共同富裕为目标，扩大中等收入者比重，提高低收入者收入水平"[①]，努力维护弱势阶层群体的利益、增加社会流动性、破除阶层固化，让改革的成果惠及全体人民。在城乡关系上，胡锦涛在党的十六届四中全会上强调，伴随着工业化的深入推进，"工业反哺农业、城市支持农村，实现工业与农业、城市与农村协调发展"是"普遍性的倾向"[②]。以城市支持乡村实现城乡统筹发展成为发展方向，2005年全面取消农业税等为农民减负的政策相继出台。与此同时，中国共产党也更加关注由于改革开放推进进程不同而造成的区域不平衡问题，深入实施"西部大开发""振兴东北老工业基地""中部崛起"等战略，将政策资源向边远贫困地区倾斜。同时，由于互联网的普及和信息化的推进，信息爆炸时代下的社会心态前所未有地成为诱发社会矛盾、导致群体性事件的助燃剂。中国共产党积极构建社会主义核心价值体系，引导网络舆论和社会心态，避免互联网成为负面社会情绪的放大器并激化社会矛盾，为构建和谐社会有机体提供坚实保障。

综上所述，改革开放和社会主义现代化建设新时期，中国共产党的社会关系调节机制从党领导下的政府控制转向以经济驱动生产力发展整合人民内部利益矛盾。实现全社会普遍性的经济发展，并以发展的手段、在发展的过程中解决发展带来的问题，是这一时期内在复杂的社会关系下化解社会矛盾最主要的思路途径。

[①] 中共中央文献研究室编：《十六大以来重要文献选编》上册，中央文献出版社2011年版，第22页。

[②] 中共中央文献研究室编：《十六大以来重要文献选编》中册，中央文献出版社2011年版，第311页。

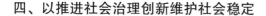

四、以推进社会治理创新维护社会稳定

党的十八大以来，中国特色社会主义进入新时代，我国的社会发展面貌发生了历史性变革，社会矛盾关系也随之呈现出新的样态特征。习近平总书记指出："我国社会主要矛盾已经转化为人民日益增长的美好生活需要和不平衡不充分的发展之间的矛盾。"[①]具体表现包括：新型城镇化速度加快，但存在人民需要提质与社会供给不足之间的差异；民众权利意识不断增强，群众实施维权行为与曝光意愿强烈，基层社会矛盾争端频频露面；网络舆情事件常常发生，群众对事实真相的诉求上升，但政府与官方媒体的公信力却显不足；国际社会对我国境内事件的干预与利用趋于白热化，我国的国际话语权处于弱势的被动地位；等等。

面对这种形势，以习近平同志为核心的党中央把加快推进社会体制变革确立为新时代化解社会矛盾以构建社会主义和谐社会有机体的方向。2013 年 11 月，党的十八届三中全会专题研究全面深化改革，提出"创新社会治理体制"的重大命题，并指出新时代调节社会关系、化解社会矛盾的基本思路：以系统治理为构建思路，构建党委、政府、社会共同参与的体制机制；以依法治理为路径要求，坚持法治思维与法治手段；以综合治理为着眼点位，对社会利益分配进行调节，对社会关系进行重新构建；以源头治理为突出重点，在基层采取网格化管理和社会化手段，构建基层综合服务管理的大平台。这一思路特别强调以预防为主，要求建立起重大决策社会稳定风险评估机制，畅通社情民意的表达通道，"使群众问题能反映、矛盾能化解、权益有保障"[②]。2020 年 10 月，党的十九届五中全会进一步明确提出要将政府、社会、居民三者统筹起来，实现三者关系的良性互动，搭建更多纵贯不同主体、不同阶层、不同群体的意见表达渠道和参与治理途径[③]。在党中央的总体部署下，以社会化、法治化、智能化、专

①　《中国共产党第十九次全国代表大会文件汇编》，人民出版社 2017 年版，第 9 页。

②　中共中央文献研究室编：《十八大以来重要文献选编》上册，中央文献出版社 2014 年版，第 540 页。

③　《中共中央关于制定国民经济和社会发展第十四个五年规划和二〇三五年远景目标的建议》，人民出版社 2020 年版，第 36 页。

业化为推进侧重，与先前主要依托经济手段不同的一种综合型、社会型的社会关系调节机制逐步构建起来，在全社会各领域担负起化解社会矛盾的重要作用。

在阶层关系上，中国共产党重点解决先前遗留的社会各阶层的收入分配差距扩大的问题，先后以全面建成小康社会、全面建设社会主义现代化国家为切入点，以全面深化改革提供动力支撑，以全面依法治国构建制度保障，以全面从严治党塑造坚强的领导核心打破阶层固化的藩篱，让收入分配更公平合理。一方面将中产阶层视作社会稳定的重要力量，不断扩大中等收入群体，增加社会腰部人数，一方面通过加大政策资源投入坚决打赢脱贫攻坚战，缩小社会底层规模，让改革的成果公平地惠及各个阶层，向理想的橄榄型社会阶层结构目标不断努力。

在民族关系上，中国共产党正式提出"铸牢中华民族共同体意识"，实现民族理论和民族政策的重大创新。这要求在增进共同性、尊重和包容差异性的原则上正确把握中华民族共同体意识和各民族意识的关系、中华文化和各民族文化的关系、物质和精神的关系，"引导各民族始终把中华民族利益放在首位，本民族意识要服从和服务于中华民族共同体意识，同时要在实现好中华民族共同体整体利益进程中实现好各民族具体利益"[①]。在"铸牢中华民族共同体意识"的基础之上，中国共产党坚持完善民族区域自治制度，将帮助自治地方发展经济、改善民生作为关键环节[②]，结合各民族地区的历史、地理等区域特征，以更精准、精细、差别化的政策实现民族地区的可持续发展，让56个民族像石榴籽一样紧紧抱在一起，更好地维护民族团结、社会稳定。

在宗教关系上，中国共产党在坚持宗教信仰政策和积极引导宗教与社会主义社会相适应的基础上提出了"坚持我国宗教的中国化方向"的全新理论命题。对于"中国化"的具体内涵，习近平总书记在2016年的全国宗教工作会议上进行了系统性的阐释，提出要用社会主义核心价值观来引领

---

① 《习近平谈治国理政》第4卷，外文出版社2022年版，第246页。
② 国家民族事务委员会编：《中央民族工作会议精神学习辅导读本》，民族出版社2015年版，第86页。

和教育宗教界人士和信教群众，弘扬中华民族优良传统，用团结进步、和平宽容等观念引导广大信教群众，支持各宗教在保持基本信仰、核心教义、礼仪制度的同时，深入挖掘教义教规中有利于社会和谐、时代进步、健康文明的内容，对教规教义作出符合当代中国发展进步要求、符合中华优秀传统文化的阐释①。在2021年全国宗教工作会议上，习近平总书记进一步提出党的宗教工作必须深刻认识做好宗教工作在党和国家工作全局中的重要性，必须建立健全强有力的领导机制，必须坚持和发展中国特色社会主义宗教理论，必须坚持党的宗教工作基本方针，必须坚持我国宗教中国化方向，必须坚持把广大信教群众团结在党和政府周围，必须构建积极健康的宗教关系，必须支持宗教团体加强自身建设，必须提高宗教工作法治化水平②，为新时代处理宗教问题提供了行为指南。

在性别关系上，中国共产党将男女平等写入党的十八大报告并赋予新的时代内涵，即在权利平等、机会平等、结果平等三个层面上"实现妇女平等、依法行使民主权利、平等参与经济社会发展、平等享有改革发展成果"③。同时，中国共产党还明确了妇女解放运动的新的时代主题——实现中华民族的伟大复兴，将中国进步发展的进程和追求男女平等发展的过程紧密结合在一起，"注重发挥妇女在社会生活和家庭生活中的独特作用，发挥妇女在弘扬中华民族家庭美德、树立良好家风方面的独特作用"④，推动妇女参与社会物质财富和精神财富创造的同时以家庭和睦带动社会和谐。

在城乡关系上，中国共产党深刻认识到新时代社会主要矛盾的转变反映在城乡问题上集中体现于"我国发展最大的不平衡是城乡发展不平衡，最大的不充分是农村发展不充分"⑤。党的十八大报告提出，"解决好农业农村农民问题是全党工作重中之重，城乡发展一体化是解决'三农'问题

---

① 马占成：《发展中国特色社会主义宗教理论　全面提高新形势下宗教工作水平》，《人民日报》2016年4月24日。

② 《习近平谈治国理政》第4卷，外文出版社2022年版，第264页。

③ 中共中央文献研究室编：《习近平关于尊重和保障人权论述摘编》，中央文献出版社2021年版，第113页。

④ 中共中央文献研究室编：《习近平关于社会主义精神文明建设论述摘编》，中央文献出版社2022年版，第272页。

⑤ 习近平：《把乡村振兴战略作为新时代"三农"工作总抓手》，《求是》2019年第11期。

的根本途径",以"工业反哺农业、城市支持农村和多予少取放活"的方针着力构建"以工促农、以城带乡、工农互惠、城乡一体的新型工农、城乡关系"①。为缩小城乡差距,统筹城乡发展,中国共产党进一步勾画了乡村振兴和新型城镇化双轮驱动的战略部署。一方面以乡村振兴战略为关键抓手,坚持农业农村优先发展,推动农业农村现代化,并设定了"三步走"的战略时间表,大力实施乡村建设行动,努力实现城乡要素平等交换、双向流动的重要目标。一方面以新型城镇化战略为重要动力,将城镇化的重点从规模和速度转向质量,进一步深化户籍制度改革,取消农业户口和非农业户口之间的性质区分,推动农村人口融入城市,在促进城乡融合的同时推动更多要素向农村流动,实现城镇化水平提升和农业农村现代化的齐头并进。

在社会关系和社会矛盾的具体调节机制上,中国共产党提出了"健全乡镇(街道)矛盾纠纷一站式、多元化解决机制和心理疏导服务机制"等新举措。按照习近平总书记提出的"完善社会矛盾纠纷多元预防调处化解综合机制,切实把矛盾化解在基层,维护好社会稳定"② 的要求,一批新时代"枫桥经验"案例应运而生。新时代"枫桥经验"以党建为核心突破口,构建"党建+"的工作模式:牢固树立党组织"一把手"的责任意识,避免党建工作"单打独斗",将党建工作放在整个社会关系格局中加以审视和布局。同时,以新时代文明实践中心(所、站)为志愿服务与教育实践活动总平台,引导和吸纳社区内党员就地下沉,落实党员责任,并且推动机关干部担任基层"第一书记",充实提高基层干部队伍的质量,抓好抓实基层党组织书记能力建设。各类街道社区联席会议、"人大代表面对面"等议事平台与沟通制度广泛建立,避免社会矛盾的上升激化。并且,新时代"枫桥经验"突出强调对新技术的应用,特别是对辖区内数据的统一利用。实现数据"跑在事故前、用在化解中",通过微信平台、云端平台等即时性沟通机制,让基层网格员、社区书记等可以第一时间与居

---

① 中共中央文献研究室编:《十八大以来重要文献选编》上册,中央文献出版社 2014 年版,第 19 页。

② 习近平:《在基层代表座谈会上的讲话》,人民出版社 2020 年版,第 8 页。

民取得沟通联系，使得基层社会关系调节中有限的人力资源得到最大限度的利用，提升基层社会矛盾化解的覆盖面和有效度。

综上所述，新时代调节社会关系、化解社会矛盾的主要思路，既坚持了改革开放以来在发展中化解社会矛盾的总体思路主基调，同时立足于社会主要矛盾的变化进行调整、充实，最终形成了放大社会力量的综合型社会关系调节模式，科学有效地化解了深层次改革中诱发的众多矛盾问题。

总之，社会民主实现的前提条件是通过社会关系的调节和社会矛盾的化解凝聚奋斗团结的社会力量，形成和谐的社会有机体，其关键特征是稳定。而社会稳定源于社会秩序的稳定，社会秩序的稳定本质上是社会利益分配控制权力的稳定输出。权力主体根据公认的社会规范，配置社会资源，引导社会生活，协调社会关系，从而形成稳定的社会秩序。中国共产党自成立以来，结合不同历史时期的特点和社会主要矛盾，对社会利益分配的控制权不断优化调整并应用于阶级、阶层等具体社会关系领域的调节之中，着力多维度多层次构建矛盾化解体系消弭分歧，实现社会的有效整合，让以社会自治为核心、以社会民生为目的的社会民主在和谐稳定的社会有机体中蓬勃发展成为可能。

第二节　主体与动力：
在推进基层民主中实现社会自治

一、从组织工农运动到广泛发动人民群众

中国共产党成立之初便表现出不同于其他政治力量的特质，即在"以主义为结合中心"的同时发展"强固精密的组织"，围绕"群众"开展工作，发动劳工大众为自身利益而斗争。对马克思主义的坚定信仰、上下畅通的组织系统和广泛的群众基础，使其超越中国的任何旧式政党，展现了中国政党政治的新气象，预示了社会改造和中国革命的新前景[①]。中国共

---

① 王毅：《主义、组织与群众：中国共产党成立初期的特质》，《历史研究》2022 年第 4 期。

产党组织和领导的社会运动以工人运动为核心，还包括农民运动、青年学生运动、妇女运动等，在为社会运动服务的基础上中国共产党开始培育创办社会组织，同时基层民主在工人运动和党组织内开始萌芽。

在工人运动和工人组织方面，中国共产党第一次全国代表大会通过的第一个决议将"工人组织"列为第一节并明确规定："本党的基本任务是成立产业工会。凡有一个以上产业部门的地方，均应组织工会"，并且"党应在工会里灌输阶级斗争的精神"①。在成立工会组织的目标基础上，中国共产党出版《劳动周刊》，创办工人学校，推动工人运动蓬勃发展。从1921年至1923年，中国共产党领导发动了香港海员罢工、安源路矿工人罢工、开滦煤矿工人罢工、京汉铁路工人罢工等180余次，超过28万人参加。1925年第二次全国劳动大会正式成立中华全国总工会并成立全总执行委员会后，又领导了五卅运动和省港大罢工，掀起工人运动高潮。在党和工会的关系上，1927年党的五大通过的《职工运动决议案》中指出，工会不是党的附属机关，党对于工会工作的指导应是党的支部在群众中起作用，使群众完全受党的影响；在工会的机关中，应该有党团的组织，使党的意志去影响工会的一切工作②。在青年运动、妇女运动和农民运动方面，明确共产主义青年团是党领导下的青年无产阶级革命组织，党要帮助团在青年群众中发展，为党提供新的工作人才③。在工会中要求设立青工委员会，进行宣传教育工作，吸收青工加入工会并享受同等权利④。提出要切实代表工农妇女的利益，并在宣传上抬高工农妇女的地位，吸收妇女中的进步分子组织无党的妇女团体。对于贵族妇女运动，一方面指出其错误，

---

① 中共中央文献研究室、中央档案馆编：《建党以来重要文献选编（1921—1949）》第1册，中央文献出版社2011年版，第4页。

② 中共中央文献研究室、中央档案馆编：《建党以来重要文献选编（1921—1949）》第4册，中央文献出版社2011年版，第205页。

③ 中共中央文献研究室、中央档案馆编：《建党以来重要文献选编（1921—1949）》第4册，中央文献出版社2011年版，第209-211页。

④ 中共中央文献研究室、中央档案馆编：《建党以来重要文献选编（1921—1949）》第5册，中央文献出版社2011年版，第444页。

一方面予以同情和赞助①。同时设立女工委员会，主张对妇女劳动的保护并改善其劳动状况②。积极支持全国各地农民向土豪劣绅和贪官污吏开展斗争，推动倡导组织农民协会，开办农民运动讲习所，培养农民运动骨干。由于此时党在领导社会运动的过程中没有建立自身的政权，基层民主在依托各类社会运动成立的社会组织中以及党组织自身建设中发轫，集中体现于基层组织的加速发展和民主基本原则的确立。在工会组织中，提出要注重工会组织的群众化，将工会组织作为工人群众活动的单位，反对偏重机关组织的形式③。在农民组织之中也尝试通过民主选举的形式建立代表大会及其执行委员会。

土地革命战争时期，基层民主在中国共产党领导下的农村革命根据地政权和工厂企业中萌芽并取得明显的成果，基层民主拥有了生长发育的土壤。为了紧紧依靠广大的工农群众，在革命苏区进行局部执政的客观形势下，中国共产党开始围绕着苏维埃基层政权主动探索基层民主的实现形式，重点关注工农民主政权的基层选举。在集中学习苏联民主选举经验的基础上，1931年11月颁布的《中华苏维埃共和国选举细则》和1933年8月公布的《苏维埃暂行选举法》对选举权和被选举权、选举原则、选举方式进行了细致的规定，重点涉及以下几个方面：一是选举权和被选举权的主体，强调在苏维埃政权领域内的工人、农民、红军兵士及一切劳苦民众和他们的家属，不分男女、种族、宗教，在十六岁以上皆享有苏维埃选举权和被选举权，直接选派代表参加各级工农兵会议（苏维埃）的大会，讨论和决定一切国家的地方的政治事务。而军阀、官僚、地主、豪绅、资本家、富农、僧侣及一切剥削人的人和反革命分子被剥夺选举权和被选举权④。二是选举方式，总体上选择直接选举和间接选举相结合的方式，但

---

① 中共中央文献研究室、中央档案馆编：《建党以来重要文献选编（1921—1949）》第2册，中央文献出版社2011年版，第251页。

② 中共中央文献研究室、中央档案馆编：《建党以来重要文献选编（1921—1949）》第5册，中央文献出版社2011年版，第444页。

③ 中共中央文献研究室、中央档案馆编：《建党以来重要文献选编（1921—1949）》第3册，中央文献出版社2011年版，第294页。

④ 中共中央文献研究室、中央档案馆编：《建党以来重要文献选编（1921—1949）》第8册，中央文献出版社2011年版，第650页。

在包括乡苏维埃以及隶属区、直属县、直属省的市苏维埃的基层，都采用直接选举的方式，在战争持续、经济落后、交通不便、群众文化程度不高的社会背景下最大程度体现基层政权选举的民主原则。三是代表成分，不论是基层还是上级政权性质都要求体现工人阶级的领导地位，区一级工人应占百分之二十到百分之二十五，县一级工人应占百分之二十到百分之三十，省一级工人应占百分之二十五到百分之三十五，全国工人应占百分之二十到百分之三十①。在众多选举法规的引导下，中国共产党于 1931 年至 1934 年期间先后进行了 3 次选举运动，通过发表文章、举办晚会和动员会、表演话剧等多种多样的活动形式推动群众投入基层政权的民主选举过程之中，要求苏维埃政府在选举之前向选民或者代表机关汇报工作，同时提出选民有权利揭发苏维埃工作人员中的贪污腐败和消极怠工分子，在基层选举实践中推动民主自治的初步发展。

基层民主同时开始在苏区根据地的企业工厂中发端，集中体现于企业的民主管理制度。1934 年 4 月中央组织局颁布《苏维埃国家工厂支部工作条例》，阐释"三人团"的工作制度，规定："在生产过程中发生的许多问题必须经过厂长、支部书记、工会委员长'三人团'会议迅速共同解决。会议由厂长召集，如发生争执，最后取决于厂长。如支部或工会不同意厂长的最后决定，仍须执行厂长的决定，支部或工会可将意见提交上级解决之。"② 同时工人大会作为讨论生产计划的重要环节开始出现，厂长负责在工人大会上报告生产计划完成情况并宣布新的生产计划，"三人团"制度和工人大会是企事业单位基层民主的重要开端。

全民族抗日战争期间，中国共产党推进了一系列基层民主的试验，基层民主在根据地得到迅速的发展，基层群众所享有的民主权利在制度框架上更清晰明确，围绕着根据地政权的民主选举延伸出民主监督、民主协商、民主管理等多元的民主机制，极大拓宽了基层民主的实践领域并丰富了其实践形式，提升了根据地社会自治的水平。党培育的社会组织迅速恢复发展，社会运动重现高潮，基层民主与社会组织、社会运动开始出现一

---

① 张希坡、韩延龙：《中国革命法制史》，中国社会科学出版社 1987 年版，第 187 页。
② 向德荣：《中国企业民主管理历史梗概（上）》，《工友》2006 年第 6 期。

定程度上的融合，逐步形成以党组织和相关社会组织为载体，通过动员引导群众性社会运动的基层民主参与方式，在战时极大提升了民主建设水平，为抗战胜利奠定了群众基础。

抗日根据地的基层民主表现为"一体多元"的民主机制，其中仍然将基层根据地政权的民主选举作为基层民主的实践主体，只是和苏维埃时期相比规模更大。与此同时，边区农村还发展出一揽子会议、村民公约等包含民主管理、民主协商因素在内的形式更为丰富多样的民主机制，推动了边区社会自治的发展。在基层政权的民主选举上，中国共产党领导陕甘宁边区于1937年至1945年间先后举行了三次大规模的民主选举运动，基层乡选作为其中最重要的环节极大激发了基层民众的主体意识。在法律法规上，陆续通过《陕甘宁边区选举条例》（1937年5月）、《陕甘宁边区选举条例》（1939年2月）、《陕甘宁边区各级选举委员会组织规程》、《陕甘宁边区各级参议会选举条例》（1941年1月）、《陕甘宁边区各级参议会选举条例》（1942年4月）、《陕甘宁边区宪法原则》等规定性文件，为基层民主选举活动的顺利进行奠定了法理基础。在选举主体上，确定凡居住在边区区域的人民，在选举之日年满16岁的，无男女、宗教、民族、财产、文化的区别，都有选举权和被选举权①。其中与苏维埃时期不同的是，地主、富农、资本家等剥削阶级阶层也有抵抗日本法西斯侵略的诉求，愿意与共产党通力合作，为抗日战争捐钱捐物作出贡献，和广大的劳动人民产生了共同利益。因此为了巩固发展抗日民族统一战线，在此次选举中他们也开始拥有选举权和被选举权，选举主体范围得到扩大。在选举原则上，形成普遍、直接、平等、无记名的选举原则，团结一切可以团结的力量来适应战争的现实需要，1940年毛泽东第一次在《抗日根据地的政权问题》中对抗日根据地的政权组成提出"三三制"的基本构想，认为抗日战争时期我国建立的政权性质是民主统一战线的，因此通过选举形成的政权组织在人员分配方面，按照民主统一战线的政权原则要规定共产党员占三分之一，非党左派进步分子占三分之一，不左不右中间派占三分之一②。通过"三

---

① 杨永华主编：《中国共产党廉政法制史研究》，人民出版社2005年版，第153页。

② 《毛泽东选集》第2卷，人民出版社1991年版，第741—742页。

三制"的原则进一步扩大了基层群众的民主参与，让边区各阶级、阶层等民众都有机会参与到政权的建设管理中来，推动了边区社会民主的发展。在宣传动员上，探索了多种灵活有效的、通俗易懂的宣传方式。包括组织宣传队，每组四五人不等，分别下乡宣传。宣传的方法是进行群众团体（如贫农团等）的宣传、街市巷口宣传、院子宣传、屋子里宣传、个别的谈话等①。同时还注重发动妇女和儿童，采用贴标语、发传单、传唱民主歌曲等生动多样的方式提高基层群众思想觉悟，动员人民群众参与到选举运动之中。在选举方式上，在基层乡选中采用直接选举的方式，努力开创形式新颖、灵活多样的选举方法，尽可能地创造条件让群众参加选举。对于具有一定文化水平的选民实行"票选法"，识字不多的选民采用"画圈法""画杠法""画点法"，不识字的选民采取"看人投豆法"和"烧香点洞法"等，对于住得散、行动不方便的选民，选举委员会安排人员背流动票箱登门征集选民选票②。通过一系列因地制宜、灵活简单的措施让选举真实反映基层民意，大大提升了民主自治的真实性。在中国共产党的领导下，边区三次民主选举运动取得极大的成功，参与基层政权民主选举的人数激增，第一次选举运动中选民参与率大致在 70%，第二次选举运动中选民参与率达到 80%，第三次选举运动中选民参与率达到 82.5%。通过民主选举，基层政权工作得到改善，淘汰了旧有不称职的干部，例如 1941 年选举中，延安县乡政府委员中连任者仅有 133 人，新当选者则为 185 人，61个乡长中就有 41 个是新当选的，安定 70% 的市政府人员是新任，绥德旧乡政府人员落选者达 1 001 人③。

围绕着基层政权民主选举，边区农村还发展出多元的民主机制。一是民主监督机制，《陕甘宁边区各级参议会选举条例》第十六条规定："各级参议员在任期内如有不称职的，得由该级议员选举之法定人数十分之一以

① 白丁：《安定在选举运动的准备，城市乡选举的经过》，《新中华报》1937 年 7 月 29 日。
② 王颖：《新民主主义革命时期民主选举制度研究》，中国社会科学出版社 2005 年版，第 105 页。
③ 《陕甘宁边区政府文件选编》第 4 辑，陕西人民教育出版社 2013 年版，第 181 页。

上的选民提议，经由该选举单位投票罢免之。"① 基层群众不但能够在选举中让贪污腐化分子被揭发落选，更能在选举活动结束后实现对基层政权工作人员的长期监督。同时提出定期选举的要求，其中乡级 1 年改选 1 次②，事实上加强了基层民众对代表、议员以及工作人员的监督，更加考虑民众的利益和需求，提升了基层民主的水平。二是民主协商机制，中国共产党为实现"三三制"的政权选举原则，将协商民主引入选举的具体实践之中，采取先协商再做票决的方式将协商民主与票决民主结合。为了使中间人士能够在票决中达到三分之一的比例，中国共产党一面通过大量的宣传动员组织广大工农群众与地主、富农开展对话协商，另一面在提出候选人阶段与各阶级、各阶层的代表人士对候选人名单进行深入讨论协商。面对不符合"三三制"原则的选举票决结果，中国共产党也会与地主、士绅、民主团体进行协商推举，由边区政府通过聘请的方式进入到基层政权之中。三是民主管理机制，其中最重要的是结合各地的实际情况讨论编写制定村民公约，一般以村为单位，内容涉及乡村生活的各个方面，村民公约直白清晰，促进了边区农村基层民主的发展，是农村社会自治的重要形式。

解放战争时期，中国共产党进一步在农村、城市、工厂等各领域发展基层民主，揭露了国民党"假民主、真独裁"的政治把戏，在中国向何处去的"两个前途、两个命运"前高举民主的旗帜并赢得了民心。在党的领导下，社会运动风起云涌并与基层民主进一步融合，抗日战争时期形成的群众社会运动形式下动员性的基层民主参与方式继续深入发展，提升了社会民主自治的程度，保证了新民主主义革命任务使命的顺利完成。

在农村基层民主问题上，农村基层政权的性质开始从抗日民主政权向人民民主政权转变，作为基层政权基石的基层民主选举政策也发生相应的转变。一是选举基层政权的性质由议会性质的参议会转变为议行合一的人民代表会议，基层民主的性质转向人民民主，对地主阶级、官僚资产阶级

---

① 韩延龙、常兆儒：《中国新民主主义革命时期根据地法制文献选编》第 1 卷，中国社会科学出版社 1981 年版，第 222 页。

② 《陕甘宁边区政府文件选编》第 10 卷，陕西人民出版社 2014 年版，第 42 页。

及国民党反动派的专政开始成为基层民主的重要组成部分。1947年内蒙古自治区选举人民代表召开人民代表会议，各基层政府由人民代表会议选举产生。1948年晋察冀和晋冀鲁豫两个解放区也共同召开华北临时人民代表大会，要求整顿村级组织，从基层开始逐步建立起人民代表会议[1]。二是选举权和被选举权的主体范围发生变化，地主阶级、官僚资产阶级、买办等不再拥有人民民主政权的选举权和被选举权。如1949年1月《东北解放区县村人民代表选举条例草案》中取消不分阶级党派的内容，提出有反革命行为及民主政府缉办在案者无选举权和被选举权[2]。但在具体实施时，中国共产党采取正确的策略方法，注重区分抗日战争中有重大贡献的开明绅士和民族资产阶级，将其归为人民的阵营，从内部对敌人进行分化。三是在老解放区的基层仍然采取直接选举的选举方式，在不具备直接选举条件的新解放区不强制要求直接选举，同时推进差额选举的机制增加人民选择的范围。比如《苏皖边区乡镇选举条例》中规定："乡（镇）选举委员会应将以不超过应选人3倍之候选人名额，于选举前五天合理地分配给各法团。"[3] 通过民主选举的不断展开，是否真正实行民主成为区分"解放区"和"国统区"的重要标志。

随着解放战争的持续推进，国民党占领的大城市相继解放。但由于城市地区和农村地区的经济、政治环境差别巨大，加上反动派的长期统治，短时间内难以建立起同农村地区类似的基层政权的选举制度。因此，中国共产党在城市解放后先进行短时间的军事管制，之后采用推举制等形式陆续组织形成各级人民代表会议，城市基层民主在社会各界的民主协商之中开始萌芽。除此之外，随着解放区的不断扩大，管理的工矿企业数量也随之增多，在公营企业之中基层民主得到极大的拓展。党总结抗日战争时期形成的厂务会议、管理委员会等民主管理形式的经验教训，在解放区普遍

---

① 韩延龙、常兆儒编：《中国新民主主义革命时期根据地法制文献选编》第1卷，中国社会科学出版社1981年版，第71页。

② 韩延龙、常兆儒编：《中国新民主主义革命时期根据地法制文献选编》第1卷，中国社会科学出版社1981年版，第419页。

③ 韩延龙、常兆儒编：中国新民主主义革命时期根据地法制文献选编》第1卷，中国社会科学出版社1981年版，第416页。

推广工厂管理委员会和职工代表会议制度。毛泽东强调："在公营企业中，必须由行政方面和工会方面组织联合的管理委员会，以加强管理工作，达到降低成本、增加生产、公私两利的目的。私人资本主义企业也应当试行这种办法，以达到降低成本、增加生产、劳资两利的目的。"[①] 通过建立工厂管理委员会和职工代表会议制度，工厂企业中的基层民主得到极大发展，工人真正成为企业的主人，不再受资本家工厂制度的压迫剥削。

总而言之，新民主主义革命时期中国共产党在各领域发展形式多样的基层民主，同时推动社会组织的建立、社会力量的发育和社会运动的发展，为实现社会民主奠定了基础。这一时期中国共产党推进社会自治呈现出以下特征：一是重心从社会运动向基层民主转移。在建党之初，发动社会运动是中国共产党推动社会变革、实现民主自治的最重要方式，而随着地方性政权的建立，以基层政权民主选举为核心的基层民主逐渐成为推进社会自治的核心因素。二是以基层民主为中心，社会组织为载体，社会运动为表现形式，三者在实践中逐步融合，产生基层民主的重要参与形式——动员，即党通过社会组织配合进行动员，形成广泛的群众性社会运动进行基层民主政治建设，有效提升了社会层面的民主自治水平。三是服务于革命事业。发展基层民主、培育社会组织、推动社会运动的首要任务是武装夺取政权，最终目的是取得新民主主义革命的胜利。

二、以强大行政力量构筑社会自治框架

新中国成立后，中国共产党在全国范围内建立起人民政权，基层民主的相关制度在全国各领域范围内得到确立和规范化发展，全国性的社会组织也迎来了发展的契机，为发展社会自治、推动社会民主奠定了政治基础和制度条件。

新中国成立之前，国民党政府在农村和城市均采取保甲制度作为县以下的基层社会管理的组织形式，例如新中国成立前夕的上海市，全市共划有 30 个行政区，其中市区 20 个，郊区 10 个。区以下共设 293 个保，

[①] 中共中央文献研究室、中央档案馆编：《建党以来重要文献选编（1921—1949）》第 25 册，中央文献出版社 2011 年版，第 56 页。

28 553 个甲①。新中国成立后，由于保甲制度极强的封建性，中国共产党新政权为稳定社会短暂留用保甲人员之后迅速废除了保甲制度，取而代之开始按照一定的程序民主选举基层领导人，在社会中建立起强有力的基层政权。1953 年中央人民政府委员会第二十二次会议通过《中华人民共和国选举法》，规定："凡年满十八周岁之中华人民共和国公民，不分民族和种族、性别、职业、社会出身、宗教信仰、教育程度、财产状况和居住期限，均有选举权和被选举权。"② 同时基层政权的选举方式定为直接选举，由选民直接投票选举产生。周恩来指出："目前我国在基层实行直接选举，在县以上实行间接选举。这种选举制度是适合于我国当前情况的较好的民主形式。"③ 在《选举法》的指引下，全国范围内掀起了普选运动，全国人口总数 6.02 亿人中，选民登记总数为 3.24 亿人，占选举地区 18 周岁以上人口总数的 97.18%。参加选举投票的有 2.78 亿人，占选民登记总数的 85.88%。妇女参加投票的占登记的妇女选民总数的 84.01%④。与高层选举不同，基层选举在群众文化程度的客观条件限制下允许将举手表决作为投票方式⑤，让所有基层民众真正当家作主，选出自身认可的人选组成符合民意的基层政权。

除了依托基层政权，群众性自治组织开始在新中国社会基层中发育，成为基层民主的重要组成部分。在农村，在取缔保甲制度的同时，开展土地改革并打击地方宗族势力，尝试领导基层群众推举思想进步、觉悟较高的农民组织农民协会，配合基层政权和解放军开展相关工作并维护乡村治安⑥。1950 年政务院颁布《农民协会通则》，强调农民协会是农民自愿结

---

① 朱国明：《上海：从废保甲到居民委员会的诞生》，《档案与史学》2002 年第 2 期。
② 中共中央文献研究室编：《建国以来重要文献选编》第 4 册，中央文献出版社 2011 年版，第 21 页。
③ 中共中央文献研究室编：《建国以来重要文献选编》第 10 册，中央文献出版社 2011 年版，第 303 页。
④ 当代中国研究所：《中华人民共和国史稿》第 1 卷，人民出版社、当代中国出版社 2012 年版，第 221 页。
⑤ 罗峰、徐大强：《基层民主制度的形成与发展》，经济科学出版社 2020 年版，第 12 页。
⑥ 李文主编：《中华人民共和国社会史（1949—2019）》，当代中国出版社 2019 年版，第 21 页。

合的群众组织，是改革土地制度的合法执行机关，有实行社会改革、保护农民利益、组织农民生产、保障农民政治权利、参加人民民主政权的建设工作等众多的任务，凡雇农、贫农、中农、农村手工业工人及农村中贫苦的革命知识分子，自愿入会者，得乡农民协会委员会批准后，即可成为农民协会会员①。农民协会作为农村的群众性自治组织，在土地改革、清匪反霸等众多运动中保护了农民的利益，巩固了农村基层政权。在城市，成立了居民委员会作为群众自治性的居民组织。1949 年 10 月 23 日，经居民选举诞生了"新中国第一个居民委员会"——杭州市上城区紫阳街道上羊市街居民委员会，它由两个保组成，下辖 2 250 户②。1953 年，中共中央总结各地居民组织经验后正式批准决定在全国城市街道成立居民委员会。居民委员会是群众自治组织而不是政权组织，它的任务主要是把工厂、商店和机关、学校以外的街道居民组织起来，在居民自愿原则下，办理有关居民的共同福利事项，宣传政府的政策法令，发动居民响应政府的号召和向基层政权反映居民意见，在城市的基层政权或派出机关的统一指导下工作③。1954 年全国人大常委会第四次会议通过《城市居民委员会组织条例》，以法律的形式明确规定居民委员会是群众自治性居民组织，并对其产生、内部机构、职责权限作出完整规定，居委会在全国各地蓬勃发展起来，在公共卫生、教育文化等方面发挥了重要作用。

在基层群众性自治组织之外，中国共产党还对各界的社会组织进行了整顿并开始进行制度化管理。1950 年和 1951 年政务院和内务部分别制定公布《社会团体登记暂行办法》和《社会团体登记暂行办法实施细则》，开启了新中国社会组织发展的制度化进程。各级政府在暂行办法及其实施细则的引导下取缔了一批民主革命时期具有反动、封建、秘密性质的社会团体和会党组织，并在此基础上将现有社会组织划分为人民群众团体、社

①　中共中央文献研究室编：《建国以来重要文献选编》第 1 册，中央文献出版社 2011 年版，第 300 - 301 页。

②　浙江省委党史研究室：《新中国第一个居委会——上羊市街居委会的建立》，《浙江日报》2011 年 4 月 8 日，转引自李文主编：《中华人民共和国社会史（1949—2019）》，当代中国出版社 2019 年版，第 21 页。

③　《彭真文选》，人民出版社 1991 年版，第 606 页。

会公益团体、文艺工作团体、学术研究团体、宗教团体，以及其他合乎人民政府法律而成立的团体等六大类别。其中，国家牵头组建了中华全国总工会、中国共产主义青年团、中华全国民主妇女联合会、中华全国青年联合会、中华全国工商业联合会、中华全国归国华侨联合会、中华全国台湾同胞联谊会，以及中国科学技术协会等8个人民团体，并在此之外重建了一批艺术、学术社会组织，如作家协会、音乐家协会、美术家协会、中国法学会、中华体育总会等等①。至1965年，全国性社会团体组织由新中国成立初期的44个增加到近100个，地方性社会团体组织发展到6 000多个②。在新中国的建设发展中，各领域的社会组织作为桥梁在中国共产党、政府和人民群众之间起到了重要的沟通作用。

基层民主制度还在全国各地的企业工厂之中确立起来。1950年2月28日，中央人民政府政务院财政经济委员会向全国发出《关于国营公营工厂建立管理委员会的指示》，规定："必须把原来官僚资本统治时代遗留下来的各种不合理制度，进行有计划、有步骤的一系列的改革。这种改革的中心环节，就是建立工厂管理委员会，实行工厂管理民主化。"③ 到了1952年，以工厂管理委员会和职工代表会议为代表的企业基层民主管理形式在全国国营企业之中普遍建立起来。而在私人企业之中，劳资协调会议、增产节约委员会等民主化管理因素也开始出现。1956年，党的八大正式确定在国营企业中贯彻执行党委领导下的厂长负责制和群众路线的领导方针，并于1957年开始逐步将企业中现行的职工代表会议扩大权力改为职工代表大会，方便职工参与民主管理并对行政领导进行民主监督。企业工厂中基层民主制度的发展激发了工人的生产热情，保障了工人的当家作主的权利。

这一时期，党提出过许多合理的发展基层民主以实现社会自治的思想。毛泽东提出了正确处理人民内部矛盾理论，强调社会主义社会的矛盾可以划分为敌我矛盾和人民内部矛盾，人民内部矛盾是非对抗性的，因此

---

① 李文主编：《中华人民共和国社会史（1949—2019）》，当代中国出版社2019年版，第22页。

② 吴忠泽主编：《社团管理工作》，中国社会出版社1996年版，第5页。

③ 李文主编：《中华人民共和国社会史（1949—2019）》，当代中国出版社2019年版，第13页。

解决人民内部矛盾必须用民主的方法，让人民拥有民主和自由的权利，不能采用简单粗暴的方式造成矛盾激化①。邓小平提出"在群众方面，要扩大各方面的民主"，并在此基础上区分"大民主"和"小民主"，他强调："我们是不赞成搞大民主的。大民主是可以避免的，这就要有小民主。如果没有小民主，那就一定要来大民主。"② 其中，"大民主"指的是民主革命时期所形成的动员式的民主，其主要表现形式是群众性社会运动，"小民主"则是在领导秩序下通过各种方式反映群众意见的民主制度框架，邓小平倡导将"小民主"置于"闹事"的"大民主"之前。由此可见，中国共产党领导人已经完全认识到包括基层民主制度在内的民主制度体系的重要作用，并在实践中尝试让基层民众广泛直接参与到对社会生活的管理之中。

总而言之，社会主义革命和建设时期，中国共产党开始探索以基层民主为核心的社会自治并制定相关制度框架，社会民主建设取得了很好的开端。但遗憾的是，在后来的实践中，由于"左"的错误路线的干扰，以社会自治为主体的社会民主的发展遭受了严重挫折，这为我们继续推进社会民主留下了宝贵的历史经验与教训：一是必须在法律制度框架下发展基层民主、实现社会自治，不受规则约束的群众运动不仅难以实现真正的社会自治，反而会造成无政府主义泛滥，对社会有机体造成严重破坏并带来社会失序。二是经济政治权力高度集中的体制带来政党、国家和社会的一体化，会严重挤压社会自身发展空间，阻碍社会自治和社会民主的发展。三是发展社会民主必须将人民群众的社会经济利益作为发展的目的和归宿，必须要通过经济发展和民生保障的实现让民主真正造福人民群众。

三、在重拓社会空间中提升社会自治水平

1978 年党的十一届三中全会的召开实现了党的工作中心的转移，拉开了改革开放的序幕，为社会民主的恢复发展拓展了空间。邓小平指出："要切实保障工人农民个人的民主权利，包括民主选举、民主管理和民主

---

① 《关于正确处理人民内部矛盾的问题》，人民出版社 1964 年版，第 1－4 页。

② 《邓小平文选》第 1 卷，人民出版社 1994 年版，第 273 页。

监督",并且"必须使民主制度化、法律化,使这种制度和法律不因领导人的改变而改变,不因领导人的看法和注意力的改变而改变"①。在此基础上,法律制度框架下基层群众自主参与成为中国共产党发展以社会自治为主体的社会民主的战略路径,并在实践中演化出民主选举、民主决策、民主管理、民主监督等多种具体形式,覆盖至农村、城市、企事业单位、党内的各领域。社会组织迅速恢复发展,成为培育社会力量、实现民主自治的重要因素。

基层民主选举的恢复和基层人民民主政权的重建,重新拓展了基层民主的发展空间。1979 年,第五届全国人民代表大会通过了《选举法》,将直接选举的范围从乡镇一级扩大到了县一级,同时将等额选举改为基本差额选举,采取无记名投票的方式②,扩大了基层民主的实施范围。基层群众自治制度不断健全,保证了人民群众直接行使民主权利并参与对社会事务的管理。在农村,政社合一的人民公社基层建制逐步被乡镇和村构成的新基层体制取代,在撤社建乡的基础上村民委员会作为新的村民自治形式分阶段逐步建立起来。家庭联产承包责任制的推广使原先公社生产队形式的农村基层管理体制逐步解体,为村民自治的试验提供了空间,各地纷纷开始尝试建立适应家庭联产承包责任制等新的生产方式的基层管理组织形式。1980 年,广西壮族自治区宜山县(现河池市宜州区)、罗城县(现罗城仫佬族自治县)农村的村民为解决承包制推广后产生的社会治安问题,自发组织选举产生村民委员会以实现村务自我管理,维护社会秩序。到1982 年,宜山县 12 个公社的 2 288 个自然村中,有 598 个建立了村委会③。与此同时,全国各地农村地区也陆续出现了名称尚未统一的各式各样的村委会式自治组织,如"村管会""议事会"等等④。这些自我管理、自我服务的自治性质的村民组织适应了农村生产方式的变革,但由于中央

---

① 《邓小平文选》第 2 卷,人民出版社 1994 年版,第 146 页。
② 《中华人民共和国地方各级人民代表大会和地方各级人民政府组织法 中华人民共和国全国人民代表大会和地方各级人民代表大会选举法》,人民出版社 1979 年版,第 2—3 页,第 8 页。
③ 徐勇:《中国农村村民自治》,生活·读书·新知三联书店 2018 年版,第 214 页。
④ 李正华、张金才主编:《中华人民共和国政治史(1949—2019)》,当代中国出版社 2019 年版,第 201 页。

尚未定性和相关法律的不完善，地方政府对于村委会的态度较为模糊，更多将其视为过渡性组织。

　　全国各地的农村村民自治试验引起了中央的关注，在大量的调研数据支撑下，中央领导深刻认识到村民自治的重要意义，提出要将群众性自治组织村民委员会的地位和作用列入宪法①并进一步推广至全国。1982年五届全国人大五次会议通过的《中华人民共和国宪法》规定："城市和农村按居民居住地区设立的居民委员会或者村民委员会是基层群众性自治组织。居民委员会、村民委员会的主任、副主任和委员由居民选举。居民委员会、村民委员会同基层政权的相互关系由法律规定。居民委员会、村民委员会设人民调解、治安保卫、公共卫生等委员会，办理本居住地区的公共事务和公益事业，调解民间纠纷，协助维护社会治安，并且向人民政府反映群众的意见、要求和提出建议。"② 宪法对村民委员会的性质、地位、任务、组织形式都作出了相应的规定，让村民自治作为一项制度获得宪法的合法性确认。

　　此后，全国各地农村在宪法规定下开展了各式各样的村民自治实践，形成多种模式，中央在总结各地实践的积极经验的基础上开始推进村民自治和村民委员会的具体制度建设。1987年第六届全国人大常委会第二十三次会议通过了《中华人民共和国村民委员会组织法（试行）》，于1988年6月1日开始正式实行，该法律在实践层面上将1982年宪法对村民自治的相关规定具体化，在其引导下，1988年下半年全国各地共有1 093个县级单位进行了试点工作，开启了第一届农村村委会选举③。1994年，中共中央召开全国农村基层组织建设工作会议并发布通知，明确提出完善村民选举、村民议事、村务公开、村规民约等制度及其实施办法④，农村群众民主选举、民主决策、民主管理、民主监督等权利初具雏形。1998年中共中央办公厅、国务院办公厅联合发出《关于在农村普遍实行村务公开和民主

---

① 《彭真文选》，人民出版社1991年版，第606页。
② 《中华人民共和国宪法》，人民出版社1982年版，第40页。
③ 李正华、张金才主编：《中华人民共和国政治史（1949—2019）》，当代中国出版社2019年版，第203页。
④ 《中共中央通知要求各地各部门大力加强农村以党组织为核心的基层组织建设》，《人民日报》1994年11月25日。

管理制度的通知》，对民主决策、民主管理、民主监督作出实质性具体内容的补充，并对民主选举事宜作了更具体明确的规定①。同年第九届全国人大常委会第五次会议通过新修订的《中华人民共和国村民委员会组织法》，将村民自治作为我国的一项政治制度确立下来，自此整个农村村民自治形成了一套行之有效的法律制度，基本完成了制度化设计。

进入 21 世纪后，随着经济腾飞，村民对于民主的需求进一步提升，中国共产党持续推进村民自治的发展，建设重点也从基层民主选举转移至对于"四个民主"环节的逐步规范，相继出台《中共中央办公厅 国务院办公厅关于健全和完善村务公开和民主管理制度的意见》《民政部关于做好2005 年村民委员会换届选举工作的通知》《中共中央关于推进农村改革发展若干重大问题的决定》《中共中央办公厅 国务院办公厅关于加强和改进村民委员会选举工作的通知》等规定性文件，在村委会民主选举的基础上逐渐形成以村民大会和村民代表会议为主要形式的民主决策制度以及以村务公开和民主评议为主要内容的民主监督制度②。2010 年全国人大常委会再次修改《村民委员会组织法》，将村民自治的制度化水平提升到了新的层次。在民主选举方面，设立登记制度和非本村村民的列席制度③，打破了户籍制下的"唯身份论"，扩大了村民自治的主体范围；进一步细化委托投票程序，指出"登记参加选举的村民，选举期间外出不能参加投票的，可以书面委托本村有选举权的近亲属代为投票"④，避免利用委托造假票的情况；对于选举违法作出更细致的明确规定，对以暴力、威胁、欺骗、贿赂、伪造选票、虚报选举票数等不正当手段，妨害村民行使选举权、被选举权，破坏村民委员会选举的行为，村民有权向乡、民族乡、镇的人民代表大会和人民政府或者县级人民代表大会常务委员会和人民政府及其有关主管部门举报，由乡级或者县级人民政府负责调查并依法处理⑤。

---

① 中共中央文献研究室编：《十五大以来重要文献选编》上册，人民出版社 2000 年版，第 308-314 页。

② 中华人民共和国国务院新闻办公室：《2004 年中国人权事业的进展》，《人民日报》2005 年 4 月 14 日。

③《中华人民共和国村民委员会组织法》，人民出版社 2010 年版，第 6-7 页。

④《中华人民共和国村民委员会组织法》，人民出版社 2010 年版，第 8 页。

⑤《中华人民共和国村民委员会组织法》，人民出版社 2010 年版，第 9 页。

在民主决策方面，完善了村民会议制度和村民代表会议制度，明确规定其成员组成、召开方式以及议事程序，在此基础上增加村民小组会议制度，扩大村民的民主参与。在民主管理方面，进一步完善村民自治章程和村规民约，强调"村民会议可以制定和修改村民自治章程、村规民约，并报乡、民族乡、镇的人民政府备案"，但"不得与宪法、法律、法规和国家的政策相抵触，不得有侵犯村民的人身权利、民主权利和合法财产权利的内容"[①]。在民主监督方面，逐步健全以村务公开、村委会定期报告工作和村务监督委员会为主要内容的农村基层民主监督制度体系，增强村务监督委员会的权力，强化村务监督的效果。截至2012年底，全国绝大多数省份已开展了8至9轮的村委会换届选举工作。全国98%以上的村委会实行了直接选举，村民平均参选率达到95%。村委会女性成员比例有所提高。全国95%的村实现村务公开，90%以上的县制定村务公开目录，91%的村建立村务公开栏。全国每年约有170万名村干部进行述职述廉，对23万多名村干部进行经济责任审计，村民评议村干部近209万人次[②]，农村以基层民主为核心的社会自治在制度化道路上实现高速发展。

在城市，城市居民委员会得到恢复和发展，成为接受政府和企业职能转移、吸纳基层群众民主参与实现自治的载体。与村民自治发展情况不同的是，城市居民自治的基础条件更为丰厚，发展空间更大，进展更快且效果更好。1980年，重新颁布《城市居民委员会组织条例》《人民调解委员会暂行通则》《治安保卫委员会暂行组织条例》，重建城市居民自治制度。1982年宪法对城市居民委员会的性质、地位、产生方式、组织结构、主要任务正式作出法律层面的界定。1989年，全国人大常委会通过《中华人民共和国城市居民委员会组织法》，对居民委员会的发展作出具体的法律细则规定，强调"居民委员会是居民自我管理、自我教育、自我服务的基层群众性自治组织"，其任务包含宣传宪法、法律、法规和国家的政策，维护居民的合法权益，负责居民的公共事务和公益事业，调解民间纠纷，维护社会治安，协助政府做好与居民利益有关的公共卫生、计划生育、优抚

① 《中华人民共和国村民委员会组织法》，人民出版社2010年版，第12页。
② 中国国务院新闻办公室：《2012年中国人权事业的进展》，《人民日报》2013年5月15日。

救济、青少年教育等项工作以及向人民政府反映居民的意见、要求和提出建议①。自此城市居民自治制度走上制度化的道路并不断深化发展，在实践中演化出多种实现机制，如居民代表大会、协商议事委员会和业主委员会、居民评议会、社会听证会等等②，拓展了城市居民自治的发展空间。2000 年，中共中央办公厅和国务院办公厅转发《民政部关于在全国推进城市社区建设的意见》，指出城市推进社区建设的发展方向并对社区建设的基本概念、内涵、意义作了系统全面的阐释。城市居民自治开始和社区建设相结合，以社区为基本单位发展居民委员会，正式进入以社区居民自治为核心的发展新阶段。截至 2012 年，基层群众自治组织共计 68.0 万个，其中居委会 91 153 个，增长了 1.9%，居民小组 133.5 万个，比上年减少0.5 万个，居委会成员 46.9 万人，比上年增长 3.3%③。以社区居民自治为核心的城市基层民主让城市居民能够直接广泛参与到各项社会生活的各项事务之中，提升了社会自治的水平。

在企事业单位，职工代表大会制度成为基层民主发展的重要组成部分。1981 年，中共中央、国务院发布《国营工业企业职工代表大会暂行条例》，并在 1982 年宪法中明确规定要在国营企业和集体经济组织中通过职工代表大会等形式进行民主管理。1986 年，中共中央、国务院发布《全民所有制工业企业职工代表大会条例》，1988 年，七届全国人大一次会议通过《中华人民共和国全民所有制工业企业法》，二者从条例和法律的角度对职工代表大会作出明确规定："职工代表大会是企业实行民主管理的基本形式，是职工行使民主管理权力的机构。职工代表大会的工作机构是企业的工会委员会。企业工会委员会负责职工代表大会的日常工作"，职工代表大会拥有对企业生产经营、规划计划、基本建设等方面的建议权，对工资、奖金、劳动保护措施、奖惩办法的审查通过权，对职工生活福利的

---

① 全国人民代表大会常务委员会法制工作委员会编：《中华人民共和国法律汇编（1985—1989）》，人民出版社 1991 年版，第 561－562 页。

② 李正华、张金才主编：《中华人民共和国政治史（1949—2019）》，当代中国出版社 2019 年版，第 260 页。

③ 《2012 年社会服务发展统计公报》，中华人民共和国民政部官网，https://www.mca.gov.cn/n156/n189/c93366/content.html。

审议决定权，对企业领导干部的评议监督权，以及选举厂长等众多职权①。
1999年，党的十五届四中全会通过的《关于国有企业改革和发展若干重大
问题的决定》指出："发挥工会和职工代表大会在民主决策、民主管理、
民主监督中的作用。坚持和完善以职工代表大会为基本形式的企业民主管
理制度，实行民主评议企业领导人和厂务公开。"② 在法律引导和市场经济
的逐渐发展下，企事业单位逐渐形成了党组织领导下以职工代表大会为主
体，以民主选举、民主决策、民主管理、民主监督为重要环节，以厂务公
开、政务公开为重要形式的基层民主制度体系，民主对话会、厂长信箱、
厂情公开栏等新形式、新方法层出不穷，有力保障了职工在企业管理中的民
主权利。在非公有制企业中，企业民主也得到了一定程度的发展，部分民营
企业也开始建立工会、员工代表大会等组织机构并尝试探索集体协商会、民
主议事会等民主管理的形式，努力建构民企经营管理层与职工的对话协商机
制，进而形成劳资双方互动对话的良性循环，推动企业经营发展。

　　社会主义市场经济的发展为社会组织的恢复发展提供了空间，社会组
织在20世纪80年代迎来高速发展期，成为社会自治的重要力量。到1989
年，全国性社团骤增至1600个，地方性社团达到20多万个③，新组建的
社会组织类型多样，包括学术类组织、经济类组织、行业协会、体育协会
等等。为了规范社会组织的发展，1989年国务院发布《社会团体登记管理
条例》，并针对不同性质的社会组织进行了数次清理整顿，社会组织开始
在引导规范下继续发展。1998年新的《社会团体登记管理条例》和《民办
非企业单位登记管理暂行条例》公布，社会团体、基金会和民办非企业单
位等各类社会组织都被纳入统一的登记管理体系之中。同时社会组织的整
体质量逐步提高，运行更为规范，布局更为完善。2006年党的十六届六中
全会正式将"社会组织"纳入创新社会管理、构建和谐社会的大局中，包
括社会团体、基金会和民办非企业单位在内的社会组织成为政府和市场之

---

　　① 全国人民代表大会常务委员会法制工作委员会编：《中华人民共和国法律汇编（1988）》，
人民出版社1989年版，第39页。
　　② 中共中央文献研究室编：《十五大以来重要文献选编》中册，人民出版社2001年版，第
1025页。
　　③ 闫东：《中国共产党与民间组织关系研究》，中共中央党校博士论文，2007年。

外实行社会自治、推进社会民主的重要力量。

改革开放和社会主义现代化建设新时期，政治经济体制改革推动国家向社会的放权，社会自身拥有更为坚实的力量和更大的发展空间，中国共产党领导下以社会自治为主体的社会民主迎来新篇章，具体具有以下特征：一是制度化。基层民主的实现方式从连续性的社会运动转向民主制度体系下基层人民群众的民主参与，包括群众性自治组织在内的各类社会组织的发育让基层群众有更多机会直接参与到社会的管理活动中，社会活力程度和社会稳定程度达成平衡，整个社会在制度规则下平稳地实现了自治程度的提高。二是渐进性。以基层民主为核心的社会自治的发展是个不断深化扩大的渐进过程，总体上采取了从农村至城市至企业至党内的改革方向，渗透到民主选举、民主决策、民主管理、民主监督各环节，各个领域的改革交叉并行、互相促进，形成有机衔接和良性互动的制度体系，推动以基层民主为核心的社会自治不断向更高层次扩展。三是主体多元化。伴随市场经济的发展，进行社会调控的主体力量由单一的政府转向政府、市场和社会组织共同参与的多元机制，其中政府为主导，市场和社会组织起到重要的补充作用。在多元主体的有序参与下，基层人民群众被最广泛地组织起来参与到社会事务的管理之中，以社会自治为主体的社会民主获得更为广阔的发展空间。

四、打造社会治理共同体与基层民主创新

党的十八大以来，中国共产党加强和创新社会治理，不断完善党委领导、政府负责、民主协商、社会协同、公众参与、法治保障、科技支撑的社会治理体系，建设人人有责、人人尽责、人人享有的社会治理共同体，基层协商民主向纵深发展，有力地推进了基层自治和政策落实，强化了社会整合和基层政权建设，实现了社区公共利益最大化。2013年，党的十八届三中全会通过《中共中央关于全面深化改革若干重大问题的决定》，明确提出"社会治理"概念，代替了原先一直使用的"社会管理"，显示推动社会发展的主体由政府管理彻底转向政府、社会、市场与公民多元主体的合作共治。社会自治作为社会治理体系中的协同因素，在党委领导和政

府负责之下在社区治理等领域发挥了不可替代的作用。随着共建共治共享的社会治理格局逐步形成，基层民主和社会组织在协商民主和党建引领等新趋势下焕发出生机和活力，以社会自治为主体的社会民主进入新的发展阶段。

协商民主不断向社会领域拓展，与基层民主紧密结合，开启基层协商民主制度发展的新阶段。2015 年 2 月，中共中央发布《关于加强社会主义协商民主建设的意见》，明确指出："继续重点加强政党协商、政府协商、政协协商，积极开展人大协商、人民团体协商、基层协商，逐步探索社会组织协商。发挥各协商渠道自身优势，做好衔接配合，不断健全和完善社会主义协商民主制度。各类协商要根据自身特点和实际需要，合理确定协商内容和方式"[1]，基层组织和社会组织正式成为协商民主发展的重要空间，民主协商也成为基层民主在民主选举、民主决策、民主管理、民主监督之外的又一重要实践形式，基层人民群众的知情权、参与权、表达权、监督权得到更为充分的保障。

协商民主在基层社会治理中体现于以下几方面：一是城乡基层社区的协商。城乡基层社区的协商是基层协商民主发展的重中之重，对此中共中央专门出台《关于加强城乡社区协商的意见》进行引导规范，该意见强调了协商内容包括"城乡经济社会发展中涉及当地居民切身利益的公共事务、公益事业；当地居民反映强烈、迫切要求解决的实际困难问题和矛盾纠纷；党和政府的方针政策、重点工作部署在城乡社区的落实；法律法规和政策明确要求协商的事项；各类协商主体提出协商需求的事项"，协商主体是"基层政府及其派出机关、村（社区）党组织、村（居）民委员会、村（居）务监督委员会、村（居）民小组、驻村（社区）单位、社区社会组织、业主委员会、农村集体经济组织、农民合作组织、物业服务企业和当地户籍居民、非户籍居民代表以及其他利益相关方"，在协商过程中要积极拓展包括村（居）民会议、村（居）民代表会议制度、村（居）民议事会、村（居）民理事会、小区协商、业主协商、村（居）民决策听证、民主评议在内的各种协商形式，形成规范的协商程序，并积极运用协

---

[1] 《关于加强社会主义协商民主建设的意见》，人民出版社 2015 年版，第 5 页。

商成果①。通过城乡基层社区的协商，广大基层群众有了更多民主参与渠道对城乡基层的公共事务发表意见并提出建议，社会通过自身的力量能够将人民群众的部分实际困难直接化解在基层。二是企事业单位的协商。在企业基层的协商民主通过"完善以劳动行政部门、工会组织、企业组织为代表的劳动关系三方协商机制"② 为劳动关系双方提供平等沟通协商的机制，畅通职工表达诉求渠道，让职工能够平等理性地参与决策，推动了和谐劳动关系的构建。三是社会组织的协商。社会组织一般由熟悉某一业务领域，拥有专业化知识的人士组成，由社会组织发起的协商活动如协商座谈会、研讨会，能够为基层群众面临的现实问题表达和呼吁并提供专业性意见和解决方案，从而有效地推动公共政策的科学化、民主化③。总的来说，基层协商民主从来不是基层民主和协商民主二者的简单叠加，而是协商民主作为一种互动机制在基层场域中与基层民主制度不断适应、发生融合的产物，它能促进社会主体发育并拓展其参与空间，是以社会自治为主体的社会民主的重要建构路径。

党建引领是新时代基层民主发展的鲜明特色。在农村村民自治中，将农村基层党组织建设成为坚强的战斗堡垒，通过抓党建促进乡村振兴。比如山西省平定县为解决弱村发展难、强村突破难、软弱涣散村解决自身问题难、村"两委"班子战斗力提升难等问题，提出由一个实力相对雄厚的"龙头"村带动周边多个村的"1＋X"模式组建"联村党委"，要求"联村党委"定期召开联席会议研究重大问题，严格按照"联村党委会议提议—联村党委（扩大）会议讨论—联建村'两委'会商议—联建村党员大会审议—联建村村民代表会议通过—联村党委形成决议并组织实施"的程序进行决策④。大力推动农村社区建设，将基层民主与农村社区治理相结合。2015 年中共中央办公厅和国务院办公厅下发《深入推进农村社区建设试点工作的指导意见》，提出"农村社区建设坚持村党组织领导、村民委员会

① 民政部编写组：《〈中共中央国务院关于加强和完善城乡社区治理的意见〉辅导读本》，人民出版社 2017 版，第 318－320 页。

② 《关于加强社会主义协商民主建设的意见》，人民出版社 2015 年版，第 14 页。

③ 罗峰、徐共强：《基层民主制度的形成与发展》，经济科学出版社 2020 年版，第 140 页。

④ 罗峰、徐共强：《基层民主制度的形成与发展》，经济科学出版社 2020 年版，第 105－106 页。

牵头，以村民自治为根本途径和有效手段，发动农村居民参与，同时不改变村民自治机制，不增加农村基层管理层级"，并且要"依托村民会议、村民代表会议等载体，广泛开展形式多样的农村社区协商，探索村民议事会、村民理事会等协商形式，探索村民小组协商和管理的有效方式，逐步实现基层协商经常化、规范化、制度化"①。这些举措在提升农村基层治理水平的同时，为乡村社区的基层民主机制转型指明了方向。

在城市居民自治中，基层党组织起到了连接社区自治各个主体、化解集体行动困境的重要作用。如四川成都金牛区营门口街道长庆社区在党建引领探索"居民自治"的过程中，形成五方责任主体：以社区党组织为"主心骨"，院委会为"组织者"，全体业主为"当家人"，物业公司为"大管家"，上级业务职能部门为"后援团"。在院落自治的原则下，通过院落议事会、坝坝会、入户征集意见等助力墙面美化，打造了"邻里之家"和"休闲温馨之家"，实现了从"靠社区管"转向"自治共管"的小区治理格局，居民满意度明显提升②。包括农村、城市各地区各领域在内的基层党组织的组织力的提升能够有力整合资源解决人民群众急难愁盼问题，为基层民主赋能，通过协调各主体之间的关系激活社会自治功能，实现良好的治理效果。大力培育社区服务性、公益性的社会组织等，让社会的自治力量真正地参与到社区的共同治理之中，同时创新社区治理工具与治理技术，尤其是运用网络技术搭建信息平台，构建"智慧社区"，有效提升社会治理的效率，以信息技术助力社会民主的发展。如上海市虹口区欧阳路街道18个居委会投入试点运用数字化平台，传统的用纸笔记录数据，通过人工誊写在电脑文档中生成台账的方式被借助治理平台移动端在民情走访中实时更新人、房信息并通过设立的市区街居四级标签库建立标签的方式代替，打破了信息系统的壁垒，提升了工作效率并减少了工作失误，居民们的需求得到快速响应，真正为基层自治"最后一公里"赋能③。

---

① 《关于深入推进农村社区建设试点工作的指导意见》，人民出版社2015年版，第6—7页。

② 《成都长庆社区：党建引领居民自治 老旧院落迎"蝶变"》，人民网，http://sc.people.com.cn/n2/2023/0630/c379469-40476872.html。

③ 《数字化平台深入社区，赋能基层治理"最后一公里"》，人民网，http://sh.people.com.cn/n2/2023/1009/c134768-40597532.html。

综上所述，中国共产党发展社会民主的关键主体是具有自我运行、自我管理、自我发展的能力的社会有机体，发展社会民主的过程就是实现高水平社会自治的过程，其重要动力是基层民主制度的发展，让群众依托基层政权、自治组织和社会组织自主参与到社会有机体的治理之中而提升社会自治程度，让民主从政治领域延伸至经济社会领域。中国共产党在调节社会关系、整合社会结构形成和谐的社会有机体的基础上，结合社会具体环境，不断发展社会基层民主以提升社会自治水平：一是拓展基层民主发展空间，从农村走向城市、企事业单位、党内，社会各领域内民主机制深入扩大且彼此交织相互促进，不断深化扩大社会中的民主基石；二是转变基层民主参与路径，从领导激发群众性社会运动的路径转向促进法律制度框架下民众的自主参与，在法治与社会稳定的前提下渐进地推动社会的民主化进程；三是丰富基层民主中的治理主体，将社会管理转变为社会治理，从单一的政府管理转向党委领导下政府、社会组织、市场、普通民众共同参与的多元共治，极大提升社会自治的重要程度；四是增添基层民主的实践渠道，从基层政权的民主选举逐步发展到基层群众性自治组织中的民主选举、民主决策、民主管理、民主监督，保障基层群众的知情权、参与权、表达权、监督权，再到新时代将民主协商机制进一步引入基层治理的各领域，在实践中不断探索基层民主的全新制度框架。中国共产党通过健全基层民主制度，提升广大人民群众在社会层面的民主参与水平，以群众的有序参与和理性参与实现社会有机体的自我治理、自我发展，深刻体现了社会民主的主体性内涵，为实现完善的民生保障奠定了基础。

第三节　目的与归宿：
在发展社会事业中完善社会服务

一、以革命动员为导向发展社会事业的尝试

社会事业是中国共产党密切关注的现实问题。在建党初期，围绕着开

展工人运动的中心任务，为工人阶级谋求社会保障和社会福利成为这一时期发展社会事业的重点方向。1922年，中国共产党领导工人运动的重要机关中国劳动组合书记部提出劳动立法原则四项和劳动法案大纲十九条，提出规定法定工作时间、保障工人的最低工资等主张并阐明了实行失业、疾病保险的理念①。1923年党的三大制定的《中国共产党党纲草案》直接将"实行八小时工作制""女工与男工之工资待遇一律平等""禁止雇用十四岁以下的童工""制定强迫的劳工保险法（灾病死伤的抚恤等）""救济失业之工人"等要求列入党纲②。此后中国劳动组合书记部前后召集四次全国劳动大会，制定《罢工援助案》《工会组织原则案》等多个决议案，为工人阶级争取了一定的社会福利。由于没有建立自身政权，这一时期中国共产党发展社会事业的方式主要是代表劳工群体呼吁立法，通过制定大纲草案提出政策设想。

土地革命战争时期，中国共产党逐步在农村地区建立苏维埃政权，中国共产党发展社会事业的对象从工人阶级拓展到了工农兵群体，社会保障领域的社会保险、社会优抚、社会救助、社会福利均有所发展，并开始有意识地发展社会公共事业，促进革命根据地的社会经济平等。在社会民生保障方面，面对农民阶级，中国共产党强调土地分配和对特殊人群进行社会救济。《中华苏维埃共和国土地法》第一条规定："雇农、苦力、劳动贫民，均不分男女，同样有分配土地的权利。乡村失业的独立劳动者，在农民群众赞同之下，同样可以分配土地。老弱残废以及孤寡，不能自己劳动，而且没有家属可依靠的人，应由苏维埃政府实行社会救济或分配土地后另行处理。"③通过土地的重新分配，农民拥有了立身之本，同时兼顾老弱残废以及孤寡等特殊群体的利益，有效动员了根据地的人民群众加入革命的队伍中来。面对工人阶级，中国共产党进行社会保险立法。1931年制

---

① 沙健孙主编：《中国共产党史稿（1921—1949）》第2卷，中央文献出版社2006年版，第39-40页。

② 中共中央文献研究室、中央档案馆编：《建党以来重要文献选编（1921—1949）》第1册，中央文献出版社2011年版，第254-255页。

③ 中国社会科学院经济研究所中国现代经济组编：《第一、二次国内革命战争时期土地斗争史料选编》，人民出版社1981年版，第616-617页。

定的《中华苏维埃共和国劳动法》规定社会保险的对象是"一切雇佣劳动者","不论他在国家企业、协作社或私人的企业，不论工作时间之久暂及付给工资的形式如何都得施及之"，明确社会保险的来源是"由雇主于应付的工资以外，支付全部工资额的百分之十至百分之十五的数目，作为社会保险之基金"，构建保险险种的基本框架，如失业保险、养老保险、医疗工伤保险、死亡保险等①。1934年毛泽东在总结苏区社会保险的执行情况时，提到失业机关逐步设立，失业工人得到救济，社会保险局已建立在苏区各个城市中②。完善社会福利法规，包括法定休息时间与最低限度工资、劳动者的福利津贴等。《中华苏维埃共和国劳动法》关于休息时间规定："每工人每周经常须有继续不断的四十二点钟的连续休息"，同时对新年、五一劳动节等纪念日休假进行了明确的规定。关于最低工资，提出任何工人的工资不得少于由劳工委员会所规定的绝对最低工资，任何部门的最低工资额至少每三个月由劳动部审定一次。关于福利津贴，明确参加苏维埃大会、参军服军务、未寄宿、卸工等多种情况下雇主应当给工人和职员发放补贴③。面对红军及其家属，中国共产党重点推进社会优抚工作，针对伤亡红军战士及其家属进行抚恤，为红军战士及其家属提供经济援助，包括给红军战士分配土地并帮其耕种，战士本人及家属免除捐税、房屋租金，享受商店百分之五减价的优待，子女读书免缴一切费用等等④。

在革命根据地政权建设中，中国共产党积极发展社会公共服务事业。一是在苏区创办列宁小学对儿童实施免费义务教育。1933年通过的《目前教育工作的任务决议案》规定："苏维埃教育制度的基本原则是为着实现对一切男女儿童免费的义务教育到十七岁止，但是估计着我们在战争的情

---

① 中共中央文献研究室、中央档案馆编：《建党以来重要文献选编（1921—1949）》第8册，中央文献出版社2011年版，第712-714页。

② 江西省档案馆等：《中央革命根据地史料选编》下，江西人民出版社1983年版，第314页。

③ 中共中央文献研究室、中央档案馆编：《建党以来重要文献选编（1921—1949）》第8册，中央文献出版社2011年版，第705-710页。

④ 中共中央文献研究室、中央档案馆编：《建党以来重要文献选编（1921—1949）》第8册，中央文献出版社2011年版，第725-726页。

况之下，特别是实际的环境对我们的需要，大会同意把义务教育缩短为五年。"① 经过中国共产党的努力，"根据江西、福建、粤赣三省的统计，在二千九百三十二个乡中，有列宁小学三千零五十二所，学生八万九千七百一十人"，苏区学龄儿童"入学与失学的比例为百分之六十与四十"②，远超同时期国统区儿童入学比例。二是在苏区开展卫生防疫运动。1933 年发布的《苏区卫生运动纲要》要求各地各单位规定卫生运动日，领导广大群众开展普遍的卫生防疫运动，改善根据地人民的健康状态。经过卫生防疫运动，广大群众逐步消除了过去的陈规陋习，卫生意识普遍增强，疾病发生率大大降低。三是重视群众文化娱乐活动。大力发展农村俱乐部，兴建图书馆、博物馆等文化设施，到 1934 年，江西、福建、粤赣"有俱乐部一千六百五十六个，工作员四万九千六百六十八人"③，大大丰富了群众的精神生活。四是提供专业的职业技能培训。《中华苏维埃共和国劳动法》规定："设立工厂或商埠学校，以提高青年工人的熟练程度，并给他们以补充教育，经费由厂方供给"④，劳工的自由发展权得到了基本的保障。

全民族抗日战争时期，中国共产党领导的抗日根据地政权较土地革命战争时期的革命根据地规模更大，管辖人口更多，阶级成分更复杂。这一时期中国共产党为建立和巩固最广泛的抗日民族统一战线，发展社会事业的重点不仅仅局限于工农联盟，而是转向抗日根据地的社会各阶级，其特点是兼顾一切可以团结的抗日力量的切身利益，通过立法和政治宣传实现较高的覆盖率，并强调对于难民的社会救济和军人军属的社会优抚。尽管受到生产力发展程度的限制，社会保障水平仍然偏低，但切实提升了教育、医疗等社会公共服务水平，改善了边区人民生活，保障了抗日革命斗

---

① 《红色中华》1933 年 11 月 17 日。

② 中共中央文献研究室、中央档案馆编：《建党以来重要文献选编（1921—1949）》第 11 册，中央文献出版社 2011 年版，第 125 页。

③ 中共中央文献研究室、中央档案馆编：《建党以来重要文献选编（1921—1949）》第 11 册，中央文献出版社 2011 年版，第 125 页。

④ 中共中央文献研究室、中央档案馆编：《建党以来重要文献选编（1921—1949）》第 8 册，中央文献出版社 2011 年版，第 709 页。

争的顺利推进。一是以扶助农民为基本点，通过减租减息减轻封建地主剥削，保障农民的人权、政权、地权、财权，改善农民的生活。二是对难民移民的社会救济。战争致使大量民众无家可归，加之频繁的水灾、旱灾、蝗灾，产生了一大批难民移民。对此，党采取了三项重点举措。第一是协助搬迁并妥善安置。政府拨款协助难民移民搬迁①，划定移民开垦区，设立移民站，并且发动当地群众调剂住处和实现粮食妥善安置。第二是鼓励开荒生产。面对边区土地和劳动力不平衡的社会现实，边区政府鼓励难民移民开荒生产，在解决难民移民生存问题的同时实现农业生产发展和经济增长。1942 年《优待移民实施办法》中划定延安、甘泉、富县、志丹、靖边、华池、曲子等 7 个县为移民开垦区，移民在以上七个县从事农业开垦者，政府须帮助解决其窑洞、耕牛、农具、籽种、食粮等要求和困难②。通过开荒生产，难民移民成为边区重要的农业生产力。第三是兴办难民工厂。通过吸收难民移民参与工业生产，在进行社会救济的同时促进边区的工业生产。因经费困难，难民工厂只建成三家，包括难民纺织厂、难民硝皮厂和难民农具厂。对难民移民的社会救济措施，不仅解决了他们的生计问题，更为边区增加了劳动力，推动边区经济发展。

在军人的社会优抚工作方面，1937 年 12 月出台的《抗日军人优待条例》强调："凡参加抗日战争将士及其家属，均受本条例优待"，本人和家属免交一切捐税并享受公家商店购物减价的优惠；优先购买贫乏之生活必需品；抗日军人子弟读书免交一切费用；抗日军人乘坐公共交通工具，费用公家补助；抗属居住公家房屋免费；公家供给抗日军人因病休养费。"抗属无力耕种土地的，应享受代耕"③。这一时期除了物质优待之外，开始强调提高抗日战争将士及其家属的社会地位并且给予精神安慰，如每逢重要节日向抗属慰劳慰问，群众大会请抗属坐前排等④。针对死伤的抗日军人，边区民政厅专门成立抚恤委员会来负责相关工作，在土地革命战争时期的基础上进一步细化改善抚恤事宜，1940 年陕甘宁边区政府出台

---

① 《解放日报》1943 年 2 月 12 日。
② 雷志华等编：《陕甘宁边区民政工作资料选编》，陕西人民出版社 1992 年版，第 291 - 292 页。
③ 雷志华等编：《陕甘宁边区民政工作资料选编》，陕西人民出版社 1992 年版，第 208 - 209 页。
④ 雷志华等编：《陕甘宁边区民政工作资料选编》，陕西人民出版社 1992 年版，第 245 - 246 页。

《抚恤暂行办法》，对于因革命战斗而成残废者进一步制定残废标准，并根据标准发给荣誉将士优待证及抚恤金，一等残废每年发给抚恤金三十元，二等残废每年发给抚恤金二十元，三等残废每年发给抚恤金十二元，临时残废一次性发给抚恤金十元①。在抗日战争背景下开展的细致的社会优抚工作改善了军人待遇，提高了部队战斗力，极大地吸引了适龄青年参军。

在教育方面，不同于土地革命战争时期重点发展儿童义务教育，全民族抗日战争时期，中国共产党开始积极构建包括干部教育、科学教育、义务教育、社会教育在内的多层次的教育体系。尤其是重视儿童义务教育的发展，针对小学教育集中进行整顿，增加经费、改善教师待遇、提高教学质量。到1945年上半年，边区小学增至1 377所，学生达到34 004名②。同时广泛开展社会教育，集中组织不脱离生产的群众识字教育，推出新文字教育，通过读报识字组、夜校、午校、半日校、轮学等方式把广大群众从文盲中解放出来，群众文化水平得到极大的提高。

在卫生医疗方面，健全卫生机构，采取政府卫生系统与群众性民间卫生组织共同发展的策略，在党的领导下发展壮大党中央、军委、边区政府三大医疗卫生系统，同时推动民间防疫委员会、保健药社、卫生合作社、延安护士学会、国医研究会的成立③。完善医疗卫生制度，先后制定《陕甘宁边区施政纲领》《边区卫生行政补充大纲》《边区卫生委员会组织条例》《预防管理传染病条例》等一系列条例法规，推动边区医疗卫生工作制度化、规范化。以预防为主、开展群众性卫生运动为卫生医疗工作的根本方法，改变了边区群众生活上的陋习，有效控制了边区的疾病发生率和传播率。

解放战争时期，中国共产党发展社会公共事业仍然坚持团结一切可以团结的力量的主线，与抗日战争时期相比更加偏向以工农联盟为主体的人民群众，重心也逐渐从农村为主转向城乡共同发展。这一时期的社会事业

---

① 雷志华等编：《陕甘宁边区民政工作资料选编》，陕西人民出版社1992年版，第210-212页。

② 李志松：《抗战时期陕甘宁边区教育事业的发展》，《教育评论》2010年第5期。

③ 尹俊芳：《延安时期的卫生思想及其当代价值探微》，《医学与哲学（A）》2013年第11期。

发展为解放战争的顺利推进提供了民心支持，也为新中国成立后社会事业发展政策提供了借鉴蓝本。在农村，中国共产党重点开展土地革命，1946年5月4日发布《关于土地问题的指示》，强调："在广大群众要求下，我党应坚决拥护群众在反奸、清算、减租、减息、退租、退息等斗争中，从地主手中获得土地，实现'耕者有其田'。"① 抗日战争时期减租减息的政策被没收地主土地分配给农民所代替，调动了农民的生产积极性，改善了农民的生活条件。在城市，发展社会事业的重心转向推进社会保险和社会福利。一是在各解放区着手建立劳动保险制度。1948年12月，东北行政委员会出台《东北公营企业战时暂行劳动保险条例》，在东北地区铁路、邮电、矿山、军工、军需、电气、纺织等7大行业试行劳动保险制度。1949年2月又进一步制定《东北公营企业战时暂行劳动保险条例试行细则》，让统一的劳动保险制度在所有公营企业之中推广，东北地区率先建立了统一的劳动保险制度，重点针对养老、工伤、疾病、生育等领域实行统一的待遇标准，进行统一的管理。在劳动保险制度推广下，东北全境共有420家厂矿企业、79.6万职工享受了社会保险待遇②。而随着解放战争的扩大，众多新解放的城市相继学习东北地区的劳动保险制度，制定统一的劳动保险管理办法，如1949年7月，太原市军事管制委员会公布的《太原市国营公营企业劳动保险暂行办法》和11月石家庄市人民政府颁布的《石家庄市国营公营企业劳动保险暂行办法》。统一的劳动保险制度调整了相对不合理的劳资关系，极大激发了工人的生产热情，推动了解放区经济的发展。二是在保护资本主义工商业正当发展权益的基础上发展工人福利。毛泽东在1948年《关于工商业政策》中提出："将发展生产、繁荣经济、公私兼顾、劳资两利的正确方针同片面的、狭隘的、实际上破坏工商业的、损害人民革命事业的所谓拥护工人福利的救济方针严格地加以区别。"③ 这一时期工人的劳动条件得到了相对改善，劳动环境的安全性得到极大的提高。在教育方面，要求"普及城乡小学教育，扶助民办学校，推

---

① 中共中央文献研究室、中央档案馆编：《建党以来重要文献选编（1921—1949）》第23册，中央文献出版社2011年版，第246页。

② 王占臣、任凡主编：《社会保障全书》上册，改革出版社1995年版，第4页。

③ 《毛泽东选集》第4卷，人民出版社1991年版，第1285页。

广社会教育，有计划的消灭文盲，提倡卫生，改造中等教育，加强职业训练，扩充师范教育，并根据民主与科学精神，改革各级教学内容"①。在卫生医疗方面，在抗日根据地医疗设施的基础上重点发展新解放区医疗卫生机构，培养医疗卫生人才。有所突破的是这一时期中国共产党更加重视传染病的卫生防疫措施，加强了传染病疫苗的使用。

总体上看，新民主主义革命时期中国共产党在具体政策实践中不断落实社会保障制度，促进公共服务事业的发展，积极践行社会民主的理念，从社会和经济层面入手追求社会平等，推动解决了众多社会民生问题。新民主主义革命时期中国共产党的社会事业发展政策体现出以保障革命斗争事业为基本导向的显著特点。中国共产党努力把为劳苦大众谋幸福和推动革命斗争走向胜利相结合，通过有效地保障和改善民众的生活，动员群众参与革命斗争。同时社会事业面向的主体也根据革命斗争形势发展的需要而不断转化，调动一切积极因素为革命事业服务。

二、社会事业体系在全国范围的建立与发展

新中国成立后，中国共产党依托社会主义制度构建了一套庞大且精密完善的社会事业制度体系，积极推进社会公共服务事业，在社会生产力发展水平较低且基本生活物资供给不足的情况下，把发展社会事业重点集中于保障群众的基本生存权、社会救济、社会保险以及社会公共服务等领域，在最基本层面解决了广大民众的生活保障问题。

长期的战乱破坏、帝国主义对半殖民地半封建中国的经济掠夺、官僚资产阶级搜刮民财让新中国成立初期大量劳动群众流离失所，饥寒交迫，处于极度贫困的状态，这决定中国共产党发展社会事业必须实现的首要目标是保障群众的基本生存条件。群众的生活问题涉及衣食住行的方方面面，而众多矛盾中就业是最关键的需求。1949 年全国城镇失业人口达474.2 万人，失业率高达 23.6%，而农村更产生了 4 000 万的灾民涌向城

---

① 中共中央文献研究室、中央档案馆编：《建党以来重要文献选编（1921—1949）》第 23 册，中央文献出版社 2011 年版，第 56 页。

市，就业得不到保障①。面对高失业率，中国共产党在城镇一方面采取接收旧政权下工作过的人员的政策，"不轻议迁移，不轻议裁员。着重整理税收，以增加收入"②。为保障大规模的经济建设，逐步将计划体制引入劳动力资源配置领域，由政府来负责劳动力的"统一管理，分工负责"。将大量无法就业的剩余劳动力根据国家经济建设、工业化的需要安排到各领域的生产事业实践中。通过释放剩余劳动力的存量，增加就业岗位，城镇地区各种失业人员的就业问题得到逐步解决。到1952年，城镇从业人员增加到2486万人，其中国有经济单位有1580万人，个体和私营企业有883万人，新增了集体经济单位从业人员23万人③。到1957年，新中国不仅安排了旧社会遗留的400万失业人员，而且职工人数发展到3205万人，其中仅"一五"期间就净增了1673万人④。在农村地区，中国共产党依托农业社会主义改造确立的土地集体所有制建立起集体劳动制度，以人民公社和生产大队作为生产的基本单位管理生产事务、安排农村劳动力的具体的分配，减少了农村的无业游民。

在关系群众基本生存条件的住房问题上，面对经历数十年战乱后人民居住条件恶劣、居民房屋总体数量减少且受损严重的情况，中国共产党推动房地产企业公私合营和私有房产的社会主义改造，城市房地产公有化程度不断提高。国家加大城市住房投资，1949年到1957年城市住房投资占基本建设投资的比例保持在9%左右。这8年，国家投资建成住房11000多万平方米。"一五"期间，住房竣工面积占基本建设投资房屋竣工面积的35.5%⑤，城市居民住房条件大大改善。确立了住房福利分配制度，由国家根据掌握的公房资源列出计划，在单位内设立专门机构进行分配，解决公有制单位职工的住房问题。在农村，中国共产党在人民公社体制建立

---

① 李文主编：《中华人民共和国社会史（1949—2019）》，当代中国出版社2019年版，第35页。
② 《毛泽东文集》第5卷，人民出版社1996年版，第335页。
③ 武力主编：《中华人民共和国经济史》下，中国经济出版社1999年版，第1578页。
④ 李文主编：《中华人民共和国社会史（1949—2019）》，当代中国出版社2019年版，第48页。
⑤ 王晓鸣：《中国现代城市住宅建设管理大事记（1949—1986）》，武汉工业大学出版社1988年版，第57页。转引自沈玲：《新中国城市住房供给制度的变迁及思考》，中共中央党校博士学位论文，2012年，第24页。

后明确将宅基地的所有权和使用权分离，将使用权发放给生产大队下的农民，确保宅基地作为生产资料和生活资料的双重属性。1963 年，《关于各地对社员宅基地问题作一些补充规定的通知》提出："社员的宅基地，包括有建筑物和没有建筑物的空白宅基地，都归生产队集体所有，一律不准出租和买卖"，但"宅基地上的附着物，如房屋、树木、厂棚、猪圈、厕所等永远归社员所有，社员有买卖或租赁房屋的权利。房屋出卖以后，宅基地的使用权即随之转移给新房主，但宅基地的所有权仍归生产队所有"[1]。在公有制条件下，保障了大多数农村群众的基本住房。在粮食问题上，1955 年国务院发布《关于市镇粮食定量供应暂行办法》，全国居民口粮、工商行业用粮和牲畜饲料用粮均按核定的供应数量发放粮票，依照票证进行购买[2]。通过对粮食、食用油、棉花等农产品的统购统销和粮票制度，缓解了农产品物资供给的紧张，在物资匮乏时代维持了粮食低水平的基本供应，保障了人民群众最基本的生存发展条件。

针对新中国初期城镇存在的大批无稳定收入、无劳动能力、无法定抚养人的"三无"特殊群体，中国共产党除尽力解决就业之外还进行直接的社会救济。1950 年召开中国人民救济代表会议，成立了中国人民救济总会作为政府领导下的群众性救济组织，会议具体讨论制定救济制度，确定救济方针和救济措施，在社会救济方面发挥了重要作用。与城市的社会救济方式不同，在农村地区，中国共产党在集体化的条件下着力针对农村的"三无"人群构建五保供养制度。1956 年通过的《一九五六年到一九六七年全国农业发展纲要》提出农业生产合作社对于社内缺乏劳动力、生活无依无靠的鳏寡孤独的农户和残废军人应当统一筹划，指定生产队或者生产小组在生产上给以适当的安排，使他们能够参加力能胜任的劳动；在生活上给以适当的安排，做到保吃、保穿、保烧（燃料）、保教（儿童和少

---

① 　中央档案馆、中共中央文献研究室编：《中共中央文件选集（一九四九年十月——一九六六年五月）》第 42 册，人民出版社 2013 年版，第 531 - 532 页。

② 　国务院法制局编：《中华人民共和国现行法规汇编（1949—1985）：财贸卷》，人民出版社 1987 年版，第 479 - 480 页。

年）、保葬，使他们的生养死葬都有指靠①，五保制度在农村初步确立。据统计，至 1958 年，全国共有 413 万户、519 万农村居民享受到五保供养待遇②。五保制度通过农村集体组织内部的互济方式对特殊困难群体进行兜底救济，在经济发展水平较低的情况下解决了农村社会保障的燃眉之急。

在社会保险方面，新中国继承了原东北解放地区的劳动保险制度并加以完善。1951 年，政务院公布了《中华人民共和国劳动保险条例》，正式构建了新中国的劳动保险制度。在《劳动保险条例》之中，保障的劳工群体范围较解放战争时期大大增加，"雇用工人与职员人数在一百人以上的国营、公私合营、私营及合作社经营的工厂、矿场及其附属单位与业务管理机关"以及"铁路、航运、邮电的各企业单位及附属单位"的劳动者都在其适用范围之内③。在劳动保险金的来源上，"实行劳动保险的各企业行政方面或资方，须按月缴纳相当于各该企业全部工人与职员工资总额的百分之三"④，劳动者自身不负担。在保险的具体内容上，《劳动保险条例》从法规层面明确规定了劳动者及其直系亲属在伤残、疾病、死亡、养老、生育、救济、供养等各方面的待遇。1953 年，政务院公布了《关于〈中华人民共和国劳动保险条例〉若干修正的决定》，将劳动保险实施的范围进一步扩大到工厂、矿场及交通事业的基本建设单位以及国营建筑公司，同时提高劳动保险待遇，酌量增加养老补助费、生育待遇、丧葬费等⑤。1956 年，《劳动保险条例》实施范围进一步扩大到商业、外贸、粮食、供

---

① 中共中央文献研究室编：《建国以来重要文献选编》第 8 册，中央文献出版社 2011 年版，第 40 页。

② 《当代中国》丛书编辑部编：《当代中国的民政》下，当代中国出版社 1994 年版。转引自常亮：《中国农村五保供养：制度回顾与文化反思》，《中国农业大学学报（社会科学版）》2016 年第 3 期。

③ 中共中央文献研究室编：《建国以来重要文献选编》第 2 册，中央文献出版社 1992 年版，第 55 页。

④ 中共中央文献研究室编：《建国以来重要文献选编》第 2 册，中央文献出版社 1992 年版，第 56 页。

⑤ 中共中央文献研究室编：《建国以来重要文献选编》第 2 册，中央文献出版社 1992 年版，第 69 页。

销、合作、金融、民航、石油、地质、水利、水产、国营农场与林场①。随着政策的不断发展，劳动保险制度不断向覆盖大多数城市居民的社会保障制度拓展。

在教育方面，面对全国人口80％以上是文盲和半文盲的情况，党一方面对旧教育机构采取先接管后改造的政策，另一方面迅速铺开对工农劳动大众的教育。1949年第一次全国教育工作会议明确教育必须为国家建设服务、学校必须向工农开门的总方针。1951年开始进行全国规模的识字运动。1956年，中共中央和国务院成立全国扫除文盲协会并公布《关于扫除文盲的决定》，"要求二年到三年扫除机关干部中的文盲；三年或者五年扫除工厂、矿山、企业职工中的文盲百分之九十五左右；五年或者七年基本上扫除农村和城市居民中的文盲，就是说要扫除文盲达到百分之七十以上"②。全国掀起两次扫盲运动高潮，到1957年上半年，已有2 200万人脱离文盲状态，并已有160万人达到高小和初中毕业文化程度③。1951年，政务院发布《关于改革学制的决定》，分别对幼儿教育、初等教育、中等教育、高等教育以及各类政治学校政治训练班作出规定，实现正规教育各个阶段环节的衔接，并引入工农速成教育、成人业余教育、职业技术教育等体系④，形成正规教育、工农速成教育、成人业余教育相互补充的教育系统。

在卫生医疗方面，中国共产党重点推动全国范围内覆盖农村、城市、厂矿的基层卫生组织的建立。1951年卫生部发布《关于健全和发展全国基层卫生组织的决定》，要求各地方有计划地改进完善医疗卫生组织，在医疗资源不足的地区逐步建立地区卫生院，在经济实力强的地区增设区卫生所，在厂矿中配备一定的卫生设施。随着各项政策的落实，完善基层卫生

① 王友：《中国保险实务全书》，中国物价出版社1993年版，第1184页。转引自丁建定：《中国共产党百年社会保障政策：时代目标与实践取向》，《社会保障评论》2021年第5卷第2期。

② 中央档案馆、中共中央文献研究室编：《中共中央文件选集（一九四九年十月——一九六六年五月）》第22册，人民出版社2013年版，第380页。

③ 郝和国：《新中国扫除文盲运动》，《党的文献》2001年第2期。转引自李文主编：《中华人民共和国社会史（1949—2019）》，当代中国出版社2019年版，第45页。

④ 中共中央文献研究室编：《建国以来重要文献选编》第2册，中央文献出版社1992年版，第391-397页。

组织的工作稳步推进，1953 年底，全国县医院和县卫生院由新中国成立前的 1 437 所发展到 2 102 所，很多地区还建立了县以下的区、乡卫生组织；工矿企业医院由新中国成立前的 150 所发展到 367 所；全国医院病床数比新中国成立前增加了 4 倍多①。在此基础上，中国共产党逐步构建起福利医疗保障制度。在城市地区除了建立针对企业职工的劳动医疗保险，还推进确立公费医疗制度。1952 年，政务院公布《关于全国各级人民政府、党派、团体及所属事业单位的国家工作人员实行公费医疗预防的指示》，提出通过分期推广，让全国各级人民政府、党派、工青妇等团体、各种工作队以及文化、教育、卫生、经济建设等事业单位的国家工作人员和革命残废军人享受公费医疗预防的待遇，门诊、住院所需的诊疗费、手术费、住院费、门诊或住院中经医师开具处方的药费，均由医药费拨付，由国家财政拨款负担②。1953 年卫生部发布《关于公费医疗的几项规定》，进一步将公费医疗的范围拓展到大中专学生和乡镇干部，体现了社会主义制度的极大优越性。在农村地区，逐步建立合作医疗制度，事实上是依托农业合作化构建的集体性质的医疗保障制度。1955 年，山西省高平县（现高平市）米山乡首先由集体合作社创办卫生联合保健站，由农业生产合作社筹出大部分资金，农民本着自愿的原则缴纳小部分资金，实现"医社结合"的探索。在取得较大成效后米山经验得到党中央肯定，由卫生部向全国推广。1965 年，毛泽东发出"六二六"指示，要求"把医疗卫生工作的重点放到农村去"③，合作医疗制度与大批医药人员下乡相结合，在全国范围内深入发展，到 1976 年实行合作医疗的农村生产大队的比重由 1968 年的 20% 上升到 90%，由合作医疗担负的卫生保健服务覆盖了全国 85% 的农村人口④，农村医疗卫生条件得到极大的改观。

总而言之，社会主义革命和建设时期，中国共产党在全国范围内构建

① 黄树则、林士笑编：《当代中国的卫生事业》上，中国社会科学出版社 1986 年版，第 8 页。
② 国务院法制局编：《中华人民共和国现行法规汇编（1949—1985）：教科文卫卷》，人民出版社 1987 年版，第 417－419 页。
③ 中共中央文献研究室编：《毛泽东著作专题摘编》，中央文献出版社 2003 年版，第 1656 页。
④ 李文主编：《中华人民共和国社会史（1949—2019）》，当代中国出版社 2019 年版，第 118 页。

了覆盖全体中国人民的民生保障制度和全方位多领域的社会事业制度体系。这一时期社会事业发展具有以下特征：一是具备保障群众生活和促进国家工业化发展的双重目标，保障民生的政策是以服务于社会主义工业化进程为基本导向的，而推进社会主义工业化则是提升人民群众生活水平的根本途径。二是社会事业与社会主义公有制、计划经济体制高度融合。整个社会事业的发展高度内嵌于社会主义公有制和计划经济体制之中，以公有制单位和集体经济组织为平台主体推动就业、住房、社会救济、社会保险、医疗卫生等事业的发展。三是针对民生保障和公共服务的制度体系具有很浓的顶层设计色彩，不断出台全国统一的制度和标准，制度制定精细且分工明确，各地通过强制性的高度行政化的指令方式落实实施，社会事业各领域取得迅速的发展。四是具有显著的城乡二元特征，城乡之间的社会保障水平具有较明显的差距。

三、市场经济体制的建立与社会事业的转型

在改革开放初期，中国共产党发展社会事业的基本思路是在恢复"文化大革命"期间被破坏的行之有效的社会政策的基础上，重点发展社会公共服务事业，并开始探索适应经济体制改革方向的社会民生保障制度改革。这一时期，就业、粮食、住房、教育、卫生、扶贫、治安等事业有了长足的进步。

在就业方面，面对全国700多万农村知青返城的需求，国家采取多种措施安排就业岗位进行安置。1980年，中共中央召开全国劳动就业工作会议，突破新中国成立初期形成的"统包统配"的就业制度，提出在国家统筹规划和指导下，劳动部门介绍就业、自愿组织起来就业和自谋职业相结合的"三结合"就业方针[①]。在"三结合"方针的指引下，政府运用开辟集体经济和个体经济中的就业渠道、控制农村劳动力迁向城市、企业招收合同工、办职业学校等多种措施解决知青返城带来的大量城市剩余劳动力的问题，城镇就业压力得到极大缓解。在基本解决"文化大革命"带来的

---

① 中共中央文献研究室编：《三中全会以来重要文献选编》下册，人民出版社1982年版，第981页。

遗留问题后，中国共产党为进一步推动经济体制改革着手开展了劳动人事制度的改革，彻底结束"统包统配"的就业制度，实行各种形式的聘任制、合同制和责任制。自 1985 年起逐步推进劳动就业制度改革，对于国家机关和事业单位工作人员实行以职务工资为主的结构工资制，对专业技术人员采取专业技术职称聘任制，对国企员工统一实行劳动合同制，增加企业和事业单位的人事自主权，可以辞退违纪职工，从根本上打破计划经济时代的铁饭碗①。推动大学生就业由计划分配转向双向选择，推动建立人才市场。1986 年，《高等学校毕业生分配制度改革方案》公布，提出要在国家就业方针政策的指导下逐步实行毕业生自主择业、用人单位择优录用的制度②。同时逐步推动人才市场机制建设，加快人才流动。至 1984 年，全国大部分省市都建立了人才服务机构③。在粮食方面，随着农村家庭联产承包责任制改革以及农业科技的持续发展，粮食、棉花、油产量迅速增加。1985 年《关于进一步活跃农村经济的十项政策》规定："除个别品种外，国家不再向农民下达农产品统购派购任务，按照不同情况，分别实行合同定购和市场收购。"粮食等农产品统购统销逐步取消后，粮票等票证制度也逐渐走向消亡。至 1993 年，全国大部分省市区停止了粮票的使用。在住房方面，中国共产党对于房产的认识由福利向商品转变，逐步推进住房商品化的探索。1982 年起全国各地对于售房开始了各种形式的试点改革，1988 年第一次全国住房制度改革工作会议通过《关于全国城镇分期分批推行住房制度改革实施方案》，提出我国城镇住房制度改革目标是实现住房商品化，从改革公房低租金制度着手，将实物分配逐步改变为货币分配，让住房这个大商品进入消费品市场，既要实现住房资金投入产出的良性循环，解决城镇住房问题，又要促进房地产业、建筑业和建材工业发展④。随后在政策文件中提出分步提租、缴纳租赁保证金、新房新制度、出

---

① 参见《关于国家机关和事业单位工作人员工资制度改革问题的通知》《国营企业实行劳动合同制暂行规定》《国营企业辞退违纪职工暂行规定》《国营企业职工待业保险暂行规定》等一系列政策文件。

② 宋晓梧主编：《中国社会体制改革 30 年回顾与展望》，人民出版社 2008 年版，第 223 页。

③ 李文主编：《中华人民共和国社会史（1949—2019）》，当代中国出版社 2019 年版，第 228 页。

④ 孙学玉等编著：《当代中国民生问题研究》，人民出版社 2010 年版，第 201 页。

售公房等多种房改思路，并明确构建以中低收入家庭为对象、具有社会保障性质的经济适用房供应体系和以高收入家庭为对象的商品房供应体系①。全国各地逐步推进住房制度改革，人民群众的住房条件得到较大的提升。

在社会保障制度方面，开始探索公费医疗、劳保医疗、退休金制度的试点改革，开启社会保障走向责任分担、社会化的探索之路。1986 年，《中华人民共和国国民经济和社会发展第七个五年计划（1986—1990）》中提出社会保障制度改革的方向是："通过多种渠道筹集社会保障基金"，"改革社会保障管理体制，坚持社会化管理与单位管理相结合，以社会化为主"②。在此基础上，各地纷纷就医疗保险、养老保险等社会保障制度开启试点改革。面对农村重新出现的看病难问题，在新的形势下重建农村合作医疗制度成为农村医疗改革的重要方向。在扶贫工作方面，中国的扶贫工作开始由作为民生保障手段的社会救济转化为系统性的公共服务事业，成为国家社会事业发展工作的关键内容。1984 年《关于帮助贫困地区尽快改变面貌的通知》公布，强调改变贫困地区面貌的根本途径是依靠当地人民自己的力量，按照本地的特点，因地制宜，扬长避短，充分利用当地资源，发展商品生产，增强本地区经济的内部活力，并且国家要提供必要的财政扶持，但要纠正单纯救济的观点③。由此国家的扶贫战略从救济转为开发，要求贫困地区依靠自己的力量脱贫致富。在社会治安方面，1983 年中共中央印发《关于严厉打击刑事犯罪活动的决定》，按照依法"从重从快，一网打尽"的精神，对刑事犯罪分子予以坚决打击④。通过 1983 年、1984 年、1986 年三次重点打击，各地公安机关共查获强奸、盗窃、流氓等团伙 19.7 万个⑤，各类刑事犯罪大大减少，保障了人民群众的安定生活。

---

①　孙学玉等编著：《当代中国民生问题研究》，人民出版社 2010 年版，第 202 页。

②　《中华人民共和国国民经济和社会发展第七个五年计划（1986—1990）》，人民出版社 1986 年版，第 194 - 195 页。

③　中共中央文献研究室编：《十二大以来重要文献选编》中册，人民出版社 1986 年版，第 539 - 540 页。

④　中共中央文献研究室编：《十一届三中全会以来重要文献选读》下册，人民出版社 1987 年版，第 690 页。

⑤　李文主编：《中华人民共和国社会史（1949—2019）》，当代中国出版社 2019 年版，第 234 页。

进入 20 世纪 90 年代，邓小平南方谈话和党的十四大的召开明确了建立社会主义市场经济体制的经济体制改革目标，改革开放和社会主义现代化事业进入新的发展阶段。这一时期，中国共产党的主要目标在于推动社会事业向社会化、市场化方向发展，实现与社会主义市场经济体制相适应的转型。党在这一时期正式提出社会保障体系的概念，将先前分离的劳动保险、社会救助、社会福利、社会优抚等方面的民生保障政策综合看待，尝试建立起以养老、失业、生育、医疗、工伤等社会保险为核心，社会救助、社会福利、社会优抚、住房保障为重要内容的多层次的社会保障制度。1997 年，党的十五大提出："建立社会保障体系，实行社会统筹和个人账户相结合的养老、医疗保险制度，完善失业保险和社会救济制度，提供最基本的社会保障。"[1] 中国共产党领导下的社会事业正式走向社会化、市场化方向。

这一时期社会保障体系的建设重点包括以下几个方面：一是推进养老保险社会化，逐步建立适应社会主义市场经济体制要求，适用城镇各类企业职工和个体劳动者，资金来源多渠道、保障方式多层次、社会统筹与个人账户相结合、权利与义务相对应、管理服务社会化的养老保险体系[2]。二是重点关注下岗职工的生活保障与再就业，提出确保国有企业下岗职工基本生活，确保企业离退休人员养老金按时足额发放，建立国有企业下岗职工基本生活保障制度、失业保险制度、城市居民最低生活保障制度等三条社会保障线。在此基础上积极推进下岗职工再就业，充分发挥市场机制在劳动力资源配置中发挥的基础性作用，提供就业服务与技能培训。1998年至 2002 年 6 月底，全国累计有国有企业下岗职工 280 多万人，90％以上进入再就业服务中心。进入中心的下岗职工基本都能按时领到生活费，并由中心代缴社会保险费[3]。三是关注对困难群体的社会救助。在城市，国

---

① 中共中央文献研究室编：《十五大以来重要文献选编》上册，人民出版社 2000 年版，第 24 页。

② 财政部办公厅编：《财政规章制度选编（1995 年 1—6 月）》，中国财政经济出版社 1995 年版，第 292－296 页。

③ 李文主编：《中华人民共和国社会史（1949—2019）》，当代中国出版社 2019 年版，第 266 页。

企改革产生大量下岗工人，其人数事实上超过了失业保险的承受能力。为解决大量失业人员的生活问题，国家开始实行最低生活保障制度。从 1993 年上海率先探索到 1999 年国务院公布《城市居民最低生活保障条例》，最低生活保障制度在全国范围内普及建立。在农村，一方面进一步推行"五保"制度，对无法定抚养义务人、无劳动能力和无生活来源的老年人、残疾人和未成年人由政府在生活物质方面提供吃穿住医葬等方面的帮助，另一方面试点推进农村最低生活保障制度，它是对家庭人均收入低于最低生活保障标准的农村贫困人口按最低生活保障标准进行差额补助的制度，保障资金由当地各级财政和村集体分担①。至 2002 年底，在实施最低生活保障工作的地区，有 407.8 万村民、156.7 万户家庭得到了最低生活保障，保障对象比上年增长 32.9%②。

与此同时，中国共产党推动在社会公共服务中引入市场机制。在教育方面，主动探索与市场经济体制改革相适应的教育体制。办学上由政府完全负责办学转向以政府为主体、社会各界共同参与的办学体制，民办学校在全国范围内迅速发展。教育经费上，经费来源由国家单一拨款转向以国家拨款、征收教育附加费为主，以收取非义务教育阶段学生学杂费、社会集资为辅的多元化集资措施。1993 年，高等教育领域开展学生个人付费的改革，对所有学生实行收费上学制度，不再区分公费生、自费生、委培生等多种招生形式。高等学校毕业生在就业上采取双向选择这一新的就业政策，彻底打破计划经济体制下定向分配的办法。在医疗卫生方面，引入市场机制改革，在城市推动医疗保险制度改革，逐步建立城镇职工基本医疗保险制度以代替公费医疗和劳保医疗，实行社会统筹和个人账户相结合的模式③。2000 年，198 个城市启动了城镇职工基本医疗保险制度，参保人数达到 4 300万人④。在农村，明确把建立县乡村三级卫生服务网、合作医疗制度

---

① 宋士云：《中国农村社会保障制度结构与变迁（1949—2002）》，人民出版社 2006 年版，第 16 页。

② 宋学勤：《改革开放 40 年的中国社会》，中共党史出版社 2018 年版，第 84 页。

③ 中共中央文献研究室编：《十五大以来重要文献选编》上册，人民出版社 2000 年版，第 665－667 页。

④ 宋学勤：《改革开放 40 年的中国社会》，中共党史出版社 2018 年版，第 101 页。

和乡村医生队伍作为三大支柱[1]，着手重建农村合作医疗制度。2003 年，新型农村合作医疗制度建设工作全面启动，推动由政府组织、引导、支持，农民自愿参加，个人、集体和政府多方筹资，以大病统筹为主的农民医疗互助共济，农村医疗保障取得重大成果[2]。在慈善事业方面，1994 年4 月，中华慈善总会登记注册，成为第一个全国性的以慈善命名的慈善组织。慈善组织的大规模发展在重大自然灾害面前发挥了重大的作用。在1998 年特大洪灾中，中国红十字会积极开展救灾工作，共筹集到救灾款物价值 8.02 亿元，共救助了 3 500 万人，为救助灾区群众的生活困难发挥了积极作用[3]。

进入 21 世纪，随着改革开放的持续深入，中国共产党实现了总体小康的建设目标，开始向全面小康的奋斗目标迈进。中国共产党秉持以人为本的科学发展观，积极构建社会主义和谐社会，努力平衡社会事业发展的经济性目标和社会性价值，推动社会事业朝着现代化方向深化发展。基础性的民生保障问题成为社会事业发展的重中之重。在劳动就业方面，进一步做好下岗失业人员的再就业工作，积极鼓励失业者自谋职业、自主创业，用创业带动就业，下岗职工就业问题基本解决。在积极的就业政策下，国家对就业工作的重点从对弱势群体的再就业扶助转向提供普惠式的公共就业服务，逐步形成劳动者自主择业、市场调节就业、政府促进就业的就业格局。在住房问题上，2007 年《关于解决城市低收入家庭住房困难的若干意见》《廉租住房保障方法》《经济适用住房管理办法》公布，新一轮房地产制度改革启动，中心任务在于着重解决中低收入家庭的住房问题，推进保障性住房建设，加强经济适用房建设，完善廉租房制度，发展住房二级市场和租赁市场。在政府引导下，我国逐步形成了经济适用住房、廉租住房、公共租赁住房、工矿区棚户区改造、安置房、住房公积金等多重政策

---

[1] 李鹏：《在全国卫生工作会议上的讲话》(1996 年 12 月 9 日)，《人民日报》1996 年 12 月11 日。

[2] 全国人民代表大会常务委员会办公厅编：《中华人民共和国第十届全国人民代表大会第五次会议文件汇编》，人民出版社 2007 年版，第 67 页。

[3] 刘峰等：《中华慈善大典》，浙江工商大学出版社 2017 年版，第 273 页。转引自尚德：《新中国公益慈善事业发展的成就与启示》，《理论视野》2022 年第 2 期。

相联结的保障性住房制度体系，缓解了中低收入人群的住房困难。截至2011年底，全国累计用实物方式解决了2 650万户城镇低收入和中等偏下收入家庭的住房困难，实物住房保障受益户数占城镇家庭总户数的比例达到11%①。在社会保障体系方面，集中推动社会保障制度体系覆盖面的扩大。在城市地区，在职工社会保险的基础上开始关注农民工等社会流动性较强的群体，切实推动农民工群体的社保全面性覆盖，逐步形成政府主导、社会参与的社会保障格局；在农村地区，最低保障制度从试点转为向全国铺开，最低保障制度在城乡居民之中完全建立起来，救助人数不断增加，救助程序不断规范。在此基础上，新型农村社会保险和城镇居民社会养老保险相继试点，养老保险在社会层面逐步实现制度全覆盖。

这一时期，政府在强化公共服务能力的基础上着重探索实现基本公共服务均等化，公共服务在供给层面的公平性成为关注的重要问题。在教育工作上，更加强调基础教育建设的公平正义。面对教育发展不均衡的情况，公共教育资源开始向中西部、农村地区、民族地区倾斜。在政策的大力扶持下，农村、中西部地区、少数民族地区的校舍、教室等教育基础设施得到极大的改善，教学实力得到一定的提高。除了推动基础教育公平发展外，高等教育也是这一时期的发展重点，自1999年起，全国高校开始实行扩招政策，人民群众接受高等教育的机会大大增加。卫生事业方面，发展重点是推动社会医疗保险全覆盖。城市地区在推进城镇职工医疗保险制度的基础上开展城镇居民基本医疗保险的试点工作，解决大学生、儿童、灵活就业人员的医疗保障问题。2007年国务院出台《关于开展城镇居民基本医疗保险试点的指导意见》，提出不属于城镇职工基本医疗保险制度覆盖范围的中小学阶段的学生（包括职业高中、中专、技校学生）、少年儿童和其他非从业城镇居民都可自愿参加城镇居民基本医疗保险。对试点城市的参保居民，政府每年按不低于人均40元给予补助，其中，中央财政从2007年起每年通过专项转移支付，对中西部地区按人均20元给予补助②。

---

① 李文主编：《中华人民共和国社会史（1949—2019）》，当代中国出版社2019年版，第314页。

② 中共中央文献研究室编：《十六大以来重要文献选编》下册，中央文献出版社2008年版，第1090页。

在政策引导下，城镇居民基本医疗保险逐步覆盖了全体城镇非从业居民。农村地区持续推进新型农村合作医疗制度，针对灵活就业人员、农民工等社会流动性强的群体放宽准入资格，灵活就业人员自愿选择参加城镇职工医疗保险或城镇居民医疗保险，参加城镇职工医疗保险有困难的农民工，可以自愿选择参加城镇居民医疗保险或户籍所在地的新型农村合作医疗保险[1]。在医疗保险制度逐步完善的基础上，2009 年中共中央、国务院出台《关于深化医药卫生体制改革的意见》，开启新一轮医改，推动形成以覆盖城乡居民的公共卫生服务体系、医疗服务体系、医疗保障体系和药品供应保障体系等"四大体系"为基本内容的基本医疗卫生制度，并且对建立城乡一体化的医疗保障管理体系进行了初步的探索[2]。

总体上看，改革开放和社会主义现代化建设新时期，中国共产党领导的社会事业在经济体制改革的条件下进行了调整和重构，既打破了先前计划经济体制下建立起的社会事业制度体系，又重新建立起适应市场经济体制的科学可持续的社会服务事业体系。它具有以下基本特征：一是社会事业发展具备保障群众生活和促进国家经济建设发展的双重目标，以经济建设为中心调整社会事业政策，通过经济发展提高人民生活水平，扩大社会事业规模、覆盖面和福利水平。二是推进社会事业的社会化、市场化，让市场机制在保障民生和提供公共服务领域发挥重要作用，政府角色由包办转向兜底，更好发挥社会、家庭的角色，减少不合理的福利依赖，逐步建立政府主导、全社会共同参与的社会事业发展格局。三是推动制度朝着体系化方向发展，将劳动保险、社会救助、社会福利、社会优抚各领域的政策整合，形成多层次的社会保障制度体系。四是推动政策保障转向法律保障，《社会保险法》《军人保险法》《慈善法》纷纷出台，原先由政策意见、下位行政法规为主构建的社会事业体系开始转向专门立法，社会事业走上制度化、法制化的轨道。五是更加注重社会事业发展的公平性，积极推进基本公共服务均等化，重点关注中低收入人群的社会保障，缩小城乡、区

---

① 国务院法制办公室编：《中华人民共和国法规汇编（2009 年 1 月—12 月）》，中国法制出版社 2010 年版，第 327 - 335 页。转引自宋学勤：《改革开放 40 年的中国社会》，中共党史出版社 2018 年版，第 140 - 149 页。

② 《中共中央、国务院关于深化医药卫生体制改革的意见》，《人民日报》2009 年 3 月 17 日。

域之间的差距。这一时期，中国共产党有意识地阐明和践行社会民主的基本理念，强调在实际工作之中，既要从"大社会"着眼，把和谐社会建设纳入中国特色社会主义事业总体布局之中；又要从"小社会"着手，以解决人民群众最关心、最直接、最现实的利益问题为重点，着力发展社会事业，促进社会公平正义，推动社会建设与经济建设、政治建设、文化建设协调发展①。

四、在保障和改善民生中满足美好生活需要

随着中国特色社会主义进入新时代，社会的主要矛盾转变为人民日益增长的美好生活需要和不平衡不充分的发展之间的矛盾。面对新情况，中国共产党在社会事业上着力构建民生导向的覆盖全民、统筹城乡、公平统一、可持续的多层次社会保障制度体系，进一步提升基本公共服务体系均等化水平，在学有所教、劳有所得、病有所医、老有所养、住有所居上持续取得新进展②。

基础民生方面，中国共产党持续重点关注就业问题和住房问题。在就业问题上，提出把做好就业工作摆到突出位置，大力实施就业优先战略和更为积极的就业政策，先后出台《关于进一步做好新形势下就业创业工作的意见》《关于做好当前和今后一段时间就业创业工作的意见》，提供全方位的公共就业服务，重点关注高校毕业生、进城务工人员等重点群体。在维持稳定就业的基础上广泛推行"大众创业，万众创新"，不断完善支持创业创新的利好政策，以创业创新缓解就业压力、提高就业质量，让人民群众劳有所得。在住房问题上，深化多层次住房保障制度，形成以政府为主提供基本住房保障、以市场为主满足多层次住房需求的住房制度改革。强调"坚持房子是用来住的、不是用来炒的"，牢牢把握住房的居住属性，以政府为主体出台持续深化包括公共租赁住房、棚户区改造、危旧房改造、住房公积金在内的住房保障制度体系，满足人民的基本住房需求。在

---

① 胡锦涛：《切实做好构建社会主义和谐社会的各项工作 把中国特色社会主义伟大事业推向前进》，《求是》2007年第1期。

② 中共中央宣传部：《习近平总书记系列重要讲话读本》，学习出版社、人民出版社2014年版，第113页。

引入市场机制的同时强调加强市场监管，以租购并举为目标，推进形成市场规则明晰、政府监管有力、权益保障充分的住房租赁法规制度体系，推动实现城镇居民住有所居的目标①。加快建立多主体供给、多渠道保障、租购并举的住房制度，让全体人民住有所居②。

社会保障制度方面，推动社会保障制度体系朝着覆盖全民、城乡统筹、权责清晰、保障适度、可持续、多层次的奋斗目标发展。一是全面实施全民参保计划，持续扩大社会保障覆盖范围。截至2024年底，全国参加基本养老保险的人数为10.72亿人，其中参加城镇职工基本养老保险5.34亿人，参加城乡居民养老保险的5.38亿人；参加失业保险的2.46亿人，参加工伤保险的3.04亿人③。二是稳步提高社会保障待遇水平。我国从2005年开始对企业退休人员养老金每年进行一次调整，截至2023年已经连续上涨19年，2023年总体调整水平为2022年退休人员月人均基本养老金的3.8%。城乡居民基本养老保险基础养老金最低标准从2012年的55元上调至80元。城乡居民基本医疗保险的人均财政补助标准从2012年的每人每年240元提高到2023年的每人每年640元。三是重点关注养老问题。中国已经进入中度老龄化社会，民政部发布的《2023年民政事业发展统计公报》显示，全国60周岁及以上老年人口2.97亿人，占总人口的21.1%。其中65周岁及以上老年人口2.17亿人，占总人口的15.4%④。对此，中国共产党在社会保障制度体系上针对人口老龄化提前作出重大战略性制度安排。一方面重点整合完善社会保险相关制度，突破城乡分割藩篱，实现养老保险城乡一体化。2014年国务院出台了《关于建立统一的城乡居民基本养老保险制度的意见》，要求将新农保和城居保合并实施，在全国范围内建立起统一的城乡居民基本养老保险制度，提出坚持和完善社会统筹与个人账户相结合的制度模式，巩固和拓宽个人缴费、集体补助、政府补贴相结合的资金筹集渠道，完善基础

---

① 国务院法制办公室：《中华人民共和国新法规汇编》2016年第7辑总第233辑，中国法制出版社2016年版，第30页。

② 中共中央文献研究室编：《十九大以来重要文献选编》上册，中央文献出版社2019年版，第33页。

③ 《2024年1—12月人力资源和社会保障主要统计快报数据》，中华人民共和国人力资源和社会保障部网站，2025-02-08。

④ 《2023年民政事业发展统计公报》，中华人民共和国民政部网站，2024-08-30。

养老金和个人账户养老金相结合的待遇支付政策，强化长缴多得、多缴多得等制度的激励机制，建立基础养老金正常调整机制，健全服务网络，提高管理水平，为参保居民提供方便快捷的服务①。另一方面开始重视养老服务业的发展，在政府加大资金投入和政策扶持力度之外，开始引入市场机制推动养老服务业发展。2013年国务院发布《关于加快发展养老服务业的若干意见》，提出逐步使社会力量成为发展养老服务业的主体，营造平等参与、公平竞争的市场环境，提供方便可及、价格合理的各类养老服务和产品，满足养老服务多样化、多层次需求。在发展养老服务业时注重统筹城市和农村资源，通过政府主导、企业参与、社区合作发展居家养老、机构养老和多种形式的养老，实现老有所养。四是加强针对若干特殊群体的社会保障力度。对于低收入群体，坚持托底线、救急难、可持续，对于残疾人在全国范围内建立"两项补贴"，即困难残疾人生活补贴和重度残疾人护理补贴制度，同时加强对残疾人教育的支持，推动残疾人事业发展。对于未成年人困难群体，完善孤儿津贴、事实无人抚养儿童保障、其他困境儿童保护、农村留守儿童关爱等儿童福利与服务②，实现弱有所扶。

公共服务方面，以质量和公平两条主线重点推动基本公共服务均等化，增加人民群众的获得感、公平感、安全感、满足感。在教育问题上，为实现教育公平，重点解决城乡和区域间教育资源不均衡、非义务教育阶段教育不均等，提出改善薄弱学校和寄宿制学校基本办学条件，通过对口支援的方式缩小教育差距，优化教育资源配置，将教育资源向农村地区、贫困地区、边疆地区、民族地区、革命老区倾斜。包括在高等教育录取方面开展支援中西部地区招生协作计划和农村贫困地区定向招生专项计划等，让更多贫困地区的贫困家庭能够拥有接受高等教育的机会。教育质量得到整体性提高，教育规模不断扩大，具体表现为教育经费投入、受教育人数、教育基础设施数量的逐年递增。2023年，全国教育经费总投入为64 595.04亿元，比上年增长

---

① 中共中央文献研究室编：《十八大以来重要文献选编》上册，中央文献出版社2014年版，第806-807页。

② 关信平：《中国共产党百年社会政策的实践与经验》，《中国社会科学》2022年第2期。

5.33％。其中，国家财政性教育经费①为 50 439.47 亿元，比上年增长 4.06％②。学前教育毛入园率 91.1％，比上年提高 1.4 个百分点；义务教育阶段招生 3 632.51 万人，在校生 1.61 亿人，专任教师 1 073.93 万人，九年义务教育巩固率 95.7％；各种形式的高等教育在学总规模 4 763.19 万人，高等教育毛入学率 60.2％，研究生招生 130.17 万人，其中博士生 15.33 万人，硕士生 114.84 万人③。与此同时，中国共产党不断推进教育制度的法制化，颁布《教育督导条例》，修订《教育法》《高等教育法》《民办教育促进法》等等，推动教育在法治的轨道上实现公平与质量的双重发展。

在医疗卫生问题上，提出推进健康中国建设的新目标，形成以基层为重点，以改革创新为动力，预防为主，中西医并重，将健康融入所有政策，人民共建共享的卫生与健康工作方针，确保人民病有所医。具体包括以下措施：一是整合医疗保险制度体系。2016 年，《国务院关于整合城乡居民基本医疗保险制度的意见》出台，提出将城镇居民基本医疗保险和新型农村合作医疗两项制度整合为统一的城乡居民基本医疗保险制度，理顺医保管理体制。二是加快医疗卫生领域基础设施建设，尤其是基层医疗卫生服务设施。截至 2023 年底，全国医疗卫生机构数为 107.1 万个，其中基层医疗卫生机构 101.6 万个，包括社区卫生服务中心（站）3.7 万个，乡镇卫生院 3.4 万个，诊所（医务室）31.9 万个，村卫生室 58.2 万个④。三是促进医疗资源公平分配，面对医疗资源集中于经济较发达地区的问题采取对口支援、免费培养当地卫生医疗人才、增加财政投入等举措实现资源倾斜，促进医疗的公平性。四是引导社会力量参与医疗保障体系。在医疗卫生行业引入市场竞争机制，放宽市场准入，增加人才流动，以健康产业

---

① 主要包括一般公共预算安排的教育经费，政府性基金预算安排的教育经费，国有及国有控股企业办学中的企业拨款，校办产业和社会服务收入用于教育的经费等。

② 《教育部国家统计局财政部关于 2023 年全国教育经费执行情况统计公告》，中华人民共和国教育部网站，2024－11－25。

③ 《2023 年全国教育事业发展统计公报》，中华人民共和国教育部网站，2024－10－24。

④ 《2023 年我国卫生健康事业发展统计公报》，中华人民共和国国家卫生健康委员会网站，2024－08－29。

促进国民经济发展，同时加强监管减少腐败问题的产生。五是深化基本医疗卫生制度建设。统筹推进医疗保障、医疗服务、公共卫生、药品供应、监管体制综合改革①，尤其是针对异地就医、因病返贫等问题作出调整，包括完善异地医保制度让社会流动性较强人群和特殊人群也能够享受基本医疗保障；采取分类救治精准到病避免过度医疗，更避免因病返贫。六是深化突发公共卫生事件的应对机制。建立国家、省、市、县多级疾病预防控制体系，制定传染病防控及公共卫生监督的政策，指导疾病预防控制体系建设，规划指导疫情监测预警体系建设，指导疾控科研体系建设，落实公共卫生监督管理、传染病防治监督等职能，逐步推动形成现代化的疾病预防控制体系，保证人民的生命健康安全。

在扶贫事业上，2013年习近平在湘西调研脱贫攻坚工作时提出"精准扶贫"的战略理念，并且逐步将打赢脱贫攻坚战上升到事关全面建成小康社会奋斗目标的新高度。此后，习近平进一步阐明了精准扶贫的基本要求，即构建省市县乡村五级一起抓扶贫，层层落实责任制的治理格局；注重抓六个精准，要求扶持对象精准、项目安排精准、资金使用精准、措施到户精准、因村派人精准、脱贫成效精准；坚持分类施策，因人因地施策、因贫困原因施策、因贫困类型施策；综合运用易地搬迁安置、生态保护脱贫、教育扶贫脱贫、低保政策兜底等手段，动员全社会力量采取灵活多样方式参与脱贫②。通过精准识别、建档立卡，我国的脱贫攻坚工作进入新阶段。经过八年接续奋斗，聚焦深度贫困地区和特殊贫困群体，到2020年底，现行标准下的农村贫困人口全部脱贫，绝对贫困得以消除，区域性整体贫困得到解决，2013年至2020年，全国农村贫困人口累计减少9 899万人，年均减贫1 237万人，贫困发生率年均下降1.3个百分点。

新时代中国共产党领导下的社会事业，强调以人民为中心，以质量和公平为主要标准，发展多层次社会保障制度体系，深入推进基本公共服务均等化，具体表现为以下特征：一是坚持在发展中保障和改善民生，经济

①　《中国共产党第十八届中央委员会第三次全体会议文件汇编》，人民出版社2013年版，第68页。

②　中共中央文献研究室编：《十八大以来重要文献选编》中册，中央文献出版社2016年版，第720页。

建设仍然为这一时期的中心任务，在养老、医疗等社会民生领域开始放宽市场准入，发挥社会力量推动相关产业发展的作用。同时，加强政府监管，确保民生保障不被资本所裹挟，突出政府的托底作用，加强普惠性、基础性、兜底性民生建设，最终推动社会事业与国家发展整体性战略形成有机整体。二是重点推动制度体系的系统集成，实现社会事业的整合，具体表现为破除城乡分割藩篱，建立全国范围内统一的城乡居民基本医疗保险制度、城乡居民基本养老保险制度，推进城乡社会事业一体化发展。三是强调保障和改善民生的政策的质量，更加注重社会公平，在保障人民生活的基础上重视社会事业调节社会分配功能的实现，在教育、医疗、就业等领域增加对农村、中西部、民族地区的资源倾斜，逐步缩小不同地区、不同人群之间的福利保障质量的差距，让改革发展成果更多更公平惠及全体人民。四是注重社会事业在实践中发挥的实效，重点关注切实解决人民群众最关心最现实的急难愁盼问题，不断提升人民群众的获得感、幸福感和安全感。五是推动信息技术在社会事业上的运用，不断提升公共信息的开放和共享水平，尤其是在公共服务领域开始通过信息化、数字化平台为民众提供更精准、高效的服务，同时运用大数据、云计算等手段采集分析民生需求，研判社会民生保障和公共服务系统的着力点与发展方向。

第四节　本章小结：中国共产党开辟社会民主新境界

社会民主以解决社会生活中的基本问题为导向，合理的社会结构、和谐稳定的社会关系、发育健全的社会组织、健全的基层民主、充分的社会自治、广泛的公民参与、平等的公共服务、不断拓展的民生保障构成了其核心要素。在社会生活的具体实践中考察社会民主，必须综合社会结构、社会管理、社会事业、社会生活乃至社会心理和社会思潮等多方面的因素。百余年来，中国共产党始终坚持以人民为中心，调节社会关系以化解社会矛盾、推进基层民主以推动社会自治，实现广泛的公民参与，发展社会事业以完善社会保障体系和完善社会公共服务事业，不断践行深化社民主的基本理念。

从结构维度出发，调节社会关系是中国共产党推进社会民主的前提和条件。社会矛盾具有复杂性、历史性，对社会的发展变化具有推动作用，其症结是社会利益的分化和固化，具体表现为社会结构中各种社会关系下的社会冲突，如阶级关系、阶层关系、性别关系、区域关系、民族关系、宗教关系、党群关系等。在中国实现现代化的历史进程中，社会利益迅速分化，各类社会关系错综交织对原有社会秩序产生冲击，社会矛盾往往处于集中、频繁、高发的状态，且矛盾纠纷类型多样、主体多样，往往表现出组织性强、非理性程度高的特点。若是传统的社会关系调节机制不能得到持续的改革和优化，社会矛盾会往消极方向发展，产生剧烈的社会冲突，造成社会秩序失范，阻碍社会发展。因此，建立完善的社会关系调节机制以公平协调社会利益，引导社会矛盾向正向发展，避免社会混乱和激烈的社会动荡，才能够有效地维护社会团结稳定，形成和谐的社会有机体，为发展以社会自治为核心的社会民主，保障和改善民生提供适宜的社会前提和基础。百余年来，中国共产党始终坚持代表中国最广大人民的根本利益，完善各领域社会关系的调节机制，行之有效地调处社会矛盾，着力构建民主法治、公平正义、诚信友爱、充满活力、安定有序、人与自然和谐相处[①]的和谐社会有机体，为实现社会民主凝聚了共同奋斗的社会力量，提供了基本前提条件。

从过程维度出发，推进基层民主、实现社会自治赋予了中国共产党推进社会民主的主体和动力。社会自治是社会中的个体或团体在自由选择的前提下通过自我组织能力平等参与社会事务的民主决策与自我管理，实现社会有机体自我运行的发展模式，这是民主由政治深入社会经济领域的重要表现。中国共产党领导下的社会自治发展的动力是多元的，包括作为基层民主载体的城市和乡村的基层自治组织，工会、慈善团体、职业团体等合法正式的社会组织和基于自发组织的群体行动都是促进社会自治、实现社会民主的重要动力。其中，基层民主指的是基层人民群众依托基层政权

---

① 中共中央文献研究室编：《十七大以来重要文献选编》上册，中央文献出版社2009年版，第14页。

机关或自治组织，按照一定的程序民主选举基层组织领导人，对基层公共事务和公益事业进行民主管理、民主决策、民主监督的制度、规范和实践活动①，它在不同的时期和阶段有不同的具体表现形式，是推动社会自治进而实现社会民主的核心因素。基层民主之外，社会组织和群众运动也是社会自治中活跃的因素，但若其不受法律监管野蛮生长，极容易为反政府力量利用，因此规范社会组织和群众运动的发展，在防范社会失灵影响社会稳定的前提下促进社会自治发展，成为推进社会民主的关键内容。中国共产党在不同历史时期始终坚持马克思主义的群众观和群众路线，充分发挥广大人民群众的创造作用，高度重视社会基层民主的拓展，注重培育社会组织，加强其内部治理，引导规范群众运动，凝聚多方力量促进社会自治，提升社会成员的满意度和幸福感，在整个社会生产生活的过程中实现人民自主。

从功能维度出发，发展社会事业、落实社会保障是中国共产党发展社会民主的目的与归宿。实际能效是社会民主的核心要素、鲜明优势，它要求民主不局限于形式上的决策机制，而成为真正切实解决人民群众最关心最现实的急难愁盼问题的现实方法。因此，推进社会民主必须关注社会事业的发展，对社会民生问题作出直接回应，让人民群众获得切实的利好。中国共产党领导下的社会事业发展，涵盖了教育、卫生、文化等具有基础性、公益性的公共服务领域，也包括社会保险、社会救济、社会福利、慈善事业、社会优抚等在内的复杂社会保障系统网络。中国共产党在不同历史时期始终坚持保障和改善民生，高度重视民众需求，推进社会经济层面的平等，推动社会公共事业和民生保障体系不断完善发展，切实推进社会民主深化发展。

综上所述，中国共产党从结构、过程、功能三重维度出发，面对复杂的社会矛盾，通过调节社会关系、整合社会结构促进社会和谐团结，形成和谐社会有机体，凝聚共同奋斗的力量，为发展社会民主创造前提条件；通过发展基层民主，逐步培育社会组织，推进社会自治，为发展社会民主提供动力主体；通过发展社会公共服务事业和社会保障体系，让社会民主

---

① 肖立辉：《中国基层民主创新研究》，人民出版社 2009 年版，第 20 页。

的目的在实践层面得以实现。各个环节环环相扣，不可分割。中国共产党领导推进的社会民主，是在国家与社会二分下，以国家体系中广义的社会为场域对象，以我国基本生产资料所有制为基础，在生产中逐步实现民主管理、在分配中逐步实现公平与共享、在日常生活中逐步实现民主管理的民主，这种在生产力发展还不够充分的国家存在的社会民主，以马克思所预想的共产主义的社会民主为最终目标，开辟了社会民主的新境界。

结　语　社会民主与人类政治文明新形态

中国人总愿意与天下之人，同进于大道，同臻于乐利。①

——吕思勉

创造人与社会全面发展是社会主义共和国所有合法性与合理性的轴心。为此，必须创造更加真实而全面的民主。②

——林尚立

马克思曾指出："民主是什么呢？它必须具备一定的意义，否则它就不能存在。因此全部问题就在于确定民主的真正意义。"③ 民主在政治概念体系中居于统领性地位，准确界定民主的概念是构筑政治学知识体系大厦的基石，也是提升民主国际话语权的关键，更是坚定民主政治发展道路自信的认知前提。尽管从语义学上来讲，民主的含义非常明确地指向"人民（抑或公民）进行统治"，但古今中外围绕民主的争论甚至争议始终层出不穷，各式各样的民主理论纷繁复杂，不同的民主理论在民主主体的范围界

---

① 吕思勉：《吕思勉讲思想史》，凤凰出版社 2008 年版，第 70 页。
② 林尚立：《当代中国政治：基础与发展》，中国大百科全书出版社 2017 年版，第 85 页。
③ 《马克思恩格斯全集》第 10 卷，人民出版社 1998 年版，第 315 页。

定上认识不同，在民主领域的覆盖领域上看法不同，在民主的伦理价值次序上排列不同，在民主权利实现过程上安排不同，在民主的具体组织形式上操作不同。世界上没有放之四海而皆准的民主发展道路，也没有一成不变的民主发展模式。就当下流行的西方自由主义民主理论来说，其内在理路带来了"民主"的两轮嬗变。

第一轮是将民主的范围限定在政治领域。自由主义的民主，由于其诞生的社会经济基础、理论价值中潜在的对"多数人"的恐惧，所以将民主的领域限制在政治层面，而并没有延伸至经济、社会、文化等各个领域。自由主义的民主理论与实践，在诞生之初，主要目的是保护新兴资产阶级的私有财产以及个人自由，而不是保障大多数人的政治平等。16、17世纪，随着商品经济的发展，新兴资产阶级兴起并逐渐壮大，对于自由流通的商品经济、私有财产的明确占有、政府减少干预有着极为强烈的诉求。在这种经济社会基础上兴起的资产阶级主张通过代议制度完成政治参与与利益表达，通过分权制衡的基本理念限制行政权力扩张，这些诉求为自由主义理论提供了基础，也经由自由主义而得到系统化的表达阐释。在西欧早期的代议制度运转过程中，从选举到立法的各个环节，基本为高等教士、大贵族、新兴资产阶级所把控，以此来维护、协调新兴资产阶级与传统贵族之间的利益，而对追求大众平等的民主则出于对"多数人的暴政"的担忧而坚决反对，并看成是一种严重的危险——"即政治水平太低的危险和阶级立法的危险，都将在很可怕的程度上仍然存在"①。而对于任何公权力可能介入私人经济领域的行为尤其是改变财产占有与分配的行为都应该被制止，如洛克所论证的："试图改变财产所有权的一切立法都是由于愚蠢或恶意"②，是对人自然权利的侵犯。可以说，此阶段的自由主义民主，是少数人参与、为限制政治权力、保障新兴资产阶级的利益而产生的民主。

随着时间的推移，民主的主体逐步向大众开放，但是仍被限定在政治领域中。伴随着工业革命，工业化的高速推进与资本主义的快速发展，越

---

① 【英】约翰·密尔：《代议制政府》，汪暄译，商务印书馆1982年版，第132页。
② 【英】洛克：《政府论》下篇，叶启芳、瞿菊农译，商务印书馆1964年版，第94页。

来越多的劳动者被剥夺了生产资料，滑落到社会的底层，忍受异常严苛的剥削，逐渐形成了越发强大的阶级力量。马克思和恩格斯在《共产党宣言》中对此有描述："无产阶级不仅人数增加了，而且结合成更大的集体，它的力量日益增长，而且它越来越感觉到自己的力量"①。工人阶级数量与力量不断增长，在各类社会主义理论的指导下工人阶级的参政意识、革命意识不断增强，革命、请愿与罢工运动此起彼伏。面对大众参政的压力与革命的威胁，自由主义民主被迫逐渐扩大政治参与，与底层人民分享政治权力，逐步且初步实现了底层人民的基本政治权利、经济权利与社会权利，而代价是大众参与必须在自由主义民主制度所设计的"宪政"框架内，不得对私有产权等经济领域的基本制度产生冲击，同时通过制度设计、社会福利供给，进一步吸纳大众参与范围，将民主进一步巩固在政治领域。

除了对于私有财产的保护导致自由主义民主理论将民主限定在政治领域外，另外一个不容忽视的因素则是自由主义理论内部潜在的对"精英-大众"的对立二分。近代的托克维尔、密尔与现代民主理论家达尔、萨托利等，都认为"多数人决定"的民主极容易异化为"多数人的暴政"，因此主张通过宪法设计、制度制衡等一系列政治安排将民主仅仅限定在公共领域，而不是社会经济各个领域②。这其中，除去保护私有财产的现实考量，对于"多数人"的蔑视与鄙夷同样不可忽视。因为对于自由主义理论家来说，他们认为绝大多数人并不具备参与民主的基本素养与能力，一般公民"并不具有分析和纵观错综复杂的社会生活问题的能力，而且也不具有敢于牺牲眼前利益、换取全社会共同的长远利益的意志力"③。因此必须要对大众参政的范围与形式作出强有力的限制，防止"多数人的暴政"。

就西方的民主理论发展来看，如果说民主社会主义理论家的左派与激进民主、参与民主理论家仍然有着超越政治民主、实现社会民主的尝试④，那么西方主流的自由主义民主理论则更退一步，通过"政治民主与自由主

---

① 《马克思恩格斯选集》第1卷，人民出版社2012年版，第409页。
② 王绍光：《民主四讲》，生活·读书·新知三联书店2008年版，第34-37页。
③ 【奥】路德维希·冯·米瑟斯：《自由与繁荣的国度》，韩光明译，中国社会科学出版社1995年版，第176页。
④ 【美】道格拉斯·拉米斯：《激进民主》，刘元琪译，中国人民大学出版社2016年版，第40页。

义的结合"①，把民主限定在政治领域，而难以对私有产权、经济生产等领域施加影响。概言之，自由主义民主通过所谓"宪政"，将"人民统治"阉割为"人民在政治领域进行统治"，构成了对"民主"的第一轮异化。

第二轮是将民主的范围限定在政治进程中的选举阶段。一般来说，政治领域的民主过程至少应该包括民主选举、民主决策、民主监督等部分，分别履行利益输入、利益综合、利益输出等功能。但在西方政治现代化进程中，已经被限制在政治领域的民主进一步被限制在了选举领域，成为"选举民主"，从一种价值理念沦为了选举时的一种技术操作。随着"自由"与"民主"的价值观念越来越成为公众的共识，同时二战后苏联等社会主义国家高扬民主旗帜，对西方自由主义"宪政"体制形成了强大的压力。本来以"经由自由之路——推动良好的精英政治"② 为理念的西方"宪政"国家，不得不调和以保障自由为核心的自由"宪政"体制与以平等为内核的民主理念二者之间的张力③，以争夺"民主"概念的话语权，塑造自身的合法性。在调和自由与平等的张力中，自由主义民主理论往往以民主的应用难题为起点，或是延续早期自由主义民主理论中对自然权利的强调，延续麦迪逊的民主理论进路，认为民主会导致"多数人的暴政"，侵犯少数人的自然权利；或是出于对大众参与能力的否定，延续马克斯·韦伯开创的民主理论进路，认为政治是由一些对政治管理感兴趣且具备专业能力的人所管理的，而大众只能对领导者加以选择，不具备分辨政策的能力；或者认为技术时代剥夺了大众参与的可能性，沿着莫斯卡等悲观理论家的论证进路，认为少数人会通过现有的制度与技术凌驾于多数人之上，就算民众具备了参与意愿与能力，最后也只能是精英统治大多数，让民主沦为空谈，变成"只有少数人才能行使统治"④。

---

① 【美】乔万尼·萨托利：《民主新论：上卷：当代论争》，冯克利、阎克文译，上海人民出版社 2015 年版，第 390 页。

② 【美】乔万尼·萨托利：《民主新论：上卷：当代论争》，冯克利、阎克文译，上海人民出版社 2015 年版，第 391 页。

③ 杨光斌：《观念的民主与实践的民主：比较历史视野下的民主与国家治理》，中国社会科学出版社 2015 年版，第 46－51 页。

④ 【美】罗伯特·达尔：《民主理论的前言》，顾昕译，生活·读书·新知三联书店 1999 年版，第 74 页

上述三种理论演进都试图说明如下结论：一种理想状态的、覆盖政治全过程的、有实际效能的民主是不可能的（因为无法实现或者会产生灾难性后果），因此不管是出于价值理性还是工具理性的考虑，都要把民主限定在选举领域。而对于选举民主的实质，则从人民做决定变成了人民选人做决定。对此萨托利则直言不讳地认为："选举不是制定政策，选举只决定由谁来制定政策。选举不能解决争端，它只能决定由谁来决定解决争端。"① 对此，除了部分西方左翼民主理论家仍然对此提出质疑外，无论是熊彼特、萨托利的精英民主，还是以改良为目标的多元民主，事实上都是精英式的"选举民主"，这成为现代西方民主政治的主流。这样的选举民主，无论如何都要面对一个难以解决的问题：不同人群面对阶层、财富、信息与地位的巨大差异"以致导致投票过程的社会过程，正当地说，是高度不平等的、不民主的"② 困局。一种自诞生起就把追求平等的崇高价值印在旗帜上的伟大理念，异化而走向了自己的反面，变成了限制平等、限制民主的工具，不能不说是西方现代自由主义民主理论的遗憾。

"人民民主是社会主义的生命，是全面建设社会主义现代化国家的应有之义。"③ 对于马克思主义政党而言，实现真正的人民民主，让社会经济生活的"任何一个环节都不具有与它本身的意义不同的意义。每一个环节实际上都只是整体人民的环节"④，是初心使命的光辉彰显。在不断深化对民主政治发展规律认识的基础上，新时代中国共产党人提出全过程人民民主这一重大原创性理念。2021 年，党的十九届六中全会通过的《中共中央关于党的百年奋斗重大成就和历史经验的决议》把"发展全过程人民民主"概括为习近平新时代中国特色社会主义思想"十个明确"的重要组成部分⑤。全过程人民民主，既是一种价值层面的治理目标，也成为一种有实际效能的治理手段，是"过程民主和成果民主、程序民主和实质民主、

① 【美】乔万尼·萨托利：《民主新论：上卷：当代论争》，冯克利、阎克文译，上海人民出版社 2015 年版，第 115 页。
② 【美】罗伯特·达尔：《民主理论的前言》，顾昕译，生活·读书·新知三联书店 1999 年版，第 90 页。
③ 《习近平著作选读》第 1 卷，人民出版社 2023 年版，第 30 页。
④ 《马克思恩格斯全集》第 3 卷，人民出版社 2002 年版，第 39 页。
⑤ 《中共中央关于党的百年奋斗重大成就和历史经验的决议》，人民出版社 2021 年版，第 24 页。

直接民主和间接民主、人民民主和国家意志相统一，是全链条、全方位、全覆盖的民主"①。在民主所覆盖的领域上，除了西方自由主义民主所覆盖的政治领域，全过程人民民主还覆盖经济、政治、文化等人民生活的各个方面，是人民"依法通过各种途径和形式管理国家事务，管理经济和文化事业"②的民主。在民主的政治过程上，不同于西式民主将民主限定在选举领域，全过程人民民主将民主贯穿和融入政治的全过程之中，通过民主选举、民主决策、民主管理、民主监督，使人民的诉求得以充分表达、综合与被回应。在民主的参与程度上，西方诉诸一人一票的"票决制"选举民主在实践中必然导致拥有财富、权力的人在选举中拥有更多权力，而底层人民则由于"相对来说十分缺乏政治能力，他们接触的资源相对有限"③，最后在这场"精英为赢得选举和获得影响力而进行的选举"中沦落为消费者和旁观者④。而全过程人民民主则在权力归属、政治过程和施政目标上坚持"权为民所赋、权为民所用、利为民所谋"，以全过程的政治参与和全过程的权利保障，把发展为了人民、发展依靠人民、发展成果由人民共享落到实处，坚守了政治发展的民主化方向⑤。在民主的参与形式上，西方自由主义民主声称"在面积和人口超过一个小市镇的社会里除公共事务的某些极次要的部分外所有的人亲自参加公共事务是不可能的"⑥，视"代议制民主"为"最理想的类型"。而全过程人民民主则将各式各样的间接民主制度安排与人民直接参与选举、管理、决策的基层直接民主制度紧密结合。在民主的治理效能上，随着以自我实现为特征的"后实利主义时代"到来，除了经济增长与收入之外，人们更加关注"表达自我和渴望从事有意义的工作"，更加关注能够参与到收入分配、教育资源、少数群体、环境保护等具体议题的讨论中；而西方自由主义因将民主限定在政治领

---

① 《习近平著作选读》第 2 卷，人民出版社 2023 年版，第 532 页。

② 《习近平著作选读》第 2 卷，人民出版社 2023 年版，第 30 页。

③ 【美】罗伯特·达尔：《民主理论的前言》，顾昕译，生活·读书·新知三联书店 1999 年版，第 110 页。

④ 【美】罗伯特·古丁等：《政治科学新手册》下册，钟开斌等译，生活·读书·新知三联书店 2006 年版，第 677 页。

⑤ 国务院新闻办：《中国的民主》，人民出版社 2021 年版，第 43 页。

⑥ 【英】约翰·密尔：《代议制政府》，汪瑄译，商务印书馆 1982 年版，第 55 页。

域、选举领域，难以回应日趋多样变化的公民诉求，导致公民缺乏政治信任和政治效能感，部分国家以"新社会运动"的形式化解公民参政需求，而大部分情况糟糕的国家则陷入参与过载、政治极化、社会撕裂的政治衰退之中。中国妥善处理好改革、发展与稳定三者之间的关系，在推进民主事业建设中保持发展速度与社会稳定，创造了世所罕见的经济快速发展奇迹和社会长期稳定奇迹，政治治理与经济社会发展的良性互动不断增强。

由此可见，全过程人民民主是以中国式政治现代化开创人类政治文明新形态的核心范畴。如果说物质文明和精神文明分别是人类改造自然界和改造主观世界的成果，那么政治文明就是政治主体在改造社会的政治实践中取得的政治成果的总和，它是人类政治智慧的结晶和政治发展程度的标志，代表着政治生活的进步状态和文明程度。对政治文明的崇尚和追求是现代政治发展的内生性动力。按照马克思主义的观点，政治文明是在解决生产力发展和社会交往带来的各种矛盾的过程中不断形成和完善的，政治发展的本质是在社会生产力发展的基础上，社会经济基础的变革和变迁造成的社会政治形态的变化和发展。从深层次看，发展全过程人民民主的过程，就是政治发展持续进步及其带来的新型政治文明的生发与成长过程。政治发展的要义是诸多现代性政治价值的充分表达、有力整合与递次实现。对此，西方学者从政治权力的高度整合、政治权威的有力确立、政治平等的普遍实现、政治体系的结构优化和功能提升、政治决策的理性化、政策执行的高效化、政治参与的扩大化等角度提出了政治发展的不同定义和各种标准①。从实践历程看，西方国家的政治发展基本沿着具有"词典式序列关系"的"宪政"民主—分权民主—选举民主顺序展开②，其基本模式是国家意志和国家自主性的构建在前，竞争性选举以及更广泛的政治参与在后。这里蕴含的政治发展一般性规律在于亨廷顿强调的"人当然可以有秩序而无自由，但不能有自由而无秩序。必须先存在权威，而后才谈得上限制权威"③。然而，必须认识到，政治发展没有绝对的单一尺度，受

---

① 王衡：《论香港政治发展的范式转换》，《中国政治学》2018 年第 2 期。

② 杨光斌：《超越自由民主："治理民主"通论》，《国外社会科学》2013 年第 4 期。

③ 【美】塞缪尔·亨廷顿：《变化社会中的政治秩序》，王冠华等译，上海人民出版社 2008 年版，第 7 页。

特定自然地理环境、经济社会发展水平、历史文化传统等多重因素的影响，不同民族、不同国家推进政治文明建设的基本方略必然存在差异性，继而使政治文明呈现出多样化特征。

按照政治价值的表达及其排序，全过程人民民主包含以下政治发展的过程性内涵：首先是政治一体化过程。由于后发现代化国家经济社会发展起点低，现代化过程往往具有发展时间的高度压缩性、发展任务的高度浓缩性的"并联式"发展特征。在社会高速变革之际，政治体系要把秩序作为自己对社会发展的基本供给，即在构建权威性秩序保持稳定的前提下，通过高强度的社会动员推动经济社会发展①。政治一体化不单单局限于形式上现代民族国家的成立，还包括形成一体化的行政体制、司法体制、法律体制等，这是实现政治民主、形成权威性秩序以保持政治体系向高级形态稳定变迁的必要前提。现今许多发展中国家尚未实现政治一体化过程，各项公共事务无法通过政治领域"价值的权威性分配"得到有条不紊、快速有效的解决，不仅社会经济发展迟滞，政治发展也无从谈起。其次是政治民主化过程。从以雅典城邦政治为代表的古典民主到以人民主权思想为基石的现代民主，政治文明发展的一个重要趋势就在于民主主体范围的不断拓展。伴随着经济社会的持续发展，人民的政治意识不断提高，政治参与要求愈发强烈。政治民主化意味着在明确公民的权利与义务的基础上，构建政治体系与社会活动的感应网络，积极动员民众参与，不断提升政治体系的代表性、开放性与包容性。最后是政治的结构化与功能化。若是国家的政治体系权责不清、层次模糊、体制混乱，政治形态必然将阻碍社会发展。政治结构化的关键在于，通过科学严谨的专业化分工，形成合理的政治结构，使政治体系在发展中逐步具备完善的政治功能，进而顺利适应千变万化的现代社会经济生活。政治功能化则意味着整个政治形态在发展过程中拥有不断自我革新的能力，即政治体系必须在社会发展的动向格局面前作出灵敏有效的政治反应，通过有秩序、有计划的变革不断释放政治体系自身的活力②。政治一体化、政治民主化、政治结构化与政治功能化等要求，在后发现代化国家的政治发展

---

① 王沪宁：《新政治功能：体制供给和秩序供给》，《上海社会科学院季刊》1994 年第 2 期。

② 王沪宁：《比较政治分析》，上海人民出版社 1987 年版，第 235 - 237 页。

实践中汇聚到一对关键的复杂矛盾之中，即如何正确处理"建立强有力的中央权威以克制经济发展和社会分化带来的失序"与"建立富有活力的民主制度以保障公民基本权利"之间的关系①。围绕这个核心议程，中国的全过程人民民主创造了党的领导、人民当家作主、依法治国有机统一的政治发展形态，探求"政治稳定基础上经济社会有序发展"与"民主体制活力迸发"之间的平衡，以坚持和加强中国共产党的领导为根本基点推动政治发展秩序化目标的实现，以人民当家作主为本质特征推动政治发展民主化目标的实现，以依法治国为支撑保障推动政治发展法治化目标的实现，推动现代政治价值的合理排序与有效整合，创造了兼具秩序化、民主化和法治化等多重现实功能的政治文明新形态。

全过程人民民主具有丰富的内涵（见表 5 - 1），以实现公民权利为核心的"民主参与全过程"、以发挥制度体系优势为核心的"有效治理全过程"和以实现"三统一"为核心的"政治发展全过程"，从权利的规定与保障、制度的供给与运转、发展的目标与实现等多个角度，充分彰显了全过程人民民主广泛性、真实性、系统性、有效性、科学性、连续性等优势。从微观层面看，规范性意义上以宪法为核心的中国特色社会主义法律体系对我国公民享有的选举权和被选举权、知情权、参与权、表达权、监督权等政治权利以及内容更加广泛的社会经济权利的程序规定和法律赋予，为全过程人民民主实现奠定了前置性条件；经验性意义上政策过程和政治过程共同构成了公民政治参与的基础框架，使公民基本权利通过民主参与的机制安排和实质保障得以实现。从中观层面看，规范性意义上兼具政治民主、经济民主、社会民主的民主制度体系的全面供给和紧密衔接；经验性意义上在有效制度供给的前提下，通过制度体系的有效运行顺利将制度优势转化为治理绩效，实现民主过程与成果、程序与实质的统一。从宏观层面看，规范性意义上通过对权威、民主、法治等政治价值的合理排序和有效整合擘画政治发展的应然性前景；经验性意义上党的领导、人民当家作主、依法治国有机统一的政治发展道路，在实践中探索开辟和不断优化，实现秩序化、民主化与法治化的协同推进。事实表明，全过程人民

---

① 林尚立：《建构民主——中国的理论、战略与议程》，复旦大学出版社 2012 年版，第 150 页。

民主既是一个新概念，也是一个好概念，它不仅为讲好中国民主的故事提供了坚实的概念支撑，而且为全面建设社会主义现代化国家新征程上发展民主政治提供了理念引领。在全面建设社会主义现代化国家的新征程上，必须以更加完善的体系化建构和更加透彻的学理化分析深入阐发全过程人民民主的丰富内涵，在新时代中国特色社会主义政治建设的实践中进一步拓展其发展空间，不断夯实中国式现代化的政治之维。

表 5 - 1　全过程人民民主内涵的多层次分析

分析层次	关注对象	规范性意义		经验性意义		民主优势体现
		核心要素	形式手段	核心要素	形式手段	
微观层次	个体公民	公民权利	程序规定	民主参与	机制安排	广泛性、真实性
			法律赋予		实质保障	
中观层次	政治制度	制度结构	全面供给	体系运行	动态调试	系统性、有效性
			紧密衔接		效能提升	
宏观层次	政治文明	政治价值	合理排序	发展道路	探索开辟	科学性、连续性
			有效整合		不断优化	

　　本书聚焦研究的"社会民主"这一概念，在全过程人民民主的概念建构和理论构建中发挥着重要作用。按照马克思主义基本原理，自由主义民主本身相对于封建专制具有进步性，其所带来的形式上的政治平等、人民主权的理念，是人类政治文明演进过程中的巨大飞跃。但由于自由主义民主仅仅局限于政治领域，没有完成对经济社会的整体改造，更没有触动生产资料私有制，所以人仍然没有获得全面解放，只是被"看不见的线系在自己的所有者手里"①。一定的政治形态归根到底由经济基础所决定，真正完成对自由主义民主的超越，必须改变自由主义民主赖以存在的社会经济结构——生产资料私有制。通过对生产资料私有制的改造，实现社会的解放，由自由而全面发展的人形成联合体，国家的民主消亡，社会的民主形成并以此管理社会各个领域。

　　由此可见，对自由主义民主的超越的本质在于两个方面：一是改变经

---

　　①　《马克思恩格斯文集》第 5 卷，人民出版社 2009 年版，第 662 页。

济社会结构；二是改造国家机器，实现社会民主，把民主从单纯的政治领域解放出来，使民主从政治领域进入社会领域。因此从这个角度来说，社会民主从表面上看是自由主义民主所缺位的场域，实际上正是自由主义民主无法实现更加广泛有效民主的根源。民主只有在社会领域实现，才能够完成对自由主义民主的根本性超越。从这个意义上讲，社会民主构成了全过程人民民主的社会之维，彰显着创造人类政治文明新形态的前进方向和道路选择。

鉴于此，本书对社会民主进行了系统化的研究，在发展历程研究方面，将思想史、观念史、政治史的研究方法结合起来，通过回溯从古典民主理论到现代民主理论的转型历程，考察社会民主的滥觞、奠基、蜕变、镜鉴与归位；在基础理论研究方面，对社会民主的概念范畴进行"宏观-中观-微观"的层次划分，与政治民主、经济民主、基层民主、协商民主、直接民主等相关概念进行辨析比较，在此基础上阐明社会民主的一系列重大基本理论问题；在实证测量研究方面，通过对二战之后西方民主测量指标体系建构的演进历程进行梳理，揭示以政治民主为核心的西方民主测量指标的内在局限性，指明社会民主相关内容的融入是其矫正方向，在此基础上通过原则性指标、操作性指标、统计性指标的选取和拟合，对社会民主测量指标体系进行了科学合理的建构，设计了一套系统、科学的社会民主测量指标体系，并将其运用于横截面的空间比较和变化趋势的历时性比较之中；在实践案例研究方面，回顾了中国共产党在不同历史时期为中国实现社会民主奠定前提并加强保障、塑造主体并提供动力、指明归宿并落实结果的波澜壮阔实践，梳理了中国社会民主建设的来龙去脉，并在此基础上总结提炼宝贵历史经验。希望本书在廓清社会民主概念定义、梳理社会民主发展历程、夯实社会民主基础理论、拓展社会民主实证测量、总结社会民主中国经验方面所作的探索性研究，能够为新时代新征程中国共产党团结带领全国各族人民积极发展全过程人民民主、以政治现代化开创人类政治文明新形态提供有益启示。

参考文献

一、经典著作与重要文献

1. 《马克思恩格斯选集》第 1—4 卷，北京：人民出版社，2012 年版。

2. 《马克思恩格斯文集》第 1—10 卷，北京：人民出版社，2009 年版。

3. 《马克思恩格斯全集》第 2 卷，北京：人民出版社，1957 年版。

4. 《马克思恩格斯全集》第 3 卷，北京：人民出版社，1960 年版。

5. 《马克思恩格斯全集》第 4 卷，北京：人民出版社，1958 年版。

6. 《马克思恩格斯全集》第 16 卷，北京：人民出版社，1964 年版。

7. 《列宁选集》第 1—4 卷，北京：人民出版社，2012 年版。

8. 《列宁全集》第 28、31、35、37、40 卷，北京：人民出版社，2017 年版。

9. 《毛泽东选集》第 1—4 卷，北京：人民出版社，1991 年版。

10. 《毛泽东文集》第 1—8 卷，北京：人民出版社，1993—1999 年版。

11. 《建国以来毛泽东文稿》第 1—20 册，北京：中央文献出版社，2023 年版。

12. 《邓小平文选》第 1—2 卷，北京：人民出版社，1994 年版。

13. 《邓小平文选》第 3 卷，北京：人民出版社，1993 年版。

14. 《江泽民文选》第 1—3 卷，北京：人民出版社，2006 年版。

15. 《胡锦涛文选》第 1—3 卷，北京：人民出版社，2016 年版。

16. 《习近平著作选读》第 1、2 卷，北京：人民出版社，2023 年版。

17. 《习近平谈治国理政》第 1—4 卷，北京：外文出版社，2014、2017、2020、2022 年版。

18. 《孙中山全集》第 19 卷，北京：人民出版社，2015 年版。

19. 《李大钊全集》第 1—5 卷，北京：人民出版社，2006 年版。

20. 《陈独秀文集》，北京：人民出版社，2013 年版。

21. 《周恩来选集》上、下卷，北京：人民出版社，1984 年版。

22. 《蔡和森文集》，北京：人民出版社，2013 年版。

23. 《彭真文选》，北京：人民出版社，1991 年版。

24. 《谢觉哉日记》，北京：人民出版社，1984 年版。

25. 中共中央文献研究室、中央档案馆编：《建党以来重要文献选编（1921—1949）》第 1—26 册，北京：中央文献出版社，2011 年版。

26. 中共中央文献研究室编：《建国以来重要文献选编》第 1—20 册，北京：中央文献出版社，2011 年版。

27. 中共中央文献研究室编：《改革开放三十年重要文献选编》上、下册，北京：中央文献出版社，2008 年版。

28. 中共中央文献研究室编：《十二大以来重要文献选编》上、中、下册，北京：中央文献出版社，1986、1988 年版。

29. 中共中央文献研究室编：《十三大以来重要文献选编》上、中、下册，北京：中央文献出版社，1991、1993 年版。

30. 中共中央文献研究室编：《十四大以来重要文献选编》上、中、下册，北京：中央文献出版社，1996、1997、1999 年版。

31. 中共中央文献研究室编：《十五大以来重要文献选编》上、中、下册，北京：中央文献出版社，2000、2001、2003 年版。

32. 中共中央文献研究室编：《十六大以来重要文献选编》上、中、下册，北京：中央文献出版社，2005 年版、2006 年版、2008 年版。

33. 中共中央文献研究室编：《十七大以来重要文献选编》上、中、下册，北京：中央文献出版社，2009、2011、2013 年版。

34. 中共中央文献研究室编：《十八大以来重要文献选编》上、中册，北京：中央文献出版社，2014 年版、2016 年版。

35. 中共中央党史和文献研究院编：《十八大以来重要文献选编》下册，北京：中央文献出版社，2018 年版。

36. 中共中央党史和文献研究院编：《十九大以来重要文献选编》上、中、下册，北京：中央文献出版社，2019、2021、2023 年版。

二、中文著作

1. 陈炳辉：《西方民主理论：古典与现代》，北京：中国社会科学出版社，2016 年版。

2. 陈鸿瑜：《政治发展理论》，长春：吉林出版集团，2009 年版。

3. 陈周旺等：《社会主义民主政治：制度与过程》，上海：上海人民出版社，2023 年版。

4. 当代中国研究所：《中华人民共和国史稿》第 1 卷，北京：人民出版社、当代中国出版社，2012 年版。

5. 房宁：《民主政治十论》，北京：中国社会科学出版社，2011 年版。

6. 冯天瑜：《中华元典精神》，上海：上海人民出版社，1994 年版。

7. 韩延龙、常兆儒：《中国新民主主义革命时期根据地法制文献选编》第 1 卷，北京：中国社会科学出版社，1981 年版。

8. 何秉孟、姜辉、张顺洪编著：《欧洲社会民主主义的转型——与德国、瑞典学者对话实录》，北京：社会科学文献出版社，2010 年版。

9. 胡绳主编：《中国共产党的七十年》，北京：中共党史出版社，1991 年版。

10. 江荣海：《传统的拷问：中国传统政治文化现代化研究》，北京：北京大学出版社，2011 年版。

11. 江宜桦：《自由民主的理路》，北京：新星出版社，2006 年版。

12. 蒋德海：《法政治学要义》，北京：社会科学出版社，2014 年版。

13. 康有为：《孟子微》，北京：中华书局，1987 年版。

14. 雷志华、李忠全编：《陕甘宁边区民政工作资料选编》，西安：陕西人民出版社，1992 年版。

15. 李文主编：《中华人民共和国社会史（1949—2019）》，北京：当代中国出版社，2019 年版。

16. 李正华、张金才主编：《中华人民共和国政治史（1949—2019）》，北京：当代中国出版社，2019 年版。

17. 梁启超：《先秦政治思想史》，北京：东方出版社，1996 年版。

18. 梁星亮、杨洪主编：《中国共产党延安时期政治社会文化史论》，北京：人民出版社，2011 年版。

19. 林尚立：《建构民主：中国的理论、战略与议程》，上海：复旦大学出版社，2012 年版。

20. 林拓、虞阳：《无声的民主：企业民主与国家治理》，北京：人民出版社，2016 年版。

21. 刘德厚：《广义政治论：政治关系社会化分析原理》，武汉：武汉大学出版社，2001 年版。

22. 刘建军、陈周旺、汪仕凯主编：《政治逻辑：当代中国社会主义政治学》，上海：上海人民出版社，2022 年版。

23. 刘泽华：《中国传统政治思维》，长春：吉林教育出版社，1991 年版

24. 罗峰、徐共强：《基层民主制度的形成与发展》，北京：经济科学出版社，2020 年版。

25. 马胜利：《争取社会主义和民主——饶勒斯评传》，北京：中国社会科学出版社，1996 年版。

26. 潘一禾：《生活世界的民主——探询当代中国的新政治文化》，北京：社会科学文献出版社，2010 年版。

27. 陕西省档案馆、陕西省社会科学院编：《陕甘宁边区政府文件选编》第 4 辑，西安：陕西人民教育出版社，2013 年版。

28. 社会党国际文件集编辑组：《社会党国际文件集（1951—1987）》，

哈尔滨：黑龙江人民出版社，1989 年版。

29. 宋晓梧主编：《中国社会体制改革 30 年回顾与展望》，北京：人民出版社，2008 年版。

30. 宋学勤著：《改革开放 40 年的中国社会》，北京：中共党史出版社，2018 年版。

31. 孙学玉等编著：《当代中国民生问题研究》，北京：人民出版社，2010 年版。

32. 谈火生：《审议民主》，南京：江苏人民出版社，2007 年版。

33. 谭虎娃：《历史的转折：中共中央在延安十三年》，北京：人民出版社，2018 年版。

34. 王洪树：《协商合作视野下的民主政治研究》，北京：中国社会科学出版社，2011 年版。

35. 王沪宁：《政治的人生》，上海：上海人民出版社，1995 年版。

36. 王沪宁主编：《政治的逻辑：马克思主义政治学原理》，上海：上海人民出版社，2016 年版。

37. 王绍光：《民主四讲》，北京：生活·读书·新知三联书店，2008 年版。

38. 王颖：《新民主主义革命时期民主选举制度研究》，北京：中国社会科学出版社，2005 年版。

39. 王元明：《行动与效果：美国实用主义研究》，北京：中国社会科学出版社，1998 年版。

40. 王中汝：《社会分化与民主发展》，长春：吉林教育出版社，2011 年版。

41. 吴晓黎：《社群、组织与大众民主：印度喀拉拉邦社会政治的民族志》，北京：北京大学出版社，2009 年版。

42. 武力主编：《中华人民共和国经济史》下，北京：中国经济出版社，1999 年版。

43. 萧冬连：《筚路维艰：中国社会主义路径的五次选择》，北京：社会科学文献出版社，2014 年版。

44. 辛向阳：《17—18 世纪西方民主理论论析》，济南：山东人民出版社，2011 年版。

45. 熊月之：《中国近代民主思想史》，上海：上海人民出版社，1986 年版。

46. 徐崇温：《民主社会主义评析》，重庆：重庆出版社，2007 年版。

47. 徐勇：《中国农村村民自治》，北京：生活·读书·新知三联书店，2018 年版。

48. 杨光斌：《观念的民主与实践的民主：比较历史视野下的民主与国家治理》，北京：中国社会科学出版社，2015 年版。

49. 杨永华主编：《中国共产党廉政法制史研究》，北京：人民出版社，2005 年版。

50. 应克复等：《西方民主史》，北京：中国社会科学出版社，1997 年版。

51. 俞可平主编：《世界主要政党规章制度文献：德国》，北京：中央编译出版社，2015 年版。

52. 俞可平主编：《世界主要政党规章制度文献：瑞典》，北京：中央编译出版社，2015 年版。

53. 张飞岸：《被自由消解的民主——民主化的现实困境与理论反思》，北京：中国人民大学出版社，2015 年版。

54. 张世鹏：《德国社会民主党纲领汇编》，北京：北京大学出版社，2005 年版。

55. 张希坡、韩延龙：《中国革命法制史》，北京：中国社会科学出版社，1987 年版。

56. 中共中央文献研究室、中共湖南省委《毛泽东早期文稿》编辑组编：《毛泽东早期文稿（1912.6—1920.11）》，长沙：湖南人民出版社，1990 年版。

57. 中共中央文献研究室研究组．国务院宗教事务局政策法规司组编：《新时期宗教工作文献选编》，北京：宗教文化出版社，1995 年版。

58. 中联部编译小组编：《社会党国际重要文件选编》，北京：当代世界出版社，2005 年版。

59. 中央编译局国际共运史研究室编：《国际共运史研究资料》第 6 辑，北京：人民出版社，1982 年版。

60. 中央编译局资料室编：《鲍威尔言论》，北京：生活・读书・新知三联书店，1978 年版。

61. 中央档案馆、中共中央文献研究室编：《中共中央文件选集（一九四九年十月——一九六六年五月）》第 42 册，北京：人民出版社，2013 年版。

三、中文论文

1.“国家治理指数构建”课题组：《国家治理指数与发展中国家现代化》，《国家现代化建设研究》2024 年第 1 期。

2.【美】斯坦利・阿罗诺维茨：《工人股份、工人参与和工人自治的评析——兼论超越资本主义》，《国外理论动态》2008 年第 5 期。

3.【美】托马・德・卢卡：《民主正在成为我们时代的日常生活哲学》，《吉林大学社会科学学报》，2008 年第 1 期。

4. 白雪梅：《教育与收入不平等：中国的经验研究》，《管理世界》2004 年第 6 期。

5. 曹文宏：《民生政治：民生问题的政治学诠释》，《社会主义研究》2007 年第 6 期。

6. 常桂祥、陈东霞：《融通与互动：社会资本与协商治理的内在逻辑》，《济南大学学报（社会科学版）》2021 年第 5 期。

7. 陈家刚：《协商民主概念的提出及其多元认知》，《公共管理学报》2008 年第 3 期。

8. 陈明明：《以民生政治为基本导向的政治发展战略》，《江苏社会科学》2012 年第 2 期。

9. 陈秋平、许翔：《教育与社会民主》，《天府新论》2003 年第 6 期。

10. 陈荣卓：《新时代基层民主政治建设的三重考察：历史主线、行动方略及现代走向》，《马克思主义研究》2023 年第 7 期。

11. 陈曙光：《论马克思主义民主观》，《马克思主义研究》2015 年第 5 期。

12. 陈周旺：《福利治理为什么重要：超越福利国家模式》，《行政论坛》2021 年第 4 期。

13. 陈周旺：《社会主义民主的全方位建设》，《上海行政学院学报》2022 年第 6 期。

14. 杜欢：《自由的指数与不自由的偏误——对〈世界自由报告〉的批判性透视》，《国外理论动态》2018 年第 7 期。

15. 范进学：《论民主的实现形式——直接民主与间接民主比较》，《文史哲》2002 年第 1 期。

16. 方宇：《当代中国社会民主的发展——以村民自治为例》，《齐齐哈尔大学学报》2014 年第 3 期。

17. 费英秋：《论国家民主和社会民主》，《理论学习月刊》1988 年第 11 期。

18. 高建明、陈晔：《社会民主主义未来的范式之争》，《当代世界与社会主义》2022 年第 1 期。

19. 高清海、张海东：《社会国家化与国家社会化——从人的本性看国家与社会的关系》，《社会科学战线》2003 年第 1 期。

20. 葛宣冲、韩克勇：《企业民主：协商民主在经济组织领域的实现方式》，《云南财经大学学报》2019 年第 9 期。

21. 郭燕、李家家、杜志雄：《城乡居民收入差距的演变趋势：国际经验及其对中国的启示》，《世界农业》2022 年第 6 期。

22. 韩玲梅：《民主作为一种生活方式——民主实现的社会基础》，《社会》2002 年第 11 期。

23. 韩升：《在社会民主的批判反思中推进现代社会治理》，《北京行政学院学报》2018 年第 4 期。

24. 韩水法：《直接民主与间接民主》，《天津社会科学》2011 年第 2 期。

25. 韩秀兰、李俊明、窦姝云：《我国个人所得税对共同富裕影响的量化分析——基于共同富裕指数（SPI）和共同富裕溢价指数（SPPI）的分析》，《税务研究》2022 年第 10 期。

26. 何林、朱洪伟：《社会主义民主价值观的日常生活世界基础》，《辽宁大学学报（哲学社会科学版）》2015 年第 2 期。

27. 何显明：《社会民主实践与民主政治社会微观基础的培植》，《中共杭州市委党校》2012 年第 1 期。

28. 何显明：《治理民主：一种可能的复合民主范式》，《社会科学战线》2012 年第 10 期。

29. 胡承槐：《社会民主、党内民主、民主执政范畴的基本内涵及逻辑关系——兼谈浙江民主政治建设的基本经验》，《浙江社会科学》2007 年第 4 期。

30. 姜辉、赵培杰：《树立科学的马克思主义民主观》，《政治学研究》2010 年第 3 期。

31. 蒋德海：《以社会民主为目标全面推进依法治国》，《探索与争鸣》2015 年第 3 期。

32. 蒋俊明、陈佳楠：《我国经济民主和社会民主发展的策略调整》，《江苏大学学报（社会科学版）》2015 年第 4 期。

33. 李海青：《广义民主论——构建中国特色社会主义民主话语的一种尝试》，《上海师范大学学报（哲学社会科学版）》2015 年第 5 期。

34. 李辉：《东亚民主的质量：测量与比较》，《开放时代》2014 年第 5 期。

35. 李锦峰：《经济民主：文献述评及其理论重构》，《学术月刊》2015 年第 10 期。

36. 李艳霞：《"后物质主义"价值观与当代中国公众的政治信任》，《公共管理学报》2017 年第 3 期。

37. 李志松：《抗战时期陕甘宁边区教育事业的发展》，《教育评论》2010 年第 5 期。

38. 林尚立：《民主与民生：人民民主的中国逻辑》，《北京大学学报（哲学社会科学版）》2012 年第 1 期。

39. 林尚立：《有机的公共生活：从责任建构民主》，《社会》2006 年第 2 期。

40. 林育川：《马克思恩格斯视野中的社会民主》，《社会科学辑刊》2013 年第 1 期。

41. 刘德厚：《邓小平"走向社会政治"思想论纲》，《武汉大学学报（社会科学版）》2002 年第 3 期。

42. 刘德厚：《对民主含义的历史唯物主义思考——兼论社会主义民主的社会本质》，《武汉大学学报（社会科学版）》1984 年第 6 期。

43. 刘德厚：《关于"社会政治"的一般理论》，《武汉大学学报（人文社会科学版）》2000 年第 5 期。

44. 刘俊祥：《民生国家论——中国民生建设的广义政治分析》，《武汉大学学报（哲学社会科学版）》2013 年第 4 期。

45. 刘同舫：《政治解放、社会解放和劳动解放——马克思人类解放思想再探析》，《哲学研究》2007 年第 3 期。

46. 刘洋、李端祥：《街道人民公社"单位制"治理及其当代启示》，《湖南科技大学学报（社会科学版）》2020 年第 2 期。

47. 罗云力：《民主社会主义改良观演变的四个阶段》，《科学社会主义》1999 年第 2 期。

48. 阎小波：《何以安民：现代国家"根本性议程"的赓续与创制》，《文史哲》2020 年第 2 期。

49. 马得勇：《政治信任及其起源——对亚洲 8 个国家和地区的比较研究》，《经济社会体制比较》2007 年第 5 期。

50. 彭谦、程志浩：《流变与演化：中国共产党民族政策的百年俱进》，《湖北民族大学学报（哲学社会科学版）》2021 年第 1 期。

51. 钱锦宇：《参与民主：新型的民主形式》，《西北大学学报（哲学社会科学版）》2011 年第 6 期。

52. 任中平：《党内民主与人民民主、国家民主与社会民主的关系辨析及发展走向》，《云南社会科学》2011 年第 2 期。

53. 上官酒瑞、程竹汝：《政治信任的结构序列及其现实启示》，《江苏社会科学》2011 年第 5 期。

54. 沈传亮：《建立国家治理能力现代化评估体系》，《学习时报》2014

年 6 月 3 日。

55. 师泽生、李猛：《参与民主：中国的实践》，《探索》2011 年第 5 期。

56. 施雪华、崔恒：《一种具有政治民主与社会民主双重性质的新型民主形态——中国共产党领导的多党合作制性质分析》，《江苏行政学院学报》2011 年第 1 期。

57. 宋雄伟、陈若凡：《中国特色协商民主体系研究的战略定位与主要议题：一个分析框架》，《北京行政学院学报》2023 年第 3 期。

58. 孙力：《社会民主、半国家与民主集中制》，《浙江学刊》2011 年第 2 期。

59. 佟德志：《中国式民主的客体复合结构与综合推进战略》，《天津社会科学》2011 年第 2 期。

60. 佟德志：《中国式民主的主体复合结构与综合推进战略》，《学习与探索》2011 年第 2 期。

61. 王衡：《马克思主义人民民主思想的理论内涵与中国实践》，《教学与研究》2020 年第 6 期。

62. 王衡：《全过程人民民主的概念建构：出场语境、逻辑理路与内在优势》，《南昌大学学报（人文社会科学版）》2023 年第 2 期。

63. 王洪树、廖华：《社会民主的萌生发展、学理分析、价值意义及实现路径》，《当代世界与社会主义》2016 年第 4 期。

64. 王浦劬：《以治理民主实现社会民生——我国行政信访制度政治属性解读》，《北京大学学报（哲学社会科学版）》2011 年第 6 期。

65. 王毅：《主义、组织与群众：中国共产党成立初期的特质》，《历史研究》2022 年第 4 期。

66. 王正绪：《政治信任研究：民本主义的理论框架》，《开放时代》2022 年第 2 期。

67. 谢庆奎、苗月霞：《社会资本与政治民主：理论渊源与发展》，《新视野》2006 年第 6 期。

68. 辛向阳：《民主的辩证法：马克思主义创始人的民主思想》，《国外社会科学》2013 年第 4 期。

69. 熊月之：《晚清几个政治词汇的翻译与使用》，《史林》1999 年第 1 期。

70. 徐湘林：《"国家治理"的理论内涵》，《人民论坛》2014 年第 4 期。

71. 徐勇：《基层民主：社会主义民主的基础性工程——改革开放 30 年来中国基层民主的发展》，《学习与探索》2008 年第 4 期。

72. 徐勇：《社会动员、自主参与与政治整合——中国基层民主政治发展 60 年研究》，《社会科学战线》2009 年第 6 期。

73. 燕继荣：《民主：社会资本与中国民间组织的发展》，《学习与探索》2009 年第 1 期。

74. 燕继荣：《民主及民主的质量》，《经济社会体制比较》2014 年第 3 期。

75. 燕继荣：《中国社会治理的理论探索与实践创新》，《教学与研究》2017 年第 9 期。

76. 杨光斌、释启鹏：《西方自由民主评价带有明显意识形态偏见》，《世界社会主义研究》2017 年第 9 期。

77. 杨光斌：《论意识形态的国家权力原理——兼论中国国家权力的结构性问题》，《党政研究》2017 年第 5 期。

78. 杨菊华、王苏苏：《国际组织性别平等指数及其对中国的启示》，《妇女研究论丛》2018 年第 4 期。

79. 杨礼银：《守护民主的社会生活——论哈贝马斯和福柯的共同理论旨趣》，《陕西师范大学学报（哲学社会科学版）》2010 年第 6 期。

80. 姚瑶：《国家治理体系下的公司治理：从资本民主到社会民主》，《理论月刊》2015 年第 12 期。

81. 于蓓：《法国"社会民主"初探》，《欧洲研究》2013 年第 6 期。

82. 俞可平：《中国社会治理评价指标体系》，《中国治理评论》2012 年第 2 期。

83. 郁建兴、任杰：《社会治理共同体及其实现机制》，《政治学研究》2020 年第 1 期。

84. 袁建军、金太军：《参与民主理论核心要素解读及启示》，《马克思主义研究》2011 年第 5 期。

85. 张爱军、高勇泽：《公民社会与协商民主》，《社会主义研究》2010 年第 3 期。

86. 张纯厚：《政治民主与社会民主：西方自由民主的两个层面及其启示》，《文史哲》2012 年第 2 期。

87. 张飞岸：《走出民主危机：从自由民主向社会民主的回归》，《探索》2016 年第 6 期。

88. 张广翔：《十九世纪俄国村社制度下的农民生活世界》，《历史研究》2004 年第 3 期。

89. 张国军：《民主的两种理路：选举民主与过程民主》，《观察与思考》2015 年第 10 期。

90. 张力伟：《社会生活中的民主：中国式民主的路径阐释和价值之辨》，《求实》2023 年第 2 期。

91. 张树平：《改变生活的政治与改变政治的生活：一种历史政治学分析》，《学术月刊》2018 年第 9 期。

92. 张翔：《"重塑国家—建设国家—社会民主"：1898 年以来中国政治现代化的过程、特征与方向》，《天府新论》2011 年第 1 期。

93. 张燚：《论社会资本与社会民主的建构》，《理论界》2010 年第 4 期。

94. 赵春丽：《网络政治参与的民主训练功能探析》，《学术论坛》2011 年第 8 期。

95. 赵丽江、马广博、刘三：《民生政治：当代中国最重要的意识形态》，《武汉大学学报（哲学社会科学版）》2012 年第 5 期。

96. 赵卫涛、张树华：《西方民主测量的理论局限与政治反思》，《政治学研究》2016 年第 4 期。

97. 赵卫涛：《冷战后国际民主化视角下的中东欧政治转型——基于若干国际民主测评指标的批判性分析》，《欧洲研究》2019 年第 5 期。

98. 赵秀玲：《中国式基层协商民主的成功经验与未来发展》，《甘肃社会科学》2022 年第 3 期。

99. 郑功成：《中国社会公平状况分析——价值判断、权益失衡与制度保障》，《中国人民大学学报》2009 年第 2 期。

100. 朱光磊、郭道久：《非国家形态民主：当代中国民主建设的突破口》，《教学与研究》2002 年第 6 期。

101. 朱光磊、于丹：《论对政治行为的"社会化处理"》，《天津社会科学》2015 年第 1 期。

102. 邹诗鹏：《论马克思社会政治理论的起点——黑格尔国家法哲学批判与国家社会化的基本定向》，《学术月刊》2021 年第 6 期。

四、中文译著

1. 【奥】卡尔·考茨基：《考茨基文选》，北京：人民出版社，2008 年版。

2. 【奥】卡尔·考茨基：《社会民主主义对抗共产主义》，李石秦译，北京：生活·读书·新知三联书店，1963 年版。

3. 【德】爱德华·伯恩施坦：《社会主义的前提和社会民主党的任务》，舒贻上等译，北京：生活·读书·新知三联书店，1958 年版。

4. 【德】爱德华·伯恩施坦：《什么是社会主义》，史集译，北京：生活·读书·新知三联书店，1963 年版。

5. 【德】恩斯特·卡西尔：《人论》，上海：上海译文出版社，1985 年版。

6. 【德】黑格尔：《法哲学原理》，范扬、张企泰译，北京：商务印书馆，2010 年版。

7. 【德】黑格尔：《历史哲学》，王造时译，上海：上海书店出版社，1999 年版。

8. 【德】马克斯·韦伯：《经济与社会》上、下卷，北京：商务印书馆，1997 年版。

9. 【德】托马斯·迈尔：《民主社会主义》，刘芸影译，北京：东方出版社，1987 年版。

10. 【德】托马斯·迈尔等编：《民主社会主义理论概念》，殷叙彝等编译，重庆：重庆出版集团，2012 年版。

11. 【德】维·勃兰特、【奥】布·克赖斯基、【瑞典】欧·帕尔梅：《社会民主与未来》，丁冬红、白伟译，重庆：重庆出版社，1990 年版。

12. 【法】古斯塔夫·勒庞：《乌合之众——大众心理研究》，北京：中央编译出版社，2000 年版。

13. 【法】霍尔巴赫：《自然政治论》，陈太先、眭茂译，北京：商务印书馆，1994 年版。

14. 【法】米歇尔·克罗齐、【美】塞缪尔·亨廷顿、【日】绵贯让治：《民主的危机：就民主国家的统治能力写给三边委员会的报告》，马殿军等译，北京：求实出版社，1989 年版。

15. 【法】皮埃尔·卡蓝默：《破碎的民主：试论治理的革命》，高凌瀚译，北京：生活·读书·新知三联书店，2005 年版。

16. 【法】皮埃尔·罗桑瓦龙：《公民的加冕礼——法国普选史》，吕一民译，上海：上海人民出版社，2005 年版。

17. 【法】让·马雷、阿兰·乌鲁：《社会党历史——从乌托邦到今天》，胡尧步、黄舍骄译，北京：商务印书馆，1999 年版。

18. 【法】让-马克·夸克：《合法性与政治》，佟心平等译，北京：中央编译出版社，2002 年版。

19. 【法】让-雅克·卢梭：《社会契约论》，何兆武译，北京：商务印书馆，2005 年版。

20. 【法】托克维尔：《论美国的民主》上、下卷，董果良译，北京：商务印书馆，2008 年版。

21. 【古罗马】西塞罗：《论共和国》，王焕生译，上海：上海人民出版社，2006 年版。

22. 【荷】斯宾诺莎：《神学政治论》，温锡增译，北京：商务印书馆，1963 年版。

23. 【美】安东尼·M. 奥勒姆、【美】约翰·G. 戴尔：《政治社会学》第五版，王军译，北京：中国人民大学出版社，2018 年版。

24.【美】保罗·库尔茨：《保卫世俗人道主义》，余灵灵等译，北京：东方出版社，1996年版。

25.【美】本杰明·巴伯：《强势民主》，彭斌、吴润洲译，长春：吉林人民出版社，2006年版。

26.【美】道格拉斯·拉米斯：《激进民主》，刘元琪译，北京：中国人民大学出版社，2016年版。

27.【美】狄百瑞：《亚洲价值与人权：儒家社群主义的视角》，尹钛译，北京：社会科学文献出版社，2012年版。

28.【美】狄百瑞等：《中国的自由传统》，李弘祺译，贵阳：贵州人民出版社，2009年版。

29.【美】霍华德·威亚尔达主编：《民主与民主化比较研究》，榕远译，北京：北京大学出版社，2004年版。

30.【美】卡尔·兰道尔：《欧洲社会主义思想与运动史》上卷第一册，群立译，北京：商务印书馆，1994年版。

31.【美】卡罗尔·佩特曼：《参与和民主理论》，陈尧译，上海：上海人民出版社，2006年版。

32.【美】理查德·波斯纳：《资本主义民主的危机》，李晟译，北京：北京大学出版社，2014年版。

33.【美】罗伯特·A.达尔：《多元主义民主的困境——自治与控制》，尤正明译，北京：求实出版社，1989年版。

34.【美】罗伯特·达尔：《经济民主导言》，郑晓华译，天津：天津人民出版社，2018年版。

35.【美】罗伯特·达尔：《论民主》，李风华译，北京：中国人民大学出版社，2012年版。

36.【美】罗伯特·达尔：《现代政治分析》，王沪宁、陈峰译，上海：上海译文出版社，1987年版。

37.【美】罗伯特·威斯布鲁克：《杜威与美国民主》，北京：北京大学出版社，2009年版。

38.【美】罗纳德·英格尔哈特：《静悄悄的革命：西方民众变动中的

的价值与政治行为方式》，叶娟丽等译，上海：上海人民出版社，2016年版。

39. 【美】乔万尼·萨托利：《民主新论：上卷：当代论争》，冯克利、阎克文等译，上海：上海人民出版社，2015年版。

40. 【美】乔万尼·萨托利：《民主新论：下卷：古典问题》，冯克利、阎克文等译，上海：上海人民出版社，2015年版。

41. 【美】乔治·萨拜因：《政治学说史》上、下卷，邓正来译，上海：上海人民出版社，2008年版。

42. 【美】塞缪尔·亨廷顿：《变化社会中的政治秩序》，王冠华等译，上海：上海人民出版社，2008年版。

43. 【美】尚塔尔·墨菲：《政治的回归》，南京：江苏人民出版社，2005年版。

44. 【美】托马斯·戴伊、哈蒙·齐格勒：《美国民主的讽刺》，张绍伦等译，北京：世界知识出版社，1991年版。

45. 【美】威尔·金里卡：《当代政治哲学》，北京：生活·读书·新知三联书店，2004年版。

46. 【美】文森特·奥斯特罗姆：《民主的意义及民主制度的脆弱性——回应托克维尔的挑战》，李梅译，西安：陕西人民出版社，2011年版。

47. 【美】西摩·马丁·李普塞特：《政治人：政治的社会基础》，张绍宗译，上海：上海人民出版社，2011年版。

48. 【美】悉尼·胡克：《理性、社会神话和民主》，金克、徐崇温译，上海：上海人民出版社，2006年版。

49. 【美】亚当·普热沃尔斯基：《资本主义与社会民主》，丁绍彬译，北京：中国人民大学出版社，2012年版。

50. 【美】亚当·普沃斯基：《民主的危机》，周建勇译，上海：上海人民出版社，2022年版。

51. 【美】约翰·杜威：《杜威全集·中期著作》第10卷，王成兵、林建武译，上海：华东师范大学出版社，2012年版。

52. 【美】约翰·杜威：《民主与教育》，薛绚译，南京：译林出版社，

2014 年版。

53.【美】约翰·杜威：《人的问题》，傅统先等译，上海：上海人民出版社，2006 年版。

54.【美】约翰·杜威：《新旧个人主义——杜威文选》，孙有中等译，上海：上海社会科学院出版社，1997 年版。

55.【美】约翰·杜威：《自由与文化》，傅统先译，北京：商务印书馆，2013 年版。

56.【美】约瑟夫·熊彼特：《资本主义、社会主义与民主》，吴良健译，北京：商务印书馆，1999 年版。

57.【美】詹姆斯·R. 汤森、【美】布兰特利·沃马克：《中国政治》，顾速译，南京：江苏人民出版社，2003 年版。

58.【美】詹姆斯·博曼等主编：《协商民主：论理性与政治》，陈家刚等译，北京：中央编译出版社，2006 年版。

59.【挪威】托布约尔·克努成：《国际关系理论史导论》，余万里、何宗强译，天津：天津人民出版社，2004 年版。

60.【日】猪口孝等：《变动中的民主》，林猛等译，吉林：吉林人民出版社，1999 年版。

61.【奥】阿尔弗雷德·许茨：《社会实在问题》，霍桂桓译，杭州：浙江大学出版社，2011 年版。

62.【以】S. N. 艾森斯塔德：《现代化：抗拒与变迁》，张旅平等译，北京：中国人民大学出版社，1988 年版。

63.【英】埃德蒙·柏克：《法国大革命反思录》，冯丽译，南昌：江西人民出版社，2015 年版。

64.【英】安东尼·吉登斯：《超越左与右——激进政治的未来》，李惠彬、杨雪冬译，北京：社会科学文献出版社，2000 年版。

65.【英】安东尼·吉登斯：《第三条道路：社会民主主义的复兴》，郑戈译，北京：北京大学出版社，2000 年版。

66.【英】安东尼·吉登斯：《亲密关系的变革》，北京：社会科学文献出版社，2001 年版。

67. 【英】戴维·赫尔德：《民主的模式》，燕继荣等译，北京：中央编译出版社，2008 年版。

68. 【英】恩靳·伊辛、【英】布雷恩·特纳主编：《公民权研究手册》，王小章译，杭州：浙江人民出版社，2007 年。

69. 【英】亨利·佩林：《英国工党简史》，上海：上海人民出版社，1977 年版。

70. 【英】卡尔·波兰尼：《大转型：我们时代的政治与经济起源》，冯钢、刘阳译，杭州：浙江人民出版社，2007 年版。

71. 【英】柯尔：《社会学说》，北京：商务印书馆，1959 年版。

72. 【英】佩里·安德森：《从古代到封建主义的过渡》，郭方、刘健康译，上海：上海人民出版社，2001 年版。

73. 【英】斯图亚特·汤普森：《社会民主主义的困境——思想意识、治理与全球化》，贺和风等译，重庆：重庆出版集团，2008 年版。

74. 【英】特里·伊格尔顿：《马克思为什么是对的》，李杨等译，北京：新星出版社，2011 年版。

75. 【英】约翰·邓恩：《让人民自由：民主的历史》，尹钛译，北京：新星出版社，2010 年版。

76. 【英】约翰·格雷：《自由主义的两张面孔》，顾爱彬等译，南京：江苏人民出版社，2005 年版。

77. 【英】约翰·密尔：《代议制政府》，汪瑄译，北京：商务印书馆，1984 年版。

78. 【英】詹姆斯·布赖斯：《现代民治政体》上、下册，张慰慈等译，长春：吉林人民出版社，2001 年版。

五、英文文献

1. Alvarez M., Cheibub J. A., Limongi F., et al. (1996). Classifying political regimes. Studies in comparative international development, 31, pp. 3 – 36.

2. Bardhan, P. (2011). Challenges for a minimum social democracy in

India. Economic and Political Weekly, 46 (10), pp. 39 - 43.

3. Beilharz, P. (1989). Social democracy and social justice. The Australian and New Zealand Journal of Sociology, 25 (1), pp. 85 - 99.

4. Beilharz, P. (1990). The life and times of social democracy. Thesis Eleven, 26 (1), pp. 78 - 94.

5. Berger, S. (2002). Democracy and social democracy. European History Quarterly, 32 (1), pp. 13 - 37.

6. Berman, S. (2006). The primacy of politics: social democracy and the making of Europe's twentieth century. Cambridge: Cambridge University Press.

7. Bollen K. A., Grandjean B. D. (1981) The dimension (s) of democracy: further issues in the measurement and effects of political democracy. American Sociological Review, 46, pp. 651 - 659.

8. Bollen K. A., Paxton P. (2000). Subjective measures of liberal democracy. Comparative political studies, 33 (1), pp. 58 - 86.

9. Bollen K. A. (1980). Issues in the comparative measurement of political democracy. American Sociological Review, 45, pp. 370 - 390.

10. Brandal, N., Bratberg, Ø., & Thorsen, D. (2013). The Nordic model of social democracy. New York: Palgrave Macmillan.

11. Brivati, B. & Heffernan, R. (Ed.). (2000). The Labour Party: a centenary history, London: Macmillan.

12. Callaghan, J. (2002). Social democracy and globalisation: the limits of social democracy in historical perspective. The British Journal of Politics and International Relations, 4 (3), pp. 429 - 451.

13. Callaghan, J., Fishman, N., Jackson, B., & McIvor, M. (2009). In search of social democracy: responses to crisis and modernisation. Manchester: Manchester University Press.

14. Cameron, D. R. (1984). Social democracy, corporatism, labor quiescence and the representation of economic interests in advanced capitalist

society//Order and conflict in contemporary capitalism, ed. J. H. Goldthorpe. Oxford: Oxford University Press, pp. 143 – 178.

15. Castles, F. G. (1978). The social democratic image of society: a study of the achievements and the origins of Scandanavian social democracy in comparative perspective. London: Routledge & Kegan Paul.

16. Chu Y. H. (2016). Sources of regime legitimacy in Confucian societies. Journal of Chinese Governance, 1 (2), pp. 195 – 213.

17. Coppedge M., Gerring J., Altman D., et al. (2011). Conceptualizing and measuring democracy: A new approach. Perspectives on Politics, 9 (2), pp. 247 – 267.

18. Cutright P. (1963). National political development: measurement and analysis. American Sociological Review, 28, pp. 253 – 264.

19. Deeming, C. (2014). Social democracy and social policy in neoliberal times. Journal of Sociology, 50 (4), pp. 577 – 600.

20. Diamond L. , Morlino L. (2005). Assessing the quality of democracy. JHU Press.

21. Elklit J. (1994). Is the degree of electoral democracy measurable?: experiences from Bulgaria, Kenya, Latvia, Mongolia and Nepal//Defining and measuring democracy. SAGE Publications, pp. 89 – 111.

22. Esping-Andersen, G. (1985). Politics against markets. The Social Democratic Road to Power. Princeton, NJ: Princeton University Press.

23. Esping-Andersen, G., & van Kersbergen, K. (1992). Contemporary research on social democracy. Annual Review of Sociology, 18, pp. 187 – 208.

24. Evans, R. J. (1980). German social democracy and women's suffrage 1891 – 1918. Journal of Contemporary History, 15 (3), pp. 533 – 557.

25. Fitzpatrick, T. (2003). After the new social democracy: social welfare for the 21st century. Manchester: Manchester University Press.

26. Freeden, M., Sargent, L. T., & Stears, M. (Eds.). (2013). The Oxford handbook of political ideologies. New York: Oxford University

Press.

27. Garrett, G., Lange, P. (1986). Performance in a hostile world: economic growth in capitalist democracies, 1974 – 1982. World Politics, (38), pp. 517 – 545.

28. Geddes B. (1999). What do we know about democratization after twenty years?. Annual review of political science, 2 (1), pp. 115 – 144.

29. Giebler H., Ruth S. P., Tanneberg D. (2018). Why choice matters: revisiting and comparing measures of democracy. Politics and Governance, 6 (1), pp. 1 – 10

30. Granadino, A. (2016). Democratic socialism or social democracy?: the influence of the British Labour Party and the parti socialiste français in the ideological transformation of the Partido Socialista Português and the Partido Socialista Obrero Español in the mid-1970s (Doctoral dissertation).

31. Hadenius A. (1992). Democracy and development. Cambridge University Press.

32. Harsch, D. (2000). German social democracy and the rise of Nazism. Chapel Hill: University of North Carolina Press.

33. Hewitt C. (1977). The effect of political democracy and social democracy on equality in industrial societies: a cross-national comparison. American sociological review, 41, pp. 450 – 464.

34. Hicks, A. (1988). Social democratic corporatism and economic growth. Journal of Politics, 50, pp. 677 – 704.

35. Hickson, K. (Ed.). (2016). Rebuilding social democracy: core principles for the centre left. Bristol: Policy Press.

36. Higgins, W., Apple, N. (1981). Class mobilization and economic policy: struggles over full employment in Britain and Sweden. Stockholm: Arbetslivcentrum.

37. Högström J. (2013). Does the choice of democracy measure matter? comparisons between the two leading democracy indices, Freedom House and

Polity IV. Government and Opposition, 48 (2), pp. 201 - 221.

38. Jilberto, A. E. F., & Vale, M. (1991). Social democracy in Latin America: rethinking political movements in Chile. International Journal of Political Economy, 21 (1), pp. 66 - 90.

39. Katznelson, I. (1978). Considerations on social democracy in the United States. Comparative Politics, 11 (1), pp. 77 - 99.

40. Keman, H. (1993). Theoretical approaches to social democracy. Journal of Theoretical Politics, 5 (3), pp. 291 - 316.

41. Kloppenberg, J. T. (1988). Uncertain victory: social democracy and progressivism in European and American thought, 1870 - 1920. Oxford: Oxford University Press.

42. Korpi, W. (1983). The democratic class struggle. London: Routledge & Kegan Paul.

43. Kurlantzick, J. (2013). Democracy in retreat: the revolt of the middle class and the worldwide decline of representative government. New Haven: Yale University Press.

44. Landman T, Häusermann J. (2003). Map-making and analysis of the main international initiatives on developing indicators on democracy and good governance. Report for University of Essex-Human Rights Centre and EUROSTAT.

45. Lavelle, A. (2008). The death of social democracy: political consequences in the 21st century. Hampshire: Ashgate Publishing Company.

46. Lerner D. (1958). The passing of traditional society: modernizing the Middle East. New York: Free Press.

47. Linz J. J. (2000). Totalitarian and authoritarian regimes. Lynne Rienner Publishers.

48. Lipset S. M. (1959). Some social requisites of democracy. American Political Science Review, 53, pp. 69 - 105.

49. Lucian W. P. (1992). The spirit of Chinese politics: a psychocultural

study of the authority crisis in political development. Cambridge: Harvard University Press.

50. Luebbert, G. M. (1991). Liberalism, fascism, or social democracy: social classes and the political origins of regimes in interwar Europe. New York: Oxford University Press.

51. Macintyre, S. (1986). The short history of social democracy in Australia. Thesis Eleven, 15 (1), pp. 3 – 14.

52. Mandel, E. (1983). Social democracy and social movements. Thesis Eleven, 7 (1), pp. 159 – 162.

53. Merkel, W., Petring, A., Henkes, C., & Egle, C. (2008). Social democracy in power: the capacity to reform. New York: Routledge.

54. Meyer, H., & Rutherford, J. (Eds.). (2012). The future of European social democracy: building the good society. New York: Palgrave Macmillan.

55. Micaud, C. A. (1955). Social democracy in France. World Politics, 7 (4), pp. 532 – 545.

56. Moon B. E., Birdsall J. H., Ciesluk S., et al. (2006). Voting counts: participation in the measurement of democracy. Studies in Comparative International Development, 41, pp. 3 – 32.

57. Morlino L. (2009). Legitimacy and the quality of democracy. International Social Science Journal, 60 (196), pp. 211 – 222.

58. Munck G. L., Verkuilen J. (2002). Conceptualizing and measuring democracy: evaluating alternative indices. Comparative political studies, 35 (1), pp. 5 – 34.

59. Palacios, I. (2023). A crisis of social democracy in Europe?: an answer from the citizens' perspective. Political Studies Review, 21 (4), pp. 719 – 742.

60. Paterson, W., Thomas, A. (1977). Social Democratic Parties in Western Europe. London: Croom Helm.

61. Paterson, W., Thomas, A. (1988). The future of social democracy. Oxford: Clarendon.

62. Pautz, H. (2012). Think-tanks, social democracy and social policy. New York: Palgrave Macmillan.

63. Pemstein D., Meserve S. A., Melton J. (2010). Democratic compromise: a latent variable analysis of ten measures of Regime Type. Political Analysis, 18 (4).

64. Perrin, J. W. (1910). The German social democracy. The North American Review, 192 (659), pp. 464 – 472.

65. Pontusson, J. (1988). Swedish social democracy and British labour: essays on the nature and conditions of social democratic hegemony. Ithaca: Cornell University.

66. Przeworski A., Alvarez M. E., Limongi F. (2000). Political institutions and well-being in the world, 1950—1990. Cambridge University Press.

67. Przeworski A. (2003). Freedom to choose and democracy. Economics & Philosophy, 19 (2), pp. 265 – 279.

68. Ravallion M., Chen S., Sangraula P. (2007). New evidence on the urbanization of global poverty [J]. Population and development review, 33 (4), pp. 667 – 701.

69. Reschke, M., Krell, Christian., & Dahm. J. (2013). History of social democracy. Berlin: Friedrich-Ebert-Stiftung.

70. Rose, B., & Ross, G. (1994). Socialism's past, new social democracy, and socialism's futures. Social Science History, 18 (3), pp. 439 – 469.

71. Rueda, D. (2007). Social democracy inside out: partisanship and labor market policy in advanced industrialized democracies. New York: Oxford University Press.

72. Samuels, D. (2004). From Socialism to social democracy: party organization and the transformation of the Workers' Party in Brazil. Com-

parative Political Studies，37（9），pp. 999 - 1024.

73. Sandbrook，R.，Edelman，M.，Heller，P.，& Teichman，J. (2007). Social democracy in the global periphery：origins，challenges，prospects. Cambridge：Cambridge University Press.

74. Sartori G. (2016). The theory of democracy revisited//Democracy：a reader. Columbia University Press.

75. Stephens，J. D. （1979）. The transition from capitalism to socialism. London：Macmillan.

76. Swank，D. H.，Hicks，A. (1984). On the political economy of welfare expansion：a comparative analysis of 18 advanced capitalist democracies，1960 - 1971. Comparative Political Studies，7，pp. 81 - 119.

77. Treier S.，Jackman S. (2008). Democracy as a latent variable. American Journal of Political Science，52（1），pp. 201 - 217.

78. Vartiainen，J. (1998). Unerstanding Swedish social democracy：victims of success? Oxford Review of Economic Policy，14（1），pp. 19 - 39.

79. Vasconi，T. A.，Martell，E. P.，& Murphy，F. (1993). Social democracy and Latin America. Latin American Perspectives，20（1），pp. 99 - 113.

后 记

　　本书是笔者主持完成的国家社会科学基金青年项目"社会民主的基础理论与实证测量研究"（项目批准号为：18CZZ017）的最终成果。课题组成员北京大学马克思主义学院文梓浩参与了第四章第一节的初稿写作，中国人民大学马克思主义学院黄诗竣参与了第四章第二节、第三节的初稿写作，中国人民大学马克思主义学院王诗龙参与了第二章第一节的初稿写作，中国人民大学马克思主义学院胡琼参与了第三章的初稿写作，清华大学马克思主义学院王可心参与了第一章第三节的初稿写作。此外，黄诗竣、胡琼、王诗龙协助笔者系统搜集了与社会民主相关的高质量学术文献、历史档案和数据资料，汇总梳理了马克思主义经典作家的选集、文集、文选、文稿以及党和国家历史文献集中与社会民主相关的重要论述。全书定稿由笔者独立撰写，文责自负。

　　感谢杨光斌教授对本书写作的关心和指导，感谢中国人民大学出版社牛晋芳编审为本书得以面世所付出的辛勤劳动，感谢中国人民大学中国特色社会主义理论体系研究中心对本书出版的资助。作为一项探索性研究，本书还存在诸多不足之处。但正如社会民主的建构、发展、完善和彻底实现是一项需要历史耐心的远大目标一样，对社会民主的理论探索也注定是久久为功的过程。"道阻且长，行则将至；行而不辍，未来可期"，期待本书的探索和尝试能够激发更多方家投入社会民主研究这一充满挑战和荣光的学术领域。

图书在版编目（CIP）数据

全过程人民民主的社会之维 / 王衡著. -- 北京：
中国人民大学出版社，2025.5. --（马克思主义研究丛
书）. -- ISBN 978-7-300-33923-8

Ⅰ. D621

中国国家版本馆 CIP 数据核字第 2025F068Y8 号

马克思主义研究丛书

全过程人民民主的社会之维

王　衡　著

出版发行	中国人民大学出版社				
社　　址	北京中关村大街 31 号		邮政编码	100080	
电　　话	010 - 62511242（总编室）		010 - 62511770（质管部）		
	010 - 82501766（邮购部）		010 - 62514148（门市部）		
	010 - 62511173（发行公司）		010 - 62515275（盗版举报）		
网　　址	http://www.crup.com.cn				
经　　销	新华书店				
印　　刷	唐山玺诚印务有限公司				
开　　本	720 mm×1000 mm　1/16		版　　次	2025 年 5 月第 1 版	
印　　张	21.5 插页 2		印　　次	2025 年 5 月第 1 次印刷	
字　　数	314 000		定　　价	98.00 元	